国 家 社 会 科 学 基 金 重 大 项 目

(项目批准号 09&ZD012)

对外电视与文化传播研究

李 宇◎著

北京师范大学出版集团
安徽大学出版社

图书在版编目(CIP)数据

对外电视与文化传播研究/李宇著.—合肥:安徽大学出版社,2012.8
ISBN 978-7-5664-0431-2
中外媒体国际传播能力建设战略研究丛书

Ⅰ.对… Ⅱ.①李… Ⅲ.①电视广播—中外关系—传播—研究—中国
Ⅳ.①G229.25

中国版本图书馆 CIP 数据核字(2012)第 059634 号

对外电视与文化传播研究　　　　　　　　　　　　李　宇 著

出版发行:	北京师范大学出版集团
	安 徽 大 学 出 版 社
	(安徽省合肥市肥西路 3 号 邮编 230039)
	www.bnupg.com.cn
	www.ahupress.com.cn
印　　刷:	合肥远东印务有限公司
经　　销:	全国新华书店
开　　本:	170mm×230mm
印　　张:	26.5
字　　数:	461 千字
版　　次:	2012 年 8 月第 1 版
印　　次:	2012 年 8 月第 1 次印刷
定　　价:	55.00 元
ISBN 978-7-5664-0431-2	

策划统筹:康建中　朱丽琴　　　　责任编辑:朱丽琴　马晓波
装帧设计:知耕书房　　　　　　　　特约编辑:刘　红
责任印制:陈　如

版权所有　　侵权必究
反盗版、侵权举报电话:0551-5106311
外埠邮购电话:0551-5107716
本书如有印装质量问题,请与印制管理部联系调换。
印制管理部电话:0551-5106311

总前言

一

近年来,中国掀起了一股"国际传播热"。中央领导人在很多重要讲话中反复强调提高国际传播能力的重要性;相关主管部门在各类相关会议上,就此提出要求、作出部署;不同类型的新闻媒体,尤其是国家级重点媒体,在国际传播领域加大投入,动作频繁,引起了国内外的广泛关注。

从动因上分析,中国如此重视国际传播能力的建设,主要是基于以下三个方面的认识和考虑:

其一,中国亟需提高国际传播能力,以更好地维护国家形象和国家利益。中共中央政治局常委李长春《在纪念中国电视事业诞生暨中央电视台建台50周年大会上的讲话》中指出:"传播力决定影响力。当今时代,谁的传播手段先进、传播能力强大,谁的思想文化和价值观念就能更广泛地流传,谁就能更有力地影响世界。因此,加强国内国际传播能力建设,事关我国改革开放和现代化建设大局,事关我国的国际影响和国际地位,事关我国文化软实力的提升,事关我国媒体在国际舆论格局中的地位和作用。"[①]

其二,中国的国际传播能力与西方相比,差距很大,必须奋起直追。2008年6月,中共中央总书记胡锦涛在人民日报社视察时说到,"西强我弱"的国际舆论格局还没有根本改变。同年10月,他在十七届三中全会上又指出,西方之所以能够掀起一轮又一轮的反华舆论浪潮,一个很重要的原因就是其拥有

---

① 李长春:《在纪念中国电视事业诞生暨中央电视台建台50周年大会上的讲话》,《光明日报》2008年12月23日。

强大的国际传播能力。相比之下,我们的国际传播能力还比较弱。构建覆盖广泛、技术先进的现代传播体系,形成与我国经济社会发展水平和国际地位相适应的国际传播能力,打破西方媒体垄断的格局,已经成为一项十分紧迫的任务。①

其三,全球传媒格局的大变革,为中国加强国际传播能力建设提供了难得的机遇。近几年,在全球金融危机和新媒体迅猛发展两大因素的强力冲击下,全球传媒格局发生了重大的变化:西方传媒业一蹶不振,很多媒体企业纷纷倒闭或裁员,中国等一些发展中国家的传媒业却逆势上行,而新媒体的迅速发展又为国际传播提供了新的空间和渠道。这无疑为中国媒体加快向国际传媒领域拓展提供了有利条件。

因此,2009年6月,中央制定了《2009—2020年我国重点媒体国际传播能力建设总体规划》(以下简称《总体规划》)。② 根据这个被视为中国国际传播能力建设"纲领性文件"的《总体规划》,加强国际传播能力的建设,成为中国媒体业一项重要的战略任务。

《总体规划》同时要求,我们要组织力量对我国国际传播能力建设中具有全局性、战略性的重大问题进行研究,科学评估我国国际传播的整体实力,深入研究我国国际传播能力建设的重点、方向和途径,同时要加强国际传播理论、现状和发展趋势研究,分析、介绍外国主流媒体加强国际传播能力建设的经验、做法。

正是在这样的背景下,国家社科规划办在2009年将"提高我国媒体传播能力研究"列为国家社科基金重大招标课题。新华社组成以新闻研究所的研究人员为主的课题组,参加了竞标,并荣幸地成功中标。这就是"中国媒体国际传播能力建设战略研究"课题(项目批准号09&ZD012)的由来。

二

"中国媒体国际传播能力建设战略研究"是一个应用型对策研究课题,我们的基本思路是:深入分析当前的国内外形势、国际传播发展趋势和舆论格

---

① 刘文、张国涛:《为时代中国存像,与大千世界共鸣——兼论中央电视台纪录频道的责任与使命》,《现代传播:中国传媒大学学报》2011年第1期。
② 陶社兰:《用国际视野和民间表达向世界说明中国军队——中国新闻社军事报道方略》,《军事记者》2011年第3期。

局,从国际传播的共同规律出发,从我国媒体国际传播的实际出发,解放思想、实事求是,立足当前、着眼未来,力争提出一套具有高度系统性、科学性、前瞻性和可操作性的中国媒体国际传播能力建设战略,从而为自己创造良好的国际舆论环境、提升中国软实力提供有效的理论和对策支撑。

在对国内外相关文献进行全面检索和梳理、与国内重点媒体负责人和资深专家及高校相关领域资深学者进行广泛交流之后,我们逐渐明确了课题研究的主要内容和基本原则:

1. 理论与实际相结合。一方面,课题研究要对与国际传播能力相关的各种理论进行系统分析,包括新闻传播、国际传播、国际关系、软实力、文化、经济等领域的相关学说,既利用这些学说来分析国际传播能力建设的相关问题,同时又根据新情况对这些学说加以更新和完善;另一方面,课题研究必须紧密联系中国和外国媒体国际传播的实际,从实际中找问题、寻答案、觅规律,有助于解决实际问题。

2. 国内与国际相结合。中国媒体国际传播能力建设离不开中国国情,也离不开国际环境。因此,课题研究既要立足国内,又要面向世界。一方面,从中国媒体的实际出发,按照国际传播的一般规律,充分借鉴国外媒体的成功经验,从中外比较中寻找问题和答案,再根据中国国情提出切实可行的对策、建议;另一方面,要注意中国与世界、国际传播与国内传播的联动,力求兼顾国内、国际两个大局,使课题研究具有更强的系统性和有效性。

3. 整体与局部相结合。课题研究围绕中国媒体这个整体开展,同时也要考虑到各种不同形态的媒体;既综合研究国际传播能力建设的整体战略,又要深入研究与国际传播能力相关的各个方面的战略;既注意突出各个局部(方面、个体)的特点和优势,又要注意兼顾各个局部之间的互相联系和协同。每个子课题各部分之间、总报告与各子课题报告之间、各个子课题互相之间有内在的联系和逻辑关系,彼此关联、互相配合,共同组成一个完整、系统的研究体系。

4. 眼前与长远相结合。课题研究力求用发展的眼光关注国际传播形势,既要从当前的现实出发,又要能预见可能出现的新情况、新变化和新趋势;用发展的眼光分析国际传播理论,充分考虑到各种理论的现实适用性,并根据现实的新变化赋予其新的内容;用发展的眼光进行战略研究,提出的对策建议不仅能够解决当前问题,而且对中长期发展都有实用价值,具有战略性和前瞻性。

据此,我们将课题分解成若干子课题,组建了以新华社新闻研究所的研究人员为骨干、吸纳业界和学界年富力强的专家学者参加的研究团队,从2010年初开始了课题研究。

三

由于这是一个实用型对策研究课题,我们在重视文献研究、定量和定性研究的同时,也非常重视深度访谈、田野调查、案例研究等方法,作了大量深入细致的调研,听取了众多中外业界专家和学者的意见。

为了全面了解我国媒体国际传播能力建设的有关情况,课题组成员先后采访了中央电视台、中国国际广播电台、《中国日报》、《人民日报(海外版)》、国际在线等中央主要外宣媒体的负责人,采访了南方电视台、蓝海电视台、杭州日报报业集团等重要地方的外宣媒体。在新华社内部,课题组成员先后采访了国际部、对外部、人事局、外事局等部门,内蒙古、广西、杭州等地方新闻对外报道试点分社,以及香港、布宜诺斯艾利斯、里约热内卢、旧金山等驻外分社。2011年7月,世界媒体峰会主席团会议在北京举行期间,课题组成员还对新闻集团、美联社、英国广播公司、半岛电视台、《纽约时报》、谷歌等10家国际一流媒体集团的主要负责人进行了直接采访。这一系列调研最后形成了各类调研报告(材料)20多篇,既有对中央媒体如何加强国际传播能力建设的对策、建议,也有对地方媒体及国外媒体在这方面的经验介绍;既有对长期从事国际传播工作的资深人士的深度访谈,也有对媒体稿件的抽样统计分析;既有国内媒体负责人的愿景和规划,也有国外媒体精英的关注与期待。

一年多以来,课题研究的负责单位——新华社新闻研究所,先后与国内知名高校和研究机构联合举办了3次国际传播学术论坛,邀请到来自国际知名媒体、国际学术研究机构、中国对外传播主要媒体、中国国际传播主要研究机构的数十位专家学者,就中国媒体国际传播能力建设的有关问题展开讨论:2010年7月,与中国社会科学院新闻与传播研究所在贵阳联合举办了首届"贵阳国际传播论坛"。论坛围绕文明转型期和新媒体背景下国际传播面临的挑战、机遇和对策等问题进行了深入探讨。这是中央作出加强我国媒体国际传播能力建设重大战略部署以来,我国首次举办的以国际传播能力建设为主题、横跨传媒业界与传播学界的国际性学术研讨会。2011年7月,与中国人民大学新闻学院共同举办了"中国海外传播圆桌论坛",与会中外嘉宾围绕"如何在海外传播中国"的主题进行了深入交流。2011年10月,与浙江大学传媒与国际文化学院联合举办了"全球传播与社会变迁"国际学术研讨会。会议围绕国家形象与跨文化传播、对外传播的策略与效果、国际传播范式与信息传播新秩序、中国媒体国际传播的突破重点等问题进行了探讨和交流。这一系列国际传播论坛从不同角度对我国媒体国际传播中的理论和实践问题进行探讨，不仅为课题研究积累了大量宝贵的资料，也为课题组成员深入采访国内外知名资深专家学者提供了条件。

在课题研究人员的艰苦努力之下，课题研究进展顺利，取得了丰硕的阶段性成果。截至2011年11月底，已经有十余篇论文在相关专业期刊和学术会议上发表。其中，《媒体国际传播能力评估体系初探》一文，在国务院新闻办公室主办的"全国第二届对外传播理论研讨会"上被评为"优秀论文"。

为了更好地展示课题研究成果，在安徽大学出版社的支持下，我们决定出版"中外媒体国际传播能力建设战略研究丛书"。

四

"中国媒体国际传播能力建设战略研究"是一个内涵和外延都比较广大的课题，工作量非常大。作为首席专家，我要对参加课题研究的所有人员表示衷心感谢，感谢他们为高质量完成所承担的研究任务所付出的辛勤劳动；同时，我也要对从各个方面对课题研究给予关心、支持和帮助的人表示由衷的谢意。

感谢新华社领导对课题研究的重视和指导——李从军社长、何平总编辑、周锡生副社长、周树春副社长都对课题研究提出了殷切期望和具体要求；感谢新华社新闻研究所领导的支持和帮助，使课题研究在人员、时间等方面得到了充分保障。

感谢北京大学、中国人民大学、浙江大学等高校的新闻传播学院以及中国社会科学院新闻与传播研究所、中国外文局对外传播研究中心的资深学者们提供的智力援助。

还要感谢安徽大学出版社，尤其是朱丽琴副总编，正是她的工作热情和敬业精神，使得"中外媒体国际传播能力建设战略研究丛书"在很短时间内能够顺利出版。

唐润华
2011年12月12日

目 录

前　言 …………………………………………………………………… 1

导　论 …………………………………………………………………… 1

第一章　对外电视与文化传播概说 ………………………………… 13
　　第一节　对外电视传播的概念 ………………………………… 13
　　第二节　文化、文化软实力与文化传播 ……………………… 36
　　第三节　对外电视中的文化传播 ……………………………… 54

第二章　全球化语境中的对外电视与文化传播 …………………… 70
　　第一节　全球化概论 …………………………………………… 70
　　第二节　文化全球化语境中的对外文化传播 ………………… 79
　　第三节　文化全球化语境中的对外电视 ……………………… 99

第三章　文化差异背景下的对外电视与文化传播 ………………… 111
　　第一节　文化差异与跨文化传播概论 ………………………… 112
　　第二节　文化差异视角下的对外传播 ………………………… 123
　　第三节　对外电视的跨文化传播 ……………………………… 134

第四章　国家形象视野下的对外电视与文化传播 …… 163
第一节　国家形象概论 …… 163
第二节　文化传播与国家形象 …… 174
第三节　对外电视与国家形象 …… 180

第五章　对外电视的频道定位与文化传播 …… 189
第一节　对外电视频道的文化定位
——以 CCTV—4 为例 …… 190
第二节　对外电视频道定位文化的作用与意义 …… 200
第三节　外国电视频道的文化定位
——以日、韩国际频道为例 …… 211

第六章　对外电视的节目形态与文化传播 …… 226
第一节　电视节目形态概说 …… 226
第二节　新闻类节目与对外文化传播 …… 230
第三节　旅游文化类节目与对外文化传播
——以《走遍中国》为例 …… 237
第四节　电视剧与对外文化传播 …… 244
第五节　综艺类节目与对外文化传播
——以《中国文艺》为例 …… 259
第六节　健康类节目与对外文化传播
——以《中华医药》为例 …… 268
第七节　文物类节目与对外文化传播
——以《国宝档案》为例 …… 278
第八节　汉语教学类节目与对外文化传播
——以《快乐汉语》为例 …… 285
第九节　访谈类节目与对外文化传播
——以《文明之旅》为例 …… 296

  第十节 电视纪录片与对外文化传播……………………… 302

第七章 对外电视的输出渠道与文化传播……………………… 313
  第一节 对外电视频道与海外市场………………………… 313
  第二节 对外电视频道的传输和落地方式………………… 333
  第三节 电视文化产品的海外销售………………………… 357

第八章 对外电视传播的文化资源战略……………………… 371
  第一节 对外电视要加强文化资源的开发和利用……… 372
  第二节 注重深层文化的整理与传播……………………… 379

结 语………………………………………………………… 386

主要参考文献…………………………………………………… 389

后 记………………………………………………………… 405

前　言

近20年来，中国电视对外传播取得了巨大的发展，目前已经成为世界上播出电视频道语言种类最多的国家。在媒体大举加强国际传播能力建设的同时，加大对外文化传播力度也成为日益紧迫的任务。文化软实力、文化外交等概念成为当今的热门词汇，相关政府部门和机构都在致力于推进文化走出去的工程。如何让对外电视传播与对外文化传播有机结合呢？这是笔者写作本书的出发点，也是主要目的。

毋庸置疑，对外电视虽然被赋予了"抢夺话语权"的重任，但本身就在有意识或无意识地对外传播文化。中央电视台英语国际频道（CCTV－9）在2010年4月26日改版为英语新闻频道（CCTV－News），虽然定位发生了重大改变，但仍然播出《文化快报》（Culture Express）、《学汉语》（Learning Chinese）、《海客谈》（Crossover）等与文化相关的栏目。中央电视台中文国际频道（CCTV－4）则在2010年12月1日将频道的定位由原来的以新闻为主的综合频道拓展为"新闻·文化"综合频道，创办或改版了多档与文化相关的栏目。例如，《文明之旅》以中华文明与世界各国、各地区文明交流沟通为主要内容，力求打造中外文明对话的平台，从而达到传承中华文明的目的。2011年1月1日中央电视台纪录频道开播，传播文化成为其重要使命。

包括对外电视理论在内的电视理论研究一直滞后于快速发展的电视实践，这是业界和理论界一直关注的问题。而本文的出发点正是为了填补对外电视与文化传播的研究空白。目前，国内尚没有关于电视对外传播与文化传播之间的关联、内容选择、渠道运用以及传播方式等的专门研究。

而对外传播或文化传播，则是研究者较多涉及的领域，论著颇丰。也有少数学者从整个对外传播的视角出发，将对外传播与文化传播合而为一进行研究。在这方面,目前较新的、有代表性的研究成果是中国传媒大学梁岩所著的《中国文化外宣研究》(北京:中国传媒大学出版社,2010年版)。他从文化外宣概说、当代中国文化外宣形态、媒体文化外宣研究、文化外宣的国际借鉴以及中国文化外宣发展战略几个方面,对文化外宣进行了阐释。该书较为深入地分析了外宣中的文化内容以及文化以外宣形式对外传播的相关问题。不过,该书以外宣为研究的出发点和归宿,而不是立足对外传播(对外宣传和对外传播在政府等语境下可以合而为一,但从学界和业界来说,两者存在较大差别)。另外,该书从整个外宣媒体和其他渠道来探讨文化传播的问题,具有全局性和整体性的特点,但对电视媒体而言,则较少被涉及,缺乏相应的针对性。

上海外国语大学吴瑛所著的《文化对外传播:理论与战略》(上海交通大学出版社,2009年版),以"战略—理论"的框架研究文化对外传播问题,以跨国间文化传播现象,尤其是政府主导或参与的文化传播行为为研究对象,研究思维以相关理论问题为基础,包括对文化安全、文化软实力、跨文化传播、文化记忆等理论的探讨,也包括对中国媒体走出去、国际舆论、文化传播的国际规范、孔子学院的文化传播等中国立场的战略行为的批判。该书的侧重点是文化对外传播,虽然有专门的章节研究、分析中国媒体走出去的主题,但对于电视媒体与文化传播论及较少。

其他一些论文在研究对外传播与文化传播的问题时,与以上两本专著的情形类似,要么在阐释对外宣传或传播时兼论文化传播,要么在论及文化对外传播时提及媒体的对外传播问题。例如,祝东颖在《对外传播》2009年7月期上发表的《充满潜力的中国文化外宣》,就是从外宣的角度来阐释文化传播的历程、作用和意义等。其他研究对于对外传播或文化传播多有涉及,但较少同时侧重两者。其中,陈卞知编著的《美国话语——传播美国新闻与文化》(北京:中国传媒大学出版社,2006年版)和王长潇所著的《当代中国电视文化传播论纲》(济南:山东人民出版社,2005年版)具有一定的借鉴意义,两本著作分别论及美国对外传播与文化传播和中国国内电视与文化传播的问题。综观目前国内关于对外传播或文化传播的研究,大部分仅是部分进行交叉研究,即在研究对外传播的时候用部分章节论述文化传播的问题,或在研究文化传播的时候用部分篇幅阐释对外传播的内容。

本书以传播学和文化学为基本理论支撑,从整体上关注电视对外传播与文化传播,并且在国际传播能力建设和文化走出去的进程中,探讨对外电视的发展、文化传播策略和方式的变迁和受众群体的变化等对我国整体对外电视传播事业的内在和外在影响,试图填补对外电视文化传播的理论空白。因此,明显有别于传统的对外电视研究的视角、方法与理论,从而拓展了对外电视研究的视野,将对外电视传播与对外文化传播有机结合,这种开拓性的研究正是本论文理论创新的意义所在。

本书在参考国内外大量关于对外电视研究、对外文化传播、海外受众研究和文化产业等相关著作,尤其是近期科研成果的基础上,对于对外电视的文化传播已有理论著述进行有选择地借鉴使用。本书研究的基本问题,是我国对外电视所进行的文化传播;所涉及的基础问题,是对外电视与海外受众之间的对应与互动关系;本书是以文化软实力投射的视角来探寻电视对外进行文化传播的策略、内容设置与渠道等问题。本书研究的重点是电视对外传播的文化软实力建构及其对海外受众认同中国文化的影响与推动。这是论题根本的价值点所在。论题研究视角较新、概念涉及较广,因此研究的难度也较大。笔者试图通过对大量资料的收集、筛选、比较,在广泛阅读相关学术著作的基础上,对重点案例进行跟踪调查,并与业界专家学者进行访谈,力求发现并提出独到和新颖的见解。本书努力做到有别于已有的电视研究或文化传播论著,通过新的研究视角与多维度的思考,在汲取已有的成果精华的基础上,有所突破和创新,使之在理论建设与实践指导上都有一定的参考价值和指导意义。

需要指出的是,虽然文化和文化软实力等概念是本书的一个关键词,但是对于文化和文化软实力本身的界定、分类不是笔者的研究范畴。它是作为本书的切入点——研究电视传媒的一个角度,加以分析关注的。书中对于文化、文化软实力、文化传播等概念的认识和理解,主要依托并借鉴国内外已有的研究成果,再结合电视传播实践,提出自己的理解,并在此基础上对相关问题展开讨论、进行研究。除了概念之外,研究方法在目前对外电视和文化研究中较受关注,易生分歧。伊莱休·卡茨(Elihu Katz)说:"一方面,文化研究趋向于人文传统和人类学,不再聚焦传媒;另一方面,主流的效果研究以社会心理学和政治学为根基,而制度分析正在重返社会学……来自这些分离倾向的最糟糕因素是这样一些错误的信念,即不同问题必然限定了不同的研究方法,似乎文化研究只能是定性的,影响研究只能是定量的。"[①]对于我国对外电视与文化传播的研究而言,如何通过正确的方法和路径来实现研究目的,无疑是一个重要的研究命题,也是本书力图突破和创新的地方。

---

① 陈韬文等编:《与国际传播学大师对话》,北京:中国人民大学出版社,2011年版,第39~40页。

对外电视和文化传播涉及的内容很广,我国对外电视和文化传播工作也日新月异,而作者水平却有限,书中肯定有这样或那样的不足,敬请读者不吝赐教,以待来年修订本书时加以改正。

导　论

　　我国对外电视的重要使命之一就是传播中华文化。在新的国际形势和传媒发展态势下，我国对外电视在文化传播层面被赋予了更重要的使命。西方国家凭借技术和经济实力等优势对发展中国家进行文化渗透，我国也亟须挖掘、整理自身的文化资源，并强化对外传播的实力予以应对。美国《亚洲人报》、《观察家报》董事长方李邦琴曾表示："欧美的新闻媒体利用其庞大的资本及新的科学技术，以文化霸权的方式，运用大众化、企业化、低俗化（如黄色及个人毁谤等）、标新立异化（如抨击政府等），通过电视、电影、电台、图书、杂志、报纸等多元方式，渗透侵入发展中国家，促使西方文化在全球蔓延、燃烧，剥夺了其他国家本身的文化背景，减弱了他们自己的社会需要。面对这个挑战，我个人认为，并再次强调要以民族文化为背景，根据社会、人民的需要，吸取欧美的长处来面对，绝不可尽数抄袭。"[①]我国电视对外传播要充分挖掘和利用自身的文化资源，同时在传播方式上博采西方国家的长处，使我国对外电视在文化传播中发挥应有的作用。就节目内容而言，正如有的学者所指出的：一个没有文化品位的电视节目不是一个好节目，一个没有特色的电视节目在市场竞争中是不具备竞争力的，一个引不起共鸣的电视节目往往也是打动不了观众的。那么，这种既有文化品位，也有独到特色，又能引起中国观众共鸣的东西，就是电视文化的"民族独创性"。电视文化对于其"民族性"的传承与彰显便规律性地成为强健电视媒体生命力的重要所在。[②] 中文电视频道要通过文化传

---

① 方李邦琴：《我在美国办英文报纸的感受》，《首届世界华文传媒论坛论文集》（2001）。
② 于姚：《"缺钙"的中国电视——民族文化，中国电视的强健之本》，《记者摇篮》，2004年第7期，第8页。

播,增进海外华侨华人对中华文化的了解、理解和认同;而外语电视频道则主要通过向外国受众传播我国文化,力求提升其对中华文化的认知,增加其对中国的好感。

对外文化传播是以海外民众为传播对象、以文化为主要传播内容的一种传播活动。对外文化传播既是我国对外传播的重要组成部分,也是我国对外投射软实力、提升国际影响力的重要方式。在20世纪末的时候,俄罗斯学者利哈乔夫发表其绝笔力作《解读俄罗斯》,他在书中说了一段颇有哲理的话:一个民族权威的确立,不是靠坦克数量和版图大小,而是靠道德的尊严和人民的文化。他认为,走出危机的唯一出路在于文化的复兴,在于发展自己民族的文化——俄罗斯文化。① 这段话对于当下的中国来说很有启示意义,中国电视对外传播更应该承担起传播中华文化的使命。

本书主要研究对外电视的文化传播,主要涉及中国文化对外传播和对外电视两个领域。进入21世纪后,中国文化走出去和文化软实力这些概念日益成为热门词汇。在2011年10月中国共产党十七届六中全会通过的《中共中央关于深化文化体制改革 推动社会主义文化大发展大繁荣若干重大问题的决定》中提出:"文化是民族的血脉,是人民的精神家园。在我国五千多年文明发展历程中,各族人民紧密团结、自强不息,共同创造出源远流长、博大精深的中华文化,为中华民族发展壮大提供了强大精神力量,为人类文明进步作出了不可磨灭的重大贡献。"并提出:"开展多渠道多形式多层次对外文化交流,广泛参与世界文明对话,促进文化相互借鉴,增强中华文化在世界上的感召力和影响力,共同维护文化多样性。创新对外宣传方式方法,增强国际话语权,妥善回应外部关切,增进国际社会对我国基本国情、价值观念、发展道路、内外政策的了解和认识,展现我国文明、民主、开放、进步的形象。"对外电视作为文化走出去和文化软实力投射的重要渠道,其传播理念、传播内容、传播方式、传播渠道以及传播效果等,成为重要研究内容,其中海外受众研究也备受关注。本书关于对外电视和对外文化传播的理解和阐释包括以下几个层次:

一、文化的力量日益显著和被关注

关于文化的定义及其作用,在不同历史时期和不同国家有所不同。其中,关于文化的定义就多种多样。相当一部分学者认为,联合国教科文组织世界文化大会的定义有一定的参考价值。该组织在1982年公布的《关于文化政策

---

① 明安香总主编:《海外传媒在中国》,北京:中国文联出版社,2005年版,第206页。

的墨西哥宣言》中对文化的定义如下:"文化是体现出一个社会或一个社会群体特点的那些精神的、物质的、理智的和感情的特征的完整复合体。文化不仅包括艺术和文学,而且包括生活方式、基本人权、价值体系、传统和信仰。"2001年11月12日,联合国教科文组织185个与会成员国通过了《世界文化多样性宣言》,对文化的界定进行了略微改动,其定义为:"应把文化视为某个社会或某个社会群体特有的精神与物质,理智与情感的不同特点之总和。除了文学和艺术外,文化还包括生活方式、共处的方式、价值观体系、传统和信仰。"由此可见,文化涉及物质和精神的不同层次、多个方面,最主要的是文学艺术、生活方式、共处方式、价值观、传统和信仰。

相比文化定义的多样与繁复,世界各国对于文化功能与作用的认知则越来越趋同。早在20世纪50年代,美国人类学家克罗伯(Alfred L. Kroeber)和克拉克洪(Clyde Kluckhohn)就已经设想,不同文化中是否具有像生物世界里"生物基因"(gene)那样的基本而又齐一的"文化基因"呢?文化除了具有人类学上的作用,还有其他方面的作用,如:(1)满足需要功能(生理、安全、归属、尊重和自我实现——马斯洛的健康人需要层次);(2)储存和传递信息功能;(3)认知功能;(4)调节功能;(5)价值功能……文化既是一种政治统治和社会管理的有效工具,也是人们的生活的观念背景和信仰的物质基础。[①] 文化除了在个人层面具有重要的意义,在国家层面也作用巨大,尤其是在维持和强化一个国家的认同感和凝聚力方面。正因为如此,现在各国政府都强调对本国文化的保护和传承。例如,英国前首相撒切尔夫人曾呼吁回归"维多利亚时期价值观念",前首相梅杰曾在英国发起"寻根溯本"运动。人们通过这些文化再生产机制,塑造了特定版本的"集体记忆",进而塑造了特定的民族认同感。[②]

在国家层面上,文化具有对内和对外的双重作用,即除了具有服务内政的作用,还能在外交等方面发挥战略作用。美国国际政治学者摩根索(Hans J. Morgenthau)在其著作《国际政治学》(Politics among Nations)中,揭出三种帝国主义的方法之一是"文化帝国主义"(另两种是军事帝国主义和经济帝国主义)。关于文化的另一引人注目的理论是"软权力"(soft power,也译作软实力、软力量等)。美国克林顿政府前国家情报委员会主席和国防部国际事务助理部长、哈佛大学政治学院院长 J. 奈(Joseph Neil),1990年在讨论了冷战后

---

① 潘一禾:《文化与国际关系》,杭州:浙江大学出版社,2005年版,第3、15页。
② [英]戴维·莫利、凯文·罗宾斯著,司艳译:《认同的空间》,南京大学出版社,2001年版,第62~63页。

的国际关系格局后提出:信息力是一种软权力(soft power),且在当今国际关系中日益重要。他认为,当今美国试图称霸世界的国力资源中,信息力和文化力是重要的权力资源。① 有学者就认为,一个国家要谋求世界霸权,必须拥有军事、经济、金融和文化四个方面的优势,其中关键是文化,即价值观念或生活方式。② 总而言之,文化在现代国家中扮演着越来越重要的角色,对于一个国家的内政外交至为关键。

在当今的国际传播形势中,"西强我弱"的格局依然存在。有学者认为,大众传播内容流动的不平衡破坏了各个国家和地区的文化自主权,或者说阻碍了本土文化的发展;新闻流动中的不平等关系增强了某些比较富有的大国对新闻生产的控制权,同时,也阻碍了大多数民族国家巩固其适当的民族身份/认同和自我形象。③ 面对这种状况,我国一方面需要增强对外传播的整体实力,另一方面,也需要借助中国文化的力量来强化自身的传播优势。

二、文化需要经过对外传播才能在国际上形成软实力

文化是我国对外传播的重要内容,也是争取国际话语权、维护我国文化安全的重要资源。就文化与传播本身的关系而言,文化的形成和发展受到传播的影响。传播促成文化整合、文化增殖、文化积淀、文化分层、文化变迁和文化"均质化"。传播对文化的影响不仅是持续而深远的,而且是广泛而普遍的。④ 在当今的国际形势之下,中国积淀的几千年文化精华不仅是中国发展的内在动力,也是中国走向世界的重要路径选择。如何让中国的优势文化资源转化为文化的影响力和吸引力?如何让文化更加通畅有效地进行对外投射?如何让大众传媒更好地服务于文化软实力的对外传播?这些问题的答案对于中国应对全球化挑战、努力走向国际化都具有现实和长远的意义,也是本书研究并着力探寻的重点。

随着国际形势的变化,文化正和政治、军事以及经济等一样,成为世界主要国家角逐的领域。与此同时,国际文化传播对于一国在政治、军事和经济领域的竞争起到补充和支撑的作用。关世杰教授认为,冷战后世界文化格局大

---

① 关世杰:《国际传播学》,北京大学出版社,2004年版,第225～226页。
② 陈卫知编著:《美国话语——传播美国新闻与文化》,北京:中国传媒大学出版社,2006年版,第7页。
③ [英]格雷姆·伯顿著,史安斌主译:《媒体与社会:批判的视角》,北京:清华大学出版社,2007年版,第374页。
④ 庄晓东主编:《传播与文化概论》,北京:人民出版社,2008年版,第3页。

致有以下几个突出特点:第一,文化在成为一种主导产业;第二,美英文化势力独霸全球快速扩张;第三,文化交流成为国际政治中重要的软权力;第四,世界文化多元性受到前所未有的威胁;第五,世界文化环境正在遭受污染。① 对于中国来说,一方面日益重视文化在国际和国内政治、经济等方面的重要作用,另一方面,对于文化自身的多重属性以及文化资源的保护、开发和转化等诸多方面的认知程度或技巧水平又存在一定的不足。学者明安香认为,文化或者准确地说是文化传播,既是一种软实力,也是一种硬实力。中国传统文化是现代中国唯一可以拿来与世界交流、竞争的基础、核心软实力。② 因此,如何更好地开发利用中国文化并有效地对外传播具有重要的意义。有研究机构就此提出了文化竞争力的概念。所谓"文化竞争力",即是一个国家参与国际文化互动的国家能力的一种表现形式,也是一个国家的国际竞争力在文化领域的一种表现形式;它与国际文化互动的激烈程度和国家参与程度有关。文化竞争力可以从不同层面和不同角度进行解释,如文化生产的竞争力、文化传播的竞争力、文化设施的竞争力、文化内容的竞争力、文化商品的竞争力、文化服务的竞争力和文化产业的竞争力等。③ 其中,文化生产、文化传播、文化内容、文化商品和文化产业等方面的竞争力都涉及电视对外传播。

我国对于文化在对外传播中的作用也有一个逐渐深化和清晰的认知过程。建国初期,我国的对外传播重点是意识形态的宣传,缺少与外界的沟通和交流,树立国家形象的理念不明确,主要为单向宣传。改革开放以来,我国在坚持以我为主的同时,加强了对海外中国文化的传播,让受众了解中国文化中接受和平崛起的中国形象。④ 2010年7月23日,中共中央总书记胡锦涛在主持中共中央政治局第二十二次集体学习时指出:"文化是民族凝聚力和创造力的重要源泉,是综合国力竞争的重要因素,是经济社会发展的重要支撑。""要精心打造中华民族文化品牌,提高我国文化产业国际竞争力,推动中华文化走向世界。"

三、对外传播的文化应有所选择

一个民族的文化具有一定的独特性,不同文化之间的传播与交流或多

---

① 关世杰:《国际传播学》,北京大学出版社,2004年版,第204~234页。
② 明安香:《传媒全球化与中国崛起》,北京:社会科学文献出版社,2008年版,第208、210页。
③ 中国现代化战略研究课题组:《中国现代化报告2009——文化现代化研究》,北京大学出版社,2009年版,第271页。
④ 祝东颖:《充满潜力的中国文化外宣》,《对外传播》,2009年第7期,第29页。

少存在跨文化的问题,这是因为:第一,一个文化群体中的所有成员具有共同的认知结构(其核心是世界观和价值观)、共同的社会规范(行为准则)、共同的社会组织(从家庭到政府)和共同的语言。换言之,文化是每一人类群体的"灵魂"。第二,文化是人类在进化发展过程中创造和发展出来的,因此有继承性,并在一定历史时期形成传统。第三,文化有民族性。① 在全球化时代,世界各国的政治、经济和文化等方面的交往日趋紧密,而随着传播技术的提升,不同国家间的文化传播活动也日趋频繁。马尔克姆·沃特斯(Malcolm Waters)认为,在全球化时代,"物质交换(material exchanges)地方化了;政治交换(political exchanges)国际化了;而象征交换(symbolic exchanges)全球化了"。② 象征交换的前提和基础就是文化。在当代,一个国家的文化借助全球化的媒体可以产生世界影响力;而影响力的重要前提就是文化对其他国家和民族的人拥有吸引力。亨廷顿(Samuel P. Huntington)和伯杰(Peter Berger)提出了"文化放射物"的概念,即指那些能够主导某个区域甚至全球的文化力量。

一个国家或一种文明,要成为文化的放射物,就必须有足够的文化自我觉悟。它必须了解自己作为传播文化的实体拥有多大的潜力,同时也必须了解自己与其他文化的关系。另外,从事某种文化放射的活动或者从事某种文化放射活动的国家,也受一系列复杂因素的支配,其中如:文化放射国在全球的政治实力、经济实力,可以提供多少劳动力和技术,从美学意义上说,即在当时世界受欢迎的程度,以及它具有多么丰厚的文化资源。③

对于中国的电视对外传播而言,中华文化中的精华无疑是我们的"放射物",也就是我们应该大力对外传播的内容。有学者指出,中国传统文化的构成主要有下列独特元素:

首先是指汉语、汉字等构成传统文化的基础符号;然后就是指儒家、墨家、法家,以及表现为文化形态的道家、佛家等诸子百家构成的传统文化经典、学说、理论、思想;再次是指仁、义、礼、智、信、忠、孝、勇、勤、俭等传统道德观念和操守;还有诗、书、画、印创作,琴、棋、笛、箫演奏等传统文化技艺;当然也包括

---

① 沈苏儒:《对外传播的理论与实践》,北京:五洲传播出版社,2004年版,第39~40页。
② [英]约翰·汤姆林森著,郭英剑译:《全球化与文化》,南京大学出版社,2002年版,第30页。
③ [美]塞缪尔·亨廷顿、彼得·伯杰主编:《全球化的文化动力》,北京:新华出版社,2004年版,第83页。

民族服饰、饮食、建筑等物质文化遗产;还包括小说、戏曲、烹调、中医、针灸等非物质和物质文化遗产;还有传统节日、民风民俗等。①

有学者对此进行了一项抽样调查,被调查的外国人中对中文感兴趣的人最多,占了50.2%。排在第二位的是中国式烹饪,对此感兴趣的人有48.3%,略低于汉字。对中国书法感兴趣的人占了32.5%,对中国画感兴趣的占17.6%。中国功夫排在第四位,有26.3%的人对此感兴趣。对京剧、民乐感兴趣的人不是很多,只有20.7%。② 由此可见,我国文化中的很多元素对外国人具有多大的吸引力有所区别,可以经过选择后再进行对外传播。

需要强调的是,并不是所有的文化元素都适合对外传播。有些人认为:"越是民族的越是国际的。"从保存、发展或保护文化多样性的角度来说,确实如此。但是,从文化的国际竞争角度来说,只有越是普适的、符合普遍市场需求的,才"越是国际的"。③ 而且,从跨文化传播的角度来说,不同国家对异族文化的认知、理解和接受程度存在一定的差异。曾长期从事对外传播工作的沈苏儒先生就指出,并非所有的中国文化都值得拿出去给世界各国的人看或听。任何一种文化都有精华,也有糟粕。19世纪,西方殖民者把男人的辫子、女人的小脚、富人的鸦片烟枪等这些丑陋的东西当成"中国的"特色去宣扬,造成不良影响,流毒所及,一直延续到20世纪。现在各地都在努力开发旅游资源、寻找历史文化遗存,希望大家都要注意到"取精华、舍糟粕"的原则,不要唯"古"是尚、唯"土"为美。而且,有些具有浓郁中国特色的文化艺术,外国人不能完全理解、欣赏。如侯宝林大师的相声,是"最中国的"艺术之一,但不能成为"最世界的",因为外国人听不懂,要翻译成外文,非常不容易,即使译出来了,原来在中文里的喜剧效果恐怕也没了。④ 因此,我国在对外传播中国文化的时候应该有所选择和侧重,需要根据跨文化传播和对外传播的规律选择合适的内容。

四、电视媒体是文化对外传播的重要渠道

从世界历史来看,国际文化传播有三种主导方式:一是在宗教传播过程

---

① 明安香:《传媒全球化与中国崛起》,北京:社会科学文献出版社,2008年版,第209页。
② 刘继南、何辉等:《中国形象:中国国家形象的国际传播现状与对策》,北京:中国传媒大学出版社,2006年版,第198~200页。
③ 唐晋:《论剑:崛起进程中的中国式软实力》,北京:人民日报出版社,2008年版,第114页。
④ 沈苏儒:《有关跨文化传播的三点思考》,《对外传播》,2009年第1期,第38页。

中,顺带进行文化的全方位渗透;二是双边或多边政府之间的官方文化交流,一般具有较浓烈的意识形态色彩或政治色彩;三是商业化的文化输出模式,包括文化产品的输出和商业媒体的扩张。① 如果从传播学的角度出发,这三种传播方式又可以归类为大众传播渠道、组织传播渠道和人际传播渠道。目前,我国的对外文化传播采用三种方式并用的策略,其中,电视对外传播扮演着重要的角色。

中国电视机构从建国初期开始,就以"出口片"的形式进行对外传播。1958年,在北京电视台——中央电视台的前身——建台初期,就将报道国内重大事件、建设成就和人民生活的电视片,附以中文、俄文或英文解说词,航寄给外国电视机构,供他们使用。这些电视片,统称"出国片"。② 当时,这些电视片采用的介质还是电影胶片。随着电视技术的进步,20世纪70年代,"出口片"由电影胶片改为了磁带。到了20世纪80年代,我国已经开始使用卫星向海外传送电视节目。1992年10月1日,中央电视台第一个国际卫星电视频道,即第四套节目正式创办并对外开播。这是中国对外电视传播一个新的起点。目前中央电视台中文国际频道已经按照亚、美、欧三个时间版块分时区24小时播出,覆盖全球98%的区域。此外,近年来国内媒体创办对外传播媒体掀起新的高潮,很多省市电视台也通过长城平台等各种渠道在海外播出,例如湖南卫视、上海东方卫视、浙江卫视、江苏卫视、北京卫视等在海外落地。其中,东方卫视已在北美、欧洲、日本、澳大利亚等海外地区落地,在全球覆盖超过7亿观众。浙江电视台国际频道继2006年8月在法国落地开播之后,2008年1月18日又通过艾科斯塔卫星平台上的中国电视长城(美国)平台正式开始对美国播出。③ 黑龙江电视台第一套节目1997年10月16日通过亚洲2号卫星传输之后,目前节目信号覆盖亚太50多个国家和地区,在美国洛杉矶等22个城市以及澳大利亚的墨尔本、悉尼、布里斯班和新西兰首都惠灵顿都能收看黑龙江卫视的节目。④ 2009年5月,湖南卫视国际频道成立,并随后通过长城平台进入美国、欧洲和亚洲国家市场。2010年1月1日,广西电视

---

① 彭新良:《文化外交与中国的软实力:一种全球化的视角》,北京:外语教学与研究出版社,2008年版,第411页。
② 赵化勇主编:《中央电视台发展史(1958—1997)》,北京:中国广播电视出版社,2008年版,第45页。
③ 侯迎忠、郭光华:《对外报道策略与技巧》,北京:中国传媒大学出版社,2004年版,第12页。
④ 李岭涛、李德刚、周敏等:《中国最具网络影响力的十大省级卫视频道》,北京:中国广播电视出版社,2009年版,第250~252页。

台国际频道成立,同一天,由新华通讯社主办的中国新华新闻电视网(CNC)正式通过卫星向亚太地区和欧洲部分地区播出。

除了中文对外频道以外,我国还开播了多个外国语频道。2000年9月25日,中央电视台英语国际频道(CCTV-9)开播;2004年10月1日,西班牙语-法语国际频道(CCTV-E&F)开播;2007年10月1日,法语国际频道(CCTV-F)和西班牙语国际频道(CCTV-E)分别独立播出;2009年7月25日,中央电视台阿拉伯语国际频道诞生;同年9月10日,中央电视台俄语国际频道正式开播。2010年4月26日,中央电视台英语国际频道改版为英语新闻频道。2010年7月1日,新华社中国新华新闻电视网(CNC)英语电视台正式开播。2011年1月1日,中央电视台纪录频道开播,分别以中文和英语服务境内和海外受众。目前,我国已经成为世界上开播外语对外电视频道最多的国家,这些频道开办了大量有关中国文化的栏目,成为我国对外文化传播的重要渠道。但是,目前我国对外电视频道在传播文化方面仍存在一些理念和操作上的不足。例如,一些对外电视频道似乎没有意识到传播中国文化的战略性意义,而是将频道定位为新闻传播,在当前国际传播格局之下,这无疑是在"以己之短、比人之长"。另外,一些频道在利用电视开展文化对外传播的时候,缺乏相应的策略和技巧,对于包括跨文化传播在内的诸多问题缺乏认知。

五、文化是对外电视的重要内容

对外传播是跨国界和跨文化的传播。它们是相对于本国、本民族文化和本民族语言而言的。[①] 有学者认为,海外受众对中国传媒的需求主要有三个方面:第一,尽快而且全面地了解变化中的中国;第二,了解中国经济的发展状况,尤其是投资环境和合作基础;第三,了解丰富的中国文化,包括历史、艺术、风光、人物、语言和风俗等。[②] 其实,对于非华人的外国受众来说,关于文化的内容可能更有吸引力,因为他们中很多人长期受到西方新闻报道价值取向的影响,又往往以自我为中心,对其他国家的政治和经济等类型的新闻不感兴趣。美国皮尤研究中心(Pew Research Center)1996年曾对公众作过阅读兴趣调查,结果显示:公众感兴趣的9项内容依次为:犯罪新闻、当地人物与事件新闻、健康新闻、体育新闻、当地政府新闻、科学新闻、宗教新闻、政治新闻,最

---

① 郭可:《当代对外传播》,上海:复旦大学出版社,2003年版,第3~4页。
② 杨伟芬主编:《渗透与互动:广播电视与国际关系》,北京广播学院出版社,2000年版,第63页。

后才是国际新闻。① 可见,"耸人听闻"的犯罪新闻排在第 1 位,而国际新闻排到了第 9 位。关于海外受众收看中国传媒的内容需求的问题,蓝海国际传播促进会 2008 年进行了一项名为"蓝海调查:美国人眼中的中国"的受众调查,调查结果显示,在回答"希望了解中国的原因是什么"时,对中国文化、历史感兴趣的高居首位,达 49%,这一数字比"中国不断增加的政治、经济实力"多出 20 个百分点(见表 1)。

表 1　美国民众希望了解中国的原因是什么(primary reasons to learn about China)

Reason/原因	(%)	男性	女性
Culture/History/对中国文化、历史感兴趣	49%	40%	56%
Education/Learn/提高自身的教育水平、增加知识	35%	27%	42%
Growing Political/Economic Force/中国不断增加的政治、经济实力	29%	29%	29%
Interesting/Like Country/有意思的国家、喜欢中国	21%	17%	25%
High Work/Moral Ethic/中国人工作努力、道德感强	13%	7%	19%
Language/中国语言	11%	8%	15%

而且,很多海外受众对于我国对外电视频道中的文化类节目一直情有独钟,具有一定的受众基础。例如,美国俄亥俄州观众 David Moyer 在给 CCTV－9 的信中表示,CCTV－9 让他深入了解了中国丰富而神奇的历史,以及多姿多彩的文化和传统。美国观众 Cary Kelly 在给 CCTV－9 的信中也表示,他从未在中国居住过,也不是华裔,但是仍然喜欢 CCTV－9;他很喜欢学习别的国家的文化,也包括中国的。② 印度观众 K. N. Vijayakumar 在 CCTV－9 的网站上留言说,他经常收看 CCTV－9 的节目。节目非常好,信息量大。他很高兴能够通过这个频道了解中国的文化、历史和自然风光。他希望 CCTV－9 能多播出中国的传统音乐,不要模仿西方的形式。③ 由此可见,文化是我国电视对外传播的重要内容,对于我国对外传播的影响力和吸引力的提升具有重

---

① 陈卫知编著:《美国话语——传播美国新闻与文化》,北京:中国传媒大学出版社,2006 年版,第 23 页。
② 中央电视台海外中心联络部:《海外观众反映》,2009 年第 3 期总第 176 期(http://blog.cctv.com/html/73/806173－236657.html)。
③ 中央电视台海外中心联络部:《海外观众反映》,2009 年第 6 期总第 179 期(http://blog.cctv.com/html/73/806173－663623.html)。

要作用。

六、对外电视在传播文化时要注重路径的创新

　　文化对外传播的路径多种多样,既有传统的具有"外宣"色彩的传播活动,也有立足经济效益的文化产业和贸易。在当下,文化产业和贸易对于文化对外传播的作用日益显著,因为这条途径一方面可以淡化官方色彩、增强传播效果,另外一方面还可以创造经济效益,可谓一举两得。2010年7月23日,中共中央总书记胡锦涛指出:要"着力构建充满活力、富有效率、更加开放、有利于文化科学发展的体制机制,繁荣发展社会主义文化,不断增强我国文化软实力和国际竞争力",在当前和今后一个时期,"要加快发展文化产业,认真落实文化产业振兴规划,精心实施重大文化产业项目带动战略,推进文化产业结构调整,培育新的文化业态,提高文化产业规模化、集约化、专业化水平"。对外电视的文化传播活动具备开展文化贸易的基础和条件,是中国文化产业走出去的重要组成部分。对外电视在文化传播中发挥着重要的作用,但并未充分发挥其潜力,尤其是在传播路径上,忽视了文化产品和贸易的作用。

　　在我国,将文化作为资本加以运用的实践是改革开放以后由于市场经济的实行而开始的。随着知识经济时代的到来,越来越多的人在实践中,渐渐领悟到文化在区域发展中的重要性,渐渐领悟到文化就是产业、文化就是经济,进而认识到文化是生产力。这种实践最显著的特征是文化经济化和经济文化化。[①] 其中,文化的经济化,就是指文化进入市场,文化进入产业,文化中渗透经济的、商品的要素,使文化具有经济力,成为社会生产力中的一个重要组成部分。[②] 近年来,我国出台的有关文化产业发展的政策和措施,多次强调文化产业"走出去"的外向型发展战略:第一,发展文化产业要有国际化的市场理念。在经济全球化的背景下,我们所说的市场不仅是指国内市场,而且还包括国际市场;第二,采取国际化的文化产品制作、传播方式,精心打造中国气派、中国风格的文化品牌产品;第三,要打造一批有能力参与国际竞争的跨国文化公司,充分利用经济领域走出去已经累积起来的市场和经验,大力支持文化企业走出去,参与国际竞争;第四,积极开展国际合作与交流;第五,根据加入

[①] 转引自李富强《让文化成为资本:中国西部民族文化资本化运营研究》,北京:民族出版社,2004年版,第71页。
[②] 中宣部文化体制改革和发展办公室、文化部对外文化联络局编:《国际文化发展报告》,北京:商务印书馆,2005年版,第7页。

WTO后我国对外开放的整体战略需求,重建我国文化外贸的政策系统和法律体系,改革我国的文化外贸体制,建立新的国家文化外贸制度,鼓励文化产品出口,充分利用WTO提供的全球文化市场平台,积极参与国际文化贸易竞争。①

文化通过对外电视行业的文化产品进行传播,不仅可以拓宽传播渠道,而且对于提升我国文化软实力具有重要的意义。强大而有竞争力的文化产业已成为发达国家文化软实力的重要载体。注重文化输出,弘扬和扩大文化的国际影响力是发达国家增强本国文化软实力的战略举措。② 此外,文化产业可以产生经济收益。例如,美国文化产业的年产值占国内GDP的1/4,已成为美国重要的支柱产业。其中,以视听音像产品为代表的美国文化产业,已成为美国重要的经济来源,其出口额已超过航空航天工业而居第1位。③ 近十多年来,我国电视产品的海外销售量逐渐增加,类别也日益丰富。之前,我国电视产品在国际市场的收入主要来自电视剧的销售,电视剧又主要销往我国的港澳台地区和东南亚国家。中央电视台1997年年度总收入43亿元,其中来自海外市场的收入不到总收入的2%。1997年,中央电视台的中国电视节目代理总公司共销往海外电视剧186集、纪录片116集、其他类型节目38集,销售金额仅128.5万美元。2002年,销售状况有所改善,电视剧节目销往海外40多个国家和地区,销售额达到1160万美元,折合人民币大约9700万元,仍仅为年度收入的1.5%。④ 全国电视节目出口总额在2006年达到5亿654万人民币,2007年为4亿4328万人民币。⑤ 但是,包括对外电视机构在内的文化产业相关单位所存在的问题不容忽视,这些问题阻碍了我国以文化产业的形式对外开展文化传播。有学者认为,问题包括三个方面:一是巨大的文化贸易逆差;二是文化消费资源大量流失;三是缺乏有效的对外文化贸易体制。⑥

---

① 张彩凤、苏红燕:《全球化与当代中国文化产业发展》,济南:山东大学出版社,2009年版,第178~180页。
② 邓显超:《发达国家文化软实力的提升及启示》,《理论探索》,2009年第2期(总第176期),第37页。
③ 邓显超:《发达国家文化软实力的提升及启示》,《理论探索》,2009年第2期(总第176期),第36页。
④ 祁述裕主编:《中国文化产业国际竞争力报告》,北京:社会科学文献出版社,2004年版,第180页。
⑤ 国家广电总局网站:http://www.sarft.gov.cn/articles/2008/04/30/20080430174315550051.html。
⑥ 冯益谦:《涉外文化管理》,广州:华南理工大学出版社,2006年版,第94页。

第一章

对外电视与文化传播概说

对外电视与文化传播之间存在密切的关系。毋庸置疑,中国对外传播电视节目,以及后来开办对外电视,主要是基于政治上的考虑。但随着国际形势的变化,尤其是文化对国家形象和国际话语权等的作用日益凸显,对外电视被赋予了越来越多的文化传播方面的使命。近20年来,对外电视与文化传播之间的关联日益紧密。也正是在这种趋势下,中央电视台在2011年开办了纪录频道,在已有的多语种对外电视频道的梯队中增加了侧重于文化传播的一支力量。

对外电视传播的研究可以从电视发展历史、传播技术、我国对外传播历史等多个角度进行解读。文化传播因为涉及文化这个概念,故其内涵和外延非常复杂。本章主要是从我国电视对外传播的历史和现实出发,结合文化和文化传播概念的辨析,力求较为系统地梳理对外电视与文化传播两个概念。

第一节 对外电视传播的概念

一、对外传播、对外电视与对外电视传播

对外传播是指一国跨越国界、信息流向由内到外的传播,或在一国针对境内外国受众的传播。就其特征而言,有学者认为,对外传播是一种跨国的、跨文化的、跨语言的传播。[①] 对外传播属于国际传播的范畴。从历史渊源来说,

---

① 沈苏儒:《对外传播的理论与实践》,北京:五洲传播出版社,2004年版,第34页。

通过电子媒介进行的对外传播开始于1835年电报和通讯社的出现,而真正意义上的对外传播开始于20世纪初美国电影的输出和随后国际广播的出现。①中国近代的对外传播在清朝末年已经萌芽,其产生与中国遭受列强侵略的事实是密不可分的。当时,列强对中国的主权肆意践踏,在华外报(尤其是英文报纸)利用所处的垄断地位操纵舆论,侵害中国的利益。为了改变这种状况,王韬(1828~1897)等中国改良主义知识分子提出了设立外文报馆的主张,试图通过外文报纸的对外新闻传播,改变中国在对外交往中所处的被动地位。王韬首先提出了创办外文报纸的主张,他是中国最早具有对外新闻传播思想的人。除王韬以外,对西学颇有研究的清末改良主义者陈炽(1855~1900)也明确提出过创办外文报刊的问题,他要求清政府准许华人开设报馆,以打破外报垄断的局面,改变那种"中国于己民则禁之,于他国则听之"的不合理状况。清末思想家、报刊活动家郑观应、严复、汪康年等也有一些文章和言论涉及对外新闻传播。② 可以说,这些清末知识分子开启了中国近代对外传播的历史,也在探索对外传播的路径和策略。

对外电视是以海外受众为主要传播对象的电视媒体。我国对外电视主要包括国有的中央、地方媒体和民营的媒体。国有中央媒体包括中央电视台和新华社所属的各语种对外电视频道,地方媒体主要是边境省市和自治区所办的对外电视频道或外语栏目,而民营媒体则是以公司为主体经营的对外电视频道(如蓝海电视、俏佳人电视等)。

对外电视传播就是通过电视频道(如中央电视台中文国际频道CCTV-4)、电视节目产品如DVD或其他渠道(如互联网)开展的对外传播。对外电视传播是随着时代的演变和科技的进步而出现的一种对外传播形式,并随着传播技术的发展在对外传播中发挥日益重要的作用。

中国电视机构从建国初期开始,就以"出口片"的形式进行对外传播。当时的电视片采用的介质还是电影胶片,后来改为磁带。到了20世纪80年代,我国已经开始使用卫星向海外传送电视节目。

除了国家级电视媒体之外,很多省市电视台也通过各种渠道在海外播出,例如湖南卫视、上海东方卫视、浙江卫视等在海外落地。其中,东方卫视已在北美、欧洲、日本、澳大利亚等海外地区落地,浙江电视台国际频道继2006年

---

① 蔡帼芬、徐琴媛主编:《国际新闻与跨文化传播》,北京广播学院出版社,2003年版,第111页。

② 甘险峰:《中国对外新闻传播史》,福州:福建人民出版社,2004年版,第13~16页。

8月在法国落地开播之后,2008年1月18日又通过艾科斯塔卫星平台上的中国电视长城(美国)平台正式开始对美国播出。① 黑龙江电视台第一套节目1997年10月16日通过亚洲2号卫星传输之后,目前节目信号覆盖亚太50多个国家和地区。目前,就中文电视节目的对外传播而言,海外华人受众大致可以通过三种方式收看中国内地的电视频道,即网络、有线电视和卫星电视。大致的传播路径如图1－1－1所示:

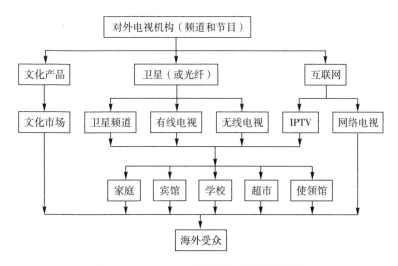

图1－1－1　中文电视对外传播的路径图

如图1－1－1所示,中国电视对外传播的主体就是中央以及各省市的国际频道或对外卫星频道等。传播渠道则是对外电视传媒机构通过卫星或网络把节目送至境外,然后再通过当地的卫星直播平台、有线电视系统、无线电视台以及互联网等,将节目送入用户家中。另外,电视文化产品也是重要的传播渠道。与此同时,有些对外电视机构还以节目销售或借由海外华语媒体的节目网络开展对外传播。

二、对外电视的历史与现状

(一)中国电视事业发展的历史与现状

中国电视对外传播的历史与中国电视发展历史密不可分,因此电视对外传播的历史轨迹与中国电视发展阶段直接相关。中国电视肇始于1958年,这年中国第一座电视台进行了试播。在这之前,我国在技术和人才方面进行5

---

① 侯迎忠、郭光华:《对外报道策略与技巧》,北京:中国传媒大学出版社,2004年版,第12页。

年的准备。1953年,当时的中央广播事业局派遣十名技术人员赴捷克斯洛伐克学习电视技术,并在电视设备和信号传输技术等方面进行研究、开发和生产。1955年2月5日,中央广播事业局向国务院报告,提出在北京建立一座中等规模电视台的计划。同年2月12日周恩来总理批示:"将此事一并列入文教五年计划讨论。"经过几年艰苦的技术攻关,北京电视台(即中央电视台的前身)终于在1958年成功试播,中国电视事业正式诞生。此后,整个中国电视的管理体制和格局分布随着中国政治经济改革而出现多次变化,大致可以分为三个阶段:

第一阶段是"两级办"时期,时间是1958~1982年。在这个阶段,电视主要在两个层面上存在,一是中央级的中央电视台(1958到1978年为北京电视台,1978年改为中央电视台),下面是各大行政区(后为省、自治区、直辖市)电视台。

第二阶段是"四级办"时期,时间是1983~1998年。在这个阶段,电视台由中央、省(自治区、直辖市)、地(市)、县四级负责创办、管理和运作。"四级办"方针是在1983年第十一次全国广播电视工作会议上提出来的。"四级办"实施的结果就是全国电视台的数量激增,很快在中央、省(自治区、直辖市)、地(市)、县四个行政层级上出现了大大小小上千个电视台。

第三阶段是新的"两级管、三级办"时期,时间是1999年至今。1999年,国家广电总局作出了地(市)县职能机构转变,有线电视网台分离、有线台和无线台合并的重大决策,并要求于2002年上半年完成分离和合并工作。其具体内容是:地(县)播出机构逐步转为主要转播中央和省级台的广播电视节目;职能调整完成后,广播电视系统实行中央和省(区、市)两级管理体制,地(市)、县以下实行省(区、市)垂直管理。地(市)、县广播电视局予以保留,继续实施监督管理。这样就形成了中央、省、市三级办电视,中央和省(区、市)两级管理体制。

根据《中国广播电视年鉴(2010)》的最新统计,截至2009年底,全国有广播电视播出机构2654个,其中广播电台251座、电视台272座、教育电视台44座、广播电台2087座;开办了3985套开路播出的广播电视节目,其中广播2675套、电视1310套;178套付费广播电视节目,其中付费电视139套、付费广播39套。动画片超过17万分钟。全国有广播电视发射台转播台3万多座,卫星上行站30多座,有线电视网络400多万公里,我国广播电视人口综合覆盖率分别为96.31%和97.23%,全国电视用户约4亿、有线电视用户约1.74亿,占全球的1/3。全国持有《电视剧制作许可证(甲种)》的单位132家,持有《广播电视节目制作经营许可证》的单位3343家。全国广播电视总收入已超过1800亿元。①

(二)中国内地对外电视传播的历史与现状

中国对外电视传播的历史与现状和中国电视整体的发展历程密不可分,大致可以划分为四个阶段:

1. 起步期(1958~1965)。在中国对外电视的起步期,当时对外电视传播主要是以电影胶片为载体,通过邮寄或航寄的方式向国外报道中国。

1958年,中央电视台的前身——北京电视台成立。在建台初期,北京电视台将报道国内重大事件、建设成就和人民生活的电视片,附以中文、俄文或英文解说词,航寄给外国电视机构。当时由于编制有限,没有成立专门的对外节目机构。这些对外的电视片由电视台政治组拍摄和选片,组里设三名翻译人员负责节目的翻译和寄送工作。1963年,新闻部正式设立出国片组,有三名编辑负责对外电视片的选编和寄送工作。这些"出国片"的解说词则由国际组负责翻译成外文。② 中央电视台向海外寄送的第一个节目是1959年4月21日的《第二届全国人民代表大会第一次会议专题报道》(7分钟)。从1960年起,开始寄送祝贺新年的电视节目(贺年片)。1965年,向海外寄送各类节目达473个。③ 为了丰富片源,1959年北京电视台曾订购中央新闻纪录电影制片厂的《今日中国》杂志片,寄送给与中国有交换关系的苏联和东欧社会主义国家。

在对外电视的起步阶段,因为设备和人员等多方面的原因,对外传播的工作可以说是非常艰苦。当时拍摄电视新闻片时,记者使用16毫米反转胶片拍摄新闻素材,冲洗后剪接成完成片,整个工作流程以及成片都类似于中央新闻纪录电影制片厂的《新闻简报》。当时记者外出拍片时,需要肩扛笨重的AK16摄影机,身背电瓶,衣服常常被电瓶中漏出的硫酸烧破,可见条件的艰苦。④

---

① 中国广播电视年鉴编辑委员会编纂:《中国广播电视年鉴(2010)》,北京:中国广播电视年鉴社,2010年版,第32页。
② 赵化勇主编:《中央电视台发展史(1958—1997)》,北京:中国广播电视出版社,2008年版,第45页。
③ 张长明主编:《让世界了解中国——电视对外报道40年》,北京:海洋出版社,1999年版,第70页。
④ 赵化勇主编:《中央电视台发展史(1958—1997)》,北京:中国广播电视出版社,2008年版,第9~11页。

经过努力,当时的对外电视传播取得了一定的发展,无论是"出国片"的数量还是质量,都有所提高。与此同时,电视对外传播在方针政策上也开始有了明确的方向。1964 年,第八次全国广播工作会议召开,中央广播事业局局长梅益提出了《宣传业务整改草案》,在这个草案中正式确定了北京电视台要"立足北京,面向世界"的方针。

2. 曲折期(1966～1977)。中国对外电视传播的发展在 1966 年到 1977 年期间处于曲折期。1967 年 1 月 6 日,北京电视台停播,2 月 4 日以造反派掌权的面目恢复播出。在这个阶段,因为"文化大革命"的影响,对外传播整体的方针、思路和具体操作都出现了或大或小的偏差。在这个时期,中国对外电视基本上还是采用"出国片"形式。

"文化大革命"时期,北京电视台的"出国片"工作在极"左"思潮的影响和林彪、"四人帮"的控制下,奉行了所谓的"以我为主"、宣传对象"以'左'派为主"的错误方针。出现了宣传"以我为核心"、"打倒一切"的极"左"思想和自吹自擂、强加于人的严重情况,解说词里常常使用一些空洞的政治口号和不切实际的"豪言壮语"。对外寄送节目,不看对象,不问国情,一律寄送大量的宣传"文化大革命"的电视新闻片,致使有些国家接受不了,将原片退回;有个别国家不仅拒收,甚至提出抗议。① 在这十年中,我国对外电视传播的发展势头完全逆转,无论是事业规模还是传播效果都严重下降,在此后一段时间内,对传播策略、传播风格和传播模式都有影响。

3. 成长期(1978～1991)。1978 年党的十一届三中全会以后,中国对外电视工作拨乱反正,逐步走上了正轨。从此时一直到 1992 年,② 中国对外电视处于第三个阶段,即成长期。在此阶段,中国电视对外传播在以下两个方面取得了一定的进展。

(1)以寄送节目、合办频道和租借国外频道的方式开展对外电视传播。

1978 年中央电视台与英国维斯新闻社恢复新闻互购关系,次年,同美英合营的合众独立新闻社建立了新闻互购关系。这两家新闻社在香港收录中央电视台的《新闻联播》,并选择性地在海外发行。从 1980 年起,中央电视台先后同美国的纽约弘声传播事业公司、旧金山华声传播公司、洛杉矶斯扬传播公司、加拿大的世界电视公司、华侨之夜传播公司、多伦多中文电视台、温哥华国

---

① 赵化勇主编:《中央电视台发展史(1958—1997)》,北京:中国广播电视出版社,2008 年版,第 80 页。
② 1992 年,中国第一个国际电视频道——中央电视台中文国际频道(CCTV-4)开播。

泰华语电视台签订了购片合同,向他们提供电视节目,还委托香港东明企业公司复制和出售《中国电视》专题节目录像带。①

1989年6月,国内外政治形势的变化,使对外电视发展遭受挫折。北美华人电视台全部停止播出中央电视台的节目,使得刚成长起来的对外电视队伍受到了重创,英语节目也中断播出达一年之久。1989年的教训,引起了国家领导人对外宣工作的重视,中央设立了国务院新闻办公室,作为对外宣传的领导机构。1990年,全国对外宣传工作会议召开,强调要壮大电视对外宣传的力量,次年7月16日,中央电视台成立了对外中心。② 在此前后,中央电视台和美国洛杉矶熊猫电视台以及北美卫星电视建立了供片关系,并逐步恢复了和其他华语电视台的供片关系,特别是新闻的提供。中央电视台对外中心还发展了英语节目在国外电视台播放的新项目,开创了对外国主流社会的电视宣传。在欧洲与"同一世界频道"建立了联系,利用它的卫星频道向西欧十多个国家播出;在美国的旧金山,支持彩虹电视台开办英语的中国电视节目,向当地美国人播出。彩虹节目一度在纽约、费城等美国其他城市播出。为了把我国改革开放的真实情况有计划、有系统地介绍给国外观众,中央电视台对外中心及时采制了专门对外的新闻杂志节目《中国报道》,以此为核心的《今日中国》英语版在美国华盛顿、纽约、洛杉矶、芝加哥等地每周定时播出,法语版在法国三台定时播出。

需要指出的是,对外电视传播以寄送节目和租借频道的形式进行,效果并不理想。这些节目中,很多是在海外通过租用华语电视台的时段播出,播出的时间少、覆盖面小、收视率低。又由于节目是用邮寄的方法传送,新闻的时效性很差。③ 对于当时的电视对外传播方式和效果,长期从事对外传播工作的段连城认为:"我们的电视片想进入美国的大电视网,我认为很难。也许我这话说得太绝对了……至于我们自己播送,只能小打小闹。花大量的钱,也只能在华人社区搞个电缆电视台。这固然是很重要的宣传渠道,但据1991年年初看到的最新数字,在美国的华人、华裔、华侨,加起来是120万,在美国2.5亿人口中只占千分之几。就是全部华裔华侨都被覆盖(这也难办到),也还没有

---

① 赵化勇主编:《中央电视台发展史(1958—1997)》,北京:中国广播电视出版社,2008年版,第239～241页。

② 赵化勇主编:《中央电视台发展史(1958—1997)》,北京:中国广播电视出版社,2008年版,第239～241页。

③ 甘险峰:《中国对外新闻传播史》,福州:福建人民出版社,2004年版,第268页。

进入美国主流社会。"①

　　随着卫星技术的发展,尤其是中国综合实力的增强,中国对外电视传播开始采取更加先进的节目传输方式。1991年7月1日,中央电视台第一套节目通过位于东经96度5分上空的俄罗斯静止卫星覆盖了一大片国家和地区。1992年1月1日,中央电视台把每天一小时的中、英文对外节目,通过国际卫星送到美国,由美国芝加哥新世纪电视台把节目送上美国的Ku波段和C波段卫星,使整个北美都可以看到当天中国发生的重要新闻,这是中国对外报道工作的又一次飞跃。

　　在这个阶段,除了中央电视台大力开展对外传播以外,地方电视台也加入对外电视传播的队伍中来。1991年4月,由上海电视台与美国旧金山西湖投资开发公司合作开办的华声电视台在旧金山66频道开播。这是我国地方电视台与国外合作办台的第一次尝试。华声台有上海电视台每天提供的10至15分钟的《中国新闻》,还有着重介绍华夏民族的发展沿革和风土人情的《神州风采》。②

　　(2)以中外合作方式开展对外电视传播。

　　中国对外电视传播除了采取寄送节目和租借卫星等方式以外,与国外电视台合作拍摄并在国外播出也是重要的一条途径。从20世纪70年代末至90年代初的十多年里,中央电视台和日本、美国、联邦德国、英国就十多个大型电视片开展合拍项目。当时,中外合拍电视片大体上有两种合作方式:第一种方式是"合拍",即外方投入资金,中外双方都投入创作力量,共同商讨拍摄计划,拍摄统一素材,然后在后期制作阶段,各自根据统一素材编辑各自所需的节目。第二种方式是"协拍",即外方提出拍摄要求,投入资金,我方负责提供联络、接待、翻译等服务。

　　当时,中国与境外电视机构合作拍摄了多部颇具影响力的作品,尤其是与日本电视机构的合作更是取得了丰硕的成果。《丝绸之路》是中央电视台首次与日本广播协会(NHK)联合摄制的大型电视系列片。该系列片的拍摄工作从1979年8月一直持续到1981年5月,历时20个月,国内行程几万公里。《丝绸之路》在日本引起了全社会的轰动,形成了"丝绸之路热"。继《丝绸之路》的成功合拍之后,从1981年至1983年,中央电视台又与日本佐田企画合拍了大型纪录片《长江》。日方片名为《扬子江》,中央电视台片名为《话说长

---

① 段连城:《对外传播学初探》,北京:五洲传播出版社,2004年版,第161页。
② 甘险峰:《中国对外新闻传播史》,福州:福建人民出版社,2004年版,第268页。

江》。1985年至1988年,中央电视台和日本广播协会(NHK)再次合作拍摄了大型纪录片《黄河》。①

4. 全面发展期(1992年至今)。从1992年到现在,中国电视对外传播取得了历史性的发展。在这个时期,中国的对外传播实现了从免费寄送节目转变为建立节目销售网络的转变。1991年以前,中央电视台对外宣传以免费寄送的方式进行。从1992年起,在北美、西欧、日本、东南亚、澳洲、中国台湾、香港等国家和地区先后建立了中国电视节目录像带销售网络。段连城先生在说到对外传播的贸易与非贸易的关系时,有过精辟的论述:回顾走过的道路,不顾成本,滥发滥送,甚至强加于人,教训是沉痛的,绝不能再重复。近些年来,日益强调贸易发行,这是正确的……要明确这一条出版方针,"向市场的广度和深度进军"。"离政治远些"不要紧,弘扬中华文化,也能迂回达到我们的政治目的。② 在这个阶段,中国电视对外传播的成果主要体现在以下方面:

(1)开办多个国际频道,电视对外传播步入多语种、多频道传播时代。

1992年10月1日,中央电视台第一个国际卫星电视频道,即第四套节目正式创办并对外开播,这是中国电视对外传播史上的一个里程碑。中央电视台中文国际频道通过卫星可以覆盖中国的港澳台和亚洲、澳洲、非洲、独联体、东欧、中东的80多个国家和地区。1997年10月,中央电视台中文国际频道通过卫星传送,使用K波段覆盖北美,用户可使用直径1米的天线直接接收。从寄送节目转变为卫星直接传送播出节目,既提高了新闻的时效性,又扩大了节目的信息量。③ 2002年9月2日,中央电视台中文国际频道进行改版,以"加强新闻,突出对台,弘扬文化,荟萃精华"为宗旨。2006年1月30日,中文国际频道又进行了全面改版。此次改版的总体策略是根据对海外传播要"贴近实际、贴近需求、贴近习惯"的原则,对频道结构、自办节目、荟萃节目、频道编排、包装色彩等进行改进和提高,力图提升频道的竞争力和影响力,使中文国际频道更好地向港、澳、台、侨"四位一体"的华人频道方向发展。2007年1月1日,中央电视台中文国际频道针对亚洲、欧洲、美洲观众分版播出。

与此同时,从20世纪90年代开始,多个省市开播了国际频道,或者通过

---

① 赵化勇主编:《中央电视台发展史(1958—1997)》,北京:中国广播电视出版社,2008年版,第242~244页。
② 段连城:《对外传播学初探》,北京:五洲传播出版社,2004年版,第163页。
③ 张长明主编:《让世界了解中国——电视对外报道40年》,北京:海洋出版社,1999年版,第46~48页。

卫星在海外播出。1994年1月1日,浙江卫视就开始利用卫星覆盖周边40多个国家和地区。2006年8月,浙江电视台国际频道成立并首先在法国落地,2008年1月18日又通过艾科斯塔卫星平台上的中国电视长城(美国)平台正式开始对美国播出。1997年,黑龙江卫视的节目信号通过亚洲2号卫星传输,覆盖亚太50多个国家和地区,目前在美国洛杉矶等22个城市以及澳大利亚的墨尔本、悉尼、布里斯班和新西兰首都惠灵顿都能收看黑龙江卫视的节目。2002年1月1日,上海东方卫视(改版前使用的是上海卫视)正式在日本落地。上海东方卫视与日本STV-JAPAN株式会社签署协议,成为继中国中央电视台之后第二家获得日本政府许可、在日本全境可以播出的中国电视媒体,它也是国内唯一一家得到广电总局批准、在日本落地播出的省级电视台。上海东方卫视向海外进军的步伐十分迅速,继成功落地日本、澳大利亚之后,2004年10月在美国ECHO STAR公司"长城"卫星电视平台上正式开播。[1] 2009年5月,湖南卫视国际频道成立,并通过长城平台进入美国、欧洲和亚洲国家市场。

2010年1月1日,广西电视台国际频道成立,同一天,由新华通讯社主办的中国新华新闻电视网(CNC)正式通过卫星向亚太地区和欧洲部分地区播出。该新闻网旗下的环球新闻频道每天24小时滚动播出,包括《最新播报》、《环球直播》、《国际新闻》、《太平洋时间》、《中国时间》等动态新闻栏目,以及《新华视点》、《新华纵横》、《纪实》、《人物》、《天下财经》等专题新闻节目,财经频道也同时开播。2011年1月1日,中央电视台纪录片频道开播,以中英文两个版本在国内和海外同步播出。2011年1月18日,广东电视台国际频道开播,以英语和普通话播出。

目前,北京电视台国际频道、上海东方电视台、广东南方电视台、江苏国际频道、浙江国际频道、厦门卫视、福建海峡卫视、湖南卫视国际频道、中国黄河电视台、深圳卫视、重庆电视台国际频道、安徽电视台国际频道和黑龙江电视台等,都已经迈出了走向海外的步伐。目前,中央和地方的十多家电视台开办了国际频道,共有30个电视频道在海外落地,如表1-1-1所示:

---

[1] 陈京生主编:《华语广播电视媒体语言研究》,北京:中国传媒大学出版社,2009年版,第141页。

表 1-1-1　中国内地主要对外电视频道或国际频道

序号	频道	所属传媒机构
1	中央电视台中文国际频道	中央电视台
2	中央电视台英语国际频道	中央电视台
3	中央电视台西班牙语国际频道	中央电视台
4	中央电视台法语国际频道	中央电视台
5	中央电视台俄罗斯语国际频道	中央电视台
6	中央电视台阿拉伯语国际频道	中央电视台
7	中央电视台戏曲频道	中央电视台
8	中央电视台娱乐频道	中央电视台
9	中国电影频道	中央电视台
10	中央电视台纪录频道	中央电视台
11	北京电视台国际频道	北京电视台
12	上海东方电视台	上海东方电视台
13	广东南方电视台	广东南方电视台
14	江苏国际频道	江苏广电总台
15	浙江国际频道	浙江广播电视集团
16	厦门卫视	厦门广播电视集团
17	福建海峡卫视	福建省广播影视集团
18	湖南卫视国际频道	湖南电视台
19	中国黄河电视台	山西省广播电视局（承办）
20	深圳卫视	深圳卫视
21	重庆电视台国际频道	重庆广播电视集团
22	安徽电视台国际频道	安徽电视台
23	黑龙江电视台	黑龙江电视台
24	泰山电视台	山东电视台
25	广西电视台国际频道	广西电视台
26	四川电视台国际频道	四川广播电视台
27	天津电视台国际频道	天津电视台
28	中国新华新闻电视网（CNC）中文台	新华社
29	中国新华新闻电视网（CNC）英语台	新华社
30	广东电视台国际频道	广东电视台

另外,我国边境省份和自治区根据周边国家的特点积极开办了对外电视频道。内蒙古电视台的蒙古语节目于1976年10月2日正式开播,内蒙古电视台蒙古语卫视频道在2009年6月1日开始全天播出24小时。目前,蒙古语卫视频道作为中国唯一用蒙古语播出的电视频道,在蒙古国、俄罗斯布里亚特共和国及图瓦、卡尔梅克、澳大利亚的墨尔本等国家和地区落地入网,节目覆盖亚太53个国家和地区。① 新疆电视台的节目覆盖了哈萨克斯坦、乌兹别克斯坦、吉尔吉斯斯坦、蒙古等周边国家,柯尔克孜语和维吾尔语的《今日中国》栏目分别在乌兹别克斯坦和吉尔吉斯斯坦两国播出。② 2006年8月10日,延边卫视正式开通,以"地方、民族、外宣"为频道定位,在国内外引起较大的反响。一位韩国观众从韩国首尔打来国际电话,表示在韩国的收看效果非常好。③

在中文电视频道纷纷走向海外的同时,我国外语电视频道的建设也取得了长足的发展。1997年6月27日,中央电视台英语国际频道开始对外试播。2000年9月25日,中央电视台英语国际频道正式开播。2004年5月8日,中央电视台英语国际频道进行了全面改版,开始启用外国人主持节目。频道的重新定位是这次改版的亮点,即从过去"让世界了解中国,让中国走向世界,向世界打开一扇了解中国的窗口"的海外传播宗旨转变为"全球的视角、中国的眼光、世界的窗口"。这次改版的核心是将原来的一个窗口变成两个窗口,不仅是国际社会了解中国的窗口,也是国际社会了解世界的窗口。为此,频道的宣传词由"YOUR WINDOW ON CHINA"(了解中国的窗口)改为"YOUR WINDOW ON CHINA AND THE WORLD"(了解中国、关注世界的窗口)。2004年10月1日,中央电视台西班牙语-法语国际频道开播,采用数字压缩技术进行播出,传播信号通过泛美8号、9号、10号,银河3C和亚洲3C等卫星覆盖全球。2007年10月1日凌晨4点,中国中央电视台原有的西法语频道正式分为CCTV-F(法语国际频道)和CCTV-E(西班牙语国际频道)两个频道播出。2009年7月25日,中央电视台阿拉伯语国际频道诞生,同年9月10日,中央电视台俄语国际频道正式开播。2010年4月26日,中央电视台英语新闻频道(CCTV-News)开播,该频道是由中央电视台英语国际频道

---

① 内蒙古电视台蒙古语卫视官方网站:http://www.nmtv.cn/tv/myws/index.shtml。
② 新疆电视台官方网站:http://www.xjtvs.com.cn/introduce/xsgk_intrduce.aspx。
③ 韩龙根:《办好民族语广播电视 提升对外传播影响力》,《中国记者》,2006年第12期,第22~23页。

(CCTV—9)改版而成的。2010年7月1日,中国新华新闻电视网(CNC)英语台开播。

(2)通过国际合作,电视对外传播范围稳步提升。

从1992年到现在,通过与各国官方和民间、华裔和非华裔人士的合作,中国对外电视传播扩大了节目的落地程度和覆盖范围。1992年11月,中央电视台同香港爱国人士徐展堂先生合作,在英国伦敦创办欧洲东方卫星电视,中央电视台向其提供《新闻联播》和《英语新闻》节目,在欧洲卫视中播出,覆盖整个欧洲和北非。

1993年8月28日,中央电视台与美国3C集团合作,在美国创办了"美洲东方卫星电视",每天播出中、英文节目12小时,覆盖美国、加拿大、墨西哥及加勒比海地区,从此打破了有台湾背景的"北美卫视"从70年代开始一统北美的局面。1994年,美洲"东方卫视"播出的中央电视台的节目也已经进入洛杉矶的"皇冠有线网"。自1995年租用泛美卫星后,"美洲东方卫星电视"开始直播接收中央电视台国际频道节目,节目经过重新包装后在当地播出,每天播出12小时。同年,澳大利亚悉尼民族电视台(SBS)也开始转播中央电视台第四套节目。1995年8月15日,香港九仓有线电视网在香港全天试播中央电视台第四套节目。

1996年,澳大利亚9频道和中文31频道等也相继转播。同年6月3日,中央电视台与美国亚洲商业电视台(ACTV)签订合作协议,当日,该电视台在旧金山地区面向美国主流社会的64频道,开始播出中央电视台的英语新闻、专题、综艺类节目,每天播出1小时,1997年11月改为每天播出3小时。7月1日,中央电视台又与美国映佳传播公司合作,每天播出国际频道1小时综艺节目。

1997年5月30日,南非多选电视台通过泛美4号和热鸟3号卫星转播CCTV—4的节目,实现了中央电视台节目通过数字卫星在非洲和欧洲全境落地播出。同年10月8日,中央电视台国际频道通过美国"银河4号"卫星覆盖北美,北美观众可以使用直径小于1米的卫星天线直接接收CCTV—4,实现了国际频道节目在北美地区更大范围的落地和播出。这一年,中央电视台国际频道还实现了在拉丁美洲地区的落地播出,填补了中国电视节目在海外落地播出的最后一块空白。1997年11月,中央电视台首先进入巴西最大电视网之一——卫星直播电视网TVA,该电视网拥有无线频道、有线频道和100个Ku波段,覆盖了巴西全境。同年12月15日,墨西哥特莱维萨电视台通过其天空卫星电视网(SKY),向全球西班牙语地区播出中国中央电视台国际频道节目。

1998年8月,中央电视台与富士电视台等几家日本一流的企业和媒体合作,建立了CCTV大富频道,在日本通过SKY PerfecTV直播电视平台落地播出。CCTV大富频道以实时转播中央电视台中文国际频道的节目为主,同时在其中的部分时段插播一些本地化的节目,在当地采用付费频道的方式进行商业运作。2000年,中央电视台与挪威电信公司合作,将中央电视台英语国际频道纳入Canal Digital直播平台,该平台覆盖北欧4个国家,当时就已拥有70多万用户。这是中央电视台英语国际频道开播后第一个整频道落地的项目。同年,中央电视台中文国际频道分别进入翡翠互动和中华电视网两个直播平台,在澳大利亚和新西兰的华人社区实现了落地入户。

2001年,广播电视"走出去"工程被列为国家广电总局的重要工作议程。这一年,在广电总局的协调组织下,中央电视台分别与美国时代华纳和新闻集团签署协议,中央电视台英语国际频道在美国部分城市进入有线网和直播平台落地播出,与此同时,对方的星空和华娱两个频道进入广东部分有线网落地播出,从而开创了与境外媒体互惠落地合作模式的先河。2003年3月初,中央电视台英语国际频道在英国的BSKYB和法国的TPS两个直播卫星平台同时开播,一举覆盖了这两个国家的近千万用户。9月,中央电视台英语国际频道通过尼罗河卫星在埃及和中东地区落地播出,覆盖该地区300多万用户。

从2004年开始,中国对外传播的合作主要以推广同年创建的"长城平台"为目标。长城平台是由国内十多家电视台和境外媒体共同参与、由中国国际总公司负责频道集成和海外推广落地的中国卫星电视平台。它的建立,标志着中国电视面向世界的传播从过去单个媒体各自为战的局面向强强联合规模化经营迈出了坚实的步伐,是21世纪初中国电视开拓海外市场的一项重大举措,具有里程碑意义。2004年10月1日,长城(美国)平台率先开播,以商业化运营模式,通过卫星直接入户,开创了中国对外电视频道大规模成功落地的先例。该平台由12个电视台的19个电视频道组成(到2010年4月,该平台的电视频道数已增加到22个),包括中央电视台中文国际频道、英语国际频道、西法语国际频道、戏曲频道、娱乐频道和中国电影频道、北京电视台、上海东方电视台、广东南方电视台、江苏国际频道、浙江国际频道、厦门卫视、福建海峡卫视、湖南卫视、中国黄河电视台、凤凰卫视美洲台、凤凰卫视资讯台、亚洲电视本港台(美洲)和华夏电视台,覆盖1500万户精英收视人群。这是众多中文电视媒体联手为美国观众奉献的一席丰盛的电视套餐,堪称全美最富有价值的中文频道组合。截至2008年4月4日,长城(美洲)平台的用户数达到

66247户。

继长城(美洲)平台之后,长城(亚洲)平台于2005年2月1日开播,以非商业化运营的模式,通过直播卫星开路播出。长城(亚洲)平台由11个电视频道组成,包括中央电视台中文国际频道、英语国际频道、戏曲频道、北京电视台、上海东方卫视、广东南方卫视、江苏国际频道、福建海峡卫视、湖南卫视、深圳电视台和厦门卫视。通过亚太5号卫星Ku波段播出,覆盖中国香港、澳门、台湾地区和日本、韩国、缅甸、泰国等部分亚洲国家。

2005年7月,中央电视台英语国际频道在新西兰最大的付费电视平台SKY TV开播,进入新西兰全岛70万用户家庭。

2006年8月28日,长城(欧洲)平台(14个频道)通过IP电视网络首先在法国播出,这也是长城平台首次通过IP电视落地的方式进入用户家庭。截至2008年2月底,用户数已达到11824户。

2006年12月22日,由中央电视台、上海东方卫视、北京电视台等9个电视频道组成的长城(加拿大)平台获准在加拿大落地。截至2008年2月底,长城(加拿大)平台的用户数已升至7663户。

2007年2月,中央电视台与韩国KBS签约,中央电视台英语国际频道由KBS代理推广,在韩国通过有线网实现了落地入户。

2008年1月1日,长城(拉美)平台正式开播,此节目包集成了来自中国中央电视台和地方电视台的13个频道。

2009年9月20日,长城(东南亚)平台以IPTV模式在东南亚地区播出。长城(东南亚)平台包括:中国中央电视台中文国际频道(CCTV－4)、CCTV－9、CCTV－戏曲、CCTV－娱乐、中国电影频道、北京电视台、上海东方卫视、广东南方卫视、湖南卫视国际频道、江苏国际频道、福建海峡卫视、浙江国际频道、厦门卫视、黄河电视台、重庆国际频道、四川国际频道、天津国际频道、广西国际频道和泰山电视台。①

截至2011年2月,长城平台在海外付费总用户数为92280户。另外,中央电视台英语新闻频道(CCTV－News)和西班牙语国际频道(CCTV－E)在美国艾科斯塔公司平台用户数为1400万户;在法国,CCTV－F(法语频道)共覆盖961万基本层主流用户,CCTV－News覆盖621万用户。就中央电视台对外传播而言,截至2010年底,中央电视台已有6个国际频道的海外落地业务与世界各地289家电视媒体合作,实施了392个整频道或部分时段的落地

---

① http://www.gw－tv.cn。

项目,总共在 141 个国家和地区实现了节目的落地入户播出。其中,整频道落地项目的用户总数约为 17092 万户;部分节目时段落地项目大多是进入各国的无线公共频道播出,所覆盖的观众群更为广泛。

(三)中国台湾电视对外传播的历史与现状

在中国电视对外传播的历史中,台湾电视的对外传播也是重要的一部分。虽然本书不论及台湾电视对外传播,但是在回顾历史的章节中,笔者认为有必要对其做简单的介绍,以资参考和借鉴。

台湾电视对外传播的历史开始于 1971 年,主要以"节目销售"的形式进行传播。当时台湾电视处于"三足鼎立"的阶段,即整个台湾电视事业是由台湾电视事业股份有限公司(简称"台视")、中国电视公司(简称"中视")和中华电视公司(简称"华视")三家电视台主导。台湾电视的对外传播是从台视开始的。1971 年,台视以节目销售的形式开始向香港传播,1972 年 6 月开始向美国销售。台湾电视对外传播的大跳跃是在 1975 年,这年台湾地区领导人蒋介石去世,在海外引起较大的关注,三大公司也由此提升了对外传播的力度。这一年节目外销的总和,达 2400 多个小时,为 1974 年的 3.5 倍,也是 1971 年到 1974 总和的 2 倍多。根据台湾"行政院新闻局"的统计,三台从 1976 年到 1980 年,节目外销平均每年在 3000 小时以上。自 1971 年到 1980 年的 10 年中,三台节目外销的综合逾 2 万小时。如以类别分,最多的为连续剧,次为单元剧与综艺节目,再次为特别节目与新闻集锦等。为了统一向美国各地供销节目、开拓市场,并免除彼此间的竞争,台湾"新闻局"协调三台,共同集资于 1980 年在旧金山成立"国际视听传播公司"(International Audio-Visual Communication Inc.),由三台轮流派任总经理经营,以示公允。其余地区,则仍由各台自理。①

台湾节目在美国传播的渠道则主要是通过与当地华人合作,利用他们开办的电视公司播出台湾的电视节目。例如,最早在美国的传播就是通过马福全的"中华海外传播公司"(Chinese Overseas Mass Communication Company Ltd.)。该公司租用洛杉矶 22 频道电视台时段每周 1 次,播出向台视订购的连续剧《神州豪侠传》和《群星会》,以及综艺节目《歌星之夜》及《翠笛银筝》。还有吴丰堃、吴丰义的"海华传播公司"(Overseas Chinese Communication Inc.),在旧金山有线电视 6 频道租用了自周一至周五晚间每天 2 小时的时

---

① 何贻谋:《台湾电视风云录》,台北:台湾商务印书馆,2002 年版,第 257~258 页。

段,播出华语电视节目,台视也以大批节目供应。后来,为了加大在美国的传播力度,也为了巩固与当地华人的合作关系,1977年2月,台视还派新闻部经理李文中为驻美特派员,常驻旧金山。台湾电视在东南亚地区开展对外传播始于1974年,菲律宾是最早的目的地,其传播形式与对美差不多,也是通过与当地华人合作,利用他们开办的电视机构播出台湾节目。①

随着通信技术的发展,卫星传送逐渐取代了原来的邮寄方式;台湾电视积极利用卫星开展对外传播。在90年代,台湾官方机构即运用卫星代理台湾几家电视台在北美落地。2002年3月1日,"行政院新闻局"开办了所谓"国家级"的对外电视频道——宏观电视台,不收费、不锁码,全天候24小时播放无商业广告的节目。该台采取委制节目和依托中视、华视、台视等轮流播放的方式进行运作。2000年至2001年由中视筹办。2002年委托华视,2003年是台视,2004年政党轮替,不再交国民党的中视,由华视来代办。② 与此同时,台湾私营电视公司从商业利益考虑,也加大在海外发展的力度,进行"民间"对外传播。例如,在台湾较有影响的东森电视台,2003年初接下北美世华电视网的经营权,同时更名为"东森美洲平台"。2月12日,也就是美洲当地时间的2月11日,东森新闻台即依托东森美洲平台落地美国。同年9月,东森美洲电视台通过美国第二大直播卫星电视 Echo Star 播出东森的5个频道。同年10月29日,东森旗下5个频道正式在全美最大的 Comcast 有线电视网播出,主要面向北加州旧金山市与湾区50万华裔居民。另外,2003年7月,东森将原来的东森卫视生活台更名为"东森亚洲卫视"(ETTV ASIA)。卫视台在亚洲推出了4个频道,包括东森卫视、东森幼幼台、东森新闻及东森综艺台。到了2005年,东森国际频道在美国洛杉矶已有50万订户,在香港有60万订户,是年10月在新加坡有40万订户,12月在马来西亚有70万以上订户。③

台湾中天国际频道于1994年开播,其中美洲台在1997年与时代华纳有线电视系统签约,进入南加州部分城市,2000年进入美国 Adelphia 和 Cox 数字有线电视系统,2001年与 AT&T(现为 Comcast)正式签约,进入北加州湾区数字有线电视市场,2005年进入 Verizono FiOSTV 系统的数字精选中文频道,2006年与卫星平台 DirecTV 正式签约,2008年进入 AT&T U－Verse 系统的数字中文精选频道。中天国际频道亚洲台在2000年进入新加坡,2003

---

① 何贻谋:《台湾电视风云录》,台北:台湾商务印书馆,2002年版,第260~265页。
② 陈飞宝:《当代台湾传媒》,北京:九州出版社,2007年版,第303页。
③ 蒋宏、朱金玉主编:《东森登峰之路》,上海交通大学出版社,2006年版,第13~16页。

年进入菲律宾有线电视市场以及新西兰和澳大利亚市场,并进入日本 IPTV 市场。2008 年进入日本 DTH 市场,2009 年进入马来西亚 IPTV 市场。① 中天国际频道的节目是以台湾的中天新闻台、娱乐台、资讯台的节目内容为主;其经营模式是将在台湾制作的节目,结合美国的广告,通过卫星传输至全美。②

TVBS 无线卫星电视台在 1997 年正式播出 TVBS Asia 频道,全天 24 小时向全球播出。该台通过国际卫星 8 号 C Band 卫星,节目同步在新加坡(StarHub Cable TV)、马来西亚(ASTRO)、中国香港(TVB PAY VISION)、澳大利亚(Jadeworld)、日本(TVB—Daifu)、中国澳门(Macau Cable TV)和美国(Jadeworld)播出,有超过 200 万收视群体。③

从台湾电视对外传播的历史可以看出,其最大的特点就是"市场化"。在其对外传播的最初阶段,电视对外传播主要以商业化的手段、运用市场化的营销模式进行传播,即通过销售在台湾热播的电视剧和综艺节目等,达到对外传播的目的;到了卫星电视时代,台湾电视对外传播则主要通过私营电视公司的市场化运作,运用商业竞争法则谋求市场的最大化和效果的最优化。这种运作方式也有利于提升节目质量和传播效果,因而具有一定的借鉴意义。

三、电视对外宣传和电视对外传播的辨析

中国电视对外传播领域长期存在一个问题,就是把"电视对外传播"与"电视对外宣传"两个概念混淆使用。"传播"是向其他国家和地区传递本国的节目内容,而宣传则带有很强的政治色彩。"传播"是一种媒体行为,而"宣传"则是政治举动。虽然在现代中国文化中,"宣传"被赋予正面的、积极的意义,但是在现代西方文化中,"宣传"的英语原词 propaganda 具有强烈的贬义色彩。Propaganda 本来当为基督教"传道、传教"讲,是个褒义词。但是,第一次世界大战后,propaganda 这个词就被赋予"骗人"的贬义了。如果说这是 propaganda,结果必然就没有人听、没有人看、没有人信。④ 宣传意味着建立在半真半假的、对传播渠道狡猾操纵的基础上,所产生的偏执的感染力。战后的自传文学、暴露文学和大众化文学的浪潮促使人们进一步相信宣传的欺骗力

---

① www.ctivt.com.tw.
② 陈飞宝:《当代台湾传媒》,北京:九州出版社,2007 年版,第 318～319 页。
③ www.tvbs.com.tw.
④ 沈苏儒:《对外传播的理论与实践》,北京:五洲传播出版社,2004 年版,第 11 页。

量,并对此心安理得。在这种心安理得中,现代传播媒介被人阴险地利用了。① 鉴于此,在第一次世界大战以后,西方国家觉得有必要找个表达同样意思的新词,于是就用 publicity(公开,公布,宣扬,宣传)或 public relations(公共关系)来代替它。② 因此,"宣传"对于电视对外传播来说具有灾难性的意义,因为那意味着传播效果的"无效",甚至"反作用"。因此,从事电视对外传播的工作者应该摒弃"宣传心态"。

　　随着与西方交流的增多,我国相关政府部门和对外传播媒体对"宣传"一词的使用也开始变得谨慎起来。但是,在传播理念上,我国电视对外传播还是存在"宣传"的印迹。一种较为普遍的现象就是用"以我为主,以正面宣传为主"的内宣思维指导对外传播。有学者指出,"以我为主"本是对外报道题中应有之义,因为对外传播就是要让世界了解中国;"以正面宣传为主"亦无可厚非,因为树立良好的国家形象是对外报道的使命之一。但是,对外报道中怎样体现"为主"原则,却往往使媒体难以把握尺度,对外报道观念又往往被对内报道观念"内卷化"。于是,对外报道中往往容易出现"事事惟我"、"报喜不报忧"的宣传取向。③ 成功的对外传播不在于"以正面报道为主",而应该是"以正面效果为主"的传播。④ 例如,在我们的对外电视节目中,经常可以看到孩子生病从不看上一眼、爱人生孩子不在身边、忙得顾不上孝顺父母的典型人物,甚至"病得疼痛难忍也从来顾不上看医生、不吃一片止疼片的'模范',因为他不愿多花国家的一分钱"。与此相反,英国首相布莱尔为了守在临产妻子的身边,特意请假,并将重要会议推后,此事在媒体上披露后,英国本土乃至欧洲诸国上下一致称赞首相是个有情有义的好男人,并由此推断他也一定能当好一个政府的领导。⑤ 2009 年,一位海外华文传媒的负责人对中国大陆的新闻提出了这样的希望:新闻事实少唱"四季歌",典型宣传避免"脸谱化",突发事件

---

① [美]丹尼尔·杰·切特罗姆著,曹静生、黄艾禾译:《传播媒介与美国人的思想——从莫尔斯到麦克卢汉》,北京:中国广播电视出版社,1991 年版,第 132 页。
② [日]池田德真著,朴世俣译:《宣传战史》,石家庄:河北人民出版社,1984 年版,第 82 页。
③ 何国平:《中国对外报道观念的变革与建构》,《山东社会科学》,2009 年第 8 期,第 27 页。
④ 陈力丹:《对外传播存在什么问题,我们如何做好?》,《对外大传播》,2005 年第 8 期,第 50~53 页。
⑤ 段鹏:《国家形象建构中的传播策略》,北京:中国传媒大学出版社,2007 年版,第 65~66 页。

切忌"绕道走",敏感问题不再"耍滑头",新闻语言防止"假大空"。① 一位在欧洲工作30余年的业界人士也认为,"在英国,电视新闻基本上都是负面的;中央电视台的新闻,特别是关于中国发展方面的新闻,通常是正面的过多了,这在英国就不是新闻了"。由此可见,我国在电视对外传播方面,对内的"宣传"思维还是多少应用到对外传播方面。例如,在一项关于CCTV-9向海外传播的效果调查中,受调查者认为,其在"报道不够专业"、"用词存在偏见"、"意识形态差别"、"夸大中国正面形象"、"由政府控制"、"背景信息不足"、"负面报道不够"等方面存在不足,由此成为影响媒介公信力的重要因素。②

有学者就指出,包括电视在内的对外报道中存在浓厚的"宣传味",主要有以下表现形式:首先是把"正面报道为主"理解为"报喜不报忧";其次是感情色彩太浓;其三是过分夸张,片面强调一点而不及其余。在中国的对外宣传中,宣传工作者常常习惯于在反映成绩时意图太露,直奔主题,以点带面,以偏概全,让人一眼就看出其强烈的"宣传味"。③ 在"传播"与"宣传"观念上的混淆而造成"对外"与"对内"的模糊不清,这首先会有损传播的效果,更为重要的是会严重伤害媒体自身的公信力。因为以宣传心态从事电视对外传播的一个必然结果就是强化自身的官方色彩,传播者很容易觉得自己是政府的代表、发言人,这自然会让海外受众感觉到媒体缺乏独立性,更无公信力可言。

需要指出的是,这种报道理念与中国媒体的报道传统有一定的关系。有学者认为,中国文化独特的"伦理—政治型文化范式"在中国的广播影视发展史上一直占据着主流位置。战争年代里对联合抗日、建立民族统一战线的呼吁,新中国成立后对社会主义改造和建设政策的宣传语推介,以至"文革"中被极"左"思潮改写成"单纯传声筒"的经历,无论是以艺术还是以媒介的形式出现,中国的广播影视业都负载着难以摆脱和抛弃的载道传统。作为这种文化形式的副产品或者说弊端,就是由于在这种传统中过分强调集体和国家而在相当程度上忽视了对个体生命诉求的表达与张扬。在家国一体的观念下,个人的存在空间被极大压缩,守道服从、皈依正统是个人理想与家国观念发生冲突时绝大多数人的选择。而这无疑为中国广播影视长期以来所扮演的"传声

---

① 庞燕:《如何赢得应对突发事件报道的国际话语权》,《第五届世界华文传媒论坛论文集》,香港中国新闻出版社,2009年版,第295页。
② 彭伟步:《海外华文传媒概论》,广州:暨南大学出版社,2007年版,第332页。
③ 张昆:《国家形象传播》,上海:复旦大学出版社,2006年版,第67~68页。

筒"式宣教者角色提供了最好的文化氛围和生存空间。① 中国国内的受众对于这种传播思维、传播方式和传播内容已经习以为常、司空见惯,但是,境外受众则难以接受,尤其是当内容中过多袒露"官方"立场的时候更是如此。长此以往,他们自然就会形成这种印象:中国的媒体言论即是政府表态,缺乏基于新闻专业主义的客观立场。而且,这也往往成为西方一些媒体攻击中国"没有言论自由"的"证据",并由此在西方塑造了中国媒体负面刻板的形象。反复被抹黑,中国对外电视媒体就难以树立具有国际公信力与体现新闻专业主义精神的形象,更难以提高中国对外报道信息的接受率。②

一般而言,我国电视对外传播的过程远比对内传播复杂,不仅要跨越地理距离,还要克服制度和意识形态差异造成的困难,与此同时,还要突破文化差异形成的屏障。地理距离问题可以借助现代的传播技术加以解决,但是制度与意识形态以及文化的差异等问题则较难应付。笔者认为,对外传播流程如图1-1-2所示:

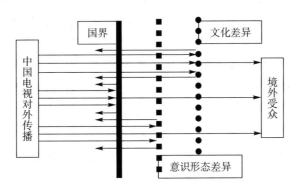

图1-1-2 电视对外传播信息流通过程简图

电视对外传播的信息每通过一层障碍,都不可避免地会有损耗,如图1-1-2中向左的箭头所示。如果我们还固守"宣传"的心态,不注重传播理念、传播内容和传播方式的革新,尤其是不着力研究对内与对外的受众差异,那么,我国电视对外传播中能够穿透图1-1-2中三道屏障并最终到达海外受众的信息将会少之又少。2008年,国家在提出"要加快'走出去'步伐"时,就特别强调要深入研究国内外受众的心理特点和接受习惯,善于利用现代传播技巧,增强新闻报道的亲和力、吸引力和感染力。因此,中国电视对外传播机构需要正视

---

① 黎风主编:《广播影视与文化传播》,重庆:西南师范大学出版社,2008年版,第13页。
② 何国平:《中国对外报道观念的变革与建构》,《山东社会科学》,2009年第8期,第27页。

海外受众与国内受众存在的"内外之别",并根据这些差别在传播内容、传播策略和传播方式上区别对待。如果用"对内宣传"的思维和方法进行"对外传播",那么信息在对外传播的过程中极难逾越"意识形态差异"和"文化差异"这两道鸿沟,也就难以到达境外受众。

虽然我国电视对外传播的出发点是要向世界展现一个进步的、发展的中国,但是任何事物都不是完美无缺的,光明面或阴暗面都不能代表中国完整的、真实的面貌。有专家就认为,应该把我们已经取得的成就和还存在的问题以恰当的方式告诉传播对象。粉饰和抹黑都不可取,自我吹嘘和自我贬损都使正直的外国人厌恶。①

需要指出的是,尽管从20世纪80年代开始,段连城、沈苏儒等众多学者、对外电视工作者以及管理者力推"对外传播"而不是"对外宣传"的说法,但也有一部分学者认为,在中国,"宣传"的说法并无不妥。例如,清华大学教授郭镇之就认为,"宣传"比较贴切地表达了带有位差和不同地理文化区别的传播方式,很适合界定当前中国的现状。而且,她从话语权的角度出发,认为在全球化的过程中,中国得以保存自我及话语,不必处处拾取西方的唾余,特别希望创造一种既能与世界接轨、同时又具备中国特色的独有话语体系和学术框架。鉴于此,郭镇之主张保留中文"宣传"一词的正当性,甚至主张恢复"宣传"的中性含义:从上向下的传播是普遍的,人民也是需要和可能被引导的,教育性的宣传并非全无理由和必要。② 当然,概念的表达方式可以不同,允许保持多元,但在实际的对外传播中,无论是理念、方式还是策略,还是需要践行"对外传播"的本质的。

四、我国对外电视的管理体制和机构

广播电视体制,是一国广播电视事业所赖以建立和组成的所有制形式和结构方法,它既包括理念和法规的基础,又包括组织和经营的内容。③ 就对外电视体制而言,中国对外电视体制总体上可以分为三个层次:中央级、地方级和民间主导的对外传播活动。从根本上讲,我国对外电视体制为中央集权式,

---

① 段连城:《对外传播学初探》,北京:五洲传播出版社,2004年版,第6页。
② 郭镇之等编著:《第一媒介:全球化背景下的中国电视》,北京:清华大学出版社,2009年版,第59页。
③ 李娜:《欧美公共广播电视危机与变迁研究》,北京:中国传媒大学出版社,2009年版,第4页。

几乎完全由政府主导。建国后,根据我国所处国际环境的变化和对外传播任务的调整,我国对外电视的管理机构几经变革。对外电视与其他对外媒体一起构成了中国的对外传播事业(在现阶段,也可称为"对外宣传事业")。整体而言,其管理机构和体制基本一致。

在我国,对外传播等宣传舆论工作由中国共产党直接管理和领导,具体工作由宣传部承担,包括对外电视在内的各级各类电视台、电台、报刊等媒体,都必须接受中共中央各级委员会的领导,服从中共中央宣传部及各级宣传部在业务等方面的领导、指导和管理。在宣传的方针、政策、方向、内容等方面都由宣传部直接管理。因此,在对外电视的管理机构中,中宣部居于最为权威的位置。中共中央宣传部是中共中央主管意识形态工作的综合职能部门。中宣部成立于1924年5月,罗章龙为中央宣传部第一任部长。该机构在"文化大革命"期间被取消,1977年10月恢复成立。中宣部与对外电视管理相关的职能是:负责引导社会舆论,指导、协调中央各新闻单位的工作;负责从宏观上指导精神产品的生产;受党中央委托,协同中央组织部管理文化部、新闻出版总署、中国社会科学院的领导干部,会同中央组织部管理人民日报社、广播电影电视总局、新华社等新闻单位和代管单位的领导干部,对省、自治区、直辖市党委宣传部部长的任免提出意见;负责提出宣传思想文化事业发展的指导方针,指导宣传文化系统制定政策、法规,按照党中央的统一工作部署,协调宣传文化系统各部门之间的关系等。① 另外,中国共产党其他机构也负责包括对外电视在内的对外宣传工作的决策工作。1958年8月4日,中央外事小组呈党中央《关于调整和加强外宣工作领导问题的报告》,其中提出:一切对外宣传的方针政策统一由中央外事小组进行领导。8月23日,党中央同意并转发了中央外事小组的这一报告。1961年1月3日,经中央批准,成立了国际宣传领导小组。国际宣传领导小组的具体任务是:每隔半个月或遇到重大国际事件时,提出宣传意见,协调有关宣传单位的工作;对于国际宣传中发生的重大原则性、方针性问题,也由小组初步研究提出意见,请示中央决定。② 1980年4月,中央对外宣传小组成立,负责领导和管理全国的对外宣传工作。③ 对外宣传小组由中宣部、中联部、外交部、文化部、国务院侨办、港澳办、人民日报、新华社、

---

① 参见人民网关于中宣部的介绍:http://cpc.people.com.cn/GB/64114/75332/5230610.html。
② 甘险峰:《中国对外新闻传播史》,福州:福建人民出版社,2004年版,第138~143页。
③ 张昆:《国家形象传播》,上海:复旦大学出版社,2006年版,第43~44页。

广播事业局(后改为广播电影电视部,又改为广播电影电视总局)、外文局等14个单位的负责同志组成,由中宣部常务副部长朱穆之担任组长。中宣部同时成立对外宣传局,兼做中央对外宣传小组办公室的工作。此后,对外宣传小组的成员又有了一些调整,国务院研究室、经贸部的负责人也成为小组的成员。1988年1月,中央对外宣传小组因中央机构调整被撤销。3月,中央对外宣传小组恢复,建立起独立的外宣实体,直属中央书记处领导。①

此外,国务院的相关机构也在我国对外电视的管理中扮演着重要的角色。1949年10月,新中国的中央人民政府政务院成立了新闻总署,下设国际新闻局(China Information Bureau),统一负责对外新闻传播工作。1952年2月,新闻总署撤销,所属国际新闻局改组为外文出版社。从20世纪50年代起到"文化大革命"前,由陈毅主持的国务院外办统一领导对外宣传工作。1991年1月,国务院新闻办公室成立,该机构属于国务院办事机构。它同时与中共中央对外宣传工作办公室为一个机构两块牌子,列入中共中央直属机构序列。国务院新闻办主要职责是推动中国媒体向世界说明中国,包括介绍中国的内外方针政策、经济社会发展情况及中国的历史和中国科技、教育、文化等发展情况;通过指导协调媒体对外报道、召开新闻发布会、提供书籍资料及影视制品等方式,对外介绍中国;协助外国记者在中国的采访,推动海外媒体客观、准确地报道中国;广泛开展与各国政府和新闻媒体的交流、合作等。② 此外,国家广播电影电视总局肩负对外电视的直接领导职责,外交部新闻司等机构也肩负对外电视的指导任务。

第二节 文化、文化软实力与文化传播

一、文化与文化层次

(一)"文化"的缘起

文化的定义非常复杂,其内涵和外延十分广泛,难有众所公认的定论。这一方面与文化本身的复杂性有关系,另一方面,也因为在不同国家、不同民族以及不同专业背景下,人们对于文化的理解有所不同。

---

① 甘险峰:《中国对外新闻传播史》,福州:福建人民出版社,2004年版,第214~220页。
② 参见国新办网站:http://www.scio.gov.cn/xwbjs/xwbjs/200905/t306817.htm。

就文化的起源而言,"文化"一词最早在拉丁语和中古英语中以"耕耘"或"掘种土地"的意思出现,这一含义依然在"农业"(agriculture)和"园艺"(horticulture)等构词中得以保存。西塞罗(Cicero)使用"文化"一词的时候已经有了一个转移或比喻的意义,他提到了"耕耘智慧"(cultura mentis)的说法。《牛津词典》把1510年作为该用法在英语中首次出现的时间。在这个意义上,"文化"一词意味着为提高某种东西的质量所作的审慎努力。1852年,纽曼(Newman)使用了"精神耕耘"(mental culture)或"智力耕耘"(intellectual culture),但仍不单独使用"文化"(culture)。现在,人们更乐意用"培养、培育"(cultivation)一词来包容以上这些字面上的和隐喻过的双重含义。

在18世纪的法国,沃弗纳格(Vauvenargues)和伏尔泰(Voltaire)等学者开始在法语中正式使用"文化"一词。对他们来说,"文化"意指训练和修来的心智(或思想,抑或趣味)的结果和状态。很快,这一词就被运用于形容某一位受过教育的人的实际成就、良好的风度、文学、艺术和科学——所有这些被称为"文化",被认为是通过教育能够获得的东西。根据《牛津词典》,直到1805年以前,英语中还未出现这个意思。玛窦·阿诺尔德(Matthew Arnold)在他的著作《文化和无政府》(*Culture and Anarchy*)中,把这个意思推广开去,并且作为文化一词最通常的书面用法存留至今,即我们常说的"获得文化"、"文化人"等等。

所有这些含义,与该词在现代人类学中技术化了的用法相距甚远。仅仅是在18世纪末的德国,在赫尔德(Otto Holder)和他的同代人里,我们才初次见到这种现代用法。对赫尔德来说,文化仍是一个社会向善论的概念。它意味着个人的完善,或者发展他自己的过程中习得的工艺、技术和学识。但是,在这些造诣中既包括了生活中的知识,又包括了技艺。他已认识到,不同的民族在总体上可以对"文化"作出不同的贡献;或者,他们甚至可能是"并没有相同的文化"。然而,直到19世纪中叶,"改进"和"发展"这样的内涵才开始出现。在克莱姆(Clem)这位人类学奠基人的著作中,文化一词仍有"发展"这种含义的痕迹,但是它的原始用法现在看来已囊括了一个民族社会生活中的所有方面:"习俗、工艺和技巧,和平和战争时期的家庭生活和公共生活,宗教、科学和艺术。"泰勒(Edward Burnett Tylor)正是从克莱姆处借用该词的,并且首先给它以今天英语国家人类学家所用的含义。

需要指出的是,"文明"一词有一个几乎完全类似于"文化"一词的发展过程。起初,它意指个人修养的过程,或许它比"文化"一词更侧重于社会的风范。所以康德作了这种区分:"我们被艺术和科学……所教养;我们在各种社会的风范和优雅中……变得文明。""文明"作为动词在这个意义上的用法,可上溯至16世纪末期。18世纪后半叶,"文明"与"文化"一样,也开始意指修养的状态而不是它的过程。① 但是,文明和文化两词之间存在着较大的差别,而且不可以互为替代或直接借用。法国学者阿尔贝特·施韦泽(Albert Schweitzer)认为,就其传统的使用而言,"文明"和"文化"一样,指人向更高程度的组织和更高层次的教养的发展。但是,在一些语言中主要使用"文明"这个词,而在另外一些语言中则主要使用"文化"这个词。例如,德国人通常谈文化,法国人通常谈文明。但是,这两个词之间的意义差别既不能在语言上,也不能从历史中得到论证。②

在中国的语境中,文化一词的发展和意义演变与西方不同。尽管中国自古就有"文化"一词,但其含义则与现代汉语中的"文化"有所区别。其意义转变发生在近代,尤其是"五四"前后。当时许多学者参照西方的定义解释文化一词。在当时的形势下,社会学和人类学意义上的"文化"概念成为许多学者讨论中国文明的历史和发展前景的出发点。著名作家如梁漱溟的"文化"定义同泰勒的"文化"定义相似。而胡适则接近于从功能主义的角度对"文化"下定义。胡适认为,文化是一个民族的生活方式和对环境的适应方式。1907年出版的《词源》对"文化"的界定揭示了当时"文化"的概念。"文化"被解释为:"(1)文治;(2)与英文'文化'相同,指一个民族文明的进展,社会学家指代代相传的生活方式为文化。"这个定义承上启下,既包括古典含义,也纳入了新义。1908年,鲁迅发表了一篇题为《文化偏执狂》的文章,他笔下的"文化"一词既包含一般含义,即指文明的智力方面,也包含其作为分析性范畴的某些含义,即指一个民族生活方式的某些方面,如社会政治组织的形式和社会关系的类型等等。③

需要指出的是,很多学者认为,文化在空间概念上不会"统一"或者"全球化",在时间上也不会"亘古不变"。德国思想家赫尔德在其著作中将"文化"一词词尾加了复数。"文化"作为一个名词被理解为某一特定社会的生活方式的综合。在赫尔德看来,每一个民族都有自己固有的和特殊的文化形式。④ 汤

---

① [美]菲利普·巴格比著,夏克等译:《文化:历史的投影》,上海人民出版社,1987年版,第87~89页。
② [法]阿尔贝特·施韦泽著,陈泽环译:《文化哲学》,上海人民出版社,2008年版,第63页。
③ 何平:《文化与文明史比较研究》,济南:山东大学出版社,2009年版,第14页。
④ 何平:《文化与文明史比较研究》,济南:山东大学出版社,2009年版,第6页。

因比(Arnold Joseph Toynbee)认为,即使在现在,世界的政治和经济似乎都已西方化,各地区的文化仍然存在"实质上"的差异。在他看来,文化即"一个社会中社会成员行为(内在的和外部的)规则"。① 另外,文化不是一成不变的人类遗产,它必须在每天的现实中不断地被重新贯彻并加以确认,如果有必要,也需要被保护或者改变。因为在现代化之前,我们文化的根基同样是古老而脆弱的,这清楚地表明:文化可以在"变革"时期重新开辟道路,但危机也可能再度出现并使之瓦解;事实上,我们的文化根本不像有些研究者认为的那样,是坚不可摧的金石之物。② 当马修·阿诺德在 19 世纪中叶从德国引入"文化"这个概念时,文化对于当时的激进派来说还仅是个笑柄。弗雷德里克·哈里森称这个词是"胡说八道,无稽之谈"。阿诺德自己在《友谊的花环》中表示,他对这些嘲讽之语感到欣喜。实际上,一开始对阿诺德而言,文化就是个严肃而刻板的事物。他的"希腊主义"启蒙意识宣扬一种世俗的、自由的、标准的唯智力论,本就是为国家所作的辩护之词。在《文化与无政府》这部书的结尾,阿诺德明确定义:"无论由谁管理国家,国家的框架和外部秩序都是神圣不可侵犯的;而文化正是无政府最坚定的敌人。"文化理应是法律和秩序的代言人。③

(二)"文化"的定义

正因为不同国家和不同学者对于文化的理解存在差异,文化的定义也由此变得多种多样。美国人类学家克鲁伯(A. L. Kroeber)和克拉克洪(C. Kluckhohn)搜集和分析了英语学术文献中所出现的 160 多个关于"文化"的定义,并把它们分为四类:(1)描述性的,如"文化囊括一个社会风俗习惯的所有表征,包括个人行为受到他所生活的社群习俗影响的反应形式,以及受到这些习俗制约的该群体社会活动的产物"。(2)历史的,如"社会遗传即文化。文化作为一般词语意味着人类的全部社会遗传,作为特殊词意味着一种特殊社会遗传"。(3)规范论的,如"那超有机体世界的文化层面,由意义、价值、规范组成,包括当它们在经验的社会文化世界中通过实际的行为或其他手段被客观化(对象化)而显现的它们之间的关系及互相作用,以及组合和非组合的

---

① 何平:《文化与文明史比较研究》,济南:山东大学出版社,2009 年版,第 9 页。
② [德]哈拉尔德·米勒著,郦红、那滨译:《文明的共存——对塞缪尔·亨廷顿"文明冲突论"的批判》,北京:新华出版社,2002 年版,第 125 页。
③ [美]弗雷德里克·杰姆逊、三好将夫编,马丁译:《全球化的文化》,南京大学出版社,2002 年版,第 207 页。

形式"。(4)结构性的,如"文化是一套从历史上获得的关于生活的公开的或含蓄的设计图样。它们会被所有社会成员或某个特殊群体所采用"。①

类似于克鲁伯和克拉克洪第(1)和第(2)类文化定义,雷蒙德·威廉姆斯把文化简洁地定义为"一种特殊的生活方式",它由一个社会群体所分享,由价值观、传统、信念、物质和领域构成。② 有中国学者认为,文化就是一个民族在历史上所创造的并且渗透在其一切行为系统里的观念体系和价值体系。第一,"文化"是具体的,而不是抽象的,它是一个民族作为具体的人类所创造出来的,所以文化有类型之分,例如中国文化、印度文化等等;第二,"文化"是历史上产生的,是历史传习的结果,因此,文化又可以成为传统,而文明则不同。③

类似于克鲁伯和克拉克洪第(3)和第(4)类文化定义,有西方学者认为,一种文化是在一个地方共同群体中发现的文化规则的聚合。社会被用来定义文化,而文化(或者是它的某些特性)又被用来定义社会。④ 美国学者克拉克·威斯勒(Clark Wissler)认为,文化的主要特征可以简化为几种概念,即机械发明、民众教育和普选制。⑤

还有学者从广义和狭义两个范畴来予以定义。广义的文化指一个社会全部物质文明和精神文明的总和。就像考古学家和历史学家所说的,西安的半坡村遗址属于"仰韶文化",包括物质文明和精神文明两个方面。公元前六七千年,那里的居民靠原始农业和原始畜牧业为生,住在半地穴式的长形房屋里;他们的社会结构是母系社会,人们共同劳动,共同消费,过着平等的生活等等。狭义的文化则指一个社会的精神财富,高层次的指科学、哲学、文学、艺术等,低层次的指人们的风俗习惯、流行观念、生活方式等。在汉语里,"文化"一词还指一般知识,如说一个人的"文化水平很高"或者说一个人正在"学文化"。⑥ 与此类似,斯坎内尔、施莱辛格和斯帕克斯指出,"文化"具有双重

---

① 何平:《文化与文明史比较研究》,济南:山东大学出版社,2009年版,第7页。
② [美]詹姆斯·罗尔著,董洪川译:《媒介、传播、文化——一个全球性的途径》,北京:商务印书馆,2005年版,第147页。
③ 曹锡仁:《中西文化比较导论》,北京:中国青年出版社,1992年版,第9页。
④ [美]菲利普·巴格比著,夏克等译:《文化:历史的投影》,上海人民出版社,1987年版,第124页。
⑤ [美]克拉克·威斯勒著,钱岗南、傅志强译:《人与文化》,北京:商务印书馆,2004年版,第8~9页。
⑥ 段连城:《对外传播学初探》,北京:五洲传播出版社,2004年版,第230页。

含义：

> 它一方面是艺术的表现形式，是一种创造性的美学具象派活动；另一方面是指生活方式以及社会活动的结构和性质。这两种情况都涉及价值观念和思想意图的传播与接受，但侧重点和方法大相径庭。艺术即文化的论点吸纳了文学与美学传统，对文化的看法是自上而下的，认为文化有高等与低等之分。文化即生活方式的论点更多地吸纳了社会历史、人类学和社会学，注重日常生活的组织结构及交往形式。①

另外，有学者从符号系统的角度定义文化。陈国明认为，文化是"指导个人行为与引导个人成为团体一分子的一组共同分享的符号系统（shared symbol system）"。②

需要指出的是，不同背景的学者或者说不同专业领域的学者对于文化的定义或理解存在较大的差异。例如，社会学家更多地从生活方式的角度来理解文化，他们认为，每一个社会都有自觉的文化：自己的信仰模式，自己的伦理实践、价值和生活方式，自己的制度等等——所有这些都是在变化的、动态的历史过程中形成和再形成的。③

对于林林总总的各种定义，联合国教科文组织世界文化大会的定义具有一定的参考价值。前文已论述，在此不再赘述。

（三）文化的层次

从电视对外传播的角度出发，文化的定义与内涵固然重要，厘清文化层次也非常重要。文化既有外在的表现形式，也有内部的层次与结构。有人将文化分为三个层次：观念文化、制度文化和器物文化。所谓"观念文化"，主要是指一个民族的心理结构、思维方式和价值体系。所谓"制度文化"，是指在历史发展过程中形成的各种制度。所谓"器物文化"，是指体现一定生活方式的那些具体存在，如住宅、服饰等。④ 还有学者将文化分为"表层文化"、"制度性文化"和"深层文化"。也有学者根据"形而上者谓之道；形而下者谓之器"将文化分

---

① 转引自[美]叶海亚·R.伽摩利帕编著，尹宏毅主译《全球传播》，北京：清华大学出版社，2008年版，第236页。
② [美]陈国明：《跨文化交际学》，上海：华东师范大学出版社，2009年版，第24页。
③ 转引自[美]杨克勤《孔子与保罗》，上海：华东师范大学出版社，2010年版，第76页。
④ 王超逸主编：《软实力与文化力管理》，北京：中国经济出版社，2009年版，第133页。

为"道"和"器"两种层面。其中,"道"文化是抽象的高层次的文化,是形而上的,包括理论信仰和价值观,也包括思维方式、行为方式等方面;"器"文化是具体的文化,是形而下的,包括器物文化、技术文化等,它是文化的物化形式。① 根据电视对外传播的特点,文化可以分为表层文化和深层文化两个层面,这样具有较强的操作性。如果用冰山来比喻的话,文化的这两个层次如图1-2-1所示。

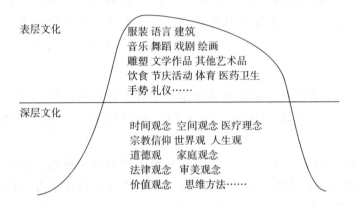

图1-2-1 文化分层的冰山比喻:表层文化和深层文化

其实,和文化的定义一样,不同学者从不同的专业背景对于文化层次有着不同的理解和划分。有学者将文化分解为三个层次:高级文化(哲学、文学、艺术、宗教、科学、技术等等)、大众文化(风俗习惯、生活方式、衣食住行、人际关系等等)、深层文化(价值观、个人角色、社会组织、行为准则、时间取向等等)。高级文化和大众文化均植根于深层文化,而深层文化的某一概念往往以一种习俗或生活方式反映在大众文化中,以一种艺术形式反映在高级文化中。② 梁漱溟认为文化包括三个方面:①精神生活方面,如宗教、哲学、科学、艺术等。宗教、艺术是偏于情感的,哲学、科学是偏于理智的。②社会生活方面,我们对于周围的人——家族、朋友、社会、国家、世界——之间的生活方法都属于社会生活的一方面,如社会组织、伦理习惯、政治制度及经济关系等。③物质生活方面,如饮食、起居等,人类对于自然界求生存的各种方式。③

和梁漱溟的分法相近,有学者从文化人类学的角度把文化分为三个层次。第一个层次是物质文化,即人类为了处理与自然的关系而发明的一个技术系

---

① 刘继南、何辉等:《中国形象:中国国家形象的国际传播现状与对策》,北京:中国传媒大学出版社,2006年版,第36~37页。
② 蔡帼芬、徐琴媛主编:《国际新闻与跨文化传播》,北京广播学院出版社,2003年版,第306页。
③ 梁漱溟:《东西文化及其哲学》,上海:商务印书馆,1926年版,第10~11页。

统。第二个层次是制度文化,即人类为了处理人与他者的关系而产生的文化。第三个层次是心理文化,即观念文化,被人类用来调节心理,处理人与自我、权威与价值等精神方面的问题。这三个层次体现了人与自然、人与社会、人与自我这三大关系。人与环境的互动造就了物质文化,人与社会的互动生成了制度文化,而人与自我和心理的互动形成了心理文化。从文化适应的角度来看,心理文化是文化适应的策略,制度文化是文化适应的机制,物质文化是文化适应的结果。① 和这种分法类似,有学者认为,文化主要包含三个层次:第一层是思想、意识、观念等等,其中包括价值观念和思维方式。第二层是表现文化的实物,其中既包含像哲学家的著作、文学家的文学作品一类的"物",也包括科学技术物化形态的"物",即人工改造过的物质。第三层是制度、风俗,是思想观点凝结而成的条例、规矩等。文化按其所面对的问题可分为三个方面,即人与自然关系的方面、人和人关系的方面以及人自身的关系——如灵与肉、精神生活和物质生活——的方面。②

从传播的角度来考虑文化的分层,有学者根据文化传播对象的层次将文化分成五层:(1)高雅文化;(2)中上层文化;(3)中下层文化;(4)下层文化;(5)准民俗下层文化。③

二、文化与文化类别

文化的分类方式与文化的定义方法一样,纷繁复杂。其中,最为主要的分类方法是两分法和三分法。

两分法是将文化分为高雅文化和通俗文化。在中国传统文化中,高雅文化也可称为"雅文化"、"士大夫文化"或"精英文化",通俗文化也可称为"俗文化"或"大众文化"。雅俗文化之间存在着种种对立。例如,在雅文化中,"仁"是最高的道德,而在俗文化中,由墨家思想演变而来的"侠义"被视为最高的道德,所谓"路见不平、拔刀相助"之类,成为民间结社的道德纽带;吟诗作画、舞剑操琴被视为名士风流,小说、戏剧被视为市井之徒的娱乐,不能登大雅之堂,如此等等。④

---

① 周大鸣主编:《文化人类学概论》,广州:中山大学出版社,2009年版,第5页。
② 张岱年、程宜山:《中国文化与文化论争》,北京:中国人民大学出版社,1990年版,第4页。
③ [美]约翰·R.霍尔、玛丽·乔·尼兹著,周晓虹、徐彬译:《文化:社会学的视野》,北京:商务印书馆,2002年版,第182页。
④ 张岱年、程宜山:《中国文化与文化论争》,北京:中国人民大学出版社,1990年版,第133页。

在两分法中,高雅文化的定义较为趋同,但是对于通俗文化的定义却是众说纷纭。在西方的大众文化研究中,大众文化对应的英文有 mass culture 和 popular culture。前者流行于 20 世纪 30 年代至 50 年代的文化批判思潮中,主要指商业利益驱动的文化产品,特别是大众传播产业的典型产品,像电影、广播、电视、音像产品、广告和流行出版物之类。法兰克福学派倾向于用 mass culture 来称呼大众文化,在他们看来,大众文化是标准文化、程式文化、重复文化和肤浅文化的同义词,是为一种虚假的感官快乐而牺牲了许多历久弥新的价值观念。目前,学者则倾向用 popular culture。popular 的常见翻译是流行,这也是人们对于大众文化的一般性理解。① 英国学者约翰·斯道雷(John Storey)在其著作中总结了通俗文化的六种定义:通俗文化是一种广受欢迎或者众人喜好的文化;通俗文化是我们决定什么是高雅文化后剩余的那部分文化;通俗文化的第三种定义是"大众文化";第四种定义认为,通俗文化是来自于"人民"的文化;通俗文化的第五种定义源自意大利马克思主义者安东尼奥·葛兰西的政治分析,把通俗文化看作是社会被统治群体的反抗势力与社会统治集团的"兼并"势力之间斗争的场所;通俗文化的第六种定义是由近期围绕后现代主义的争论所引发的思考,认为后现代主义文化是一种不再区分高雅文化和通俗文化差异的文化。② 精英文化和大众文化虽然有所区别,但两者之间依然相互影响:为精英工作的文化工作者常常重新演绎大众文化的主题;与此相对应的是,对实现社会流动感兴趣的大众阶级则会模仿较高地位的群体的文化。③ 20 世纪 60 年代,随着大众文化的兴起,过去长期存在于高雅文化与大众文化、艺术与生活体验之间的等级区别开始受到挑战,文化的多元化逐渐得到更多的认同。④

三分法则是将文化分为主流文化、精英文化和大众文化。有学者认为,我国当代文化由主流文化(或称"主导文化"、"官方文化"、"正统文化"等)、精英文化(或称"高雅文化"、"少数人文化"、"小圈子文化"等)和大众文化(或称"文化产业"、"流行文化"、"通俗文化"等)构成,它们三足鼎立、多元共存。⑤ 主流

---

① 转引自庄晓东主编《传播与文化概论》,北京:人民出版社,2008 年版,第 100 页。
② [英]约翰·斯道雷著,杨竹山、郭发勇、周辉译:《文化理论与通俗文化导论》,南京:南京大学出版社,2001 年版,第 8~16 页。
③ [美]约翰·R.霍尔、玛丽·乔·尼兹著,周晓虹、徐彬译:《文化:社会学的视野》,北京:商务印书馆,2002 年版,第 132 页。
④ 庄晓东主编:《传播与文化概论》,北京:人民出版社,2008 年版,第 94 页。
⑤ 王长潇:《当代中国电视文化传播论纲》,济南:山东人民出版社,2005 年版,第 19 页。

文化是指以执政党与政府的价值取向为中心的文化形态。主流文化通常等同于政治文化,以强势集团的"利益"为主导。电视中的精英文化,指以知识分子话语和艺术家经典作品为中心的文化形态。精英文化从某种角度说,即知识分子文化、高雅艺术文化。若广义地理解,精英文化还涵盖那些倡导时尚理念与反映精品生活方式的节目。电视中的大众文化,指以民众喜闻乐见的形式为中心的文化形态。在这三种文化类别中,主流文化与精英文化更注重意义的构成,强调传播社会影响力的生成;大众文化相对更注重形式的生成,努力获得观众在愉悦情绪中的收视率。①

其实,文化的划分方式不一而足,根据研究重点或应用领域的差异而有所不同。例如,在两分法中,除了前文的分法,还有物质文化和精神文化,三分法有物质文化、社会文化和精神文化或物质文化和社会文化、审美和宗教文化等。文化还有四分法,包括社会文化、经济文化、物质文化与精神文化。②

三、文化与文化传播

(一)文化传播的定义

文化传播的概念最早是由文化人类学家 E. B. 泰勒在《原始文化》中首次提出的,它指一种文化中的文化元素从其发源地扩展到不同地方而被模仿、采借和接受的社会现象和过程。它是"人类社会交往活动产生于社区、群体及所有人与人之间共存关系之内的一种文化互动现象"。文化传播作为人的社会活动过程的一个方面,属于社会传播,是人对文化的分配和共享,沟通人与人的共存关系。③

除了文化人类学之外,其他学科对于文化传播也有着与各自研究对象和知识范畴相关联的理解。从传播学的角度来看,文化传播是以文化信息为媒介内容的传播,是人类交流、开化的特殊形式,是传播的特殊范畴之一。④ 有学者认为,文化传播是指发生在特定时空范围内,人们的精神追求、行为模式的交流、互动过程,这既包括特定族群、社会内部,也包括不同族群、社会之间

---

① 俞虹:《电视受众社会阶层研究》,北京师范大学出版社,2010年版,第71~86页。
② 唐晋主编:《大国策:通向大国之路的中国软实力大战略》,北京:人民日报出版社,2009年版,第241页。
③ 梁岩:《中国文化外宣研究》,北京:中国传媒大学出版社,2010年版,第19页。
④ 吴信训:《文化传播新论》,上海人民出版社,2008年版,第10~12页。

发生的文化互动现象。① "从广义上通常把传播精神信息的方式都可以认为是文化传播,或者说,精神信息传播行为都可以作为文化传播。狭义地说,文化传播主要是指传播的过程中文化发生的变化以及文化的变化对传播的影响,泛指对文化信息的传播,重点研究传播对人类文化行为、文化习俗的文化传承作用。文化传播关心社会成员怎样分享并互相传递知识、态度、习惯、行为模式及效果"。②

从社会学的角度看,文化传播是人们社会交往活动过程中产生于社区、群体及所有人与人之间的共存关系之内的一种文化互动现象。文化传播归根结底是人的一种社会活动,是人在社会活动中对文化的分配和享受。活动和享受,无论就其内容或就其存在方式来说,都是社会的,是社会的活动和社会的享受。③

不同学科对于文化传播的定义有所不同。此外,按照传播地域划分,文化传播可分为对内文化传播和对外文化传播。其中的对外文化传播,主要是指一个国家向其疆域之外,也即其他国家和地区进行的文化传播和交流活动。④

需要指出的是,对外文化传播与对外文化宣传之间存在一定的差异。对外文化宣传,简称"文化外宣",是以文化为载体,借助现代化传媒或其他宣传手段,从党和国家的根本利益和长远利益出发,客观、真实地向外国人和华侨、外籍华人等介绍中国,进而争取国外人士对中国的了解、信任和支持,以改变一部分人对中国的思维定式,在海外树立我国良好的国际形象,为发展我国同世界各国在经济、文化、科技等方面的双向交流与合作牵线搭桥,为我国现代化建设创造良好的国际舆论环境。⑤ 由此可见,文化外宣突出了"宣传"的特点,其动因与目标具有较强的政治色彩。

(二)文化传播的内容与分类

按照联合国教科文组织对文化的定义,文化传播的内容主要包括文学和艺术、生活方式、共处方式、价值观体系、传统和信仰等几个方面,其中,价值观是最核心的内容之一。有学者认为,所有的传播最终都要回归到价值层面上,无论是物质利益的传播还是文化精神的传播,在本质上都是追求"价值"。价

---

① 吴瑛:《文化对外传播:理论与战略》,上海交通大学出版社,2009年版,第13~14页。
② 戴元光、金冠军主编:《传播学通论》,上海交通大学出版社,2000年版,第127~128页。
③ 司马云杰:《文化社会学》,北京:中国社会科学出版社,2001年版,第271~272页。
④ 梁岩:《中国文化外宣研究》,北京:中国传媒大学出版社,2010年版,第19页。
⑤ 梁岩:《中国文化外宣研究》,北京:中国传媒大学出版社,2010年版,第19~20页。

值即力量,价值即生命,价值即核心影响力与竞争力。① 有学者认为,从古至今,文化传播一直存在,并主要以如下几种方式开展:第一,自然传播;第二,商道传播;第三,战争传播;第四,移民传播;第五,宗教传播;第六,通过国与国之间领导人、政府部门、职能部门和专家学者的交流互访和参观考察进行文化传播;第七,通过国际旅游业进行的传播等。②

文化传播的种类非常多。大体说来,文化传播分为物质性的文化传播与非物质性的文化传播。物质性的文化传播如中国古代的瓷器通过丝绸之路向异域传播。物质性的文化传播是通过物质商品传播文化生活方式、时尚、文化观念等。非物质性的文化传播,譬如古代中国的汉籍向东亚或西方传播,通过这些译成其他文字的汉籍,异域的人们获得了对中国文化的认知,一些价值观念也受到影响,如孔子学说对东亚、东南亚民族的影响源远流长,甚至为一些民族的道德精神心态形成奠定了基础。③ 另外,就传播介质而言,文化传播的渠道包括电视文化传播、电影文化传播、广播文化传播、网络文化传播、报刊文化传播等。就内容而言,文化传播包括体育文化传播、宗教文化传播、教育文化传播、文学文化传播、艺术文化传播等。

从对外文化传播的角度来说,文化传播主要分为对外媒体的文化传播、对外文化交流的文化传播和对外商贸的文化传播。对外媒体文化传播又可以细分为对外电视文化传播、对外广播文化传播、对外报纸文化传播、对外网络文化传播和对外电影文化传播等。以对外文化交流形式开展的文化传播包括国际教育文化传播、宗教文化传播、国际文化艺术交流、国际科技交流以及国际体育交流等。对外商贸的文化传播主要是文化产品的国际销售。

四、文化与文化软实力

(一)软实力的缘起与定义

和文化一样,对于文化软实力也有着多种多样的理解。文化软实力是软实力的组成部分,因此在论及文化软实力的缘起与定义之前,先要研究软实力。实际上,中国文化自古就包含着软实力的思想。在"百战百胜,非善之善也;不战而屈人之兵,善之善者也。故上兵伐谋,其次伐交,其次伐兵,其下攻城"等广为流传的思想智慧中,软实力的概念清晰可见。正是基于这种文化传

---

① 吴祚来:《对外传播与文化焦虑》,《对外传播》,2009年第9期,第15页。
② 庄晓东主编:《文化传播:历史、理论与现实》,北京:人民出版社,2003年版,第57~60页。
③ 吴祚来:《对外传播与文化焦虑》,《对外传播》,2009年第9期,第14页。

统,中国人对于"软实力"概念一点也不陌生,也使得这一理论在中国的传播相当顺畅。①

软实力这个概念是1990年由美国国际关系学者约瑟夫·奈(Joseph Nye, Jr.)提出的,原文是"soft power",他是从国际关系视角提出的概念。"软实力"这一概念在对外传播学、国际政治学、外交学和管理学等多个范畴成为一个高频词汇被使用。现在,不同背景的人士对于软实力有着不同的理解和甚为悬殊的态度。即使是约瑟夫·奈本人,他在不同时期对"软实力"的界定也不尽相同。1990年,他在《软实力》一文中给出的界定是:"同化权力(软实力)是一个国家早就一种情势使其他国家仿效该国倾向并界定其利益的能力;这一权力往往来自文化和意识形态吸引力、国家机制的规则和制度等资源。"2002年,约瑟夫·奈在《为何再不能单纯依赖军事力量》一文中,认为软实力就是"让别人也想要你所想要"的能力。

2004年,他在《软实力——世界政治致胜之道》一书中明确指出软实力的三种主要资源:文化、政治价值观及外交政策。2006年,在《软实力再思考》一文中,他将这一概念简单地定义为"通过吸引而非强制或者利诱的方式改变他方的行为,从而使己方得偿所愿的能力"。② 2007年,他在北京大学演讲时将这个概念阐释为:"软实力即一个国家通过内在吸引力在国际上获得其渴望的利益的能力","软实力"主要包括国家的政治价值观、军事政策与文化吸引力三个内容。③ 在这三种来源中,文化和价值观为软实力的主要内容,与其吸引力的关系比较密切(当然,并非所有的文化和价值观都有对外的吸引力,但反过来说,软实力中的吸引力更多地来自文化和价值)。④

在中国,软实力的概念有着广泛的影响力,尤其在国际政治和国际关系领域。一些国际政治或国际关系的研究者认为,软实力思想反映了国际政治的新现实,即实力的性质或来源发生了巨大变化。非物质性实力在国际关系中的作用日益凸显。在一定意义上,约瑟夫·奈的软实力理论是对传统实力思

---

① 北京大学中国软实力课题组:《软实力在中国的实践之一——软实力概念》,http://theory.people.com.cn/GB/49157/49165/6957188.html。
② 转引自王超逸主编《软实力与文化力管理》,北京:中国经济出版社,2009年版,第13页。
③ 2007年12月14日下午,应北京大学国际关系学院邀请,美国哈佛大学肯尼迪政府学院前院长约瑟夫·奈教授在国际关系学院秋林报告厅举办主题为"中国软实力的崛起"的演讲会。
④ 唐晋主编:《大国策:通向大国之路的中国软实力大战略》,北京:人民日报出版社,2009年版,第19页。

想的补充和发展,为分析国际舞台上国家的实力定位提供了一个全新的视角。当然,软实力思想在一定意义上也是对传统实力思想的回归,既重视具体的、物质的实力因素,也重视抽象的、非物质性的实力因素。从软实力基本概念的界定来看,约瑟夫·奈强调了国内因素和国际因素的融合,从而跨越国内和国际两个层面,且着眼于国家战略能力的提高。①

软实力的概念为国际政治和国际关系等学科提供了一个新的思考维度,但并不是一个革命性或开创性的路径。严格来说,"软实力"概念属于现实主义的范畴,因为它仍然把"权力"而不是"权利"、"利益"而不是"正义",作为讨论国际关系的核心概念。但"软实力"的概念在"实力"这个历来被看作是很"硬"的东西面前,加上了"软"这个修饰词,并且把现实主义国际关系理论通常不那么重视的因素,如文化、价值观、非政府组织以及公民个人的行为等,放到一个重要位置,这些显示出其对现实主义国际关系理论的重要修改,并朝理想主义的国际关系理论走近了一大步。②

目前较为普遍的一个观点是,软实力是指一种能力,它能通过吸引而不是施压(如军事、经济上的压力)或施惠(如经济、财政、物资上的援助)来达到所预期的目的或效果。这种吸引力主要来自一个国家的文化、价值观(包括政治理念)和内外政策等各个方面,它同时具有亲和力和影响力。有研究者认为,没有吸引力就没有软实力。③

软实力对于文化传播领域也有着重要的影响,它一方面促使人们重视对外传播中的文化传播,另一方面促进了人们对核心价值观,尤其是对外传播中文化核心价值观的重视。关于文化,约瑟夫·奈在阐释软实力概念的过程中有着独到的思考。他认为,文化是"为社会创造意义的一系列价值观和实践的总和",并把文化分为两类,一类是雅文化,即"迎合社会精英品味的阳春白雪型,比如文学、艺术和教育";一类是俗文化,即"侧重大众娱乐的通俗文化型"。④ 对于对外传播而言,就是要通过"雅"和"俗"两条途径传播文化的核心价值观,从而在不同的目标群体中释放文化软实力。

特别需要注意的是,关于软实力这个词本身的表述方式也存在众多异议。

---

① 门洪华:《中国软实力评估报告》,《国际观察》,2007年第2、3期。
② 童世骏:《提高国家文化软实力》,《毛泽东邓小平理论研究》,2008年第4期,第171页。
③ 唐晋:《论剑:崛起进程中的中国式战略》,北京:人民日报出版社,2008年版,第188~189页。
④ [美]约瑟夫·奈著,吴晓晖、钱程译:《软力量:世界政坛的成功之道》,台北:东方出版社,2005年版,第11页。

很多学者质疑,软实力一词中的"软"与"实力"本身就意义相悖。此外,在汉语中,"实力"指"实在的力量",主要的意义指向是主体本身具备的物质力量,而较少有"外在影响力"这一含义。但英文 soft power 既有"实力"之义,又有"影响力"之义,一般指建立在物质实力基础上的影响力,是"实力"、"影响力"两种意思的结合。因此有学者认为,将英文短语 soft power 翻译成汉语"软实力",是学术界的惯例,并不能准确表达英文本身的内涵。①

另外,软实力这一概念是在国际政治的语境中提出的,因此,很多学者对于源自美国的软实力概念存在诸多疑虑。有学者指出,软实力是美国在政治领域推行全球霸权的手段,也是在全球化背景下美国文化扩张的重要途径。正是基于这种担忧,即便在西方,对美国软实力的憎恶也是持续已久。软实力正在将世界扩展为一个全球性帝国。② 北京大学乐黛云教授对于文化软实力概念也提出了反对意见。她认为,在国际文化关系的语境中,文化软实力有文化霸权的意思。文化软实力理论所关注的并不是不同文化之间的相互吸引、共同发展,而是对其他文化打压、征服、吞并,以维护其"单边统治的文化霸权"。③ 德国孔子学院中国总院院长阿克曼认为,软实力其实就是一种硬实力的表达。他认为,约瑟夫·奈的意思是用一种非武力的方式,来达到一个通常要用武力才能实现的目标。④

(二)中国语境下的文化软实力

在软实力的构成中,文化和政治价值观及外交政策等都是极为关键的要素。文化作为一种软权力,不同于石油、核武器和洲际导弹等资源性的硬权力,它具有扩散性、非垄断性乃至共享性,而且具有传播快、影响大、知识性、娱乐性和易接受性等特点。文化的威力恰恰来自于其广为传播的特点,能为世界各族人民广为接受。⑤ 从另一个角度来说,发源于一国的文化一旦被对象国或目标国民众所接受和认同,成为国际社会的基本价值标准或主流文化而被对方尊重和遵从,从而在文化观念上影响乃至控制对方,该国自然就获得了

---

① 喻国明、焦中栋:《中国传媒软实力发展报告》,北京:同心出版社,2009 年版,第 33 页。
② [加]马修·弗雷泽著,刘满贵等译:《软实力:美国电影、流行乐、电视和快餐的全球统治》,北京:新华出版社,2006 年版,第 20~21 页。
③ 2009 年 4 月 30 日,乐黛云教授在北京大学"中国对外传播文化软实力"国家社科基金重大项目课题研讨会上的发言。
④ 2010 年 12 月 23 日,阿克曼在中央电视台国际传播能力建设专家研讨会上的发言。
⑤ 李智:《文化外交:一种传播学的解读》,北京大学出版社,2005 年版,第 143 页。

更强的"软实力"。① 正是基于这种认同,文化软实力正在逐渐成为与软实力并驾齐驱的一个词,很多时候两者甚至可以互换。如果从文化的角度来给文化软实力下定义的话,也可以理解为文化的吸引力。

在中国当代语境中,文化软实力被赋予了越来越重要的使命。在 2007 年"十七大"报告《高举中国特色社会主义伟大旗帜,为夺取全面建设小康社会新胜利而奋斗》中,首次明确提出了"提高国家文化软实力",2010 年 10 月召开的中国共产党十七届五中全会提出:"文化是一个民族的精神和灵魂,是国家发展和民族振兴的强大力量。要推动文化大发展大繁荣、提升国家文化软实力。"2011 年 10 月 18 日,中国共产党第十七届中央委员会第六次会议提出:"文化在综合国力竞争中的地位和作用更加凸显,维护国家文化安全任务更加艰巨,增强国家文化软实力、中华文化国际影响力要求更加紧迫。"这与中国社会发展、国家建设以及应对全球挑战的需求不无关系。中国崛起需要强有力的精神支柱,与此同时,对外来文化要积极防御,提高本民族文化的影响力。② 而文化软实力就是非常合适的一个概念或者说手段。

文化软实力是软实力的一个重要内容,简而言之,是文化的吸引力。有学者在探讨中国的文化软实力问题时提出,中国文化应当成为中国崛起的软力量的重要构成。③ 而文化要产生吸引力,首先就是要获得认同。根据 Phinney (1993)的研究,文化认同的形成,通常经过三个阶段:未审的文化认同期(unexamined cultural identity)、文化认同的搜索期(cultural identity search)与文化认同的完成期(cultural identity achievement)。④ 在针对同族,例如海外华人进行文化软实力传播时,文化认同就非常重要,是我国对他们开展传播的重要基础,而这就需要我们在文化、政策等诸多层面有所作为。例如,撒切尔夫人的回归"维多利亚时期价值观念",梅杰发起的"寻根溯本"运动。人们通过这些文化再生产机制,塑造了特定版本的"集体记忆",进而塑造了特定的民族认同观。⑤ 集体认同需要行为个体和社会集团达到某种一致性、凝聚性、

---

① 李智:《国际政治传播:控制与效果》,北京大学出版社,2007 年版,第 164 页。
② 仪名海主编:《信息全球化与国际关系》,北京:中国传媒大学出版社,2006 年版,第 301~303 页。
③ 仪名海主编:《信息全球化与国际关系》,北京:中国传媒大学出版社,2006 年版,第 301-303 页。
④ [美]陈国明:《跨文化交际学》,上海:华东师范大学出版社,2009 年版,第 171~172 页。
⑤ [英]戴维·莫利、凯文·罗宾斯著,司艳译:《认同的空间》,南京大学出版社,2001 年版,第 62~63 页。

连续性。① 必须经年累月,借助集体记忆,借助共享的传统,借助对共同历史和遗产的认识,才能保持集体认同的凝聚性。维持它还必须跨越空间,借助疆域与疆界的复杂构图,借助界定"我们"与"他们"的包含原则与排斥、互异原则。在特定时期,已经确定的集体认同的标准基石陷入了危机。②

对外传播文化软实力的关键要素是文化要具有辐射力,或者说文化本身是某种"放射物"。"放射物"是亨廷顿和伯杰分析全球化时代世界格局的重要概念,指那些能够主导某个区域甚至全球的文化力量:"一个国家或一种文明,要成为文化的放射物,就必须有足够的文化自我觉悟。它必须了解自己作为传播文化的实体拥有多大的潜力,同时必须了解自己与其他文化的关系。另一方面,从事某种文化放射的活动或者从事某种文化放射活动的国家,也受一系列复杂的因素支配,其中如:文化放射国在全球的政治实力,经济实力,可以提供多少劳动力和技术,从美学意义上在当时世界受欢迎的程度,以及它具有多么丰厚的文化资源。"③

在探讨中国文化的放射物之前,中国文化的概念需要先予以厘清。关于"中国文化"的概念,有的学者认为,中国文化存在于每个家庭的口授心传,是代代相传的做人的道理,是一种生活样态和思维的基底,是中华儿女心灵的基因,着重指中国传统文化。④ 不过,鉴于中国文化本身的博大精深和多民族的民族构成,有学者认为,中国文化在主导文化之下拥有多元化的构成,"如果说整个国家拥有共同的文化模式的话,那么这种共同性应该局限在每个国家的主导文化的范围之内"。⑤ 有研究者认为,中国文化是中国各族人民在长期的历史进程中创造的一切物质产品和精神产品的总和,是中国传统文化不断融入全球化的进程,是吸收世界各国优秀文化的进程,也是不断创造先进文化的进程。在这个意义上,它包含中国传统文化和外来文化、汉民族文化和其他少

---

① A. J. Marsella, *The Measurement of Emotional Reactions to Work: Methodological and Research Issues*, Work and Stress, 8(1994), pp. 166~167.

② [英]戴维·莫利、凯文·罗宾斯著,司艳译:《认同的空间》,南京大学出版社,2001年版,第98页。

③ [美]塞缪尔·亨廷顿、彼得·伯杰主编:《全球化的文化动力》,北京:新华出版社,2004年版,第83页。

④ 参见陈怡璇《中国文化到底在哪里?》,[中]乐黛云、[法]李比雄主编:《跨文化对话》(12),上海译文出版社,2003年版,第30~31页。

⑤ [美]拉里·A.萨默瓦、理查德·E.波特著,闵惠泉、王纬、徐培喜等译:《跨文化传播》,北京:中国人民大学出版社,2004年版,第67页。

数民族文化、中国特色社会主义文化和其他亚文化。中国文化的概念就是包含中国传统文化和外来文化的、以汉民族文化为主、以其他少数民族文化为补充、以中国特色社会主义文化为统领的主流文化。① 学者俞新天认为,今天的中国文化是指当代中华文化,是反映在当代中国人思想和行为中的文化,是传统文化流淌至今表现出来的文化。它包括马克思主义中国化的成果——中国特色社会主义理论;也包括已经被中国人所接受的西方文化,如科技、教育、学术等等,其中不少内容也因此带有中国的特点;还包括中国共产党成立之后创造的革命文化和共和国建立之后的文化。他所说的文化价值观,主要指当代中国人所坚持和认同的价值观,例如和平、发展、和谐、改革开放、民主、法治、以人为本等等。② 笔者认为,中国文化是中国传统文化与当代文化的有机组合,同时也是各民族文化的整合体。

　　中国文化辐射力的构成元素大多是传统文化符号。首先是指汉语、汉字等构成传统文化的基础符号;然后是指儒家、墨家、法家,以及表现为文化形态的道家、佛家等诸子百家构成的传统文化经典、学说、理论、思想;再次是指仁、义、礼、智、信、忠、孝、勇、勤、俭等传统道德观念和操守;还有诗、书、画、印创作及琴、棋、笛、萧演奏等传统文化技艺;当然也包括民族服饰、饮食、建筑等物质文化遗产;还包括小说、戏曲、烹调、中医、针灸等非物质和物质文化遗产;还有传统节日、民风民俗等。③ 相比浅层文化,具有普世意义的深层文化内容更能产生深入持久的吸引力。我国的软实力战略要充分挖掘儒家思想和现代人权、民主思想的相似性,弘扬人的主体自觉性和创造性,通过实现儒家思想的现代意义增强中华文化的吸引力。④

　　值得一提的是,正如对文化软实力有着不同的解读方式,人们对中国语境下的文化软实力也有着不同的认知。有学者认为,我国语境下的"软实力"与约瑟夫·奈的"软实力"有很大不同,具体而言,前者是建立在中国人民利益和世界人民利益根本一致、中国政府的国内责任和国际责任根本一致的基础上的,⑤ 而后者从根本上服务于霸权主义。

　　另外,基于不同的专业背景,学者们对于软实力的理解,尤其是软实力的

---

① 崔婷:《全球化与当代中国跨文化交流》,济南:山东大学出版社,2009年版,第38页。
② 俞新天:《软实力建设与中国对外战略》,《国际问题研究》,2008年第2期。
③ 明安香:《传媒全球化与中国崛起》,北京:社会科学文献出版社,2008年版,第209页。
④ 吴瑛:《文化对外传播:理论与战略》,上海交通大学出版社,2009年版,第48页。
⑤ 童世骏:《提高国家文化软实力》,《毛泽东邓小平理论研究》,2008年第4期。

核心有着相去甚远的解读。俞新天认为,软实力的核心是文化,而且主要是文化中的核心即价值观。清华大学学者阎学通认为,软实力的核心是政治实力。① 软实力的概念传入中国后,已经从学术界的一个词汇演化为国家层面的一个理念,它对于中国的影响也许连约瑟夫·奈自己也没有想到。但软实力的概念如何与当下的中国契合?如何服务于我国的国际政治和文化传播?这些都值得思考。

第三节　对外电视中的文化传播

随着中国国际地位和国家影响力的提升,"中国机会"成为许多外国人士了解中国、关注中国的重要动机。与此同时,为了增加外国人士对中国的好感和认同感,"中国魅力"再次被放到了对外传播的重要领域。"中国机会"的背后是中国经济,而"中国魅力"则源自中国文化。有学者指出,一个国家不仅要解决"挨打"、"挨饿"的问题,还要解决"挨骂"的问题。一个民族,即使因为政治、军事力量强大而不再"挨打",因为经济力量强大而不再"挨饿",但如果文化成果不多、国民素质不行、民族凝聚力不强,在国际社会还是得不到重视和尊重,甚至会出现"挨骂"的局面。② 这种论断也许过于简单,但不失为一种形象的表述。我国的对外电视正是要通过文化传播,来提升中国的国家形象,强化"中国魅力",赢得目标受众的好感。值得一提的是,中国文化仅仅是我们的软实力资源,并不是软实力。"资源"要转化为"力量",需要借助媒体和其他介质。中国对外电视需要通过播出针对性强、制作精良、符合当地受众需要的节目,才能有效实现这种转化,更好地为文化软实力的传播服务。

一、对外电视开展文化传播的历史与现状

对外电视中的文化传播是中国整体文化对外传播的有机组成部分,也是古往今来中国文化传播的延续与发展。

利用现代大众电子媒介进行对外文化传播则是20世纪50年代中国电视事业诞生以后的事情了。囿于当时的条件,派遣文化表演团和艺术演出团进

---

① 唐晋:《大国策:通向大国之路的中国软实力大战略》,北京:人民日报出版社,2009年版,第217页。
② 童世骏:《提高国家文化软实力》,《毛泽东邓小平理论研究》,2008年第4期。

行友好访问是建国初期对外文化传播的一种最为重要的形式。早在1949年6月中华人民共和国成立前夕,新中国派遣了以李伯钊为团长、以解放区青年艺术家为成员的中国青年文工团,赴匈牙利参加第二届世界青年与学生和平友谊联欢会。1951年4月3日,中国驻波兰大使彭明治同波兰教育部部长斯尼斯拉夫·斯克列杰斯基分别代表两国政府签订了《中波文化合作协定》,这是建国后同外国签订的第一个专门的文化交流协定。1979年,中美关系实现正常化后,邓小平副总理在访美期间同美方签署了《中美文化交流协定》。这是我国对外文化交流史上又一个里程碑式的进步。①

电视媒体因为时效性强,根据当时外宣任务的需要,大多时候主要用于对外新闻报道。在中国对外电视正式开播对外卫星频道之前,电视对外传播主要是以寄送胶片(后改为磁带)或通过卫星传送的方式向国外报道中国的社会发展和建设成就,节目主要是不同语种的新闻类节目。例如,1959年4月30日,中央广播事业局与捷克斯洛伐克电视委员会在布拉格签订的广播电视合作协定中就规定:每月交换一到两次的新闻报道材料,特别是反映两国人民生活的具有重大意义的材料。另外,1959年,北京电视台将中央新闻纪录电影制片厂制作的《今日中国》杂志片,寄送给与我国有交换关系的前苏联和东欧社会主义国家。该杂志片广泛报道我国人民建设社会主义的成就和丰富多彩的城乡生活。② 需要指出的是,1958年中国电视事业开始后相当长一段时期内,中国电视媒体主要是以宣传建设成就为主,虽然有京剧节目、文艺节目的输出,但并没有策略性、系统性地开展文化传播。

1992年10月1日,中国第一个国际卫星电视频道,即中央电视台第四套节目(后改名为中文国际频道,CCTV－4)正式创办并对外开播。从创办之初,中央电视台中文国际频道就播出了众多文化类节目,在此后的历次改版中,进一步优化文化类节目的结构、类型和内容。例如,中央电视台中文国际频道在1998年6月1日的频道全面改版中,新开办了四个介绍中国优秀传统文化、地理、历史、医药的新栏目:《千秋史话》、《东方家园》、《中华医药》和《纪录中国》。在2010年12月1日的改版中,中央电视台中文国际频道又增加了《文明之旅》这样一个高端文化访谈类栏目。目前,中央电视台中文国际频道已经系统地开办了各类文化类栏目,包括旅游文化类节目(如《走遍中国》)、综

---

① 李智:《文化外交:一种传播学的解读》,北京大学出版社,2005年版,第159～161页。
② 赵化勇主编:《中央电视台发展史(1958－1997)》,北京:中国广播电视出版社,2008年版,第45、48～49页。

艺类节目(如《中国文艺》)、健康类节目(如《中华医药》)、文物类节目(如《国宝档案》)、汉语教学类节目(如《快乐汉语》)、人物访谈类节目(如《文明之旅》)和电视剧等。更为重要的是,这些栏目所传播的文化层次涵盖了中国的表层文化和深层文化。

随着电视对外传播事业的发展,我国各省市也相继创办对外频道或国际频道,并设立大量传播中国文化的栏目。表1-3-1中列出了部分省市电视台对外频道或国际频道的文化类栏目。

表1-3-1 部分中文国际频道或对外频道与文化相关的栏目

电视频道	栏目名称	栏目类别或定位
湖南卫视国际频道	《天天向上》	综艺类栏目
	《百科全说》	健康类栏目
北京电视台国际频道	《养生堂》	健康类栏目
	《中华文明大讲堂》	讲座类栏目
	《食全食美》	厨艺美食类栏目
	《收藏秀》	文物收藏类节目
	《这里是北京》	人文地理类栏目
厦门卫视对外频道	《闽南通》	人文地理类栏目
	《看戏》	综艺类栏目
黄河电视台国际频道	《口语五分钟》	汉语教学类栏目
	《方块字》	汉语教学类栏目
	《天天诗词》	汉语教学类栏目
	《时尚口语》	汉语教学类栏目
	《MTV学中文》	汉语教学类栏目
	《拍案说书》	文化讲座类栏目
	《唐风》	旅游文化与汉语教学类栏目

续表

重庆电视台国际频道	《食在重庆》	厨艺美食类栏目
	《记录重庆》	人文地理类栏目
安徽电视台国际频道	《相约花戏楼》	综艺类栏目
	《新安大讲堂》	专题讲座类节目
福建海峡卫视	《收藏岁月》	文物收藏鉴赏类节目
	《梨园寻访》	综艺类栏目
南方电视台卫视频道	《粤唱粤好戏》	综艺类栏目
天津电视台国际频道	《拾遗·保护》	文化遗产保护类栏目
	《天津故事》	人文地理类栏目
	《美食大搜索》	厨艺美食类栏目
四川电视台国际频道	《魅力发现》	人文地理类栏目
	《记录》	人文地理类栏目
	《音乐之声》	综艺类栏目
	《吃八方》	厨艺美食类栏目

除了中央和地方各省市创办了对外的电视频道之外,我国还开播了多个语种的外语频道。各类中文频道的主要目标受众是海外华人和对中国文化感兴趣的外国人,而外语频道则定位为目标国家的当地受众。从2000年9月25日中央电视台英语国际频道(CCTV－9)开播到现在,包括中央电视台、新华社和部分地方电视台,目前,已经开办了英语、西班牙语、法语、阿拉伯语和俄语频道,并计划在近期开办葡萄牙语频道。另外,部分民营公司也参与到外语频道和栏目的创办与播出之中。例如,2009年9月1日开播的蓝海电视是全英文、24小时在美国播出关于中国内容的频道。它的节目以新闻资讯为主,还有关于中医、汉语学习等其他节目。另外,俏佳人电视也采用电视频道播出或文化产品销售等方式来传播中国文化,其原创动漫节目《笑笑吧》成为外国人学汉语的生动教材,在美国颇受欢迎。① 在这些外语频道或栏目中,不

---

① 蔡萌:《创建中国文化产品的海外营销平台 俏佳人传媒向更多美国观众敞开中国窗口》,《中国文化报》,2010年5月6日,第010版。

少就是以文化传播为主要宗旨来定位的。表 1-3-2 是中央电视台各语种外语频道中的文化类栏目。

表 1-3-2 中央电视台各语种国际频道中的文化类栏目

频道	栏目名称	栏目类别或定位
中央电视台英语新闻频道	《文化报道》	文化资讯类栏目
	《看中国》	文化地理类专题栏目
	《教汉语》	汉语教学类栏目
	《旅游指南》	地理文化类栏目
中央电视台西班牙语国际频道	《文化新闻》	文化资讯类栏目
	《学做中国菜》	厨艺教学类栏目
	《交际汉语》	汉语教学类栏目
	《华夏之旅》	地理文化类栏目
	《神州行》	文化地理类栏目
	《影视看台》	影视剧
中央电视台法语国际频道	《文化新闻》	文化资讯类栏目
	《交际汉语》	汉语教学类栏目
	《电视剧》	影视剧
中央电视台俄罗斯语国际频道	《中国厨艺》	厨艺教学类栏目
	《学汉语》	汉语教学类栏目
	《功夫》	文化教学类栏目
	《走遍中国》	文化地理类栏目
	《放映厅》	影视剧
中央电视台阿拉伯语国际频道	《国宝档案》	文物类专题栏目
	《中国之旅》	旅游文化类栏目
	《跟我学》	汉语教学类栏目
	《话说中国》	文化专题栏目
	《电视剧》	影视剧

值得一提的是,我国目前已经出现了以传播文化为主要宗旨的中文或外语频道,例如中国黄河电视台国际台就定位于教育文化,它以汉语教学、中华

人文为主要节目内容,分为教育教学、资讯服务、文化传播三大版块,主要栏目有《口语五分钟》《芝麻开门》《方块字》《天天诗词》《时尚报道》《人生现场》《唐风》《拍案说书》《时尚中国》以及《黄河剧场》等 19 个栏目。这些栏目力求让观众在浓厚的文化氛围中学习汉语,通过掌握汉语更好地了解中国文化,以教育的亲和力、文化的厚重感,在海外打造有一定市场的专业教育文化频道,成为对外汉语教学领域的主导电视媒体。①

二、对外电视开展文化传播的意义

因为媒体属性和运营模式的原因,我国对外电视媒体将文化传播的意义从政治传播学角度理解为"文化外宣",而很少从社会学或者经济学等其他角度来看待文化传播。其实,对外电视开展文化传播具有多重作用和意义。美国传播学者拉斯韦尔在《社会传播与结构》一文中认为,媒体开展的传播活动具有传递文化遗产的作用,也就是延续社会的文化传统。联合国教科文组织"国际交流委员会"在题为《多种声音,一个世界》(1981)的报告中,从全球的视野归纳了传播在文化方面的作用:发展文化。② 学者庄晓东在《文化传播:历史、理论与现实》一书中,从文化学的角度对传播的功能进行了梳理,提出文化传播具有五个方面的重要作用:一是促进文化整合,二是促成文化增殖,三是造成文化积淀,四是促成文化分层,五是导致文化变迁。③ 媒体开展文化传播的作用需要根据媒体的属性以及传播的对象进行分析。具体而言,对外电视所开展的文化传播与对内电视所开展的文化传播虽然不乏共同点,但也存在一定的差异。此外,电视和报纸等其他媒体在文化传播方面的作用也有一些差别。

对外中文电视开展文化传播最主要的意义就在于提升海外华人受众的文化认同。"认同"(identity)一词起源于拉丁文"idem"(the same,即"相同"),又被称为"统一性"、"同一性"、"身份"等,它是一个反思性的自我意识概念,是"对某事物区别于其他所有事物的认可,这包括在其自身统一性中的所有内部变化和多样性。该事物被视为保持相同或具有相同"。在构成认同的诸多形式中,文化认同无疑具有深层的核心价值和意义。有研究者指出:"文化认同

---

① http://www.cyrtv.net/beimei/
② 转引自庄晓东主编《文化传播:历史、理论与现实》,北京:人民出版社,2003 年版,第 45~46 页。
③ 庄晓东主编:《文化传播:历史、理论与现实》,北京:人民出版社,2003 年版,第 40~45 页。

是人类对于文化的倾向性共识与认可。这种共识与认可是人类对自然认知的升华,并形成支配人类行为的思维准则与价值取向。由于人类存在于不同的文化体系中,因而文化认同也因文化的不同而各异。不同的文化有不同的文化认同,文化认同也因此而表现为对其文化的归属意识。文化认同的涵盖随着人的文化群体的形成、整合及人类文化的交融而扩大。文化认同是一个与人类文化发展相伴随的动态概念,是人类文化存在与发展的主位因素。"①一个国家的民族认同与文化统一性的发展潜力,是以相互关系的方式,由其所依附的民族国家间变幻不定的权力失衡和相互依赖的结构所决定的。② 换而言之,民族认同与文化传播的能力与效果密切相关。而且,18世纪以降,民族认同已成为协调文化属性最引人注目的和最成功的现代模式。③

海外华人在适应当地社会的过程中,难免会在中华文化和当地文化之间摇摆,甚至会被"同化"。"同化"意味着移入的一群人不仅失去了原来在另一个社会中培养成的行为方式,并逐渐吸收了新移入社会的方式,而且不再认为自己与别人有明显不同,这样,他们不被划入另类,不被与其他人区别对待。海外华人第二代在比中华文化强势的文化环境中,对于文化的认同比较容易发生改变。例如,"二战"期间,当时美国华裔第二代曾组织了一个华人步兵师来中国参加抗战。投身于抗日救国运动的这一代华裔青年大部分未到过中国,可是他们却把中国称为祖国;但在文化上,他们还是认同美国主流社会文化。在他们的生活中,不管是在学校还是从报纸、广播、电视上,所接触的全部是美国的一套思想与观念。④ 当然,对于新移民来说,大多数仅是"文化适应",而非"同化"。文化适应是指适应新近社会的文化准则,这不一定意味着必须彻底抛弃原少数民族的方式与观念,并代之以美国的行为举止与思想方法。对文化适应的考验是看新与旧是否能修正并混合而不产生矛盾。⑤

无论是避免被"同化",或者是增进"文化适应",对外电视媒体开展的文化传播都能发挥重要的作用。对外电视在播放的新闻或专题节目中,有大量的内容与中华文化相关,这对于强化华人的民族认同和文化认同具有重要的作

---

① 转引自赵振祥主编《东南亚华文传媒研究》,北京:世界知识出版社,2007年版,第276~277页。
② [英]迈克·费瑟斯通著,杨渝东译:《消解文化——全球化、后现代主义与认同》,北京大学出版社,2009年版,第124页。
③ 周宪主编:《文学与认同:跨学科的反思》,北京:中华书局,2008年版,第155页。
④ [美]麦美玲、迟进之:《金山路漫漫》,北京:新华出版社,1987年版,第102~103页。
⑤ [美]宋李瑞芳:《美国华人的历史和现状》,北京:商务印书馆,1984年版,第255页。

用,也是我国针对海外华人开展对外传播得以产生效果的重要基础之一。文化认同指个人对一个特殊文化或族群所具有的归属感。文化归属感乃是经由社会化的过程(socialization process)自然产生的。① 社会化过程中一个非常重要的影响因素就是媒体。海外华语电视媒体对于海外华人受众的文化认同具有重要的影响,正是因为它们在日常节目中以细水长流的方式向华人受众传播文化符号,中华文化才得以在海外获得牢固的根基。

此外,毫无疑问,对外电视开展文化传播最直接的意义就是能提升文化软实力。在当今这个信息社会,谁的传播能力强,谁的文化理念和价值观念就能广为流传。文化的传播能力已经成为国家文化软实力的重要因素。② 对外电视是中国文化的投射渠道,也是软实力形成的载体。在对外电视进行文化传播的整个流程中,软实力正是通过对文化软资源进行施动,经过对外电视等信息传播链条,被客体吸纳后形成的一种力量。③ 当今,各国都在积极利用电视从事国际传播。1998年4月,日本开播了NHK环球电视频道(NHK World TV),2003年7月1日,KBS开播了面向海外播出的KBS世界电视(KBS World TV),2005年12月10日,俄罗斯开办了"今日俄罗斯"(Russia Today),2006年12月,法国开播了法兰西24台(France 24)……其中,许多频道都特别注重本国文化的传播。例如,日本NHK环球电视频道的文化节目占到了总节目量的近三成,韩国KBS世界电视频道也大量播出具有韩国文化底蕴的电视剧,"今日俄罗斯"则将向世界传播俄罗斯的价值观作为重要的使命。注重文化输出,弘扬和扩大文化的国际影响力,是各个国家增强本国文化软实力的战略举措。④

另外,对外电视进行文化传播还有经济学层面的意义,即可以创造经济效益。中央电视台中文国际频道(CCTV-4)因为高品质的节目,在海外具有较大的影响力和吸引力,并已经成为很多海外平台运营商营利的重要资源。除了电视频道本身,对外电视播出的节目还可以进行二次甚至多次开发,衍生出多梯度的经济效益。我国对外电视的主要目标受众是海外华人,他们绝大多数都对中国文化保持着一定程度的认同感。从媒体产品的市场来说,海外华

---

① [美]陈国明:《跨文化交际学》,上海:华东师范大学出版社,2009年版,第171页。
② 唐晋:《论剑:崛起进程中的中国式软实力》,北京:人民日报出版社,2008年版,第90~91页。
③ 吴瑛:《文化对外传播:理论与战略》,上海交通大学出版社,2009年版,第6页。
④ 邓显超:《发达国家文化软实力的提升及启示》,《理论探索》,2009年第2期(总第176期),第37页。

人文化市场仍有巨大的增长空间,一方面,海外华人对中国文化产品有巨大的需求,同时他们也将带动非华人对中国文化产品的消费;另一方面,海外华人既了解国外文化市场的特点,有着各种丰富的海外资源,同时又与国内保持着密切联系,可以通过他们了解国外市场的需求,并通过他们建立与外国市场的联系,从而开拓中国文化产品出口的市场空间。①

三、对外电视开展文化传播的机遇与挑战

现阶段,我国对外电视开展文化传播拥有一定的机遇,也存在不少挑战。我国对外电视开展文化传播的机遇主要是因中国国际地位的提升而在全球呈现的中国文化热,而挑战则是我国在对外电视的机制体制以及文化传播方面的资源开发和利用模式存在提升的空间。

(一)对外电视开展文化传播的机遇

文化传播的前提是文化的吸引力,即一种文化只有在其他国家的民众中具有一定的吸引力之后,该文化才有传播的基础。而文化吸引力在很多时候与该文化所在国家的经济发展程度密切相关。一种语言在世界范围能否流行的首要决定因素就是该语言所在国的经济是否具有全球影响力。因此,我国对外电视开展文化传播正拥有一个难得的机遇,那就是我国的经济发展在世界范围内所产生的影响力正与日俱增。

仅从语言学习的层面就可以看出中国文化传播的大好机遇。近几年,不仅来华留学的人数迅速增长,而且在海外学习中文的外国人也日益增多。在美国纽约唐人街,一所原本主要以当地华人子弟为生源的双文学校,现在出现了大量的非华裔面孔。

> 在美国纽约唐人街的双文学校,越来越多的非华裔青少年报名参加课后的中文课。在校园内,一群11岁到15岁的少年中,甚至超过一半的人是非华裔,可见当下美国对于中国在全球重要性的认知。
> 正是基于美国人对于中国文化和中国未来地位的判断,越来越多的美国人把孩子送到双文学校,这也让双文学校成为纽约最为受欢迎的公共学校。②

---

① 李兵:《我国文化贸易与文化产业发展对策研究》,《经济师》,2009年第3期,第57页。
② Bonnie Tsui, *American Chinatown: A People's History of Vive Neighborhoods*, New York: Free Press 2009 Edition, p. 79.

学校是一种文化的载体和传播渠道,对外中文电视也是如此。无论是海外华人还是外国人,他们对于我国对外电视中所播出的中国文化都表现出越来越大的兴趣。以下是不同国家观众对我国各语种国际频道中文化类节目的反馈,从中可以看出一二。

美国观众 Richard H. Ng 博士致信中央电视台英语国际频道《中国各地》栏目说:

> 我是一位美籍华人,在美国成长并接受教育。我很欣赏中央电视台英文国际频道的《中国各地》栏目。这是一个能够拓宽人的视野的节目。它向我们展示了美丽中国的文化、令人惊奇的风光、魅力无穷的名胜古迹,以及和蔼友善的人民。你们的节目也激发了我的热情,以至于我想写一本名为《中国,我的祖国》的书。虽然在过去的三年里我曾三次去过中国,但是为了这本书我想再次到访中国,用至少三至四个星期由北至南、由东到西对这个国家进行穿越。①

法国土伦观众让·索瓦先生在给中央电视台法语国际频道的来信中说:

> 我现在正在学习汉语,并通过 IPTV 收看 CCTV－E&F 的法语节目。在收看 CCTV－E&F 之前,我对中国不是十分了解。CCTV 的法语节目中播出的中国风光、城市景象,让我对中国有了全新的认识,也激起了我到中国参观的兴趣。我还特别喜爱法语《交际汉语》栏目和介绍中国饮食文化的节目。我已经和同事定好在寒假到中国来旅游。②

加拿大魁北克的观众 Mario Vaillancourt 先生在给中央电视台法语国际频道的来信中说:

> 我每天都看 CCTV 法语节目,尤其喜欢你们推出的中国文艺和旅游方面的节目,节目中介绍的中国的风俗民情和有关中国的一切都让我非常感兴趣。我已经开始学习汉语了,而且希望在不久的将来能去中国旅游,因为我觉得中国文化有着悠久古老的历史。希望你们再接再厉把节目越办越好。③

---

① 中央电视台海外中心联络部:《海外观众反映》,2006 年第 12 期(http://blog.cntv.cn/html/73/806173－4857.html)。
② 中央电视台海外中心联络部:《海外观众反映》,2007 年第 2 期(内部资料)。
③ 中央电视台海外中心联络部:《海外观众反映》,2007 年第 10 期(内部资料)。

一位署名 Pamela Williams 的观众致函中央电视台英语国际频道说：

> 我非常高兴能通过网络收看到你们这个优秀的频道。你们播出的《旅游指南》栏目非常精彩，集信息性、教育性和娱乐性于一体。谢谢你们让我分享到你们的文化、历史以及你们美丽的国家。①

秘鲁观众埃里克·拉索·梅撒（Eric Lazo Meza）在给中央电视台西班牙语国际频道的来信中说：

> 我来自秘鲁利马。我很喜欢你们的节目，喜欢《这就是中国》节目的题材。中国文化博大精深，让我感到很震撼。我希望能够看到更多有关上海的节目。②

秘鲁观众米拉格罗斯（Milagros）致函中央电视台西班牙语国际频道说：

> 我经常收看贵频道的文化类节目。今天我收看了《神州行》有关玉石艺术的节目，让我对玉石盆景制作产生了兴趣。我想知道其他国家的人如何能学习玉石盆景制作。③

波多黎各观众安赫尔·莫拉莱斯（Angel Morales）在给中央电视台西班牙语国际频道的来信中说：

> 我觉得中央电视台西语频道的节目非常精彩。我最喜欢的栏目是《神州行》和《这就是中国》。④

利雅得一位观众在给中央电视台阿拉伯语国际频道的来信说：

> 我是一个中国文化迷，以前非常希望能够看到用阿拉伯语介绍中国文化的节目，这个愿望今天终于实现了，非常感谢你们。我希望能够看到更多关于中国文明的节目，就好像那些旅游方面的栏目。⑤

---

① 中央电视台海外中心联络部：《海外观众反映》，2007 年第 15 期（内部资料）。
② 中央电视台海外中心联络部：《海外观众反映》，2008 年第 20 期（http://blog.cntv.cn/html/73/806173－163359.html）。
③ 中央电视台海外中心联络部：《海外观众反映》，2008 年第 20 期（http://blog.cntv.cn/html/73/806173－163359.html）。
④ 中央电视台海外中心联络部：《海外观众反映》，2009 年第 18 期（http://blog.cntv.cn/html/73/806173－963009.html）。
⑤ 中央电视台海外中心联络部：《海外观众反映》，2009 年第 22 期（http://blog.cntv.cn/html/73/806173－1049021.html）。

拉美观众埃内斯托(Ernesto)在给中央电视台的来信说：

> 我非常喜欢贵台西语频道的精彩节目,通过它我了解到了中国的文化以及中国人的生活方式。①

海外受众对于中国文化的喜爱在以上来信中可以体现一二。对于我国对外电视开展文化传播来说,除了具有历史机遇,还得有得天独厚的条件,那就是我国悠久的历史和丰富的文化资源。有学者认为,我国的文化资源主要包括以下几类：②

1. 旅游观光类。这一类文化资源包括历史遗址、建筑园林、名山大川等。在我国,具有独特文化地位的历史遗址,如长城、故宫、秦始皇陵与兵马俑、名人故居与遗址,以及雄伟秀丽的自然景观与深厚的历史文化底蕴相结合的名山大川(如泰山),是中外游客向往的地方。我国古典园林出于自然而高于自然,把自然美和人工美巧妙地结合起来,令人赏心悦目,如颐和园、承德避暑山庄、苏州拙政园等,均被列入世界文化遗产,吸引了全球的游客。

2. 文物珍宝类。中国文化历史悠久,留下大量的文物,有1000多万种,包括各个朝代留下的字画、金银玉器、陶瓷碑刻等珍宝。它们绝大部分收藏在各级博物馆里,对外开放,供游人观赏。

3. 民俗风情与宗教类。民俗风情包括饮食、衣饰、居住、婚丧寿诞、岁时节庆、信仰禁忌、娱乐游戏等。云南泸沽湖畔摩梭人的走婚习俗,近年来吸引了大量中外游客不远万里慕名而来。中国饮食文化更是丰富多彩,全球闻名。我国是多种宗教并存的国度,有佛教、道教、伊斯兰教、天主教以及一些地区独有的宗教等。宗教作为一种特殊的文化现象,往往对某种特定的群体具有独特的吸引力。西藏拉萨的布达拉宫是藏传佛教文化与藏族历史文化的集大成者,是前往西藏的旅游者的必到之处。

4. 民族表演艺术类。这一类包括民歌、民族舞蹈、民族体育表演、地方戏剧、武术表演等。我国的戏剧仅据《中国戏曲剧种手册》记载就达275种,其中影响较大的有京剧、越剧、黄梅戏、昆剧、评剧、粤剧等。56个民族独特的表演艺术带有浓郁的民族风格,古香古色,深受人们的欢迎,如陕西的"安塞腰鼓"和云南的"景颇刀舞"等。

---

① 中央电视台海外中心联络部:《海外观众反映》,2009年第24期(http://blog.cntv.cn/html/73/806173－1079532.html)。
② 徐庆峰、吴国蔚:《我国文化产业"走出去"策略分析》,《对外经贸实务》,2005年第12期,第47页。

这些资源如果能得到充分的开发利用,可以转化为节目资源,进而成为对外电视节目的巨大吸引力。

(二)对外电视开展文化传播的挑战

尽管我国对外电视开展文化传播正面临一个难得的历史机遇期,但所面对的挑战也不容忽视。除了需要面对"西强我弱"的外部竞争环境外,我国对外电视在文化传播方面还需要应对不少来自内部的挑战。

1. 对外电视所在的电视行业和相关机构缺乏足够的"对外"意识。无论是节目制作还是发行,目前主要是以国内市场为主要目标,缺乏国际化的制作思维和市场理念。基于这种原因,我国在制作电视专题片时,很少会同时制作国际版并开展国际营销。同样,电视剧的创作也鲜有从一开始就制定打入国际市场的战略,并在随后的前期剧本创作、剧集拍摄以及后期营销等方面进行国际化的操作。有学者对包括电视节目制作在内的文化产业建议说:要有国际化的市场理念;要采取国际化的文化产品制作、传播方式,精心打造中国气派、中国风格的文化品牌产品;要打造一批有能力参与国际竞争的跨国文化公司;要积极开展国际合作与交流;要根据加入WTO后我国对外开放的整体战略需求,重建我国文化外贸的政策系统和法律体系,改革我国的文化外贸体制,建立新的国家文化外贸制度,大力鼓励文化产品出口,充分利用WTO提供的全球文化市场平台,积极参与国际文化贸易竞争。①

2. 对外电视在进行文化传播的时候有较强的"重硬轻软"的倾向。所谓"重硬轻软"是指注重设备和基础设施等硬件的投入,而忽视节目内容和服务等软件质量的提升。有外国学者就指出:"许多亚洲国家开始发动雄心勃勃的信息基础设施建设,奇怪的是这些积极措施中丝毫没有聚焦于内容的制作。信息基础设施的迅速发展和部署如果没有对节目内容制作的相应推动,可能对本地文化产品的制作有负面的影响。"②近几年,我国对外电视发展较快,在电视设备、国际传送网络和海外站点建设等方面投入了大量的人力、物力和财力。但在另一方面,对于节目内容、海外受众服务、传播效果收集与评价等缺乏足够的重视。这与目前我国对外电视的整个体制有关。在内容制作方面,较为突出的问题主要是节目内容必须承载教化大众的功能,主旋律意识浓厚。

---

① 张彩凤、苏红燕:《全球化与当代中国文化产业发展》,济南:山东大学出版社,2009年版,第178~180页。

② [新]阿努拉·古纳锡克拉、[荷]塞斯·汉弥林克、[英]文卡特·耶尔著,张毓强译:《全球化背景下的文化权利》,北京:中国传媒大学出版社,2006年版,第79页。

"主旋律"是正统意识形态的文化表达形式。它以突出执政党的领导、弘扬革命传统、倡导社会主义精神文明为基本特征。但国家投入巨资制作的"主旋律"文艺作品,几十年不变的僵硬模式和狭窄的题材、刻板的面孔,已经越来越没有影响力和感染力了。①

3. 从事文化传播的对外电视机构在构成上比较单一。我国对外电视主要以官方的电视台为主,民营公司较少。民间力量的缺乏导致文化传播的思维、模式和运作方式过于"政治化",偏离"商业化"。这种结构本身就意味着在对外传播中要付出额外的制度成本。所谓"制度成本",特指中国企业在开拓国际市场的过程中,因为企业所有制或者产权制度与西方国家的同行不同而"额外"付出的"成本",实际上是一种制度歧视。中国电视节目外销的艰难和一些电视台在国外经营的窘境,皆可以证明这种"制度成本"的存在。解决"制度性"歧视问题只能用相似相容性原理去解决。也就是说,中国电视产业或企业要想在国际电视产业市场上立足,至少有一部分必须建立与国际企业相同或相似的企业制度,包括企业的产权制度或所有制形式。② 另外,电视对外传播与对外传播存在较大的差异,适当地提升市场化和商业化的程度,有助于传播效果的改进。而且,中国对外电视需要突破地域的限制逐步走向世界,力求通过本土化的操作和资本收购的方式提升在海外的影响力、传播力和辐射力。越是有强大辐射力的文化产业,就越是善于组合世界的文化资源,能为世界各国人民提供大量的文化产品和文化服务。③ 有学者指出:"美国商业化和有竞争力的媒介组织模式过去曾对全世界地方媒介和文化产业构成威胁,现在已经被亚洲国家借鉴吸收,这对亚洲本地文化和电视产业的发展具有长远的重要意义。尽管人们不能忽视极端商业化对亚洲社会和文化造成的威胁,但商业化力量推动了亚洲本土本地文化产业的发展确实是值得肯定的。"④我国对外电视在商业化和市场化方面的提升,一方面需要政府调整官办对外电视在经营管理方面的政策,另一方面则需要提高民营力量在整个对外电视事业中的构成比例。

4. 深层文化的传播力和影响力不够。在国际文化竞争日趋激烈的形势

---

① 邹文广、徐庆文:《全球化与中国文化产业发展》,北京:中央编译出版社,2006年版,第149～154页。
② 陆地:《中国电视产业启示录》,上海交通大学出版社,2007年版,第5页。
③ 冯益谦:《涉外文化管理》,广州:华南理工大学出版社,2006年版,第85～87页。
④ [新]阿努拉·古纳锡克拉、[荷]塞斯·汉弥林克、[英]文卡特·耶尔著,张毓强译:《全球化背景下的文化权利》,北京:中国传媒大学出版社,2006年版,第78页。

下,我国文化在对外传播中仍难以与西方发达国家比肩而立,对外文化传播存在着单向、局部和标签化的倾向,以至于我国的文化形象在国际上长期停留在脸谱化阶段。我国的诸多文化符号在世界范围已经具有一定的影响,但是深层次的文化理念和价值观的传播力和影响力仍有待提升。国际上起主导作用的价值观念,包括自由、民主、平等、人权、法治等,话语权仍然被西方掌握。① 这其中较为主要的原因在于:我国对外传播的电视节目和其他文化产品的质量不尽如人意,尤其是反映当代中国发展面貌、当今中国人核心价值观和精神风貌的文化作品有限。② 对此有学者就建议:要培育具有中华民族特色的文化品牌,就要把丰富的文化资源转化成文化产品,就要积极实施"走出去"的发展战略,就要立足于中华民族自身的传统文化的丰富积淀。③

5. 我国对文化资源的开发、利用要有所选择。中国有悠久的历史、灿烂的文化,应该说是一个文化资源大国。但是我们的文化产业,在产业规模、产品质量、资源绩效、市场竞争力上,和美国、日本、韩国等历史文化资源相对短缺的国家相比存在着很大的差距。④ 我国对外电视在开展文化传播的时候,一方面要对所传播的文化有所选择。有些具有中国文化特色的艺术,外国人不能完全理解,也不懂得欣赏,因此不宜对外传播。如侯宝林大师的相声。⑤ 另一方面,我国对外电视在开展文化传播的时候要改善文化资源开发利用的策略、模式和方式。例如,在电视剧的创作中,我国对外电视就需要充分挖掘我国丰富的历史和文化资源,创作出能为世界各国受众理解和接受的故事。

6. 政府管理方式有待改善。目前,我国对外电视在涉及文化传播的时候,需要接受中宣部、文化部、教育部、新闻出版总署、广电总局、旅游局、体育总局等多个部门的管理,不可避免地造成了政府职能交叉、多头管理、缺位与越位并存等诸多问题,不利于我国的对外文化合作与交流。⑥ 除了管理部门

---

① 易琳:《浅议对外文化传播与国家形象建构》,《中国广播》,2009年第6期,第68~69页。
② 金曼:《扩大对外文化交流和文化贸易 推动中华文化走向世界》,《人民政协报》,2007年3月12日,第C02版。
③ 张彩凤、苏红燕:《全球化与当代中国文化产业发展》,济南:山东大学出版社,2009年版,第247~248页。
④ 邹文广、徐庆文:《全球化与中国文化产业发展》,北京:中央编译出版社,2006年版,第127页。
⑤ 沈苏儒:《有关跨文化传播的三点思考》,《对外传播》,2009年第1期,第38页。
⑥ 彭新良:《文化外交与中国的软实力:一种全球化的视角》,北京:外语教学与研究出版社,2008年版,第393、436~437页。

过于分散外,在政策法规方面也有待梳理,尤其需要针对对外电视的文化传播制定专门的法律或法规。1982年颁布实施了《文物保护法》,这是新中国第一部专门的文化法律。1991年6月1日开始实施的《中华人民共和国著作权法》是新中国第二部专门的文化法律。此后,国务院又颁布了《著作权法实施条例》、《实施国际著作权条约的规定》、《关于进一步加强知识产权保护工作的决定》、《知识产权海关保护条例》等行政法规。[①] 但是,关于对外电视的文化传播尚缺乏具有指导意义和操作价值的法律法规。

---

① 转引自吴卫民、石裕祖《中国文化"走出去"路径探析》,《学术探索》,2008年第6期,第196页。

第二章 全球化语境中的对外电视与文化传播

20世纪50年代末,即我国电视事业诞生的时候,"全球化"这个词还没有出现在中文中。20世纪90年代初,我国电视事业进入了蓬勃发展的阶段,对外电视频道也开始通过卫星进行全球传播,"全球化"一词开始引入中国。20多年来,尤其是中国加入世界贸易组织后,全球化的理念逐渐深入人心。直至今日,人们还在探讨或争论全球化的利与弊,但已经没有人否认全球化在中国的存在了。如果以全球化的视角来思考我国的对外电视与文化传播,我们会发现,这两者面临着众多的危机和挑战。我国在进行电视对外传播和文化传播的时候,要有全球化的思维和视野,也要有全球化的战略和部署,同时具备全球化的策略和技巧。

第一节 全球化概论

一、全球化定义

从人类跨越地域、进行远距离的旅行、经商、传教、征战和探险开始,全球化就已经萌芽。有学者认为,全球化开始的时间至少可以追溯到1492年哥伦布发现新大陆。此后,随着资本主义的兴起,资本的积累需要超越地理和空间的限制,跨越民族国家的边界。① 到了19世纪末,全球范围的地理界限日渐消弭。到了现代社会的初期,人文界限也开始逐渐缩小。② 发展到今天,全球实现真正的"全球化"仍有待时日。就全球化本身而言,它是一个众说纷纭的概念体系,也是一种褒贬不一的历史现象。

1. 全球化概念的提出与引入。对于全球化的起源和进程,不同的学科有着不同的解读。作为一种科学理论,全球化在19世纪中期就产生了。马克思和恩格斯在《共产党宣言》中敏锐地指出:"资产阶级通过开拓世界市场,使得所有国家的生产和消费出现了世界性的特征……所有既有的民族工业要么已经解体或正在解体,被新的工业所替代。这些新工业的进入对于所有文明的国家具有生死攸关的意义。这些文明国家工业部门的原料需要从遥远的地区获得,产品也不光在国内销售,而需要销售到世界的每一个角落……旧的民族的封闭与自给自足被打破,国家间建立了全方位的联系,变得彼此相互依赖。"③他们不仅提出全球化的问题,而且论证了全球化的历史进程。

人们通常认为,第一个较为全面和系统地提出全球化设想的人是加拿大的麦克卢汉,他在1962年提出了"地球村"的概念。而第一个正式使用"全球化"一词的人是美国卡特总统时期的国家安全顾问布热津斯基。他在1969年出版的《两代人之间的美国》一书中,首次使用了"全球化"一词,认为人们已不需要谈论"帝国主义",因为世界正在向全球化社会的方向发展,最能证明这种社会的典型就是美国。④ 也有研究者认为,"全球化"一词是由经济学家T.莱维在1985年首次提出来的。他使用该词主要是形容此前20多年国际经济的巨大变化,即商品、服务、资本和技术在全球生产、消费和投资领域中的扩张与扩散。⑤ 还有学者认为,"全球化"最早诞生于1980年,是美国未来学研究者阿尔温·托夫乐在《第三次浪潮》一书中首次提出了"全球意识"的概念。关于"全球化"概念的起源时间,各家众说纷纭,可能是因为不同学者基于各自迥异

---

① 姚峰:《全球化时代传统文化的"全球本土化"策略》,《福建师范大学学报(哲学社会科学版)》,2010年第1期,第82页。
② [美]弗雷德里克·杰姆逊、三好将夫编,马丁译:《全球化的文化》,南京大学出版社,2002年版,第36~37页。
③ Marx, K. and Engels, F. *Manifesto of the Communist Party*, Moscow: Progress Publishers, 1952.
④ 刘建明:《全球化的终极与国际传播架构》,《国际新闻界》,2002年第3期,第46页。
⑤ 张彩凤、苏红燕:《全球化与当代中国文化产业发展》,济南:山东大学出版社,2009年版,第34页。

的专业背景和研究途径吧。尽管人们对于这一概念的起始时间存在不同的看法,但一个明显的事实是,自20世纪80年代以来,"全球化"这一术语渐渐在世界上迅速流行,到20世纪90年代达到了高潮。正如澳大利亚学者马尔科姆·沃特斯指出的,"就像后现代主义是80年代的概念一样,全球化是90年代的概念,是我们赖以理解人类社会向第三个千年过渡的关键概念"。①

从20世纪90年代起,西方学者开始探讨全球化的维度问题,从国家制度、经济市场和文化领域阐释全球化的构成要素。20世纪90年代末,全球化的观点主要集中在经济、文化传播和政治领域。② 不过,迄今为止,全球化仍处在一个动态的发展过程之中。有学者就认为,如果"全球化"代表着一个无丝毫裂痕、任何人都能平等参与经济活动的统一体,那么很显然,这样的"全球化"时代还未到来。如果"全球化"仅仅是指世界的某几个部分紧密相连,那么现在的"全球化"也就毫无新意可言了。③

全球化理论引入中国则是在20世纪90年代。20世纪90年代初期,一些敏感的中国学者开始注意在西方盛行的全球化理论,他们的介绍与研究推进了西方全球化的研究。1993年,中共中央编译局当代研究所邀请美国杜克大学教授阿里夫·德里克来华演讲,他指出,人类已经进入一个全球经济的时代,对当今资本主义的分析必须立足于经济全球化这一基本时代特征。德里克的演讲稿后来就发表在《战略与管理》杂志的创刊号上,在国内学术界产生了较大的影响,这被认为是第一次用中文对西方全球化理论的系统介绍。1994年,李慎之教授在《东方》和《太平洋学报》等杂志上著文倡导进行全球化研究,他因此而被认为是国内最早倡导全球化研究的学者之一。④ 此后,全球化研究在中国迅速开展。尤其是在21世纪初中国加入世界贸易组织(WTO)之后,关于全球化的研究更是得到空前的发展。笔者以"全球化"为主题名称在国家图书馆网页检索相关的中文出版物发现,1995年的时候,国内以"全球化"为主题出版的著作仅有1本,即陈彪如所著、华东师范大学出版社出版的《迈向全球化经济的思索》。5年后,即2000年出版的以"全球化"为题名的中文著作达到43本,其中13本是译著。在2005年出版的以"全球化"为题名的

---

① 刘建明:《全球化的终极与国际传播架构》,《国际新闻界》,2002年第3期,第47页。
② 刘建明:《全球化的终极与国际传播架构》,《国际新闻界》,2002年第3期,第47~48页。
③ [美]弗雷德里克·杰姆逊、三好将夫编,马丁译:《全球化的文化》,南京大学出版社,2002年版,第195页。
④ [德]赖纳·特茨拉夫主编,吴志成、韦苏等译:《全球化压力下的世界文化》,南昌:江西人民出版社,2001年版,第92~93页。

中文著作达到了89本,其中21本是译著。在2010年,国内以"全球化"为题名的著作就有61本,其中11本为译著。由此可见,我国学术界在20世纪90年代初期开始了对全球化的研究,此后关注度逐渐攀升。我国对全球化观念的接受过程大致经历了三个阶段。第一阶段:受传媒"一边倒"宣传的影响,把经济全球化简单地视为提升国力和加速开放的巨大机遇,对全球化大潮热烈欢迎;第二阶段:西方主流传播媒介和"文化帝国主义",一定程度上加剧了中国传播媒介对"西方主导的全球化"所带来的严重冲击及弊端的察觉和抵制心理;[1]第三阶段:我国对于全球化的理解和认识日益深入和全面,既看到它给我国经济和相关领域发展带来的机遇,也意识到它给我国文化和社会等其他方面带来的挑战。

  2. 全球化的概念与内涵。关于全球化的内涵,人们的理解莫衷一是。全球化最早、也最显著地体现在经济领域。北京大学杨伯溆教授认为,全球化的核心推动力量是跨国公司,全球化得以展开并迅速向纵深发展的前提则是离散社会的形成和消费文化在全世界的扩散。[2] 还有学者认为,当代的全球化体系是一个经济一体化和中心与边缘、主流与从属、支配与被支配的异质性与不平等并存的二重性结构。[3] 经济全球化是当代世界经济体系发展运动的客观现实,它一方面打破了经济活动的民族国家界限,使世界各国经济相互交织、相互融合,通过商品和生产要素的跨国界流动,实现资源在全球范围内的最优配置。另一方面,在经济全球化的过程中,在世界范围内建立具有规范经济行为的全球性统一规则的国际组织。经济活动的全球化,必然要求信息传播全球化。信息传播全球化,就是信息实现了全球范围的交流与共享,信息传播进入了瞬间化和全球化。[4] 一些反对全球化的人士将其界定为"朝着全球化经济体系的世界范围的推进。主宰着该体系的是超国家的公司贸易与银行机构。它们并不对民主进程或国家政府负责"。他们还认为:"全球化是一个不可否认的资本主义进程。"有的学者认为,全球化是资本主义的全球扩张,是"市场、民族国家与技术在前所未有的程度上的稳固整合——以一种能

---

[1] 薛梅:《试析经济全球化与中国传媒的全球化传播》,《宁波大学学报(人文科学版)》,2004年第17卷第6期,第73页。
[2] 杨伯溆:《全球化:起源、发展和影响》,北京:人民出版社,2002年版,第17页。
[3] 陈庆德、潘春梅:《文化安全的内涵及其社会性表达》,《思想战线》,2010年第3期,第41页。
[4] 张桂珍:《全球化视域中的国际传播与中国对外宣传》,《中共天津市委党校学报》,2003年第1期,第64页。

够把个人、团体和国家较以前更为深入、更为迅速、更为深刻而更为全面地围绕在世界周围的方式……把自由市场资本主义扩展到世界上的每一个国家"①,是"在追求'全球规模的市场作用'的方案基础上的整合"。② 有观点认为,全球化是指在国际范围内统一运作的一种经济模式,资本流动、劳动力市场、信息传递、原料提供、管理和组织等均实现国际化,亦称"全球的网络化"。③

全球化的概念也被引申到社会其他领域。曼弗雷德·斯特格尔(Manfred Steger)把全球化定义为"多维的一系列社会进程。它们创造、扩展、开拓和加强世界范围的社会相互依赖与交流,同时促进人们对本地区与遥远地方事物之间不断加深的联系的意识"。④ 有研究者就认为,全球化是现代性从西方社会向世界的扩展,是西方现代化模式的全球普及,也就是西方的全球普及。⑤ 丹佛八国首脑会议公报对于全球化的定义是:"全球化包括思想与信息、商品与服务、技术与资本在国际上的流通","在一些国家专门从事期最擅长的经济活动的情况下,提高全球经济的开放程度和一体化程度",⑥全球化从经济全球化走向了思想、文化领域。⑦ 正因为如此,有研究者认为,全球化有四种主题性的意义:第一,只有当事情涉及需要描述全球范围的环境危机的特征时,才可能谈论全球化。第二,全球化被理解为西方的经济制度对当今发展中国家的扩张与征服。在这一过程中,资本主义市场经济体制(资本主义化)和民主形态(民主化)得到传播。第三,全球化意味着工业经济对发展中国家扩张所引起的反作用及其不断增强的世界市场一体化和竞争力。第四,随着经济、通讯和运输体制的全球化,投机资本主义的畸形发展,如失业、贫困女性化、刑事犯罪、毒品交易等,也随之国际化,因此也可以说是一种犯罪的全

---

① [美]T. L. Friedman, *The Lexs and the Olive Tree*, New York: Farrar, Straus and Giroux, 1999, p. 7~8.
② [美]P. McMichael, *Development and Social Change*, Pine Forge Press, 2000, p. xxiii, 149.
③ 纪玉祥:《全球化与当代资本主义的新变化——兼及考察全球化的方法问题》,《马克思主义与现实》,1998年第6期。
④ [美]叶海亚·R.伽摩利帕编著,尹宏毅主译:《全球传播》,北京:清华大学出版社,2008年版,序言。
⑤ 参见张世保《从西化到全球化》,北京:东方出版社,2004年版,第220页。
⑥ 王念宁:《关于全球化问题的一些思考》,《学习研究参考》,1998年第4期。
⑦ 崔婷:《全球化与当代中国跨文化交流》,济南:山东大学出版社,2009年版,第72~73页。

球化。①

正因为全球化被引入越来越多的领域,并被赋予日益广泛的含义。在20世纪90年代,关于全球化的代表性观点有:1. 经济全球一体化;2. 信息与文化传播的全球化;3. 政治上的全球共同体。据此,全球化被定义为:建立世界共和国,包括建立经济与文化合作的共同体、民主共同体及和平共同体。② 有研究者进一步拓展全球化的内涵,将其定义为:各种资源和生产要素在全球范围内的高速流动与配置利用,人类活动及其成果与效应在全球范围内的全面互动、整合与协同。其基本表现形式包括:全球经济一体化、全球文化整合化、全球政治协作化、全球生态共生化和全球人类认同化。③

目前,国内学者对于全球化大体有三种不同的理解,也反映出三种截然不同的态度。第一种观点认为,全球化就是人类生活的一体化过程,是超越地区、尤其是民族国家主权的一种全球整体性发展趋势。这种观点也引起很多学者的反对,北京大学乐黛云教授就认为:"全球化不是一体化。全球化,英文是Globalization,就是所有事物都很快地全球互相联系、互相依存了。而一体化Unification指的是完全一样,遵守同样的规则和同样的模式。在经济和科技的绝大部分领域已经是一体化了。"④第二种观点认为,所谓"全球化"就是资本主义化,是资本主义的一种新的形式或新的发展阶段。根据这种观点,全球化是资本主义发展的必然产物,实质上是资本主义生产方式的普遍化。第三种观点认为,全球化就是西方化或者美国化。这种观点认为,全球化主要表现为人类价值的共同化和普遍化,西方国家特别是美国的价值,代表着人类的共同价值,所以,全球化就是西方化或美国化。⑤

需要指出的是,虽然全球化被很多人认为是大势所趋、有利于人类发展,但很多人对其一直持有强烈的反对态度。他们认为,以西方发达国家和跨国公司为主导的经济全球化的实质,是新的资本、政治和信息殖民运动,是发达

---

① [德]赖纳·特茨拉夫主编,吴志成、韦苏等译:《全球化压力下的世界文化》,南昌:江西人民出版社,2001年版,第6页。
② 刘建明:《全球化的终极与国际传播架构》,《国际新闻界》,2002年第3期,第47~48页。
③ 惠静:《全球化背景下中国文化安全的战略选择》,《保定学院学报》,2009年第1期,第39页。
④ [美]弗雷德里克·杰姆逊、三好将夫编,马丁译:《全球化的文化》,南京大学出版社,2002年版,第308页。
⑤ [德]赖纳·特茨拉夫主编,吴志成、韦苏等译:《全球化压力下的世界文化》,南昌:江西人民出版社,2001年版,第94~95页。

国家和跨国公司用强制性的政治权力和资本权力对欠发达地区的新一轮掠夺。在全球化的过程中,其他国家不但失去了资源,也失去了传统,不但没有发展到与发达国家的"共富",反而连人权、生存和尊严都被腐蚀殆尽,人类社会文明的存在基础被严重腐蚀。因此,当前世界经济体系的背后不仅有日益严重的全球性经济问题,还蕴藏着影响人类文明存在与发展的深层次问题。①

二、全球化与文化全球化

长期以来,全球化最主要的领地是在经济领域,但随着全球化进程的推进以及经济与文化之间界限的日益模糊,文化领域的全球化程度也日益明显,或者说文化全球化正在形成。

经济的文化化与文化的经济化,常常被认为是众人皆知的后现代性特征之一。②例如,美国电影与电视的经济性与它们的文化性一样强,而且,更确切地说,它们和农产品、武器一样,是美国经济的主要出口产品,是美国一个巨大的收入来源。马克思和恩格斯就经济全球化对文化领域的影响作出了论述:"物质的生产是如此,精神的生产也是如此。各民族的精神产品成了公共的财产。民族的片面性和局限性日益成为不可能。"③可见,经济领域的全球化同样会进入"精神"领域,即文化领域。④虽然这里采用的是狭义的文化定义,但根据广义的文化定义,文化全球化也同样明显。例如,不同文化中的衣、食、住、行等方面都在日益显示出全球化的特点。有学者认为,全球化在文化领域表现出两重性:"一重含义是特殊性的民族文化、地方文化的普遍化展开——特殊性文化的普遍性。另一重含义是关于人类共同命运的普遍性文化价值的不同民族的文化的具体渗透——普遍文化的具体化或特殊化。"⑤

那么什么是文化全球化呢?有研究者认为,文化全球化就是指在世界范围内,"不同方式、消费模式、观念意识的相互渗透、相互吸引和相互转化,从而

---

① 喻国明、焦中栋:《中国传媒软实力发展报告》,北京:同心出版社,2009年版,第18页。
② [美]弗雷德里克·杰姆逊、三好将夫编,马丁译:《全球化的文化》,南京大学出版社,2002年版,第61页。
③ [德]马克思、恩格斯:《马克思恩格斯选集》(1),北京:人民出版社,1995年版,第276页。
④ 姚峰:《全球化时代传统文化的"全球本土化"策略》,《福建师范大学学报(哲学社会科学版)》,2010年第1期,第83页。
⑤ 金民卿:《文化全球化与中国大众文化》,北京:人民出版社,2004年版,第62页。

在文化发展方面呈现出某种同一化趋势"。① 笔者认为,文化全球化是全球范围内的一种文化传播模式,它是指与文化传播相关的资源、资金、生产、人才、产品以及市场等的流动全球性。

人们对于文化全球化的态度也存在较大的差异,有人认为文化全球化可以促进不同文化之间的交流,也有人担心文化全球化将导致文化西方化,有损全球文化的多元化与不同文化自身的独立性。有学者就认为,从文化和文明的角度看,全球化是人类各种文化、文明发展要达到的目标,是未来文明存在的状态;从社会角度看,全球化是地方社会政治控制程度的削弱,是文化集体成就的贬值。② 还有研究者认为,"文化全球化"实质上就是西方国家向发展中国家推销其意识形态、腐朽文化产品的过程;部分西方学者也认同这种观点,他们认为,全球化是西方媒体文化——而且往往是商业化和消费主义的美国文化的扩张。可以说,全球化剥夺了国家对信息空间的控制权,因而也意味着民族—国家概念的终结。从这个角度出发,全球化的概念甚至可以简化为:"信息领土化所需要付出的技术、经济和政治代价的急速增长。"③在全球化发展的过程中,西方国家利用其经济、政治和文化方面的优势,竭力控制全球化的进程,把持文化交流中的主动权,将他们所推崇的意识形态、价值观念和生活方式向发展中国家推广,对发展中国家的文化安全造成威胁。全球化的过程,实质上就是西方发达资本主义国家,尤其是美国所主导的"西方文化",向全世界扩张的过程,而绝不是什么所谓的全球文化大交流的过程。④ 也有学者认为,所谓"文化全球化",并非文化一体化、同质化,那实际上是不可能的,可能的却是强势文化对弱势文化的渗透、侵蚀、抵制、控制和潜移默化的培养作用。因此,在开放的文化环境中,强势文化的过度扩张,势必对弱势文化形成压迫。⑤

也有学者对文化全球化持积极态度。他们认为,文化全球化是全球真正

---

① 张彩凤、苏红燕:《全球化与当代中国文化产业发展》,济南:山东大学出版社,2009年版,第39页。
② 参见[美]J. H. Mittenman, *The Globalization Syndrome*, Princeton University Press, 2000, p.85.
③ [美]门罗·E.普莱斯著,麻争旗等译:《媒介与主权:全球信息革命及其对国家权力的挑战》,北京:中国传媒大学出版社,2008年版,第29页。
④ 惠静:《全球化背景下中国文化安全的战略选择》,《保定学院学报》,2009年第1期,第40页。
⑤ 隋岩:《当代中国电视文化格局》,北京:群言出版社,2004年版,第157页。

实现多元化的重要途径。例如,有研究者乐观地认为,"如果说全球化的早期阶段,全球化更多地表现为一种'西方化',即强势的西方文明对弱势的非西方文明的单边霸权,迫使非西方世界接受西方的文明模式。那么随着非西方世界的崛起,原先西方文明的输入国出现了文化觉醒或自觉,对人类现代化的进程输出自己本土的文明模式和智慧,即构筑一种'它种现代性',消解西方中心主义的'单一现代性'"。① 还有学者认为,全球化对于本土文化未必仅仅是威胁,也是一种机遇。在对本民族文化认同的前提下,积极引入西方现代元素,创造有别于"西方化"的"全球本土化"的理论话语并进行文化实践。这种理论或实践"旅行"到西方后,与西方文化展开平等的对话与交流,以达到文化输入和输出的平衡。②

就中国文化而言,人们普遍认识到中国文化需要正视当前全球化的现状,并积极加以应对。有学者就认为:"人类文明日新月异的进程中,文化的固定空间限制已经越来越失去效力,文化全球化是世界文化体系演变的趋势之一,也是当代中国文化格局演变的表征之一。"③鉴于此,在全球化的形势下,我国应该把全球的先进文化带到国内,同时把本国的先进文化推向世界。④ 而且,中国文化相对其他文化是有其优势的。因为中国文化历来以"天人合一"为最高境界,中国文化追求人与自然的和谐,而且通过人与自然的和谐以至冥合这样的最高境界(即所谓"同天境界")来实现生活中人与人之间的和谐。这同当前的全球化大趋势完全一致。⑤ 而且,从另一个角度来说,文化全球化是一个不容忽视的客观存在或发展趋势,我们应积极应对并参与其中。正如在"经济全球化"中我们应该积极参与制订"游戏规则"那样,在"文化全球化"中我们也要积极参与全球文化体系的构建和流通规则的制订。实际上,"文化全球化"所反映、所承认的唯一事实是多元文化共在、共构,相互交流、渗透、沟通和融合,由此达到世界"和谐文化"的"和合"共存。⑥

---

① 姚峰:《全球化时代传统文化的"全球本土化"策略》,《福建师范大学学报(哲学社会科学版)》,2010年第1期,第87页。
② 姚峰:《全球化时代传统文化的"全球本土化"策略》,《福建师范大学学报(哲学社会科学版)》,2010年第1期,第87页。
③ 隋岩:《当代中国电视文化格局》,北京:群言出版社,2004年版,第143页。
④ 费孝通、[法]德里达等:《中国文化与全球化》,南京:江苏教育出版社,2003年版,第63页。
⑤ 李慎之:《全球化与中国文化》,《美国研究》,1994年第4期,第136页。
⑥ 卓新平:《"全球化"与当代中国宗教》,《当代中国史研究》,2009年第6期,第95页。

第二节　文化全球化语境中的对外文化传播

在文化全球化的语境中,文化传播在文化资源、文化产品生产、文化市场、传播渠道等方面的需要符合全球化的特点。全球化以经济为中心,逐渐向政治、文化、意识形态等领域扩散。文化全球化是一把双刃剑,国际文化交流在开创"世界历史"新时期的同时,也面临着文化霸权的挑战,于是,文化主权问题显得突出起来。因为,资本主义生产方式向世界扩张所引发的全球化,其背后必然隐藏着西方的中心主义。其中,文化霸权就是西方中心主义在文化全球化中的体现。另外,文化全球化的重要表征之一就是商业文化、大众文化以及后现代的消费主义占领文化市场的世界现象。换言之,文化全球化是世界文化格局演变的当代表征之一。① 文化全球化是经济、政治全球化的伴生物。在文化全球化语境中,文化传播较为引人注意的三个方面是:文化安全问题、文化认同问题以及文化霸权问题。换言之,当下我国对外文化传播的重要使命,就是要应对文化安全问题、文化认同问题和文化霸权问题。

一、文化安全问题与中国对外文化传播策略

(一)文化安全的概念与内涵

文化安全,简而言之,就是一个国家文化领域的安全,即一个主权国家的文化系统正常运行和持续发展的状态,以及文化利益不受威胁的状态。② 文化概念和内涵本身就极为复杂,要深入系统地定义文化安全并不容易。大致而言,关于文化安全的定义主要有两个出发点,一是基于文化,二是基于政治。

基于民族文化,文化安全与全球化背景下文化价值观等文化要素的传播或渗透密切相关。有研究者认为,文化安全是指"一个主权国家保证其文化的性质得以保持、文化的功能得以发挥,文化利益不受威胁和侵犯的能力与状态。文化安全的核心是意识形态与价值观的安全"。③正因为意识形态和价值

---

① 隋岩:《当代中国电视文化格局》,北京:群言出版社,2004年版,第143～145页。
② 彭新良:《文化外交与中国的软实力:一种全球化的视角》,北京:外语教学与研究出版社,2008年版,第300～301页。
③ 石逢健、钮维敢:《文化全球化语境下中国文化安全国际空间的拓展》,《中共四川省委党校学报》,2010年第1期,第94页。

观在文化中的核心地位,有学者在定义文化安全时就侧重于文化中的价值观体系的安全问题。例如,有学者将文化安全定义为:"一个主权国家的文化价值体系免于遭受来自内部或外部文化因素的侵蚀、破坏或颠覆,从而很好地保持自身的文化价值传统,并在自愿自主的基础上吸纳和借鉴一切有益的人类文化精神成果并不断创新发展。"① 还有学者从价值观和其他文化要素出发,将文化安全定义为:"民族国家对自身文化遗产、行为方式、价值观免于他者文化侵蚀,因为拥有自身文化身份和文化特征而获得的一种'安全感'。"② 因此,基于民族文化,文化安全的基本内容包括:语言文字安全、意识形态安全、价值观念安全、生活方式(包含风俗习惯及思维方式等)安全。③ 这也是目前较为普遍的一个研究视角。有研究者认为,目前世界各国的国家文化安全大多表现为:政治文化受到挑战,意识形态的安全问题突出;民族文化受到冲击,民族认同感丧失;主流价值体系受到挑战;语言的纯洁性和信息的安全性出现危机;国民教育体系受到冲击;国内文化产业受到冲击,文化竞争力和创新力逐渐衰退等等。④

  文化安全与全球化背景下的国家主权密切相关。所谓"主权",是指一个国家在其领域内拥有的最高权力。除了我们通常所说的政治主权、经济主权以外,任何一个主权国家都还应有文化主权。⑤ 有学者从国家文化主权的角度出发来定义文化安全:"文化安全指一个国家的文化主权神圣不可侵犯,国家的文化传统和文化发展选择得到尊重,国家主体文化价值体系不受外来文化和非文化力量干涉,保持本国文化的民族性、独立性和自主性,并在不威胁别国文化安全的基础上扩大本国文化在国际上的影响力。"⑥ 有学者就从全球化的背景出发,将文化安全定义为:"在当代主要是指人们认为自己所属国家——民族的'文化特征'在全球化大趋势下所呈现出的'安全感',具体是指政

---

① 严兴文:《试论国家文化安全的内涵、特点和作用》,《韶关学院学报(社会科学)》,2007年第2期,第139页。
② 吴瑛:《文化对外传播:理论与战略》,上海交通大学出版社,2009年版,第21页。
③ 严兴文:《试论国家文化安全的内涵、特点和作用》,《韶关学院学报(社会科学)》,2007年第2期,第139~140页。
④ 彭新良:《文化外交与中国的软实力:一种全球化的视角》,北京:外语教学与研究出版社,2008年版,第300~301页。
⑤ 张志君:《全球化与中国国家电视文化安全》,北京:中国传媒大学出版社,2006年版,第63页。
⑥ 严兴文:《试论国家文化安全的内涵、特点和作用》,《韶关学院学报(社会科学)》,2007年第2期,第138~141页。

治文化、语言和信息、国民教育体系等问题上的安全感。"[1]基于国家政治,文化安全可以从两个方面进行理解,即国家文化自身的安全问题和文化与国家安全之间的关系问题。[2]

(二)全球化对我国文化安全的影响

在全球化背景下,我国文化安全正面临威胁,尤其是西方强势文化的威胁。有研究者认为,目前西方强势文化给中国文化安全带来威胁主要表现在两个方面,一是西方强势文化给中国文化主权带来威胁,二是西方强势文化给中国传统文化带来冲击。[3] 也有学者认为,我国文化安全所面临的挑战主要包括四个方面,即:我国的意识形态安全受到前所未有的挑战,我国优秀民族传统文化受到严峻挑战,中国文化市场对外开放对文化产业的正常发展带来严峻挑战,全球化发展使我国面临民族文化认同危机。[4] 因为意识形态和价值观处于文化的核心地位,因此,意识形态和价值观的安全问题极为重要。目前,我国意识形态安全问题主要包括两个方面:国家政治制度以及国家政权的合法性面临挑战,全球化给我国的精神文明建设带来了严重的挑战。[5]

在当前形势下,我国文化安全面临的较为明显的一个危机是文化资源被盗用和重新被定义。在全球化背景下,文化资源不像其他国家资源(如矿物资源)那样容易进行控制和保护,它被广泛共享。文化资源的可复制性让它具有用之不竭的特点,这是它优于自然资源的特点。但文化资源的排他性以及可复写性很容易使弱势文化被强势文化所侵蚀和取代,甚至因此而消失,这就涉及一个国家的文化安全问题。这是它与自然资源相比明显不足的地方。正因为如此,全球化背景下的文化安全有两个维度,即必须关注跨国文化的对话与国内文化建设的频繁互动,又必须认真建立起国内文化创新战略与对外文化交流战略的良性互动。[6] 也就是说,维护文化安全的方法不是像保护能源安全那样,限制出口或进行战略储备,而是要在发掘、保护和创新自身文化的同时,与他国、尤其是强势文化进行交流互动,努力吸收对方的优点和长处,并将

---

[1] 刘慧:《全球化时代的中国文化安全战略》,《社会科学辑刊》,2010年第3期,第79页。
[2] 隋岩:《当代中国电视文化格局》,北京:群言出版社,2004年版,第150页。
[3] 崔婷:《全球化与当代中国跨文化交流》,济南:山东大学出版社,2009年版,第96~97页。
[4] 惠静:《全球化背景下中国文化安全的战略选择》,《保定学院学报》,2009年第1期,第39~40页。
[5] 惠静:《全球化背景下中国文化安全的战略选择》,《保定学院学报》,2009年第1期,第39~40页。
[6] 刘慧:《全球化时代的中国文化安全战略》,《社会科学辑刊》,2010年第3期,第81页。

其有机融入我国文化。

当我们的历史被其他国家通过电视剧(如某些韩剧)改写,当我们的经典文学作品被其他国家通过卡通片(如某些日本卡通片)重新诠释,当我们的经典文化形象被其他国家通过电影(如某些美国电影)重新塑造……我们的文化资源被盗用,再被重新定义。这样,当我们的文化被别人重新定义之后,文化中的理念、价值观等自然也就由其他国家来诠释。于是,外国受众在接触这些非我国所传播的所谓"中国文化"之后,在"首因效应"的作用下,就构成了对中国文化的认知,甚至形成刻板印象。如图2—2—1所示:

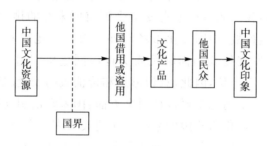

图2—2—1　中国文化资源的跨国使用与传播

更为严重的后果是,我国文化资源被他国借用或盗用后,经过他者构建和诠释,已经面目全非的"中国文化"再回传到我国。虽然这些精心包装的文化产品也许还会大受欢迎并广为流传,但这些经他国之手传播的"中国文化"会让我国年青一代对本国文化产生误解,模糊自身的文化认同,甚至产生错误的文化认同。如图2—2—2所示。

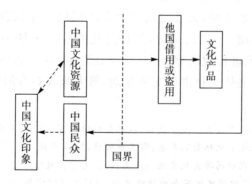

图2—2—2　中国文化资源的跨国使用与回流

在图2—2—2中,我国文化资源经过他国借用或盗用成为文化产品后,其中所包含的文化内涵和理念已经与其本来面目相去甚远。我国民众,尤其是对中国文化了解不多的某些人群,在接触这些文化产品后,难免会形成并非完全真实的文化印象。

有学者认为,文化危险来自两个方面,一是"他者",即西方,一是我们内部、我们自身。前者是国际范畴,即抵御文化渗透、文化殖民主义、文化帝国主义的问题;后者是我们自身内部范畴,即文化自省问题、文化自觉问题,包括自我批判、监督、建设。① 在现阶段,相比应对外来威胁,笔者认为,我国积极应对内部危险更为关键。几千年来,我国文化经历了多次外来文化的传入,其结果都是我国固有文化将外来文化吸收和整合,使之成为我国文化中的有机构成;换而言之,我国文化具有应对外来文化的功能,当然,也不能疏忽大意。但是,如果我们在内部不能够充分挖掘和弘扬我们自身的文化,不能让我国人民对本国文化有充分的了解和认同,那么我国文化就有彻底被改写的危险。历史上之所以不曾发生这种危机,一个重要原因就是每次外来文化传入的时候,当时的社会对于中国文化始终保持着很高的认同度,这就为我国文化吸收外来文化提供了坚实的基础。

(三)我国对外文化传播应对文化安全问题的策略

在全球化背景下,不同文化之间的交流与互动日益增多。在两种不同文化体系的交互活动中,强势文化必会将自己的资讯散播至弱势文化之上,最后迫使弱势文化向强势文化靠拢。所谓"强势文化",一方面指它传播的内容即知识、意见和情绪等方面的资讯是科学的、先进的和优良的;另一方面,也指其传播手段的先进。② 为了维护国家的文化安全,我国必须主动出击,着力开展文化传播,在避免我国文化被改写和定义的同时,在世界树立我国文化的正面形象,清晰地传播我国文化的价值观和理念等。

为了维护我国的文化安全,我们必须避免我国的文化资源被不当使用,尤其不能让其他国家成为我国文化的代言人,在他国民众和我国人民中混淆视听。我国只有加大文化传播的力度,根据不同国家民众的欣赏习惯和内容需求生产和传播他们需要的文化产品,才能避免出现图2—2—1中的问题。换而言之,我国要充分和有效开发利用自身的文化资源,直接向他国民众传播中国文化。如图2—2—3所示。

---

① 隋岩:《当代中国电视文化格局》,北京:群言出版社,2004年版,第151页。
② 朱增朴:《文化传播论》,北京:中国广播电视出版社,1993年版,第75页。

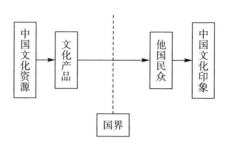

图 2-2-3 中国文化资源的跨国传播

同样,强大的文化资源开发、生产和传播能力也能确保其对本国民众的有效传播,避免图 2-2-2 中外来文化产品对我国文化错误解读所造成的不利影响。

从全球化的角度来说,全球主导的那些文化总会对一个国家或区域文化构成威胁。后者丰富了前者,但却面临被前者颠覆和控制的危险,以至于常常自感被湮没或降级,甚至有消亡的可能。① 这也就是说,我国文化资源被西方或其他文化借用,丰富了其构成或内涵,但这些文化反过来会对我国文化造成威胁。我们不可能禁止其他国家借用我国的文化,因此,唯一的选择就是加大对自身文化资源的开发、利用和传播力度。与此同时,我们也应充分吸收和借鉴其他国家的优秀文化,使之成为我国文化的有机构成,并在对外文化传播中发挥积极作用。在全球化的背景下,我国应积极弘扬中华文化自身的开放性、包容性和整合与重构的强势,吸收、借鉴和融合外来优秀文化,并与之形成互动、互渗和互补的文化传播态势,赶超世界文明发展的步伐,使中国融入世界文明主流。②

二、文化认同问题与中国对外文化传播策略

早在 20 世纪 90 年代初,我国学者李慎之在美国看到一本专门从事中国研究的杂志,上面有一篇文章说,"在中国面临的各种危机中,核心的危机(The Core Crisis)是认同危机(Identity Crisis),中国人正在失去中国之所以为中国的中国性(Chineseness)"。③ 文化认同涉及对自身文化的认知和理解,如果文化认同出现问题,那么"皮之不存,毛将焉附",对外文化传播也就无从

---

① [法]弗朗西斯·巴勒著,张迎旋译:《传媒》,北京:中国传媒大学出版社,2007 年版,第 134 页。
② 庄晓东主编:《文化传播:历史、理论与现实》,北京:人民出版社,2003 年版,第 205 页。
③ 李慎之:《全球化与中国文化》,《美国研究》,1994 年第 4 期,第 132 页。

谈起了。因此,在全球化时代,我们一方面需要消除全球化对我国文化认同产生的负面影响,另一方面,要通过文化传播来强化全球华人对于中华文化的认同感,这也是本节要阐释的主要问题。

全球化时代的一个主要特点就是人口跨国流动增强,而华人则是这股人口流动大潮中的重要组成部分。华人到海外学习、旅游、就业或者移民,会或多或少地接触其他文化,这对华人自身的文化认同构成一定的影响。但影响最为明显的人群是华裔第二代,他们出生或自小生活在其他文化中,对于中国文化的认同远不及上一代华人。因此,从对外文化传播的角度来说,在全球化时代,对外文化传播的重要任务就是提升海外华裔第二代对中华文化的认同感。

(一)文化认同的概念与内涵

"认同"(identity)一词起源于拉丁文"idem"(the same,即"相同"),又被称为"统一性"、"同一性"、"身份"等,它是一个反思性的自我意识概念。认同是指心理学中的自我概念。在社会科学领域,这个概念的使用范围日益扩大,包括社会认同、文化认同和民族认同等,分别指个人认为自己与所处的特定的社会地位、文化传统或民族群体的统一。此外,群体也可以有认同,一个人群,作为一个集体,可以认为本群体与某个社会、某种文化或某一更大群体具有同一性。[①] 认同一词来源于心理学,最初注重个体研究,后来由于哲学、社会学、人类学等领域的学者采纳,转为着重揭示个人与群体,甚至群体与群体的归属。[②] 弗洛伊德认为,认同就是个人与他人、群体或模仿人物在感情上、心理上趋同的过程,是个体与他人有情感联系的最早的一种表现形式。弗洛伊德将认同理解为一个主客体相结合的过程。现代意义上的认同研究一般区分了两种水平的认同:个体认同和群体认同,这种区分其实是对埃里克森"自我同一性"和"群体同一性"的沿袭。[③] 认同是指帮助个体在个体自身生活中产生秩序,并帮助个体置身于群体之中或卷入与集体的趋近性,在杰度上倾向或者

---

① 转引自曾少聪《漂泊与根植:当代东南亚华人族群关系研究》,北京:中国社会科学出版社,2004年版,第251页。
② 周大鸣主编:《文化人类学概论》,广州:中山大学出版社,2009年版,第84页。
③ 转引自彭伟步《新马华文报 文化、族群和国家认同比较研究》,广州:暨南大学出版社,2009年版,第99页。

支持某一事物。①

在构成认同的诸多形式中,文化认同无疑具有深层的核心价值和意义。文化认同指个人对一个特殊文化或族群所具有的归属感。文化归属感是经由社会化的过程(socialization process)自然产生的。② 文化认同包括历史的认同和文化的认同。历史的认同强调传统的家庭价值、宗族起源与种族分支。③对于文化认同的核心作用,有论者指出:"文化认同是人类对于文化的倾向性共识与认可。这种共识与认可是人类对自然认知的升华,并形成支配人类行为的思维准则与价值取向。由于人类存在于不同的文化体系中,因而文化认同也因文化的不同而各异。不同的文化有不同的文化认同,文化认同也因此而表现为对其文化的归属意识。文化认同的涵盖随着人的文化群体的形成、整合及人类文化的交融而扩大。文化认同是一个与人类文化发展相伴随的动态概念,是人类文化存在与发展的主位因素。"④

文化认同是由共同的语言、民族血统、宗教信仰、价值观、伦理道德体系、历史地理、经济环境等因素的相互作用而形成的。⑤ 一个国家的民族认同与文化统一性的发展潜力,是以相互关系的方式,由其所依附的民族国家间变幻不定的权力失衡和相互依赖的结构所决定的。⑥ 换言之,民族认同与文化传播的能力与效果密切相关。而且,18 世纪以降,民族认同已成为协调文化属性最引人注目的和最成功的现代模式。⑦

(二)全球化对我国文化认同的影响

毫无疑问,全球化对文化认同产生影响。在全球化构建的世界市场上,文化产品从世界各地汇聚起来,转化成面向新的"世界性"市场的商品:世界音乐和旅游业;民族传统艺术、时尚、烹饪;第三世界的文学作品和影片。把地方性

---

① 彭伟步:《新马华文报 文化、族群和国家认同比较研究》,广州:暨南大学出版社,2009 年版,第 99 页。
② [美]陈国明:《跨文化交际学》,上海:华东师范大学出版社,2009 年版,第 171 页。
③ 陈传仁:《海外华人的力量:移民的历史和现状》,北京:世界知识出版社,2007 年版,第 179 页。
④ 郑晓云:《文化认同与文化变迁》,北京:中国社会科学出版社,1992 年版,第 4 页。
⑤ 赵剑英:《文化认同危机与建构社会基本价值观的紧迫性》,《马克思主义与现实》,2005 年第 2 期,第 87 页。
⑥ [英]迈克·费瑟斯通著,杨渝东译:《消解文化——全球化、后现代主义与认同》,北京大学出版社,2009 年版,第 124 页。
⑦ 周宪主编:《文学与认同:跨学科的反思》,北京:中华书局,2008 年版,第 155 页。

和"异域性"东西从时空中剥离出来,重新包装,迎合世界集市。① 那些拥有强势文化的国家所生产的文化产品具有代表或诠释现代化的优势,并成为一种世界性的标准或象征。有学者就认为,就全球化跨越所有文化差异散布的体制现代性特征而言,全球化生产了"文化认同"。这远不是对文化认同的彻底毁灭,而是全球化更有意义的文化影响,一种在文化经验外在层面上所感受到的影响。② 当然,这是一种乐观的看法。当一个国家的文化试图通过其文化产品在全球市场的优势地位而取代其他国家的文化,并由此成为全球性的文化时,尤其是当他们试图在价值观领域试图使之"推之四海而皆准"时,其他国家就陷入文化认同的危机之中。关于全球化在文化中的表现,詹姆逊认为,"文化和民族(或种族—民族)与流行或传统文化的形式是一致的,而这些文化形式似乎正被美国的大众文化模式——电视演出、服装、音乐、电影等等——逐出并取而代之。对我们许多人而言(特别是在文学和文化领域工作的人),这是界定全球化的真正核心:世界文化的标准;美国的电视,美国的音乐,好莱坞的电影,正在取代世界上其他一切东西。"③在全球化的背景下,以跨国传媒公司利益为导向的消费,将一种全球性的商品理念取代了国家边界,侵蚀了民族/国家认同。为了追求全球性的经济效益,跨国传媒公司就要引导全球大众产生娱乐崇拜。"娱乐崇拜掩饰了文化瓦解。商品文化无法造就完整的文化,因为它在每件商品上都打上了转瞬即逝和完全不可替代的烙印。"④显然,娱乐崇拜是一种能够使完整文化瓦解的力量,在不断更新的时尚转换中,使认同破碎化。⑤

一种文化的价值观一旦凭借其经济或军事的强势地位而演变为世界的价值观,在一些处于弱势地位而又缺乏足够文化自觉的国家,文化认同就会陷入严重的危机。举一个简单的例子:不同的文化对于美本来有着不同的标准,但随着全球化的推进,许多国家对于美的认同开始向西方趋同。在阿拉伯国家,

---

① [英]戴维·莫利、凯文·罗宾斯著,司艳译:《认同的空间》,南京大学出版社,2001年版,第153页。
② 周宪主编:《文学与认同:跨学科的反思》,北京:中华书局,2008年版,第154页。
③ [美]弗雷德里克·詹姆逊:《论全球化和文化》,载王宁编《全球化与文化:西方与中国》,北京大学出版社,2002年版,第106页。
④ [英]克里斯·罗杰克著,李立玮译:《名流:关于名人现象的文化研究》,北京:新世界出版社,2002年版,第97页。
⑤ 海阔:《媒介人种论——媒介、现代性与民族复兴》,北京:中国传媒大学出版社,2008年版,第200~201页。

如果一个女人骨瘦如柴,这就暗示着她的丈夫没有能力让她过上好日子。所以,阿拉伯男人希望他们的女人肥胖,因为只有这样才能让女人们充当炫耀他们财富的活广告。① 在斐济,女人的丰满长期以来被视为一种美的标志。"你长胖了"这句话对斐济人来说是恭维。② 但是,阿拉伯或斐济女性在观看美国肥皂剧并受到其中审美标准的影响后,她们对于美有了新的标准,那就是美剧中金发碧眼、身材苗条、富有的迷人女主角身上所展现的标准。更为引人担忧的是,随着美国电视涌入斐济,当地卫生官员发现,斐济年轻女性变得轻浮、贪婪起来,自尊心水平下降。有学者通过研究发现,文化全球化、尤其是文化产品全球化传播,使人们更易于接受所谓"现代"的价值观,而拒绝那些本土化的、"落伍"的价值观。这种标准化文化产品的形式与内容是西化的,而且文化产品的渗透力随着国家财富水平的提高而增强。③

　　从符号学的角度来说,全球化背景下的文化传播是通过对符号的编码来传递其深层文化理念和价值观的,从而对其他国家的文化认同产生影响。符号(symbol)是文化传播的基因和代码,是文化传播的媒介和载体,是文化传播的基础。例如,美就是一种符号,衣着也是符号。符号形成了文化传播的文本、信息和话语。④ 文化世界实际上就是一个符号世界。系统论的创始人路德维希·冯·贝塔朗菲认为:"包围人的是符号的世界。从作为文化的前提的语言开始,到他与同伴的符号的关系、社会地位、法律、科学、艺术、道德、宗教与无数其他事物,人的行为除了饥饿与性的生物需要等基本方面之外,都由符号的实体支配。"⑤正因为如此,在全球化时代,当发达国家充当文化符号的"编码者"在进行"编码"时,往往有意无意地对所编之码设置多层含义,其最深层的含义往往与其浅层的含义相反,借用索绪尔的话说,后者是"组合关系",前者则是"聚合关系",或者用乔姆斯基的话加以表述,那就是在"表层结构"下面隐含着"深层结构",聚合关系或深层结构可能会包含着某些影响到特定民族传统文化的可持续发展的"病毒",这些"病毒"如微生物学中的病毒一样,肉

---

① [美]克洛泰尔·拉帕耶著,陈亦楠、李晨译:《文化密码》,海口:南海出版社,2008年版,第45页。
② [加]马修·弗雷泽著,刘满贵等译:《软实力:美国电影、流行乐、电视和快餐的全球统治》,北京:新华出版社,2006年版,第118页。
③ [美]史密斯、[加]彭迈克、[土]库查巴莎著,严文华、权大勇译:《跨文化社会心理学》,北京:人民邮电出版社,2009年版,第310页。
④ 庄晓东主编:《文化传播:历史、理论与现实》,北京:人民出版社,2003年版,第51、52页。
⑤ 庄晓东主编:《文化传播:历史、理论与现实》,北京:人民出版社,2003年版,第37页。

眼是很难看到的。① 也就是那些有强势文化的西方国家在利用全球化进行文化传播时,会在其所传播的节目内容或文化产品中植入其文化价值观,由此潜移默化地对其他国家的文化认同产生影响。

全球化对我国文化认同的影响主要体现在两个方面,一是对我国民众的文化认同产生影响,尤其是影响人们对传统文化价值观的认同;二是对海外华人的文化认同产生影响。就第一种影响而言,有学者认为,全球化背景下的文化交流促使中国传统文化、传统价值在西方文化和价值的冲击下逐步解构,在一部分人中,国家认同感严重地淡漠了,而在另一部分人中,国家认同感却病态地强化了。② 外来文化有超过传统文化的趋势,已构成对中国传统文化和心理的巨大冲击波。另外,还有学者认为,在全球化背景下,西方强势文化的传入给我国文化带来"西化"的危险。

研究全球化对海外华人文化认同的影响,主要是从对外文化传播的角度出发,这也是本节的研究重点。海外华人的文化认同问题主要与华人第二代有关,第一代移民一般对中国文化保持着较高的认同度。海外华人第二代的文化认同与其所处的环境有较为直接的关系。在比中华文化强势的文化环境中,海外华人第二代对于文化的认同比较容易发生改变。如前文所介绍的,"二战"期间,当时的美国华裔第二代曾组织了一个华人步兵师来中国参加抗战。投身于抗日救国运动的华裔青年大部分未到过中国,可是他们却把中国称为祖国;但在文化上,他们还是认同美国主流社会文化。③ 全球化时代一个最大的特点就是人口跨国流动性的增强。在移居外国的过程中,每个文化群体都失去了自身的某些特点,而逐渐具备其他文化群体——大多是占主导地位的文化群体,或称"主流文化"的某些特点。虽然移民们会在定居他国之后保留原来的文化传统,但他们也会逐渐改变自己的风俗习惯,有人称之为"杂交",有的人称之为"混合",也有人称之为"全球化"。文化特性不是固定的,它处于不断变化之中,无论是对移民还是对土生土长的本地人来说都是如此。④ 需要指出的是,在全球化时代,文化认同并没有绝对的模式,在那些比中华文

---

① 张志君:《全球化与中国国家电视文化安全》,北京:中国传媒大学出版社,2006年版,第39页。
② 参见徐圻《走出文化的自大与自卑——关于中西文化交流的反思》,《贵州大学学报》,2005年第1期。
③ [美]麦美玲、迟进之:《金山路漫漫》,北京:新华出版社,1987年版,第102~103页。
④ [美]叶海亚·R.伽摩利帕编著,尹宏毅主译:《全球传播》,北京:清华大学出版社,2008年版,第252页。

化弱势的文化环境中，海外华人第二代虽然也会受当地文化的涵化，但在认同上依然倾向于中华文化。2010年在意大利一项针对华人的调查中显示，都灵的华人，无论第一代还是第二代，更接近中国而非意大利。他们主要阅读中文报纸，看中文电视，与意大利人交往很少；从文化角度来看，完全与意大利人不同。①

（三）我国对外文化传播应对文化认同问题的策略

影响文化认同的一个重要因素就是文化传播，文化传播的力度和效度能在一定程度上影响海外华人的文化认同。我国对外文化传播的目的是增强海外华人的文化认同，但在策略上要坚持一个"适度"的原则，也就是既要大力传播中国文化，增加海外华人对中国文化的认知，进而提升其文化认同；同时又不要过于强势，让海外华人所在国的主流社会产生"中国文化威胁"的感觉，更不要试图通过强化海外华人的文化认同而提升其对中国的政治认同。

海外华人在适应当地社会的过程中，难免会在中国文化和当地文化之间摇摆，甚至会被"同化"。"同化"意味着移入的一群人不仅失去了原来在另一个社会中培养成的行为方式，并逐渐吸收了新移入社会的方式，而且不再认为自己与别人有明显不同，这样，他们不被划入另类，不被与其他人区别对待。当然，对于新移民来说，大多数仅是"文化适应"，而非被"同化"。文化适应是指适应新近社会的文化准则，这不一定意味着必须彻底抛弃原少数民族的方式与观念，并代之以美国的行为举止与思想方法。对文化适应的考验是看新与旧是否能修正并混合而不产生矛盾。② 无论是避免被"同化"，或者是增进"文化适应"，祖籍国的文化传播都能发挥重要的作用，这也就间接提升了海外华人文化认同的可能性。必须经年累月，借助集体记忆，借助共享的传统，借助对共同历史和遗产的认知，才能保持集体认同的凝聚性。维持它还必须跨越空间，借助疆域与疆界的复杂构图，借助界定"我们"与"他们"的包含原则与斥异原则。媒介在历史上对于想象社群发挥了核心作用；或许事实上，要是没有印刷媒介及随后的广播电视媒介的贡献，也不可能创建共同的文化群落和认可。③ 需要强调的是，我国通过文化传播提升海外华人的文化认同，出发点和目标应该仅限于增强其对于中国文化的认知和好感，而不是要更换其在当

---

① 中新网 http://www.chinanews.com.cn/hr/mzhrxw/news/2009/04-14/1644872.shtml。
② [美]宋李瑞芳：《美国华人的历史和现状》，北京：商务印书馆，1984年版，第255页。
③ [英]戴维·莫利、凯文·罗宾斯著，司艳译：《认同的空间》，南京大学出版社，2001年版，第98、265~266页。

地社会已经形成的文化认同。毕竟"一方水土养一方人",海外华人需要适应当地的文化,从而融入当地社会。

从另一个角度来说,中国对外电视在对外传播文化的时候也要避免过于强调"文化认同",从而给海外华人受众的身份认同带来困扰。海外受众有自己的文化认同、政治认同和国家认同等,对此,我国在开展对外文化传播的时候应该有充分的认知,并予以尊重。例如,当一些中国人还不太了解新加坡人时,把他们与中国人一起概括成"我们中国人",新加坡人立刻提醒他们,"我们不是中国人,我们是新加坡人"。这种现象很真实地反映出,虽然新加坡华人受到中华传统文化熏陶,但是他们并不认为,华族文化就是中华文化,中华文化就是华族文化。他们的文化是新加坡文化,中华文化只是舶来品。[①] 1993年,新加坡资政李光耀在第二届华商大会上曾表示:"我们大家同属华族。由于同宗同文,我们有某些共同的特征。我们之间很容易建立起互信互赖关系。但是我们必须诚实,认清我们最终的效忠对象,应该是入籍国而不是祖籍国这项事实。"[②]因此,对外文化传播对于海外华人受众的政治身份必须有清晰的认识,要避免因为不知情或"一厢情愿"而给海外华人造成困扰、甚至伤害。在东南亚一些国家,由于受民族主义的影响,当地土著民族和执政当局常常怀疑华人的效忠,他们担心华人与中国保持联系会影响华人对本国的效忠。从国际大环境来讲,世界上一直存在着一种说法,认为中国在搞"大中华主义",即试图依靠海外华人华侨的影响力颠覆别国政府,或达到其他恶意的目的。这种想法源于"文化大革命"期间,中国输出革命口号。虽然时过境迁,却为有的国家和个人别有意图地加以利用,在国际上鼓吹"中国威胁论",给海外的华侨华人带来许多不必要的麻烦。[③] 因此,我国在开展对外文化传播的时候不要盲目宣扬"大中华文化"、"大中华民族"。无论是同化还是多元共存,或者是华人的世界主义、新的民族主义,只要是在和平情况下华人进行的自主选择,都无须遗憾。[④]

---

① 彭伟步:《新马华文报 文化、族群和国家认同比较研究》,广州:暨南大学出版社,2009年版,第99、111页。
② 转引自方金英《东南亚"华人问题"的形成与发展》,北京:时事出版社,2001年版,第159页。
③ 陈传仁:《海外华人的力量:移民的历史和现状》,北京:世界知识出版社,2007年版,第330页。
④ 陈传仁:《海外华人的力量:移民的历史和现状》,北京:世界知识出版社,2007年版,第189页。

三、文化帝国主义与我国对外文化传播策略

文化帝国主义和全球化一样，是一个使用频率非常高的词汇。有学者认为，在全球化背景下，西方所追求的不仅仅是一个开放的全球市场，还包括西方的政治民主和文化价值的推广，使西方的制度模式和文化观念成为压倒一切的意识形态；作为全球化进程的主要推动者和主导力量，在很大程度上利用全球化导演一场霸权色彩浓厚的文化霸权主义的扩张运动。① 皮埃尔·布尔迪厄认为，为了"能在最短时间内寻求最大利润"，难道不会将文化置于危险的境地？② 美国大片、多种多样的洋快餐、各种电脑软件等已经充斥在我们的生活中，我们除了在物质层面近距离接触西方的文化之外，其中所包含的价值观念方面的内容是否也在潜移默化地改变我们原来的想法？尤其是美国大片等文化产品是否也或多或少改变我们原来的审美观念，或者影响我们对于金钱的看法？如果没有强大的经济背景作动力，美国文化不大可能如此规模宏大地走进我们的生活，因此，全球化浪潮所携带的不仅仅是商品，也有文化。因此，文化全球化与文化帝国主义密切相关。对于我国而言，应对文化帝国主义最直接和关键的举措自然是大力加强文化建设，挖掘文化资源，在固本清源之后，才能将我国文化有效地向外传播。

（一）文化帝国主义的概念与内涵

"文化帝国主义"一词最早出现在学术界。1969 年，美国学者 H.席勒（Schiller，H.）在《大众传播与美利坚帝国》(*Mass Communication and American Empire*)中，明确地阐述了文化帝国主义的思想。席勒继承了新马克思主义的传统，分析了国际传播工业中的全球权力结构，分析了跨国公司和主导国家之间的关系。他指出，美国大型跨国公司与美国的军事、政治利益相得益彰，出于追求利润的目的，正在摧毁南方发展中国家的文化自治，造成发展中国家在传播硬件、软件以及媒体时对美国的依赖。③ 随着文化全球化的蔓延，许多国家日益感受到文化帝国主义的威胁，这个问题于是被提升到国家政府层面。在政界最早提出该问题的是法国文化部长雅克·朗，他于 1982 年

---

① 石逢健、钮维敢：《文化全球化语境下中国文化安全国际空间的拓展》，《中共四川省委党校学报》，2010 年第 1 期，第 93 页。
② [法]弗朗西斯·巴勒著，张迎旋译：《传媒》，北京：中国传媒大学出版社，2007 年版，第 117 页。
③ 关世杰：《国际传播学》，北京大学出版社，2004 年版，第 100～101 页。

在联合国所作的题为《美国文化帝国主义》演讲中,提出了"文化帝国主义"的问题。

那么,什么是文化帝国主义呢?汉斯·摩根索认为,文化帝国主义是指不用攻占他国领土,或控制其经济生活,而是主要采取征服和控制人的头脑,来征服对象国的一种政策。如果一国通过推行文化帝国主义政策,来征服另一国一切决策人物的头脑,进而征服另一国,那么,在此基础上取得的胜利和所建立的霸权,比起军事征服和经济控制要更显赫、更牢固。[①] 汤姆森在他的《文化帝国主义》一书中认为,文化帝国主义包含几个层面:第一,不平衡的信息流,即媒介帝国主义;第二,(美国文化)对民族国家认同和文化认同的威胁;第三,消费文化及全球资本主义对传统社会的冲击;第四,现代性的发展及其对传统文化的挑战。[②] 美国纽约州立宾汉大学教师佩查斯在他的《20世纪末的文化帝国主义》一书中说,西方统治阶级对人民文化生活的系统渗透和控制,以重塑被压迫人民的价值观、行为方式、社会制度和身份,使之服从帝国主义阶段的利益和目的,就是文化帝国主义。世界各地研究文化帝国主义的一些学者认为,文化帝国主义是指发达资本主义国家,利用电视、广播、新闻出版媒介、影视音像产品,以文化及信息产业等形式,对其他国家进行有形无形的主宰、支配、驾驭和控制,以达到他们在军事殖民主义和重商殖民主义时期都难以达到的目的。[③] 席勒把文化帝国主义定义为:"一个综合的过程,通过这个过程,把一个社会带入现代世界体系。这个过程具有一种社会机制,即通过吸引、压迫、强制,有时是贿赂手段使该社会主导的社会阶层形成符合现有世界体系治中心的价值观,增强现有世界体系治的结构。"[④]

(二)全球化与文化帝国主义的产生

帝国主义必然与强权相关联,全球化背景下的文化帝国主义必然是强势国家追逐利益的一种举动,只不过它是以经济活动、尤其是媒介工业领域的活动为手段,而不再是通过战争或军事行动来达到目的。"冷战"后,以美国为代表的西方强国在三个方面着力推行文化帝国主义政策:一是意识形态的渗透,西方国家将西方文化中的基本价值观念简化成以政治民主化、人权保障、市场经济制度为主要内容的一套意识形态教条,对发展中国家进行意识形态的渗

---

① 王超逸主编:《软实力与文化力管理》,北京:中国经济出版社,2009年版,第141页。
② 仪名海主编:《信息全球化与国际关系》,北京:中国传媒大学出版社,2006年版,序言。
③ 冯益谦:《涉外文化管理》,广州:华南理工大学出版社,2006年版,第143页。
④ 关世杰:《国际传播学》,北京大学出版社,2004年版,第100~101页。

透和干预;二是倾销文化产品,在大众文化领域,以美国为代表的西方国家,通过电影、电视、广播、互联网、书籍、刊物、广告等各种现代化传播手段,进行文化产品的倾销;三是话语权的控制。① 这三个方面就是文化帝国主义的主要表现。在全球化之前,很难想象哪个国家能在这三个方面推行它们的政策,因此,在全球化时代之前,文化帝国主义也就难成气候。试想,20世纪五六十年代,世界影视文化产品还比较多元,法国影视、意大利影视文化产品等都占有重要的国际市场,美国的影视文化产品还不能一家独大。而到了1999年,法国影视市场的72%、德国影视市场的90.05%、日本影视市场的64%以上,均为美国所抢占。电视的情况则更为复杂和严重,据美国哥伦比亚广播公司1998年统计,世界各国进口的电视节目中有75%来自美国,拉美的电视节目竟有85%来自美国。美国影视产业量只有全球的5%,市场份额却占了全球的92.4%。② 由此可见,全球化让文化帝国主义可以借用经济贸易渠道进行扩张,使某个强势国家能一家独大。

在为全球化铺设好渠道之后,美国等西方国家就可以凭借其发达的文化产业,大量生产销往世界市场的文化产品,同时将意识形态和价值观念等深层文化内容填充进文化产品。一旦这些产品占领了世界市场,意识形态和价值观念也就随之渗透进当地的文化之中。其中,好莱坞影片一直是美国"文化霸权"和"文化侵略"的象征,被称为"文化轧路机",意即所到之处,其他国家的民族文化无不支离破碎。美国电影协会主席瓦伦泰则被称为"白宫战士",意指他执行美国政府指令,不遗余力向外输出美国价值观念和生活方式。③ 一些学者认为,文化帝国主义造成的某些严重后果已开始逐渐显现出来,其中主要表现为大量进口和不断传播的媒介内容逐渐改变了受众的价值观念、生活方式乃至生活行为。非洲一些贫穷国家曾一度发生婴儿腹泻并造成大量死亡,有人认为,其中的深层原因主要是这些国家的观众受美国和欧洲电视节目和广告的影响,一些哺乳期的母亲为了保持妊娠后的体型放弃了母乳喂养而改为奶瓶喂养。也有人认为,其中的根本原因是改用奶瓶喂养后,当地不干净的饮用水与奶粉混合所致。但是,当地哺乳期的母亲是因为受到发达国家电视节目和广告影响才改变了传统的母乳哺乳的习惯,却是一个不争的事实。在

---

① 石逢健、钮维敢:《文化全球化语境下中国文化安全国际空间的拓展》,《中共四川省委党校学报》,2010年第1期,第94页。
② 冯益谦:《涉外文化管理》,广州:华南理工大学出版社,2006年版,第144~145页。
③ 张玉国:《文化政策与国家利益》,广州:广东人民出版社,2005年版,第129页。

南非,一帮当地劫匪冲进银行时高声大喊:"Freeze!"(英语,即"不许动!")而这一单词,在非洲语言或部族方言中是根本不存在的。很显然,这帮劫匪是在看了太多的美国警匪影视片以后,才学会了这样的行为和语言的。① 在马来西亚,甚至其他的国家,《超然》《变形金刚》《忍者神龟》等描写暴力的美国儿童节目让父母们非常担忧。这些节目有着一种普遍的看法,就是世界上好与坏的分野壁垒分明,在征服或惩罚坏人时,好人可以像坏人一样使用暴力,实行以暴制暴。这些节目对儿童,甚至成人的主要影响是:使用暴力可以无所顾忌——假如暴力是用以打击坏人,或一些被认为是坏人的人时。②

非洲当地的一位学者哈桑·巴认为,当前非洲战乱不止的一个原因是:"这些社会已经在殖民化和现代化期间丧失了他们原有的传统价值标准,它们已不再拥有本国本土能调节各种冲突的机制,已不再有精英人物来考虑教化对立的各方……人们忘记了人文的准则首先是由一个社会在其历史过程中形成的民族价值观念的浓缩物。"③可见,在全球化之下,很多国家被"文化殖民"。相比军事殖民,文化殖民的危害更大。军事殖民因为是明显的举动,人们有防备或反抗心理,最终能通过大众的齐心协力推翻殖民统治而赢得独立。但文化殖民的行为却隐藏很深,很多情况下甚至是被"殖民"国家民众的主动行为(如主动观看西方影片等)。而一个国家一旦被文化殖民,其自身土地所孕育的文化就会逐渐消失,从而永久丧失赢得文化独立的机会。正因为如此,很多国家才会对文化帝国主义产生高度戒备,而这些国家也却是深受其害。

即使是同为西方阵营的欧洲,也在积极防备美国文化帝国主义的侵袭。1989 年,欧盟公布了《无国界电视指导原则》。该指导原则的目的是在成员国内统一和规范广播电视法规。它要求娱乐广播的绝大部分播出时间必须通过可行和合适的方式留给欧洲原创节目,这并不包括新闻、体育、赛事、游戏、广告和电子版节目。欧盟强行规定了有关播出内容的最低标准,但成员国可以制定超出这些最低标准的规则。具体内容包括:第一,要求成员国确保广播电视机构为"欧洲作品"预留出大部分播出时间。该条款旨在确保 50% 或 50% 以上的播出时间免受国外(非欧盟国家)节目的竞争。第二,实施了旨在鼓励欧洲电视剧节目制作的配额制,要求广播电视机构将其播出时间的 10% 乃至更高的比例,或将其节目预算的 10% 预留给"独立广播电视机构"的制作者创

---

① 明安香:《传媒全球化与中国崛起》,北京:社会科学文献出版社,2008 年版,第 47 页。
② 吴燕和主编:《华人儿童社会化》,上海科学技术文献出版社,1995 年版,第 121 页。
③ 法国《解放报》,1994 年 4 月 25 日。

作欧洲作品。到1993年底,所有欧洲成员国都已经通过了这项立法。这个《指导原则》后来经过不断修订,到1997年通过了其修正案。① 加拿大等国家也都出台了类似的保护性政策,以消减美国文化帝国主义的威胁。

(三)文化帝国主义背景下的我国对外文化传播策略

在全球化背景下,我国要积极开展对外文化传播,将我国文化中适于对外传播的内容和元素呈献给世界,着力让我国优秀文化成为世界多元文化中的重要组成部分。笔者认为,这是当前我国应对文化帝国主义的应有态度。需要指出的是,我国在开展对外文化传播时应避免两个极端:一个极端是缺乏文化自觉,忽视文化帝国主义的威胁,将西方强势文化视为瑰宝,将其价值观和文化理念奉为圭臬;另一个极端是夸大文化帝国主义的威胁,过于强调文化传播的意义和作用,从而有文化沙文主义的倾向。北京大学乐黛云教授就指出:"在我们自己的国内也有文化霸权主义的苗头。例如常常有人说二十一世纪是中国的世纪,我就不相信这一点。二十一世纪能成为中国的世纪吗?且不说事实上能不能作为一个'中国的世纪',从理论上说,这也是不对的。世界文化是多元的,你要用中国文化来覆盖世界,这本身就做不到。中国文化可以成为很重要的参照系,可以对别的文化提供非常好的借鉴,可是要用中国文化征服全球,强迫人家吸收,那就会形成文化霸权。"② 因此,我们既要提高对文化帝国主义的认识和警惕,又要避免自己走上文化帝国主义的道路。我们要做的是积极应对西方文化帝国主义的威胁,为世界文化多元化作出贡献。

我国在美国等文化帝国进行文化传播的时候,实际上是与其短兵相接;在非文化帝国进行文化传播的时候,则是与美国等文化帝国形成直接竞争。无论是短兵相接还是直接竞争,都需要我们具备足够的智慧、实力和技巧。在文化全球化时代,我国应对文化帝国主义的对外文化传播,尤其是对西方主要国家进行传播时,在战略上要强化"娱乐策略",在内容上要采取"荟萃策略",在方法上要实施"实用策略"。

第一,"娱乐策略"。战略上的娱乐策略,就是要充分挖掘我国文化中的国际化元素、共享元素,结合海外受众喜闻乐见的娱乐形式,进行对外传播。根据传播学理论,娱乐是受众接触媒体和使用媒体的重要目的之一,也是媒体自身的重要功能之一。满足国内外受众的"娱乐"需求,也是我国大力发展文化

---

① 冯益谦:《涉外文化管理》,广州:华南理工大学出版社,2006年版,第145~146页。
② 费孝通、[法]德里达等:《中国文化与全球化》,南京:江苏教育出版社,2003年版,第313页。

产业的目标之一。党的十七届六中全会提出,要"加快发展文化产业,推动文化产业成为国民经济支柱性产业"。早在20世纪80年代,研究就已发现,电视节目流通在拉丁美洲正在发生重大变化,流通的方向不再是仅仅从发达国家流向拉丁美洲,而是越来越趋于平衡,拉丁美洲内部已经出现相互依赖的媒介关系,在信息流通方面相对于发达国家的依附性媒介关系渐渐趋于瓦解。在亚洲,也出现了 HIJK 的流行趋势,香港功夫片(H=Hong Kong)、印度宝莱坞影片(I=India)、日本卡通片(J=Japan)以及韩国电视剧(K=Korea)都有各自的成功。在娱乐内容方面,它们在国际信息流通中建立了反向驱动。[1]可见,与其在新闻信息传播领域与西方国家短兵相接,还不如通过在娱乐内容领域侧向反超,逐渐消融文化帝国主义的影响。这也是我们解读中国近几年、尤其是十七届六中全会上大力提倡发展文化产业的一个重要角度。

　　第二,"荟萃策略"。内容上的荟萃策略,是指在开展对外文化传播的时候,要吸纳其他文化的优秀成分,尤其是传播对象国的优秀文化内容或形式,然后结合中国文化中的优秀元素,一同向外传播。我国目前开展文化传播的时候,多以中国文化为主,很少在传播的内容或形式上融会传播对象国的内容。毫无疑问,中国文化源远流长,是世界多元文化中的重要组成部分。但是,一种文化与一个国家或地域是直接相关的,这就如同"一方水土养一方人"。如果我们对外传播的文化中没有当地的元素,很容易出现"水土不服"。文化帝国主义之所以能大行其道,与它广泛吸收世界各国的文化元素为其所用不无关系。中国在对西方文化帝国进行文化传播的时候,也要采取类似的策略。

　　而且,从文化自身的发展来说,吸收和借鉴其他文化的长处与优点能丰富和提升自身的文化。有研究者认为,全球化背景下的文化传播实际上创建了一个文化交流的平台,各种文化在这个平台上相互碰撞和融合,当传统文化不再适应社会发展需要的时候,它就会自动退出历史舞台;而当传统文化有足够的能力去迎接外来挑战的时候,它也会吸收并消化外来文化,为自己的文化进行更新。[2] 北京大学乐黛云教授也认为,人类文化要互相吸取,共同前进。一种文化一旦停止与其他文化的互动,就会停滞,甚至消亡。不能更新的文化就不能发展,不能发展的文化最后只能消亡。她认为,中国文化的优点就是一直

---

[1] 徐培喜:《穿越纵横交错的空间:从国际信息新秩序看中国国际传播现状》,载于姜加林、于运全主编《构建现代国际传播体系》,北京:外文出版社,2011年版,第129页。

[2] 黎风主编:《广播影视与文化传播》,重庆:西南师范大学出版社,2008年版,第188页。

致力于吸收外来文化,特别是在魏晋时期大量地吸收了印度佛教,而这种吸收外来文化的做法并没有异化我们自己的文化,我们并没有因此变成印度文化。我国文化在吸收外来文化的基础上进一步升华、丰富了我们自己的文化。中国产生了禅宗、华严宗,建立了中国自己的佛教。"所以我们吸收一种文化,是以我们为主,用我们的文化框架去接受别的文化,加以选择。"①

第三,"实用策略"。方法上的"实用策略"是指我们在对外传播文化的时候,要充分注重全球化的特点,将文化融入与生活密切相关的事物中。美国文化传播的重要渠道之一就是它在世界各国大为流行的快餐,例如,麦当劳或肯德基已经成为它的重要文化符号。笔者曾去法国作短期工作访问,在普罗旺斯一个偏远的小镇上都有一家麦当劳餐厅。即使在周边浓郁的法国文化氛围中,这家餐厅也在提醒人们美国文化的存在。席勒指出:"美国文化帝国主义没有消亡,但它再也不能全面描述全球文化状况了。如今最好把跨国公司文化视为核心力量,它依然带有浓厚的美国媒介色彩,来源于长期积累的营销和娱乐技巧与实践。"②我国目前在境外的企业数量与日俱增,这些在海外的中资企业与国外的普通民众有着最直接的接触,也是传播中国文化最有效的渠道之一。

文化只有在人们触手可及的地方存在,人们才最容易感知、了解和认同。文化也只有真正融入传播对象国的日常生活,也才真正具备传播的基础和前景。我们知道,同一文化中的成员必须共享一整套系统的概念、形象和观念,才能确保他们以大致相似的方法去思考、感受世界,从而解释世界。而生活中的衣食住行等元素就是他们思考、感受世界的直接依据和载体。在此基础上,人们以大致相似的方法解释世界,建立一种可分享的诸意义的文化,并因而构造一个共同居住于其中的社会的世界。这就是"文化"有时被定义为"共享的意义或共享的概念图"的原因。③ 这一切的前提就是他们生活中的物质基础。因此,我国在对外开展文化传播的时候,应充分利用我国"世界工厂"的地位,真正将我们的文化融入这些日常生活物品,让其成为文化传播的载体。

与生活直接相关的其他方面也是文化传播的重要载体,例如语言。西方

---

① 费孝通、[法]德里达等:《中国文化与全球化》,南京:江苏教育出版社,2003年版,第326页。

② [美]叶海亚·R.迦摩利珀著,尹宏毅主译:《全球传播》,北京:清华大学出版社,2003年版,第185页。

③ [英]斯图尔特·霍尔著,徐亮、陆兴华译:《表征——文化表象与意指实践》,北京:商务印书馆,2003年版,第4～5、18页。

国家热衷于向其他国家传播语言,就是因为语言与生活的直接相关。语言是描述生活中一切事物的载体,而且还是人们思考的工具。有学者就认为,长期学习一种外语,尤其是一种时时处处展示为强势的他国语言,不仅可能会让年轻人的母语水平下降,而且会让他们的思维习惯和世界观都发生根本变化,会让他们不由自主地倾心于某种外国文化。① 我国在开展对外文化传播的时候,也应多运用诸如语言教学等既与文化相关又与生活相连的载体,这样才能达到事半功倍的传播效果。

第三节 文化全球化语境中的对外电视

电视领域全球化的最初阶段是电视节目的国际贸易,其发展进程随着20世纪六七十年代卫星通信技术的发展而大大加快,其国际化的形式也日趋成型。电视媒体全球化主要有三种形式:媒体产品销售的全球化、媒体生产的全球化和媒体运营的全球化。具体而言,包括媒介集团的合并、电视节目的贸易、电视规制方式的趋同、节目形式和管理文化的转移、节目传送范围的扩大和节目消费口味的趋近。② 现在,西方媒体伴随着全球化的发展,在世界范围内已经形成了无孔不入的竞争态势,并在一定程度上形成了媒介帝国主义的垄断格局,这对包括中国在内的众多国家的媒体产生了一定的冲击。麦奎尔(McQuail)认为,媒介帝国主义导致大众传播的内容流动出现了不平衡的状况,破坏了各个国家或地区的文化自主权,或者说阻碍了本土文化的发展;新闻流动中的不平等关系增强了某些比较富有的大国对新闻生产的控制权,同时也阻碍了大多数国家巩固其适当民族身份/认同和自我形象;全球媒体的流动导致了文化"同质化"或"同步化",这就使得某些文化占据了主导地位。③ 世界主要媒体的全球化特征主要体现在四个方面:一是传播范围的全球化,二是传播信息的全球化,三是传播受众的全球化,四是传播影响的全球化。④

我国媒体需要在本土或在某个第三国与西方发达国家媒体展开节目资

---

① 潘一禾:《文化与国际关系》,杭州:浙江大学出版社,2005年版,第251页。
② 转引自郭镇之主编《全球化与文化间传播》,北京广播学院出版社,2004年版,第45页。
③ [英]格雷姆·伯顿著,史安斌主译:《媒体与社会:批判的视角》,北京:清华大学出版社,2007年版,第374页。
④ 王庚年:《构建现代国际广播体系的思考与实践》,载于姜加林、于运全主编《构建现代国际传播体系》,北京:外文出版社,2011年版,第17页。

源、人才或市场的竞争。虽然国家为了维护本国利益对外来媒体进行一定的限制,但在全球化时代,如果我国媒体仅固守在本国领域,不具备"走向世界、主动出击"的实力和能力,则在本国区域的利益都难以保全。有学者认为,传媒的全球化和全球的传媒化是当今时代的一个显著特征。一个国家的传媒如果没有走向世界,它的民族文化取向就有了局限,它所传播的文化就不可能具备世界性的意义。从传播的角度来解读中国文化,是探索中国文化流变、重组和演进的重要途径。[①] 因此,包括对外电视在内的我国各种媒体,应直面文化全球化的现状和趋势,提升我国媒体的国际传播能力,增强媒体"走出去"的实力和能力。具体而言,我国对外电视应实现节目资源的全球化、节目制作的全球化和节目市场的全球化;从全球化中获取我国对外电视发展所需的资源、技术和市场,在具备全球竞争力、国际一流传播能力之后,才能更好地应对西方媒介的竞争,并有效地传播我国的文化,即通过对外电视实现文化影响的全球化。

一、节目资源的全球化

在全球化时代,随着通讯和交通的发展,节目资源的开发和传输也日益便捷。因为电视节目已经在全球范围展开竞争,与之相关的节目来源自然也具有全球化的特点。

(一)新闻资源的全球化

对于新闻节目而言,全球通讯社以及各大电视机构的驻外记者已经形成了一个全球信息采集网络,他们通过卫星或互联网将世界各地的新闻及时汇集,并通过各自的传输或播出网络程序传递给客户或受众。可以说,世界各国的新闻资源已经基本实现了全球化的采集和利用,只不过因为国家经济实力的悬殊,各国新闻资源的采集和传输能力存在一定的差异。就中央电视台而言,到 2010 年 12 月底,已建成七大区域中心记者站,并在周边建设了 43 个站点,全球记者站总数达到 50 个。这张新闻采编网以中心站为核心,辐射 43 个周边站点,基本覆盖全球各个重点和热点国家,改变了过去主要在欧、美发达国家设立记者站的状况。其中,驻朝鲜记者站是全球第一家在朝的外国电视台记者站。随着全球新闻采编网络的基本成形,中央电视台的国际新闻报道能力不断增强。2009 年海外记者发稿量为 3053 条,平均每天 8 条,而 2010 年

---

① 庄晓东主编:《文化传播:历史、理论与现实》,北京:人民出版社,2003 年版,第 206～207 页。

日均发稿量17条,提高1倍多。此外,中央电视台还为外语频道组建了一支分布在12个国家的海外特约报道员队伍。他们与央视驻外记者互为补充,使英语频道、国际新闻报道几乎完全依赖编译外电的状况得到明显改观。在墨西哥流感、东盟峰会、APEC会议、联合国千年发展会议、菲律宾人质事件、G20峰会、朝鲜阅兵等多次重大国际事件中,海外报道员发挥了突出的作用,成为中央电视台英语新闻频道参与国际竞争的亮点。

全球新闻资源本身是开放的,一个国家的电视媒体只要具备采访能力,都可以获取这些资源。因此,全球新闻资源的采集、传输和利用与国家或媒体的实力直接相关。这几年,我国对外电视在大力加强国际传播能力建设,其中的一个重点就是海外采编能力的建设。我国的对外电视只有具有一流的全球新闻信息采集能力和传输能力以及制作水平,才能在全球化的电视竞争中赢得一席之地。

(二)文化资源的全球化

与新闻资源相比,文化资源的挖掘和使用具有一定的特殊性。因为新闻资源的开发利用基本不存在跨文化的问题,但是文化资源却有这方面的问题。就电视领域而言,在全球化背景下,文化资源发掘、利用的一个典型案例就是美国国家地理频道和发现频道。这两个频道充分发掘不同国家中的独特文化,并以国际化的镜头语言和表达方式呈现给世界各国的受众。它们在开发利用其他国家文化的同时,也获取了丰厚的经济利益。

电影和电视剧制作也是如此。其他国家的历史故事、文化资源正日益成为西方国家电影和电视剧创作与制作的重要素材。有研究者认为,在全球化语境中,电视产业壮大的一个原因是节目的本土化策略。与其他节目相比,电视剧的文化折扣较小。因而,我国将其更多地运用在节目的输出上。[①] 文化资源的跨地域开发和使用主要基于两方面的需求,一是全球化时代节目内容生产对其他地域文化"原材料"的实际需求,二是节目跨地域销售时减少文化折扣的营销策略需要。

另外,全球化也为我国对外媒体传播中国文化提供了条件。我国对外电视通过充分开发自身具有全球化影响或易于被其他国家受众理解的文化资源,以目标受众习惯接收的方式进行传播,能取得较好的传播效果。有研究者就建议,在全球化语境中,我们要善于发掘、保存和利用好自己的文化,并以西

---

① 海阔:《媒介人种论——媒介、现代性与民族复兴》,北京:中国传媒大学出版社,2008年版,第205页。

方的方式进行表达和传播。谭盾的音乐是他用西方"现代的眼睛"从故乡湖南古老的文化中探索新的意义,所以他的音乐中的"楚文化"特征感动了西方乐坛。① 当然,要达到这样的目标,前提就是充分发掘我们文化中适于对外传播的精髓。有学者认为,应对全球化可能造成的各种威胁或问题,最根本、最有效的措施是积极挖掘、弘扬、推广本土文化、民族文化、传统文化。其次是要主动积极地吸收外来文化,特别是西方文化、美国文化的精华成分,让人类一切优秀文化成果来充实、丰富、发展本土文化、民族文化和传统文化。②

文化全球化时代的本质特征之一就是不同文化之间的相互融合和借鉴。文化资源的全球化要求我们:一方面要努力通过我们的节目向世界传播中国的文化;另一方面,我们在策划和制作节目时也要积极利用其他国家的文化资源。

二、节目选题的全球化

在文化全球化的背景下,对外电视的节目选题需要具有能为其他国家或文化中的受众所理解和接受的特质。

第一,我们需要积极挖掘我国文化中适于对外传播和以电视节目表现的文化资源。这既是电视节目在海外拓展市场、扩大受众群体的需要,也是对外传播文化的要求。而且从我国文化应对全球化的策略来说,我们需要通过电视媒体扩大我国文化在海外的影响力,积极将文化资源优势转化为电视传播优势。我们只有从文化资源的大国变成文化产业的大国,才能更好地在对外传播中塑造良好的国际形象。③ 我国拍摄的《故宫》、《颐和园》、《圆明园》等纪录片,就是电视界对历史文化资源的开发与利用。而一些根据历史故事制作的电视剧,更是在赢得商业利益的同时,扩大了我国电视在海外的影响力。2010年,古装剧《美人心计》、《孙子大传》在越南地区单价突破1800美金,是以往单价的2~3倍;《美人心计》更是在台湾地区突破了近三年的单价最高纪录。《美人心计》在台湾中视播出,收视率高达2.1%,超过了目前在台播出过的所有大陆剧;该剧还被发行到韩国、马来西亚、北美等地的知名媒体播出,同时受到当地报纸等平面媒体的关注。另外,动画片《三国演义》继续受到全球关注,2010年在日本东京电视台(TV—Tokyo)、韩国EBS成功播出,并销售

---

① 转引自潘一禾《文化与国际关系》,杭州:浙江大学出版社,2005年版,第222页。
② 明安香:《传媒全球化与中国崛起》,北京:社会科学文献出版社,2008年版,第41~42页。
③ 冷冶夫、刘新传:《论全球化背景下的对外传播》,《现代视听》,2007年第7期,第10页。

到中国台湾、伊朗、中东。随着我国文化在国际上的影响力的提升,立足于传统文化的电视节目将拥有更为广阔的市场。

第二,我国在电视节目制作时需要加大对其他国家文化资源的发掘与利用,这既可以丰富我国电视创作的题材内容,也能在节目播出和销售时增加亲和力,减少文化折扣。在这方面,我国电视界已经进行了成功的尝试。中央电视台2006年播出的大型纪录片《大国崛起》,在节目题材方面实现了自身文化的跨越。这部电视片通过7个摄制组在9个国家的实地拍摄和深度采访,充分挖掘和梳理了15世纪后陆续兴起的葡萄牙、西班牙、荷兰、英国、法国、德国、日本、俄罗斯、美国的崛起历程,体现出各自鲜明的不可重复的时代特征和民族个性,也探讨了某些相通的规律。它以中国的视角对世界历史的重要章节进行了诠释,同时也为讨论国家发展问题提供了可资借鉴的历史资源和文明资源。全片展示了9个国家通过不同方式、在不同时期内完成的强国历程。

需要指出的是,全球化是国际化和本土化的统一,还有一个与之相关的英文词汇,即"球土化"[Glocalization,它是由 globalization(全球化)与 location(本土化)两个词合并而成]。对于节目制作的题材也是如此,我们要兼顾全球化和本土化。一方面,要以全球的视野挖掘和选择节目题材;另一方面,要着眼本土的需求使用这些题材。

另外,我们一方面强调要积极应对全球化,同时我们又要避免陷入西方设定的全球化路径之中,换而言之,也就是不能让西方来左右我国的全球化。有学者认为,目前一些影视戏剧作品出现了"自我东方化"的趋势。认为张艺谋导演的《图兰朵》在中国上演并获得传媒广泛赞誉,颇为引人深思。《图兰朵》同《阿依达》、《蝴蝶夫人》是典型的"东方主义"文本,几乎所有中国媒体都把它作为一个正面的文化盛事来宣传。① 也就是说,在进行影视节目制作的时候,我们有时候会无意识地自我"异化",但却对此茫然不知。

三、节目制作的全球化

在确定题材之后,如何表现这个题材,就涉及节目制作的手法问题了。电视节目如同烹饪,对于同样一份食材,中国和外国的厨师可能会用不同的手法加工,而最后的菜肴也会因此而迥然不同。一个简单的例子就是日本的动画片制作。日本漫画业在当今世界上具有重要的影响力,甚至一度对好莱坞的动画片构成挑战。虽然日本动画片的题材总离不开日本的社会现实,但是日

---

① 庄晓东主编:《传播与文化概论》,北京:人民出版社,2008年版,第237页。

本动画片的主人公却并不符合日本人的形象。人物基本都是大大的眼睛,高高的鼻梁,细长的手脚,玲珑的曲线,反而比较符合西方审美中的人物形象。他们这么做的原因一方面是因为日本现代文化本身受到大量西方文化的影响;另一方面,这是一种全球性战略。日本学者加藤周一就曾经指出,日本的这种杂交文化既有利于保护本国文化,也有利于吸收和消化来自国外的文化。日本动画片人物形象的去日本化,或者说西方化,非常有利于日本动画片被全球受众接受,他们在认同人物形象风格的同时,也接受了日本所倡导的价值观。① 我国对外电视节目制作在手法上也要考虑海外受众的审美习惯、欣赏行为特征等,不能套用面向国内受众的手法制作面向海外受众的节目。有学者就建议,我国要充分挖掘巨大的文化资源,生产出高质量的电视节目。在形式上遵循国际影视语言和生产规则,在内容上全面展示文化的各个层面,尤其是精神层面。② 有学者认为,"文化本身没有高低贵贱之分,但是文化的传播手段却具有先进和落后之别"。③ 对我国对外电视节目来说,传播手段就是节目的制作手法和技巧。

  电视节目在应对全球化方面,可以借鉴中国电影的发展模式。进入21世纪以来,中国电影在国际上的影响力日益显著,这主要得力于它通过一种国际化的商业运作方式强化电影的全球性,进入国际电影市场,其中较为成功的代表作有《卧虎藏龙》、《英雄》等。这类电影是按照世界性的标准来进行意识形态/文化/美学的包装和改造,以赢得西方受众青睐。在操作中具体表现为,先用带有一定神秘色彩的"东方故事"引起西方人的观影兴趣,再用"西方手法"赢得他们的认同。④ 当然,我国电视节目在采用这种策略的时候,也要力求避免因一味迎合西方受众口味而陷入自我"东方化"。我们要力求做到的是,在节目形式上根据目标受众的文化进行调整和改变,但在内容上要固守自己的文化,尤其是文化价值观等核心层面的文化内容。传播不等于接受,接受也不等于理解,理解更不等于赞同。如果说传播的发达只解决了符号的流通问题,那么人类或人们彼此间的真正沟通与理解则有待于意义的重构与敞现。⑤ 我国开展电视节目对外传播的终极目标是让海外受众赞同我们的文化,理解我

---

① 梁岩:《中国文化外宣研究》,北京:中国传媒大学出版社,2010年版,第155页。
② 海阔:《媒介人种论——媒介、现代性与民族复兴》,北京:中国传媒大学出版社,2008年版,第207~208页。
③ 张骥:《文化与当代国际政治》,北京:人民出版社,2003年版,第374页。
④ 黎风主编:《广播影视与文化传播》,重庆:西南师范大学出版社,2008年版,第175页。
⑤ 李彬:《符号透视:传播内容的本体诠释》,上海:复旦大学出版社,2003年版,第163页。

们在节目中所构建和传达的价值观和文化理念。

我国对外电视节目可以通过开展国际合作来改善节目制作的手法,我国早期的纪录片拍摄与制作就得益于与日本、美国等国家的合作,从中学习到当时较为先进的拍摄理念和制作手法,由此奠定了我国纪录片发展壮大的基础。而且,实践证明,通过开展国际合作拍摄和制作的影视节目,由于引入了中外不同的文化元素和制作理念,节目往往更具海外市场。在这方面,我国已经开始了积极的探索和尝试。2010 年,中国国际电视总公司与墨西哥特莱维电视台(Televisa)开始合作拍摄电视剧《爱在酒香》。此剧借鉴 Televisa 成功剧目《爱在酒乡》的运作经验,选取最能体现中国文化和民族特色的故事,由双方联合在全球发行,这是我国影视剧制作向国际合作迈出的重要一步。

中国国际电视总公司还与荷兰 Off the Fence 公司联合改编包装《探索发现》、《走近科学》等纪录片,将中国纪录片改编为西方主流纪录片风格,以进入西方主流纪录片媒体播出。该公司还计划与日本东京电视台合拍纪录片《华侨列传》,与美国 PBS 合拍纪录片《丝绸之路》,与东南亚六国合拍电视剧《下南洋》,与美国好莱坞合拍电影《长城》、《北京猿人》,等等。国际合作对于提升我国节目制作水平和开展海外营销无疑具有重要的战略意义和实际作用,我国电视、尤其是对外电视要以学习、借鉴、吸纳和超越的心态积极应对全球化。

全球化促进了资金、人才、技术和资源等节目制作因素的全球流动。当今媒介全球化主要表现为以下三个方面的特征:媒介跨国经营、媒介竞争激烈、信息全球流动。[①] 就电视节目制作而言,全球化的形式主要是节目制作的题材、手法、生产方式和市场的全球化。对于电视发展水平较为先进的国家来说,全球化为其集成世界各国资源、资金、人才制作节目提供了条件;对于电视发展水平相对落后的国家来说,全球化为其提供了学习先进制作理念、技术、管理方式的机会。

对中国的发展而言,全球化提供了许多良好的契机。它有利于吸收外国资本,有利于向发达国家学习先进的科学技术、管理经验和制度安排,有利于本国产品走向世界,有利于更好地参与国际合作,等等。但另一方面,全球化对中国的发展也有明显不利的因素。第一,威胁中国的经济安全。第二,削弱国家的主权。参与全球化的基本条件之一,就是必须遵守业已存在的国际惯例、国际公约和相关协定,而这些国际性的契约大多数都是根据发达国家的利

---

① 冷冶夫、刘新传:《论全球化背景下的对外传播》,《现代视听》,2007 年第 7 期,第 8~9 页。

益和标准制定的,体现了西方发达国家的制度安排。① 尽管如此,全球化依然为我国电视节目的生产提供了发展的契机。我国电视业通过参与全球化竞争,意识到文化产业的重要性,也积极推进文化产业的政策法规、体制机制、基础设施、人才培养等方面的建设。

在全球化背景下,对外电视节目最主要的生产方式就是产业化模式。作为一种新的文化发展形态和文化现象,文化产业肇始于20世纪三四十年代。法兰克福学派的本雅明(Walter Benjamin)在其《机械复制时代的艺术作品》中,最先表达了关于文化工业的思想。法兰克福学派的阿多诺(Theodor Adono)和霍克海默(Max Horkheimer)在1947年出版的《启蒙的辩证法》一书中,首次提出了"文化产业"的概念。② 文化产业在不同学科背景下具有不同的定义。此外,不同国家根据本国发展文化产业的侧重点对于文化产业也有着不同的诠释。例如,英国布莱尔政府把文化产业称作"创意产业"。之所以用"创意"这个词代替"文化",是为了强调人的创造力,强调文化艺术对经济的渗透和贡献。③ 虽然"文化产业"这一说法从被提出到今天已经过去了近1个世纪,但直到今天,不同国家对于文化产业的定义依然没有统一。1998年,联合国教科文组织将"文化产业"定义为"按照工业标准生产、再生产、储存以及分配文化产品和服务的一系列活动"。④ 这也许是较为简单、较为权威的定义了。

我国文化部官方文件关于"文化产业"概念的表述见诸2003年出台的文化部《关于支持和促进文化产业发展的若干意见》(文产发[2003]38号),"文化产业是指从事文化产品生产和提供文化服务的经营性行业"。⑤ 中国全国政协与文化部所组成的文化产业联合调查组把文化产业分为文化艺术、文化出版、广播影视、文化旅游四个领域。⑥ 随着国家的日益重视,文化产业已经

---

① [德]赖纳·特茨拉夫主编,吴志成、韦苏等译:《全球化压力下的世界文化》,南昌:江西人民出版社,2001年版,第104页。
② 张彩凤、苏红燕:《全球化与当代中国文化产业发展》,济南:山东大学出版社,2009年版,第8页。
③ 冯益谦:《涉外文化管理》,广州:华南理工大学出版社,2006年版,第81页。
④ 张彩凤、苏红燕:《全球化与当代中国文化产业发展》,济南:山东大学出版社,2009年版,第14页。
⑤ 《关于支持和促进文化产业发展的若干意见》(文产发[2003]38号)。
⑥ 张彩凤、苏红燕:《全球化与当代中国文化产业发展》,济南:山东大学出版社,2009年版,第18页。

成为当下与文化相关的热点词汇之一。另外,国家也切实在采取措施来促进文化产业的发展。2009年7月22日,国务院通过的《文化产业振兴规划》将扩大对外文化贸易作为文化产业振兴的重要内容,明确提出了"坚持内外并举,积极开拓国内国际文化市场,增强中华文化在国际上的影响力"的原则。①

电视节目制作是文化产业的重要组成部分,需要根据文化产业的产业特性进行规划、布局和实际运作。文化产业大体上分为从表到里的四个纵向层次。最表面的层次是文化产业的前沿层。第二个层次是文化产业的支持系统,包括大众需求、政策和创造力三个要素。第三个层次是智能层,主要指文化产业的有价值版权和创新潜力。第四个层次是文化产业的最核心层,就是产业人才。② 对应文化产业的这四个层面,我国电视节目制作要有国际先进理念、足够的受众需求、政策支持、原创能力以及大批国际型、复合型的人才。

四、节目销售的全球化

在全球化的环境中,媒体正被赋予越来越多的商业色彩。即使在推崇公共电视的英国,政府也鼓励 BBC 最大限度地利用其知名度去拓展全球的电视节目市场。为了使 BBC 能够"创造或保持国际多媒体世界当中英国的在场","政府已经鼓励"它"发展商业活动,寻找私人部门的合作者和财政援助"。在1997年的一宗大买卖中,Flextech(TCI 的子公司)在未来30年中被赋予优先使用 BBC 节目的特权,作为回报,Flextech 对 BBC 的节目生产进行基础性的投资。在另一宗买卖中,美国的发现频道拥有对 BBC 事实类节目(factual programme)构思的独一无二的"第一获知权",节目范围包括科学、历史、自然史和纪录片,作为回报,美国发现频道给 BBC 投资5年。③

对于电视节目而言,文化全球化最直接和最明显的体现也是市场的全球化。文化全球化的最初动力也是来源于市场的全球化,西方国家为了经济利益四处开拓电视节目市场。"一切都可以自任何地方用任何语言说出来,只要说得有利可图"。④ 有学者更一针见血地指出,美国电影与电视从来都是既属于上层建筑,又属于经济基础的,其经济性与文化性一样强。更确切地说,它们和农产品、武器一样,是美国经济的主要出口产品,也是美国一个巨大的纯

---

① 肖永明、张天杰:《汉语国际推广背景下的文化传播》,《现代传播》,2010年第5期,第7页。
② 邹文广、徐庆文:《全球化与中国文化产业发展》,北京:中央编译出版社,2006年版,第54页。
③ 杨击:《传播·文化·社会》,上海:复旦大学出版社,2006年版,第115页。
④ 陈卫星主编:《国际关系与全球传播》,北京广播学院出版社,2003年版,第15页。

利润与收入来源。这是一种正式的经济需要,无论其文化内涵是多么的浅薄浮夸。①

市场全球化最为直接的后果就是西方发达国家的全球性市场垄断,尤其是美国在电视节目领域的强势地位,让包括欧洲国家在内的许多国家都产生了严重的危机感。英国的经历是市场全球化之后美国强势地位的写照,而英国的反应也体现了全球化背景下不同国家对美国强势地位的态度。加·马修·弗雷泽认为:

> 在20世纪50年代后期,英国人发现许多"英国"电视节目要么是与美国人合拍的,要么就是虽然由英国人主演,但编剧和导演却都是美国人。20世纪60年代早期,十几家英国行业协会联合组成了一个名为"广播电视保护委员会"的特别游说团。1961年,该委员会印发了一份记录"可悲的美国化趋势"的报告。该游说团呼吁"不要让一种外来思潮主宰英国的广播、电视频道和电影银幕"。一年后,英国政府的皮尔金顿广播问题委员会提交了一份最终报告,声援英国各行业协会的反美呼声。英美贸易关系由于电视节目争端一下子变得敏感起来,以至于华盛顿决定做出反应。美国国务院官员会见了美国电视节目出口协会主席约翰·麦卡锡,而后,麦卡锡奔赴伦敦举行紧急谈判,商讨如何缓和正在出现的危机。最终,英国的产业工会坚持进口节目不得超出14%的最高限额,并强迫对方接受,成功地抵制了令人恐惧的英国电视产业美国化的倾向。
>
> 1967年,杰克·瓦伦蒂出任强大的好莱坞游说集团——美国电影协会的主席。他最初的外交活动目标之一就是英国的电视配额。旨在开放国际贸易的《关税及贸易总协定》谈判进行到最后阶段时,瓦伦蒂抓住机会向英国施压,要求英国放宽对美国电视产品进口的配额限制。但是,英国各产业协会对哈罗德·威尔逊工党政府的影响巨大。瓦伦蒂的努力最终没有成功:14%的最高限额没有突破。加拿大和澳大利亚虽然也采用了同样的配额限制,但是事实证明要么行不通,要么执行不下去。②

---

① [美]弗雷德里克·杰姆逊、三好将夫编,马丁译:《全球化的文化》,南京大学出版社,2002年版,第61页。
② [加]马修·弗雷泽著,刘满贵等译:《软实力:美国电影、流行乐、电视和快餐的全球统治》,北京:新华出版社,2006年版,第136~137页。

1971年，挪威社会学家高尔通(Johan Galtung)提出了"结构帝国主义"理论(structural imperialism)，虽然该理论主要被应用在阐释新闻信息的流动模式，但也能应用在揭示文化全球化背景下电视节目市场的运作方式上。高尔通的结构主义从"中心"(core)国家与"周边"(periphery)国家之间的不平衡关系入手。他认为，世界由发达的"中心"国家和不发达的"边缘"国家构成；一个国家内也由"中心"地区与"周边"地区所构成。这样形成了四种类型：中心的中心（例如美国纽约市），中心的周边（例如美国阿巴拉契亚山区），周边的中心（菲律宾的马尼拉市）和周边的周边（菲律宾的萨马岛）。高尔通认为，边缘国家以一种特定的方式被拴在中心国家周围，信息从不同的中心国家，以不同的比例，流向发展中国家。资本和贸易因素、历史、原殖民地和宗主国之间的联系决定了这种比例。同时，驻外记者从发展中国家搜集信息又回到中心国家的新闻社，再从中心国家的新闻社发送到发展中国家。这种结构造成的后果是发展中国家对周边国家的信息基本上一无所知，因为信息经过了发达国家信息网络的过滤。① 在全球化的市场上，电视节目的流通渠道并不是均匀分布和双向的。电视剧、娱乐节目等电视节目也和新闻信息的采集一样，都从中心国家流向边缘国家，边缘国家中能被发达国家利用的文化资源则流回中心国家，成为中心国家节目生产的原始材料，但这些原始材料被发达国家重新定义和编码。例如，我国的历史故事被美国好莱坞引进和改编后，中国文化底蕴和内涵经过美国文化的过滤，几乎只剩下了中国文化的外壳。与此同时，边缘国家之间很少有电视节目的交流。因此，在全球化背景下，世界电视市场呈现出结构帝国主义的特点，节目通过销售渠道从美国等中心国家单向输往边缘国家，与此同时，对边缘国家进行文化资源"掠夺"。而边缘国家所生产的电视节目却很难向中心国家传输，边缘国家之间的节目交易渠道也不是十分的通畅。

为了应对美国的强势输出，同时在全球电视节目市场中保护本国文化产品，电影和电视节目产量较低的国家采取了一些策略，其中包括：配额制、补贴和补助、区域联盟、节目改编、抵制措施。② 虽然美国等国强烈抨击文化产品保护措施，但文化产品具有不同于其他商品的诸多特性，必须加以保护。加纳电影节的创始人 Giles Jacob 曾说，美国感兴趣的不仅仅是出口它的电影，更

---

① 转引自关世杰《国际传播学》，北京大学出版社，2004 版，第 103~105 页。
② ［美］叶海亚·R.伽摩利帕编著，尹宏毅主译：《全球传播》，北京：清华大学出版社，2008 年版，第 243 页。

主要的是出口它的生活方式。美国出口文化产品到其他国家,通过这种方式来影响人们的政治观点,培养人们对美国的亲近感。我国通过政府间文化交流活动带动对外文化贸易增长也切实可行,从而以文化交流带动文化贸易,以文化贸易增进文化交流。① 因此,虽然电视节目市场呈现出日益全球化的趋势,但其市场规则和运作模式具有相对的独特性和特殊性,不能与一般商品的全球化市场规则相等同。

中国电视节目一方面要认清文化全球化市场的特点,另一方面也要根据电视节目全球市场的销售规则和方式积极对外输出我国的电视节目,包括向美国等强势国家输出。这既是对外贸易的一个重要组成部分,又是维护文化主权和提高我国电视节目国际竞争力的一个重要举措。在全球化的时代大背景下,我国影视企业积极参与全球市场的竞争,不仅是提升我国文化竞争力的重要手段,也是影视企业自身发展壮大的客观需要。目前,中国影视文化产品的国际影响力和竞争力与中国在国际政治和经济上的地位还不相称,真正进入国际市场的数量还十分有限,引起重大反响的作品也很少,在全球影视产业竞争中仍属于相对弱势的一方。具体体现在出口规模仍然偏小,所占国际市场份额较小。另外,市场化运作较低,影视产品国际竞争力偏弱,与美国、日本、韩国等影视发达国家的差距很大。

不过,实践证明,只要我们积极吸收其他国家的先进经验,精心制作和包装我们的节目,并善于运用市场规则和技巧,我国电视节目也具有在全球市场立足的基础、条件和潜质。我国拍摄的《故宫》就是一个成功的案例。中央电视台制作了国内和国际两个版本,并在国际版的基础上进行了本土化包装和制作。2010年4月20日,首批5000套专门针对美国市场、采用英文配音和美国包装设计制作的12集纪录片《故宫》成品光盘,在美国重要的主流音像品销售渠道上市发行,这标志着中央电视台精品节目首次全面进入美国主流音像品消费市场。首批上市渠道涵盖美国26家重要音像品销售市场,包括 Amazon.com 和 Overstock.com 等在线百货零售商,Barnes and Noble.com 等电子书店销售网络,DVDs.com、Videocollection.com、DVDplanet.com 等音像制品专营网络平台,Best Buy 等电子制品零售商,Baker & Taylor 等图书公司;以及72家专业音像店,包括 Borders, Inc、Hollywood Video/Movie Gallery、DVD Play、BBC、Edge Entertainment 等等;同时计划进入71家美国主流在线数字点播下载平台,包括 AOL、Flixter、Hulu、Bigstar.tv、Apple 等等。

---

① 李兵:《我国文化贸易与文化产业发展对策研究》,《经济师》,2009年第3期,第56页。

第三章

文化差异背景下的对外电视与文化传播

对外电视需要面对不同文化背景中的受众,文化传播也是如此。不同文化之间都或多或少存在着一定的差异。曾在中国外文局工作过的美国友人戴尔·毕斯多夫(Dell Bisdorf)曾这样风趣地形容中美之间的"文化鸿沟":"美国人第一次听到中国京剧时就仿佛是听到3只猫和1支风笛在一个口袋里所发出的声音。而植根于另一种民间传统的美国爵士音乐对中国人的刺耳程度不亚于前者。"[①]对外电视因为存在跨国、跨文化的特点,在节目内容和传播方式上都与对内电视存在一定的差异。不同文化存在着一定的差异,这种差异会或多或少阻碍对外电视所开展的文化传播。但文化差异有时也会激发对不同文化的好奇心和兴趣,从而产生吸引力,关键在于内容的传播方式。节目内容是中国对外电视的根本;对外电视在进行文化传播的时候,一方面需要在节目中注入深厚的文化底蕴,另一方面又要尽量避免文化上的误解,减少文化折扣。因此,文化差异背景下的对外电视和文化传播面临来自内容和方式的双重挑战。

---

① 沈苏儒:《有关跨文化传播的三点思考》,《对外传播》,2009年第1期,第38页。

第一节　文化差异与跨文化传播概论

一、文化是存在差异的

随着世界各国之间交流、交往的日益频繁,文化差异问题引起越来越多的关注,甚至成为文学创作的素材和人们逗乐的来源。韩国学者金文学就从文化差异的角度梳理了不同文化中民众性格的特点:

> 说到最完美的"世界人"应该是什么样子。像英国人一样善于烹调,像法国人一样谨慎驾车,像德国人一样富有幽默感,像意大利人一样善于自我控制,像荷兰人一样富有人情味,像比利时人一样出勤率高,像爱尔兰人一样千杯不醉,像俄国人一样滴酒不沾,像西班牙人一样勤奋,像日本人一样个性鲜明……像韩国人一样节俭朴素。

有个笑话,说的是迄今为止还未曾在世界上出现过的人。结果就是:美国的思想家,德国的喜剧演员,英国的厨师,韩国的政治家,日本的哲学家。

曾经有人用动物比拟世界上主要国家的国民性,并且将这些进行了对比。

人们常说美国人具有鹰的性格。事实上的确如此,美国的国徽图案就是一只鹰。美国人自认为是世界老大与警察,盛气凌人,想要独霸世界。这就如同老鹰在空中展翅翱翔,一旦发现猎物便会立刻发动袭击。

德国人具有马的性格。他们会一边确认目标,一边谨慎地飞奔前行却绝不会马失前蹄。人们常说,正是因为德国人有了这种严谨的精神,所以他们才会创造出奔驰于世界的"奔驰"车。

英国人具有大象的性格。他们是平稳厚重的绅士,展现给世界的始终是一种高贵典雅的形象。

法国人具有鹿的性格。他们不但常常东奔西窜,而且还喜欢浪漫。为了引人注目,或者说为了那美丽的触角——虚荣心,可以不惜拼上自己的性命。

阿拉伯人具有骆驼的性格。即使在恶劣的自然环境中,他们也会不紧不慢、忍耐地勤奋工作。

印度人具有狗的性格。据说因为印度人极富忠诚心,所以印度多产忠实的仆人。在被殖民统治的大英帝国时代,印度忠仆是非常有名的。

　　俄国人具有北极熊的性格。他们贪得无厌,看似愚笨无比,实则精明强干。但是,有的时候也会为了某个目标而丧失掉另一个重要的东西。

　　……

　　日本人像鸭子。在一群鸭子中间,只要有一只鸭子先开始嘎嘎嘎地叫,其他鸭子便会都跟着叫,同时都会老老实实地跟着最先叫的那只鸭子后面。这其实说的就是日本人的集体主义。此外,更有趣的是,任何一只鸭子一旦从队伍中掉队的话,便会立刻变得惊慌失措,四处张望,不知该如何是好。①

许多学者也对中国和其他国家之间的文化进行了研究和深入思考。例如,有学者就从文化系统的层面来研究中西方之间的文化差异。

　　中国人的人际关系是靠血缘关系来维系的,而西方人的人际关系则是靠契约关系来维系的。通过契约,西方人建立起基本的人际关系,主要解决了经济生活中的问题。社会生活当中的关系靠法律来解决。法律就是全社会全体公民签署的契约,叫"全民公约",又叫"社会契约"。法律不能解决的问题,就通过和上帝签订契约来解决。第一次签的叫"旧约",第二次签的叫"新约"。两次签约,是人与上帝之间的约定,解决末日审判的问题,解决彼岸的问题,解决灵魂的安顿问题,解决道德良心的问题。这个契约当然也是人人都要遵守的,这就叫"上帝面前人人平等"。还有一些问题不是上帝可以解决的,需要科学来解决。于是有了"真理面前人人平等"。自然科学问题也是契约问题。按照康德的观念,所谓自然科学就是人为自然立法。自然科学在西方人看来也是一个契约问题。整个一套社会的制度和观念,就这样在契约的基础上建立起来了。这就是西方文化的系统。②

---

① [韩]金文学著,汪培伦译:《新·丑陋的日本人》,北京:金城出版社,2008年版,第25~27页。

② 费孝通、[法]德里达等:《中国文化与全球化》,南京:江苏教育出版社,2003年版,第121~124页。

文化之间存在一定的共同点,但也不乏差异。从表层文化到深层文化,世界各国文化之间的差异根据历史、地理、传统等诸多因素的不同而有所差异。

(一)表层文化

在表层文化中,文化之间的差异显而易见。如不同的文化对于美就有着不同的标准,在阿拉伯国家,美的标准之一就是丰满。如果一个女人骨瘦如柴,这就暗示着她的丈夫没有能力让她过上好日子。在挪威,美丽反映人与自然世界的联系。挪威男人认为拥有运动型体格的苗条女人最美丽,因为他们认为这样的女人有活力,而且能够长距离跑步和滑雪。挪威女人妆化得很少,而且不常做头发,因为在挪威文化里,自然就是最美丽的事物。① 在泰国,女人的脸色苍白是美丽的标志。②

不同文化对于年龄和人生阶段也有着不同的理解。孔子说:"吾十有五而志于学,三十而立,四十而不惑,五十而知天命,六十而耳顺,七十而从心所欲,不逾矩。"(《论语·为政》)也就是说,孔子十五岁下决心学习,三十岁建立起自我,四十岁不再迷惑,五十岁认同自己的命运,六十岁自然地容受各种批评,七十岁心想做什么便做什么,却不违反礼制规矩。③ 亚里士多德认为,体力在三十至三十五岁之间发育完成,智力要到四十九岁发育完成。亚里士多德认为,为了保证后代的质量,应确定法定婚龄。女人到了十八岁,男人到了三十七岁,才可以结婚。而且婚礼应该优先在冬季举行,并且最好是在北风中进行。④ 而梭伦认为,男人的体力在第四个七年(二十二到二十八岁)中高度发育,智力在第六个七年(三十六到四十二岁)中高度发育,思想和语言在第七第八两个七年(四十九到五十六岁)中高度发育。⑤在印度文化中,人们相信人生有四个明显的阶段,青年时期是第一个阶段,也是最无趣的一个阶段。当你获得在世上生存所必需的工具时,青春便悄然而逝。第二阶段是成熟期,那时你会有孩子,挣钱,取得成功。第三个阶段是超然期,在这个时期,你会放弃追名逐利,而是通过阅读来探究哲学。在第四个阶段,你相当于一名隐士。人们可

---

① [美]克洛泰尔·拉帕耶著,陈亦楠、李晨译:《文化密码》,海口:南海出版社,2008年版,第45页。
② [英]理查德·D.刘易斯著,关世杰主译:《文化的冲突与共融》,北京:新华出版社,2002年版,第133页。
③ 李泽厚:《论语今读》,北京:生活·读书·新知三联书店出版社,2008年版,第57页。
④ [法]阿尔贝特·施韦泽著,陈泽环译:《文化哲学》,上海人民出版社,2008年版,第150页。
⑤ [古希腊]亚里士多德著,罗念生译:《修辞学》,北京:生活·读书·新知三联书店出版社,1991年版,第101~102页。

以经常看到印度老人在无人问津的街道上漫步,好像他们身处的是另外一个世界。在印度文化里,人们从一个阶段上升到另一个阶段,而死亡正是他们的最终归宿。他们不害怕死亡,和衰老作斗争的想法对他们来说是可笑的。①

在不同文化中,颜色所代表的意义也存在一定的差异。美国学者爱德华·霍尔曾在其著作中举了一个关于不同文化中颜色所代表的意义的例子。多年前,美国印第安人事务局想把"民主"带给印第安人,于是在一个叫伐鹤人的印第安部落中推行一种投票选举制度。不幸的是,许多印第安人目不识丁,因而有人出了一个主意,用不同的颜色代表部落委员会的不同候选人。那些伐鹤人进入临时选举场地时可以选择他所需要的颜色。由于蓝颜色被看作是吉利色,红颜色被看作是不吉利色,结果就对一些候选人有利,而对另一些候选人不利。② 总体来说,不同文化对于某些颜色都有一定的偏好或厌恶。美国人昵爱白色,认为白色是纯洁的象征;偏爱黄色,认为是和谐的象征;喜欢蓝色和红色,认为是吉祥如意的象征。巴西人以棕黄色为凶丧之色;埃塞俄比亚人则以穿淡黄色的服装表示对死者的深切哀悼;叙利亚人也将黄色视为残废之色;而巴基斯坦忌黄色是因为那是僧侣的专用服色,但委内瑞拉却用黄色作医务标志。英国人、法国人忌讳墨绿色,认为墨绿色给人带来懊丧,比利时人也忌讳墨绿色,因为墨绿色会使他们联想起纳粹的军服;日本人则认为绿色是不吉利的象征,所以忌用绿色。蓝色在埃及人眼里是恶魔的象征,因此,他们常把蓝天说成是绿色的。比利时人也忌蓝色,如遇有不吉利的事,都穿蓝色衣服。土耳其人认为花色是凶兆,因此在布置房间、客厅时绝对禁用花色,好用素色。③ 泰国人平时绝对不用红笔签名,因为在他们那里,人死后用红笔将死者姓名写在棺上;蒙古人厌恶黑色,认为它象征不幸、贫穷、背叛、嫉妒、暴虐、威胁;白色不讨摩洛哥人喜欢,他们以白色为贫穷色;青色让乌拉圭人觉得是黑暗的来临,不吉利。④ 欧美人普遍忌讳黑色,认为黑色是肃穆的象征,是丧葬用的色彩,但在加勒比海(Caribbean)和非洲地区,黑色却深受欢迎,而且常用来做衣料的底色。据说正因为如此,当地交通事故的主因之一,竟然是黑人

---

① [美]克洛泰尔·拉帕耶著,陈亦楠、李晨译:《文化密码》,海口:南海出版社,2008年版,第70页。
② [美]爱德华·霍尔著,刘建荣译:《无声的语言》,上海人民出版社,1991年版,第118~119页。
③ 冯益谦:《涉外文化管理》,广州:华南理工大学出版社,2006年版,第233页。
④ 龙永枢、杨伟光主编:《领导者媒介形象设计》,北京:社会科学文献出版社,1997年版,第250页。

穿着黑色衣服在夜间行走,不容易看清楚而发生的意外。黄色在中国是帝王的颜色,如黄袍加身意味着登基为王。鹅黄色在印度也是受到尊敬的颜色,但对犹太人却象征侮辱,原来在中世纪的时候,犹太人曾经有被迫在胸前悬挂黄色标志,以示区别的一段屈辱的经历。这和欧洲一般把黄色视为"轻视"的意思或许有关。绿色对伊斯兰教是圣洁与庄严的颜色,因此伊斯兰教国家的国旗与清真寺的壁砖常饰以绿色。中国人对绿色则颇有戒心,男人若是戴了绿帽子,意味着太太不贞,其来源据说是因为古代曾有制度,规定"役使亲族中的女性为娼之男应覆以绿帽"的缘故。这和英美两国,一到圣派萃拉克(St. Patrick)纪念日庆祝游行,满街绿色飘扬的景观,实不能同日而语。①

(二)中层文化

中层文化主要是制度和社会规则。在中层文化层面,差异也是显而易见的。在巴西(通常在整个拉美),红绿灯和车道标志对正确驾驶没有法律上的强制作用,而更多地仅被理解为建议。在里约热内卢,机动车驾驶员遇红灯时一般不会停车,除非确实从左或右有另一辆车超车上来。而当主车道上的司机要穿越支路时,不管他的前方是否是红灯信号,他都拥有优先通行权。然而依据官方对优先通行权的规定,由支路进入主干道的车辆在接近十字路口时必须按喇叭或闪头灯以提示迎面而来的司机,他将进入十字路口。美国学者詹姆斯·罗尔的一个委内瑞拉学生讲了一个关于驾驶方面的文化差异。这个学生不久前在德国度假,一天深夜,她的德国房东开车行使在一个小镇外的路上。当来到一个偏僻而在可见的数里内又无一辆车的交叉路口的时候,她的德国房东却坚持要等到红灯变成绿灯时才肯通行。在委内瑞拉文化里,官方的规定有很大的创造性解释的空间,因此,这位学生怎么也不能理解,为什么他的房东不愿穿过红灯。这种文化间的冲突还远不止这些。德国法律还规定任何人不系安全带就不得坐在车里,即使在车已停好、发动机已关闭时也不得例外。一种文化不仅以其官方、非官方或非正式的规则为特征,还以它独有的遵守或违背规则的固定模式为特征。②

著名文化学者乐黛云对于文化差异有许多形象的阐释,她举例说,非洲有一个部落,他们有一个习俗,父母到60岁时就把他们杀掉,因为他们的生产力不发达,为了让年轻人获得生存资源,他们必须把老人杀掉。另外,他们认为,

---

① [美]陈国明:《跨文化交际学》,上海:华东师范大学出版社,2009年版,第48页。
② [美]詹姆斯·罗尔著,董洪川译:《媒介、传播、文化——一个全球性的途径》,北京:商务印书馆,2005年版,第98页。

死是对父母因年老体衰所受痛苦的解脱。她还举例说,在中国汉族地区,父母死了都要好好地埋葬起来,入土为安,或者是土葬或者是火葬。但是西藏实行天葬,把父母的尸体放在最高的山上面,让老鹰把他们的肉叼走,叼得越干净,就是对父母越尽孝。因为这证明父母是最纯洁的,父母的肉一点都不存在于尘世上,应该一点不剩地被鹰吃到肚子里。如果你说这是残忍的、不孝的,他也可以说你把父母埋在地下,让蝼蚁虫子一点点蛀空吃光,才是残忍不孝呢!① 这就是不同文化之间的差异。

(三)深层文化

艺术是一个文化在精神层面的反映,在文化层次中居于较深层。不同文化对于艺术有着不同的创作理念和欣赏方式。曾在中国工作过十多年的美国记者哈雷特·阿班(Hallett Abend,1884~1955)在其著作《民国采访战》②中这样写道:

> 初到中国时,对中国画之美,我是不懂欣赏的。我承认它们色彩绝妙,但图像不够精确,最主要是犯了透视错误。那一幅岁月染黄的丝绸上,画满了奇山异石,问题是,那些山石耸峻倾斜的样子,似乎全然是不对的。
>
> 但随着时光推移,我的眼光慢慢适应了,或毋宁说,是我的见解适应了。我发现,中国人作画时,并非在几乎垂直的画板上涂抹,而是弯下腰来,在较低矮的水平画桌上挥毫。看中国的山水画,若当成是登顶峰之高,观峡谷之深,则视角就调整过来了,透视法也就不再怪异,整个构图,便流畅秀美了。③

在信仰方面,不同文化之间的差异较为明显。例如,印度人不去拯救一个淹没在神圣的恒河中的人,马来群岛的居民们同样以这种残酷的态度来对待溺水者。在原始的堪察加人(Kamchadals,即勘察达尔人)中,这种禁止具有最完美的形式。克拉什宁柯夫说(S. P. Kracheninnikow,1713~1755,俄国科学院院士,堪察加研究者),他们认为拯救溺死者是个大错误,因为谁救了

---

① 费孝通、[法]德里达等:《中国文化与全球化》,南京:江苏教育出版社,2003 年版,第 315 页。
② 原名为《我的中国岁月》(*My Years in China*,1926—1941),有些版本亦作《中国十五年》(*15 Years in China*)。
③ [美]哈雷特·阿班著,杨植峰译:《民国采访战:〈纽约时报〉驻华首席记者阿班回忆录》,桂林:广西师范大学出版社,2008 年版,第 325 页。

他，谁以后就要淹死。在波希米亚，正如报道(1864)所说，渔人们不敢从水中拖出溺水的人。他们害怕，为的是让水怪不阻碍他们捕鱼，也有机会不让他们自己淹死。①

　　在价值观等深层文化方面，不同文化之间也是存在差异的。而且，不同文化间产生的撞击，其核心是不同价值观念间的撞击。② 例如，不同文化对于"幸福"有着不同的理解和定义。亚里士多德给"幸福"下的定义是这样的："与美德结合在一起的顺境；或自足的生活；或与安全结合在一起的最愉快的生活；或财产丰富，奴隶众多，并能加以保护和利用。"③到了当代，希腊人认为幸福是可以自由地施展才华，而中国人认为幸福是一种与人和谐、淡泊宁静、知足常乐的生活状态。希腊的花瓶、酒杯上展现的是战争、体育竞赛和豪饮狂欢的场面，而中国的画卷、瓷器上描绘的是家庭生活和乡间乐趣。④ 西方人认为充足的物质享受是幸福，出人头地是幸福。而中国人的幸福观主要放在精神方面。中国人追求幸福，当然要有一定的物质基础。孔子说："富与贵，是人之所欲也。"(《论语·里仁》)但主要还是念眷其乐融融的精神生活。印度人对幸福的理解比较特别。他们不把幸福寄托在本身本世，而是将幸福寄托于未来人生，寄托在另一个世界。印度人不追求物质享受，但他们也宠爱万物，眷恋生存，希望永生，但他们的所作所为又是将其自身毁灭，他们把一切希望寄托于出世。他们的愿望是否能达成姑且不论，但他们的现状却与常人认为的幸福背道而驰。⑤ 在面对东西方关于幸福的标准和定义的时候，日本人和辻哲郎认为，欧洲人不应该用他们的"幸福"观去衡量其他国土居民的幸福，欧洲人在幸福这点上绝不是最先进的、或可以作为榜样的，他们只是显示了一种欧洲人特有的类型而已。在世界各个地方，从人道的角度看，绝不亚于欧洲的幸福存在于各自的土地式样中。也就是说，幸福具有风土性。⑥

---

① [英]爱德华·泰勒著，连树声译：《原始文化》，桂林：广西师范大学出版社，2005年版，第87页。
② 沈苏儒：《对外传播·翻译研究文集》，北京：外文出版社，2009年版，第148页。
③ [古希腊]亚里士多德著，罗念生译：《修辞学》，北京：生活·读书·新知三联书店出版社，1991年版，第33页。
④ [美]理查德·尼斯贝特著，李秀霞译：《思维的版图》，北京：中信出版社，2006年版，第4页。
⑤ 张岱年、汤一介等：《文化的冲突与融合》，北京大学出版社，1997年版，第259～260页。
⑥ [日]和辻哲郎著，陈力卫译：《风土》，北京：商务印书馆，2006年版，第196～197页。

二、跨文化传播的缘起与定义

(一)跨文化传播学的缘起

在传播学整个领域,跨文化传播学算是一门年轻的学科。跨文化传播学源自跨文化交流学,而跨文化交流学又起源于文化人类学等学科。

美国文化人类学者爱德华·霍尔(Edward Hall)是跨文化交流学的开拓者。1946年,美国国务院设立了有关对外事务研究的专门机构——外交研究所(Foreign Service Institute,简称 FSI)。该机构的成员主要是一些语言学家和人类学家,除了日常的研究工作以外,他们还承担了培训各类外派人员的任务。1951年,霍尔来到 FSI 后,对培训课程进行了大刀阔斧的改革,开始注重人类学研究当中的"实践价值",从微观层面介绍各种文化及其特征,例如语调、手势、对时间和空间的界定,等等。他把自己讲授的一系列课程命名为"跨文化传播"——或者更为准确地说是"文化间传播"。1958年,海军军官出身的威廉·莱德尔(William J. Lederer)和尤金·伯迪克(Eugene Burdick),根据自己多年的海外经历,写成了《丑陋的美国人》(*The Ugly American*)一书,反思了战后美国开展的对外交流工作中的种种弊端。在他们的笔下,"丑陋的美国人"是世界各国民众对美国人的看法。该书在国际社会产生了广泛的影响。鉴于此,以爱德华·霍尔为代表的一批为 FSI 工作的人类学家逐渐认识到,"文化"和"传播"才是解决对外交往问题的切入点,而这两个方面恰恰是当时培训课程中最为缺乏的。1959年,霍尔把在 FSI 期间从事研究和培训的成果加以总结,出版了《沉默的语言》(*The Silent Language*)一书,该书被认为是跨文化传播学形成的标志。①

从20世纪70年代开始,专门的跨文化传播课程、组织和期刊出现了,这标志着跨文化传播作为一门学科被人们接纳。20世纪70年代,跨文化传播先驱 John Carl Condon 与 Yousef 于1975年合著了《跨文化传播学导论》(*Introduction to Intercultural Communication*)一书,从人类学、语言学、国际关系学和修辞学等方面综合探讨了跨文化传播问题。此书与 Samovar 和 Porter 在1972年合著的《跨文化传播学读本》(*Intercultural Communication: A Reader*)被认为是70年代跨文化传播研究对80年代综合性研究的贡献。1974年,美国一些专业人士创建了一个目前世界上最大的跨文化跨学科非政

---

① 史安斌:《从"陌生人"到"世界公民":跨文化传播学的演进和前景》,《对外大传播》,2006年第11期,第47~48页。

府组织——"跨文化教育、培训和研究组织 SIETAR"(Society for Intercultural Education, Training and Research)。它的发展也反映出对跨文化传播研究的需求。到 70 年代后期,专业性的期刊和出版物出现了,如:Casmir 编辑的《国际和跨文化传播年鉴》;有关跨文化传播与心理适应的季刊《跨文化关系国际期刊》始于 1977 年。20 世纪 70 年代,跨文化传播课程数目不断增加。到 1980 年,与跨文化传播有关的本科课程数目达到 200 门,硕士课程数目超过 50 门,博士课程数目超过 20 门。可以说,到 20 世纪 70 年代末,跨文化传播学作为一门学科在美国文化学者的推动下,在传播学领域得以形成,并得到学术界的认可。①

20 世纪 80 年代早期,跨文化传播学趋于成熟。1983 年,Gudykunst 编写了第一本关于跨文化传播的理论著作——《跨文化传播理论》。1989 年,Asante 和 Gudykunst 就理论发展问题又写了一本书——《国际和跨文化传播手册》。整个 20 世纪 80 年代和 20 世纪 90 年代早期,跨文化传播的研究重点都放在对有着不同文化背景的人或是不同的文化群体之间的差异,以及导致这些差异的文化因素的分析上。虽然在研究过程中有时候对文化交流冲突、文化特性、文化依附和自主等问题有所涉猎,但尤其强调的是对不同文化的行为差异和不同文化的生活习惯的矛盾,以及不同文化延续发展过程的差异等问题的研究。而在过去的几年中,跨文化传播研究领域有两种显著变化。一种是从实用问题型研究转向理论问题研究;另一种是从微观研究转向宏观问题研究。目前,越来越多的跨文化传播研究已经涉及跨文化理论问题和宏观层面的问题。②

中国的跨文化交流学起步于 20 世纪 80 年代。1982 年,汪琪在我国台湾出版了《文化与传播》,这是我国第一本跨文化交际学的教科书,其后有黄葳威(1999)的《文化传播》。在大陆,北京大学的关世杰教授于 1995 年出版了《跨文化交流学》,其后在 2004 年出版了《国际传播学》,把跨文化交际学延伸到国际传播领域。哈尔滨工业大学的贾玉新在 1997 年出版了《跨文化交际学》,胡文仲在 1999 年出版了《跨文化交际学概论》,陈俊森、樊葳葳在 2000 年出版了

---

① 姜飞:《跨文化传播学的渊源和研究视角》,《中国社会科学院院报》,2007 年 5 月 31 日第 008 版。

② 罗雯、何军:《跨文化传播学的发展及研究传统》,《湖北社会科学》,2006 年第 4 期,第 140 页。

《外国文化与跨文化交际》等。①

随着跨文化交流学在传播领域、尤其是大众传播领域的应用与发展,跨文化传播学随之诞生。在中国,随着中国对外传播事业的发展,业界和理论界对于对外传播中的跨文化特点日益关注。1988年,段连城出版了《对外传播学初探》一书。在这部具有开创性的著作中,作者特别强调,对外传播要注重"内外有别",而最根本的"内外有别"是文化差别。沈苏儒在2004年出版的《对外传播的理论与实践》中则明确提出:"对外传播是跨文化的传播。"正是在对外传播的实践中,我国业界和理论界对于对外传播与跨文化交流两个学科的交叉性有了日益明晰的认识,并注重在理论和实践中对这两个学科加以融合,这就促进了跨文化传播的发展和成熟。

(二)跨文化传播学的定义

跨文化,简而言之就是两种不同文化之间的交流或传播,目前比较受关注的领域主要有跨文化交流和跨文化传播。跨文化交流主要指人际传播层面的跨文化,它是指来自不同文化背景的人们相互交流的一种情境。它的重要和独特之处在于,文化的不同,交流者固有的背景、经历和假定的差异,都会使交流异常艰难,有时甚至根本无法开展。② 而跨文化传播多指大众传播层面的跨文化,即处于一种文化中的媒体向另一种文化中的受众进行传播。

跨文化传播学就是以文化和传播双焦点的椭圆形文化他者为研究对象,综合运用文化研究和传播学领域的思想成果,研究文化在人、组织、机构、国家等层面的传播过程和规律,同时研究大众传播媒介在这样的文化传播过程中的基础性和调解性作用,以新的文化主体的生产和新的知识生产为理论目标,融会过程、关系、意义、消费等视点,探讨如何实现不同文化之间的理解、合作、共存、共荣的可能与机制的一门交叉学科。社会心理学、文化人类学、大众传播学的一些基本认识原则是跨文化传播学的认识基础。③ 跨文化传播学从传统的人文学科(尤其是哲学、语言学和比较文化研究)和20世纪初期新兴的社会科学(尤其是社会学、人类学和心理学)当中借鉴了一些基本概念、理论框架

---

① [美]陈国明:《跨文化交际学》,上海:华东师范大学出版社,2009年版,第1、6、10页。
② [美]拉里·A.萨默瓦、理查德·E.波特著,闵惠泉、王纬、徐培喜等译:《跨文化传播》,北京:中国人民大学出版社,2004年版,第4页。
③ 姜飞:《跨文化传播学的渊源和研究视角》,《中国社会科学院院报》,2007年5月31日第008版。

和研究方法。① 跨文化传播学是一个跨学科的领域,涉及传播学、文化人类学、比较社会学、跨文化心理学、跨文化培训、群体关系心理学和社会学、国际事务、国际关系、语言学、宗教研究、社会心理学等领域,以期获得帮助。②

就对外传播而言,跨文化传播学最大的借鉴意义就是其对传播模式的解读,即在传统的传播模式及其相关因素中增加了跨文化的内容,大大拓展了该领域的广度和深度。北京大学关世杰教授根据同一文化中的拉斯韦尔5W传播模式,提出了跨文化传播的7W模式。在传播学中最常用的传播模式是5W模式(图3-1-1)。

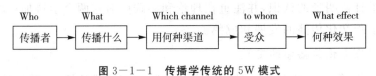

图3-1-1 传播学传统的5W模式

在跨文化传播中,根据关世杰教授的模型,甲乙传受双方使用不同的编码和解码的码本,于是甲乙双方跨越文化疆界的传播由同文化场的5W模式增加为不同文化场中的7W模式(图3-1-2)。

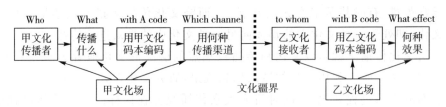

图3-1-2 跨文化传播文化场中的7W模式

对比图3-1-1和图3-1-2,可以看到:在同文化环境中,不存在甲文化场和乙文化场;不存在用甲文化编码和用乙文化解码的问题;不存在文化疆界的问题。但是,在跨文化传播过程中,甲乙文化场、用甲文化编码和用乙文化解码、文化疆界是客观存在的,因而在跨文化传播的模式中,一定要将其作为重要的要素展现出来,并在跨文化传播过程中认真对待。③ 对外电视需要

---

① 史安斌:《从"陌生人"到"世界公民":跨文化传播学的演进和前景》,《对外大传播》,2006年第11期,第46页。

② 关世杰:《跨文化交流学:提高涉外交流能力的学问》,北京大学出版社,1995年版,第67页。

③ 关世杰:《跨文化传播理论在对外传播中的应用价值——以龙在我国与dragon在英美的文化差异为例》,《全国第一届对外传播理论研讨会论文集》,2009年11月。

考虑如何让传播的内容在"编码"和"解码"的过程中减少偏差,使其具有较好的跨文化性。对外电视传播的内容只有跨越传播者和接受者之间的文化差异,才有被受众所认知、理解和接受的基础,传播效果才有望实现。

由此可见,跨文化传播学对于包括对外电视在内的对外传播具有重大意义,大大丰富了其传播范式和理论内涵。

第二节 文化差异视角下的对外传播

对外传播与对内传播的一个重要差别就是文化差异,这个问题往往容易被中文的对外频道所忽略。由于成长经历的不同,同一民族之间发生跨文化交流障碍的问题处处可见。池田德真在其著作《宣传战史》中,提到了二战前生活在美国的日本侨民后代回国接受训练时发生的各种笑话:"B君本来想买卫生纸,却对杂货铺的营业员说:'我要买屁股纸'(译者注:在日语中,卫生纸和屁股纸的'假名'只有一字之差),使店铺里卖东西的女售货员大吃一惊。"① 这个例子比较生动地说明了同一民族内部在语言文字使用层面所出现的差异;同一民族的受众因为成长环境的不同在文化理念与种族认同上也可能出现差异。2009 年民意调查结果显示,近一半的美国华裔认为自己一半中国化一半美国化,39%的美国华裔认为自己更美国化,只有12%的华裔认为自己更中国化。这也就是说,美国文化对他们有相当大的影响。对于生活在海外的年青一代而言,这种现象更为普遍。例如,在美国 160 多万华人华侨中,年青一代愈来愈多地在变成所谓的"香蕉人",即"黄皮白心"的人。② 正因为如此,我国在开展对外传播的时候更需要重视跨文化交流的问题。所谓"跨文化交流",是指来自不同文化背景的人们相互交流的一种情境。它的重要和独特之处在于,文化的不同,交流者固有的背景、经历和假定的差异,都会使交流异常艰难,有时甚至根本无法开展。③ 正如长期致力于对外传播实务与理论工作的沈苏儒所指出的:对外传播面临着因文化差异而造成的障碍,必须努力扫

---

① [日]池田德真著,朴世俣译:《宣传战史》,石家庄:河北人民出版社,1984 年版,第 16~20 页。
② 段连城:《对外传播学初探》,北京:五洲传播出版社,2004 年版,第 232 页。
③ [美]拉里·A.萨默瓦、理查德·E.波特著,闵惠泉、王纬、徐培喜等译:《跨文化传播》,北京:中国人民大学出版社,2004 年版,第 4 页。

清这些障碍,对外传播才可能有效地进行。① 从跨文化角度出发,段连城特别提出了在对外传播中需要注意的四个差异:

1. 最根本的"内外有别"是文化差别。西方广泛使用的"文化"一词(如"文化融合"、"文化震荡"等),一般是指一个社会通行的风俗习惯、生活方式、行为规范、审美情趣、价值观念、思想意识等。

2. 风俗习惯、生活方式、行为规范一般属于浅层文化差别。在有些情况下,在对外传播中需要稍作解释(如西方人不懂何谓春节,需要略加说明);在有些情况下需要注意回避(如不要向阿拉伯世界发裸露过多的女照,不要对西方人大谈怎样吃狗肉等等)。这类"内外有别"不难做到。

3. 价值观念、审美情趣、思想意识等则属于较深层的文化差别,需要对受众的文化背景长期深入了解,才能"知其然也知其所以然"。

4. "外外有别":"外"一般又可以分为五大系列——美国及其他西方国家;日本;第三世界;前苏联和东欧;港澳台同胞和海外华裔华侨。每个系列又可按国别、职业、社会阶层及对华态度,以及年龄性别等等细分,一直分到个人(做"一把钥匙一把锁"的工作)。"着重做中间群众的工作","中间"是按对待社会主义中国的态度划分,这一提法具有重要的指导意义。②

可以说,不同层面的文化差异是客观存在和不容忽视的。从对外传播的角度来说,面对受众的文化差异,对外传播要注重价值观念、思维方式和表达习惯的差异。

一、对外传播要注重价值观念的差异

在文化中,价值观念是居于核心层面的内容,它对于一国的社会发展和经济活动具有特别关键的影响,同时在一国的国际交往和国家形象塑造方面也发挥着独特的作用。价值观是指一个人对周围的客观事物(包括人、事、物)的意义、重要性的总评价和总看法。所谓"价值观体系",是指对诸事物的看法和评价在心目中的主次、轻重的排列次序。价值观和价值观体系是决定人的行

---

① 沈苏儒:《对外传播的理论与实践》,北京:五洲传播出版社,2004年版,第45~46页。
② 段连城:《对外传播学初探》,北京:五洲传播出版社,2004年版,第150页。

为的心理基础。① 价值观充当了短期愿望和长期愿望之间的桥梁,是增强长远目标的力量。②

不同文化的价值观或价值观念具有一定的差异性。戴维·希契科克(D. Hitchcock)在1994年完成了一个题为《亚洲的价值观与美国的价值观冲突有多大?》的调查报告。他分别在新加坡、吉隆坡、雅加达、曼谷、北京、上海、汉城和东京采访了131个智囊团专家、公务员、学者、商人、记者、宗教和文化界人士,让他们在一张列有东西方国家各种道德价值观的表格上进行14选6的选择,说明哪些是他们认为在自己的国家尤为重要的价值观。大多数亚洲人选取了在预想中的亚洲位置,即坚持认为社会的稳定在自己的国家要比个人自由更重要。在涉及"有序社会"的价值时,东西方国家的人们表现出较大的差异。71%的亚洲被调查者说,这对他的同胞而言是最重要的,而只有11%的美国人认为如此。在"重视学习"和"维护集体和谐"的重要性上,亚洲人与美国人的选择分别是69%和15%,58%和7%;在"个人自由"问题上,亚洲人不像美国人那么重视,分别为32%和82%。但对这个问题的认识,最大差别仍在新加坡和美国之间,在11个新加坡被调查者中没有一个认为"个体权利"对他的国民而言是至关重要的。③

不同文化的价值观虽然有差异,但这种差异不一定仅源于文化。在1990~1991年间开展的"世界价值观调查"涉及43个国家,调查结果显示,富裕国家的人们,其世界观系统地不同于低收入国家的人们,这涉及广泛的政治、社会和宗教准则和信念。④ 另外,一种文化的价值观并不是一成不变的,它有可能随着时间的变化并在经济和社会等其他因素的影响下有所改变。"世界价值观调查"(World Values Survey)开始于20世纪80年代的欧洲,现在已经扩展到了世界上的大部分地区。它由一套同等的民意调查所构成,每过几年就重复一次,数据来自有代表性的国家。英格尔哈特(Inglehart)通过分析调查数据发现:"文化改变的一个重要方式是受到经济发展的影响。""在繁荣阶段,对生存的关注会变小,使得和生存相联系的社会价值观退居次要地位,并且允许

---

① 关世杰:《试论对外传播中的共享价值观问题》,《全国第二届对外传播理论研讨会论文集(上册)》(2011年,南京),第500页。
② [美]塞缪尔·亨廷顿、劳伦斯·哈里森主编,程克雄译:《文化的重要作用》,北京:新华出版社,2002年版,第82~83页。
③ 转引自潘一禾《文化与国际关系》,杭州:浙江大学出版社,2005年版,第205页。
④ [美]塞缪尔·亨廷顿、劳伦斯·哈里森主编,程克雄译:《文化的重要作用》,北京:新华出版社,2002年版,第129页。

人们更加关注同自我表达和个人选择相关的社会价值观。"①

就中国国内受众和西方受众而言,他们在价值观念等方面存在着众多差异。西方以个人为核心,这就使西方公众把"个人隐私"、个人表现和个人自由(日常生活中的多元化、多样化、人情味)和政治生活中的西方式的民主、自由、人权等视为天经地义,甚至还扩展为"狗道主义"和"兽道主义"。因而,就极易对我们以集体主义(国家、民族、阶级)为核心的价值观产生误解,也就易于受反华舆论的影响。②例如,西方人把年龄、工资收入和个人体重等信息视为隐私,但是中国人则常常把这些问题当作话题。因此,在我们的对外电视节目中,需要避免涉及这些问题。例如,在我们的电视新闻或者新闻专题中,记者经常以询问诸如"老大爷,你今年多大了"之类的问题来作为采访铺垫,而这会引起西方人误会,认为我们不尊重别人的隐私权。

就对外传播的媒体而言,文化差异不容忽视,我国对外电视传播界尤其要给予高度重视;不仅要理解这种文化的差异,而且要对东西方媒体在报道理念和报道方式方面的不同有充分的认知。一位在瑞典工作的华语媒体工作者就表示,东方媒体以表扬为主,提倡五讲四美,表扬好人好事,把人的善良和美德体现出来,让大家共同勉励,促进社会和谐;西方媒体则以批评为主。他举例说,瑞典某市市长,曾经下河救了一个孩子,平常骑自行车上下班,在人品上很清廉,从不利用公权谋私利(实际上也不敢),也不占用公款。市政府办公楼是40年代的老房子,其条件比中国的企业楼要差得多。民众认为,这是理所当然的,不需要媒体表扬或歌功颂德。如果他没有这么做,相反,媒体倒会大肆炒作,"市长对自己市民见死不救、市长在非工作时间开公车、市长贪污受贿或者滥用纳税人的钱",那赶快卷起铺盖回家吧。③

长久以来,我国对外传播较常采用"正面报道"或"典型报道"的方式来弘扬正气、凸显主旋律,这种报道的核心内容就是传播一种价值观,但是这种对内宣传方式却不时被应用到对外传播上。例如,我们"正面报道"的主人公为了工作"三过家门而不入","妻子孩子病了顾不上","父母去世了不回家吊丧"。有些"正面报道"则向西方人士不加解释地介绍中国人(包括正处于花季年代的少年儿童)为了保护或抢救国家和集体财产,如小羊羔、电线杆子、地里

---

① [美]史密斯、[加]彭迈克、[土]库查巴莎著,严文华、权大勇译:《跨文化社会心理学》,北京:人民邮电出版社,2009年版,第55、80页。

② 段连城:《对外传播学初探》,北京:五洲传播出版社,2004年版,第150页。

③ 《第六届世界华文传媒论坛论文集》,香港中国新闻出版社,2011年版,第396~397页。

的辣椒、受到森林大火威胁的树林等而牺牲生命。凡此种种,都使西方人感到中国人"恐怖","不讲人权",不珍惜生命,不重视个人价值,对青少年不负责任,最起码是不近人情。① 可以想象,这样的报道方式,虽然出发点是为了取得"正面"效果,但实际上只能起到"负面"作用。如图3—2—1所示。

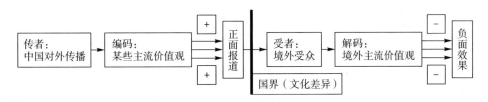

图3—2—1 对外传播中"正面报道、负面效果"模型

从对外传播的角度来说,我们在报道的内容中要特别注重价值观的差异,尤其不能传播那些在我国被奉为主流价值观,但在国外有着不同、甚至相反解读的价值观。我们的对外报道,不时还会有这样的典型报道,即某村一位党员干部在洪水来袭时,不去抢救自己家人,而先去抢救群众的生命财产,后来村里群众的生命财产是保住了,但他自己的父母和孩子却不幸罹难。在被采访时,这位党员干部还说只要群众的生命和集体的财产能保住就好了之类的话。他这种先人后己的无私精神在我国被奉为主流价值观,但在国外就不一定会认同,因此,在对外传播中是否可以报道这类题材就需要考虑了。例如,在西方社会,对于这种无私举动,他们出于自己文化的思维习惯就会认为,这位党员干部连自己的家人都不救,很难相信他会去救别人。他们甚至认为,对家人见死不救是一种"谋杀"行为。这样的报道在西方受众那里很可能起到负面作用,他们至少会觉得不太可信,或者怀疑那个党员干部别有所图。②

这样的例子并不少。对外电视节目中曾经报道了一个先进教师的事迹:广东有个中学招收了40名藏族小学生,由一个女班主任负责,因为要照顾小学生的方方面面,女班主任非常累。结果顾不上照顾自己的女儿,有时便把她反锁在家里。片子里有个镜头,女儿推门推不动,大哭,这时解说词非常豪迈:"她为了40个人牺牲了1个。"这位女教师的举动在中国被解读为高尚的美德和伟大的精神,但在西方,人家对待这种行为的态度可能是诉诸法院,以虐待

---

① 黄琳:《学习包装术》,《瞭望东方周刊》,2004年9月9日,第43期。
② 钱慰曾:《搞好对外报道之我见》,载刘洪潮主编《怎样做对外宣传报道》,北京:中国传媒大学出版社,2005年版,第220页。

儿童罪提出控告。①《今日中国》英文版曾经报道过一个热心残疾儿童事业的女人。她四处奔走,为这些孩子筹集钱款,建筑房屋,使他们有一个栖身之所。记者在文章中写到这样一个情景:为了那些残疾孩子,她没有时间带自己发高烧的孩子去看医生,结果她的孩子因病致残。这在中国记者看来是一种崇高的奉献精神,但是在西方文化中,却认为这位女士忘记了舐犊之情是最起码的人性。正因为如此,该报来自其他文化的英文专家在改稿时愤怒地称这个女人是"神经病"。②

因此,我们在对外电视传播上要重视文化差异性,努力适应世界上不同国家和民族的文化所具有的差异性,同时探寻不同国家和民族的价值观的共同之处,用两者共同的文化认识来传播价值观念。

二、对外传播要注重思维方式的差异

如图3-2-1所示,对外传播可以理解为一个针对传播内容的编码和解码过程。编码和解码方式与思维方式密切相关。人们的思维方式是文化的核心因素,思维方式的差别是文化差异的本质体现。在西方,"思维"(thinking)与逻辑和理性密切相关。西方文化自古以来注重理性思考和哲学反思,充满哲学思辨色彩的学说层出不穷。③ 反观中国人与西方人在思维上的差异,我们也能从中归纳出海外华人思维方式的特点。有外交人员根据自己的实际感受总结出了中国人和欧洲人思维方式的几个差异:

> 一是抽象思维和具象思维的差异。这大概可以说是中国和欧洲国家在思维方式方面最突出的差异了。它表现在语言、文字以及音乐和绘画等几乎所有方面。
>
> 二是感情性思维和利益性思维的差异。我们常说中国人重义轻利,西方人重利轻义。中国人出国访问总是准备精美礼物,而对方回送的多是一般小纪念品。对比之下,中国人往往会"以己之心,度人之腹",抱怨欧洲人的冷淡和小气。但问题是,欧洲人对中国人的热情也并非总是领情。我曾问法国一位资深市长访问中国的感受,他

---

① 张长明主编:《让世界了解中国——电视对外报道40年》,北京:海洋出版社,1999年版,第36页。
② 李霞:《塑造中国形象的"软力量"》,刘洪潮主编《怎样做对外宣传报道》,北京:中国传媒大学出版社,2005年版,第323~324页。
③ 王前:《中西文化比较概论》,北京:中国人民大学出版社,2005年版,第1页。

说中国人太过热情,访问日程安排得过于认真,顿顿宴请,自己没有自由,反而拘谨。

三是整体性思维和局部性思维的差异。这和抽象性思维与具象性思维之间的差异是正相关的。抽象思维是通过直觉把握事物,首先触及事物的整体,而具象思维正好相反。

四是扬善性思维和批判性思维的差异。中国几千年的伦理道德基础形成了社会正面褒扬的传统;而西方的体制特点培育出社会整体的批判主义精神。翻开欧洲报纸,只有大牌明星,没有典型人物。新闻报道很多篇幅集中在社会存在的问题和发生的各种灾难。对政府的政策批评也很平常。

五是防御性思维和进攻性思维的差异。欧洲历史悠久,经济发达,社会成熟,欧洲人总体上有一种优越感;加上野蛮的侵略扩张历史的浸染,潜意识里崇尚丛林法则。他们习惯居高临下,以自己的逻辑审视别人。有时并不了解情况,但也会妄加指责。

六是曲线形思维和直线性思维的差别。欧洲人讨论问题直来直去,中国人可能会觉得太赤裸裸;而中国人好诱导启发,对欧洲人来讲又太过含蓄。直线思维不可避免地带来灵活性的不足。所以和欧洲人谈合作,最好的办法就是开门见山,直截了当,讲清各自的义务和利益。还因为是直线,因此不能太多转弯,和欧洲人谈事,一次最好集中一个主题。太多了,对方会觉得太散,没有中心。①

除了以上六个方面的差异,还有学者认为,综合性思维和对立性思维也是中西思维方式的一个重要差异。例如,中国自古就注重天人和谐、天人合一的思维方式,与此相对应的是,西方文化在逻辑分析思维的不断作用下,逐渐形成了人与自然对立的二元思维方式。这种思维方式在特定的社会条件下,导致了征服自然的大规模活动。② 西方这种二元思维方式还反映在政治上"非黑即白"的"敌一友"二元模式,以及对待东西方关系的二元对立态度。有学者认为,东西方二元对立的差异与等级世界秩序,是西方世界观念的基本模式。曾经写过《一个英国鸦片瘾君子的忏悔》的英国著名文学家德昆西在《康德论民族性格:论及崇高感与美感》一文中,将世界分为"地球的我们这部分"(our

---

① 王亚军:《东方红 西方蓝:一位中国外交官的欧洲亲历》,南京师范大学出版社,2005年版,第167~170页。
② 王前:《中西文化比较概论》,北京:中国人民大学出版社,2005年版,第3页。

quarter of the glove,指欧洲)与"其他部分"(the other quarters of the world,指世界上欧洲之外的其他地区),"其他部分"主要指东方国家以及非洲、美洲的野蛮部落。①

其实,不同专业的人对于思维方式的差异有着不同的解读。在语言学家看来,中西语言—思维模式存在着"整体领悟—类比联想"和"构造分析—逻辑演绎"的对立。比如,中文中"养病"、"打扫卫生"等表述方式,长期以来被认为是不合逻辑而"约定俗成"的语言现象。这是因为我们用了西方结构分析—逻辑演绎的思维模式去苛求汉语。若按汉语整体领悟—类比联想的思维模式来理解,便会知道"养病"是从"因生病而需要休养"这一整体概念产生的词语,并无逻辑不通的问题。"打扫卫生"是从"打扫使之卫生"这一整体概念产生的词语,同样不存在什么逻辑不通的问题。

中西语言、思维和文化精神相对立的轨迹,可以概括为:

语法型语言:严式语言→严式思维轨迹→构造分析→逻辑演绎→智性精神;语义型语言:宽式语言→宽式思维轨迹→整体领悟→类比联想→悟性精神。②

沃尔夫假设(Whorfian hypothesis)也认为,语言与思维方式密切相关。1956年,有研究者比较了只会讲美国土著语言祖尼语(Zuni)的祖尼人和哈佛本科生对颜色的记忆。在祖尼语中,黄色和橙色是一个词。在展示一系列颜色之后,祖尼人不能回忆起哪个颜色是黄色,哪个颜色是橙色。在对同样也缺失一些词汇的热带国家文化群体进行的各种研究中,人们也发现了相似的效应。③ 在中国,也有一些学者认为,语言是造成思维方式差异的重要原因之一。1919年3月,钱玄同在《新青年》发表关于"竖改横"的意见:

> 人目系左右并列,而非上下相重,试立室中,横视左右,甚为省力,若纵观上下,则一仰一俯,颇为费力。以此例颇,知看横行较易于竖行。且右手写字,必自左至右,均无论汉字、西方,一笔一势,罕有自右至左者。汉字右行,其法实拙。若从西方写法,自左至右横迤而出,则无一不便。

横行排版技术既加快了受众的阅读速度,也改变了其思维方式。竖行排

---

① 周宁主编:《世界之中国:域外中国形象研究》,南京大学出版社,2007年版,第69页。
② 徐行言主编:《中西文化比较》,北京大学出版社,2004年版,第164~165页。
③ [美]史密斯、[加]彭迈克、[土]库查巴莎著,严文华、权大勇译:《跨文化社会心理学》,北京:人民邮电出版社,2009年版,第189页。

版的文字是一种垂直的结构方式,与由上至下的权力方式具有同构性。变为横行排版之后,平行的接受方式有利于平等意识的建立。与传统的句读相比,现代标点符号系统使语言表达更为准确、简洁,而且增强了与现实一致的感情因素。因此,它们缩短了传媒与受众之间的距离,宜打破书面汉语由上层社会垄断的局面。[①]

我国对外传播要注重思维方式的差异,在传播方式和内容表达等方面都要考虑海外受众的思维方式。例如,我国对外新闻在稿件写作上,要尽量适应西方受众直线式的思维方式,多用描述而不是概括式的语言;要直接说明事物本身的含义,而不要让受众拐弯抹角地去揣测;要尽可能多地交代事件发生的情境,而不要指望由受众自己的想象或生活经历去填补。[②] 另外,新闻写作在文章结构上要尽量从某一具体的事例、人物、场景或者细节写起,经过过渡段落,进入新闻主体部分,叙写完毕后又回到开头的事例或人物、场景、细节,有时也可以用总结、悬念等方式结尾。稿件写作是对外电视新闻的"骨架",画面、字幕以及其他符号是"皮毛";两者只有都符合对外新闻的特点、注重跨文化传播的技巧,才能构成一个完整的形象。

三、对外传播要注重表达习惯的差异

表达习惯具有文化的烙印,不同文化惯用的表达方式具有一定的差异性。有位美国华裔学者在论及文化差异时讲了自己的一次切身经历。他常到麻州大学达特茅资分校与朋友打乒乓球。有一次在学校体育馆打球时,在旁边球桌的美国女学生偶尔抛来鄙夷与愤怒的眼色。当他和朋友比赛打得正激烈的时候,其中一个美国女学生走到他们桌旁,很不客气地说道:"You guys are rude. Please watch out your language."(你们两个家伙实在够粗鲁,请注意你们的用语。)然后不悦地和同伴准备离开体育馆。这位美国华裔学者愣了一下,不高兴地反问她讲那句话到底是什么意思。她答道:"You are not supposed to use dirty language in public."(你们不应该在公共场所讲脏话。)然后扬长而去。这一说,他们顿时无心继续再战,跌坐在旁边的椅子上,检讨到底说了什么脏话。讨论了良久,他们终于明白,并顿时哈哈大笑。原来,他们发现那两个美国女生抛来鄙夷与愤怒眼色的时候,大致上都是他们说"发

---

① 海阔:《媒介人种论——媒介、现代性与民族复兴》,北京:中国传媒大学出版社,2008年版,第80页。
② 童之侠:《中国国际新闻传播史》,北京:中国传媒大学出版社,2007年版,第235页。

球"的时候。闽南语的"发球"与英语"fuck you"的发音之相近,恐怕连读者也会大吃一惊的。①

无论是对外传播还是跨国商业活动等,表达方式都是成功进行跨文化沟通或传播的一个重要方面。很多失败的传播都是源于对目标文化的表达习惯缺乏了解。例如,派克钢笔公司在拉丁美洲推广其产品的时候,最初是用"bola"来表示他们的圆珠笔。在一些地区,bola可以传递所想表达的含义。但是在有的国家,bola指的是革命;在有的国家它表示淫秽;而有的国家它又表示谎言。一家化妆品公司在阿拉伯国家的广告展示了一位女士使用面霜前后的照片。虽然广告上的文字翻译对了,但是却把"以前"的照片放在了左边,将"以后"的照片放在了右边。因为阿拉伯人的阅读习惯是从右到左的,那么这个广告对于阿拉伯人来说,会理解成这个面霜使用后使人的脸变得更糟,而不是更好。② 由此可见,了解不同的文化表达习惯,是跨文化传播的重要基础。

对外传播是一种跨语言的传播,词汇的含义与使用方式、表达习惯密切相关。例如,"太阳"一词在法语里是"le soleil",属于阳性名词,而且法国人把它和太阳王路易十四紧密联系在一起。法国人在很小的时候就有这样的理解,他们把太阳视作男性,引申出去就认为男性充满阳刚气质。相反,女人和月亮联系在一起,"la lune"是个阴性名词。而在德语里,这些词的意思几乎相反。太阳"de sonne"是个阴性名词,因为德国人相信是女人给世界带来了温暖,促使万物的生长,哺育孩子。德国男人是夜晚、黑暗,属于月亮,所以"der mond"是阳性名词。③ 就汉语和英语在词汇方面的差异而言,方文惠主编的《英汉对比语言学》认为,汉语和英语在词汇方面的差异主要体现在:

(1)在一种语言里的某种事物或概念,在另一种语言里,根本找不到对应的词来表达。如汉语里的"炕"、"磕(或叩)头",在英语里只能音译并加注释;英语里的 brunch(把早餐和午餐合起来吃的一顿饭)、motel(为自己开车的旅客服务的小型旅馆,附设有免费停车场),汉语里没有对应词。

---

① [美]陈国明:《跨文化交际学》,上海:华东师范大学出版社,2009年版,第89页。
② [美]史密斯、[加]彭迈克、[土]库查巴莎著,严文华、权大勇译:《跨文化社会心理学》,北京:人民邮电出版社,2009年版,第259页。
③ [美]克洛泰尔·拉帕耶著,陈亦楠、李晨译:《文化密码》,海口:南海出版社,2008年版,第8~9页。

(2)概念的内涵(或外延)不一致的词义。如亲属称谓词在汉语里有伯父、叔父、舅父、姑父、姨父,英语里只有一个词 uncle,伯母、叔母、舅母、姑母、姨母,英语里统称 aunt。汉语里一个"牛"字,一个"鸡"字,英语里各有三个词:bull(公牛)、cow(母牛)、calf(小牛), cock(或 rooster,公鸡)、hen(母鸡)、chick(小鸡),却没有一个同"牛"、"鸡"对应的词。

(3)词义表面相似而实质不同。如现代汉语中"爱人"一词在中国大陆是指丈夫或妻子,如照字面译成英语的 lover,那就会使对方听了觉得惊奇或好笑,因为 lover 在英美社会里是指恋人或情人。

(4)词所涵蕴的意义不同。如"龙"、"狗"、"蝙蝠"(与"福"谐音)等词在汉英两种语言中含义相反。各种颜色在两种语言中也有不同的象征意义。①

这说明,在对外传播中,如果不注重文化的差异,仅仅按照一种文化中的表达方式进行传播,可能会让另一种文化中的受众对传播内容的理解完全偏离传播者本来的意思。

除了词汇的选择与使用,句式和修辞也是表达方式的一个重要方面。西方语言与汉语比较,在句式类型上有一个显著的差异:西方语言主从句发达,汉语对偶句发达。英语中大量存在着的是主从句,这类句子的主句是主体,从句不能独立,全句以主句的动词为核心构成。比如:"I didn't come because my sister was ill."如用汉语表示为:"我姐姐病了,我没来。"英语的主从句开门见山,先表达"结果",然后再交代作为陪衬的原因;更注重逻辑的演绎,表现"I didn't come"和"my sister was ill"之间的内在逻辑联系,关联词 because 是必不可少的。与此相对应,对偶句是汉语中十分独特而又非常发达的表达方式,它将语音、语义、语法及文化等元素集为一体,最能代表汉语语言文化的特点。对偶句式常能产生充满东方睿智的名言警句,如"前事不忘,后事之师"、"世事洞明皆学问,人情练达即文章"。大量的对偶句,说明中国人习惯对比着思考问题,辩证思维十分发达。对偶句式和辩证思维紧密联系,相辅相成,共同推动着汉语思维的发展。修辞方面的差异主要体现在表达方式的精准与模糊以及语篇修辞上。就表达方式的精准与模糊而言,这两者的差异在诗歌语言里更为突出。"玉容寂寞泪阑干,梨花一枝春带雨",这样一种表达方式是比

---

① 转引自沈苏儒《对外传播的理论与实践》,北京:五洲传播出版社,2004年版,第47~49页。

喻还是象征,汉语无须指明,而印欧语若是比喻必有"like"一类的喻词。如: My love is like a red, red rose。在语篇修辞上,英语句子的典型模式是直线形结构,而汉语句子的典型模式是螺旋形结构。这种螺旋形结构的语篇表达模式在汉语里被认可,与汉语传统行文结构方式"起承转合"有直接的关系,"起承转合"这一被程序化了的语用模式,恰恰表现出汉语语篇思维与表达的语言特点,但这种螺旋形结构的语篇表达模式的语言文化根源,是汉语整体领悟一类比联想的思维模式与汉语辩证思维取向。①

对外传播需要根据目标受众的表达习惯调整内容制作手法和表达的方式,这样才能让目标受众理解和接受我们所要传播的内容。有一个经典案例能深刻说明这个道理。1954年,在日内瓦会议期间,中国代表团专门举行一场电影招待会,放映传统越剧艺术片《梁山伯与祝英台》,招待各国客人和记者。起初,工作人员写了一篇三千多字的有关该艺术片的介绍材料,准备在放映前向外国观众宣讲。周总理看了材料后,立即指示予以撤销,最后只写了一篇言简意赅的解说词:"请看一部关于中国的'罗密欧与朱丽叶'。"这篇解说词用外国人都很熟悉的莎士比亚著名悲剧来说明问题,外国观众几乎人人都懂,人人都能接受,使演出收到了非常好的传播效果。② 因此,我国对外传播要多了解目标受众的表达习惯,并积极改进自身的表达方式,这样,对外传播才能实现传播渠道的有效对接。

第三节 对外电视的跨文化传播

我国电视频道在开展对外传播的时候,除了要有传播文化的意识,还需要有跨文化的理念。对外传播中,内容和方法上的文化差异问题容易引发文化折扣(a cultural discount)现象。所谓"文化折扣",又称"文化贴现",是指"扎根于一种文化的特定的电视节目、电影或录像因为风格、价值观、信仰、历史、神话、社会制度、自然环境和行为模式的差异在其他地方的观众中很难获得认同,加之电视节目或电影需要翻译和配音,其吸引力会减少。即使是同一种语

---

① 徐行言主编:《中西文化比较》,北京大学出版社,2004年版,第169~181页。
② 翟树耀:《内外有别——对外宣传报道必须遵循的指导原则》,载刘洪潮主编《怎样做对外宣传报道》,北京:中国传媒大学出版社,2005年版,第113页。

言,口音和方言也会引出文化折扣问题"。① 如前文所述,现在我国电视对外传播的一个问题就是把面向国内的节目直接对外播出,新闻、专题、电视剧等都是如此;某些外语频道也是简单地把中文节目翻译成外语就对外播出。这种忽视文化差异的传播方式在效果上是"事倍功半"的。即使是新闻报道,我们也需要充分考虑中国和外国的文化差异。

中文对外频道在内容上也应该重视跨文化问题。很多中文对外频道或国际频道认为:同为华人,差异何来? 其实,海外受众受当地文化的影响会或多或少与自己祖(籍)国的文化之间产生接受和理解上的偏差。例如,针对美国夏威夷华人的一项调查研究发现,对于一些关于中国文化的问题,第一代移民和土生的华人在有些问题上就有分歧和看法,在某些问题上有极大的差异。受访者对"华人认同感的问题"、"小孩不能回嘴"、"天下无不是的父母"、"道德教育是老师的责任"、"教导孩子保护自己的玩具"以及"孩子表现不好全家都丢脸"等问题,都有不一致的看法。第一代移民的回答仍然反映出较传统的看法,第三代或第四代土生华人的回答则离传统较远,第二代土生华人的回答则是在他们两者之间。② 由此可见,海外华人随着在当地生活时间的增长,或者移民代数的增长,"文化基因"并不像"生物基因"那样具有稳定性和必然的延续性;也正是这个原因,我国中文对外电视在开展传播的时候,不能理所当然地认为,"同为华人,即是相同文化"。正是因为相当数量的海外华侨华人久居国外,文化习惯和思维方式越来越西化,这就要求我们的传播要能够跨越文化差异、更具"国际口味"。③

值得一提的是,文化差异虽然有时成为对外传播的障碍,但有时也有助于对外传播的开展,因为人们对不同的文化往往感到新奇,从而产生吸引力。我国对外传播的前辈沈苏儒先生就此举了一个生动的例子,他说,过去美国海军招兵时的口号就是:"参加海军,观光全球!"("Join the navy, see the world!")④因此,我国电视对外传播要充分利用我国文化中能激起目标受众兴趣的内容进行传播,提高节目的吸引力和影响力。

---

① [美]考林·霍斯金斯等,刘丰海、张慧宇译:《全球电视和电影:产业经济学导论》,北京:新华出版社,2004年版,第45页。
② 吴燕和主编:《华人儿童社会化》,上海科学技术文献出版社,1995年版,第105~108页。
③ 丁柏铨:《加入WTO与中国新闻传播业》,北京:社会科学文献出版社,2005年版,第582页。
④ 沈苏儒:《对外传播·翻译研究文集》,北京:外文出版社,2009年版,第149页。

一、价值观念的"共享"化

对外电视是一种跨文化传播,传播者和受众之间的文化差异是传播时需要克服的障碍。对外传播专家沈苏儒说:

> 对外传播面临着因文化差异而造成的障碍,必须努力克服这些障碍,对外传播才可能有效地进行。克服障碍的前提是了解这些差异以及造成这些差异的因素,也就是要"知己知彼"。克服这些障碍的唯一正确途径就是"求同存异"。"求同"就是对不同文化中那些共通的东西要充分加以利用和发挥。[①]

有学者将文化分成"共性文化"和"非共性文化",前者诸如科学、技术,总的来说是超越民族和国家的,后者如民族精神、价值观、意识形态等。对于共性文化范畴的内容,任何一个民族、任何一个国家都可以拿来使用,并以之增进该民族、该国家、该社会制度中使用者的福利。[②] 其实,价值观也是如此,可以分为共享性和非共享性两个范畴。共享性的文化价值观可以得到不同文化的认同和接受,也有利于世界文化价值观体系的多元化。从对外传播和文化传播的角度来说,具有共享性的文化价值观有助于提升文化传播力,即通过推动一国文化向外传播,使其由民族文化"泛化"为世界文化的力量。[③] 因此,对外传播需要寻求和传播中华文化中具有"共享"性的内容,也就是能引起西方受众认同和接受的要素。

(一)不同文化需要"求同存异"

文化之间既存在差异,也有众多的共同点。从古至今,一些人在不懈探寻不同文化之间在某个方面的共同点。著名学者莱布尼茨就曾潜心研究二进制和中国《易经》之间的关系,寻求其中的共同点。1701年2月15日,莱布尼茨把自己的二进制数表寄给在中国的法国传教士白晋(J. Bouvet)。1701年11月4日,白晋在从北京发给莱布尼茨的回信中说道,他认为二进制数与中国《易经》中的六十四卦图的符号是有联系的,并将宋代邵雍(1011~1077)所制

[①] 沈苏儒:《对外传播的理论与实践》,北京:五洲传播出版社,2004年版,第45~46页。
[②] 张志君:《全球化与中国国家电视文化安全》,北京:中国传媒大学出版社,2006年版,第41页。
[③] 王建荣、郭海云:《文化软实力视阈下文物文化对外传播策略分析——以博物馆语境为例》,《北京交通大学学报(社会科学版)》,2010年4月第9卷第2期,第120页。

的六十四卦图,即圆内有按八卦配列的方图,寄给了莱布尼茨。但是这封信迟至1703年4月2日才辗转交到莱布尼茨手中。莱布尼茨随后认真研究了这幅六十四卦图,他发现,正如白晋所说,把图中的阴爻一看作1,那么六十四卦图中的六爻排列恰好就是从0到63的二进制数字。莱布尼茨为获得这一发现而兴奋异常。他立即给白晋写信说:"这易图是流传于宇宙间的科学中之最古的纪念物。但是,依我之见,这四千年以上的古物,数千年来,没有人能了解它的意义。它和我的新算术完全符合,我若没有早发明二进制算术,我也不能明白六十四卦的体系和算术画图的目的,望洋兴叹,不知所云。"他还说,虽然他认为二进制算术对于数的科学会有不可思议的效果,但是没有料到它对阐明中国的古纪念物发挥了重要作用。他猜测中国古贤伏羲已掌握二进制算术,后来失传了。他还认为,伏羲的创世说与欧洲基督教的创世说是同一道理,亦即发现宇宙一切从阴与阳而来,也就是从0与1而来。莱布尼茨随即对他1679年所写的论文作了补充。1703年论文发表时的题目是《关于仅用0和1两个记号的二进制算术的说明并富有其效用及关于据此解释古代中国伏羲图的探讨》(*Explication de L'arthmetique binaire, quise sent des seuls caracteres 0 et 1, avec des remarques sur son ulilite, et sur ce quelle dcnne Le sens des aneiennes figures chinoises Fchy*, 1703)。①

同样,日本人佐久间象山在教授弟子学习炮术的过程中,突发奇想,认为炮术的理法与易的现象彼此吻合,于是在震惊之余写下了《炮卦》(1852)一书。炮弹是依靠火药而发射的,对此,佐久间象山叙述道:"火之性轻疾而炎上,金之性重迟而下坠,二物之性,违异而不相救济。固为睽义,火则厌之,金则飞之。"日本学者认为,这种观点不过是佐久间象山的奇思妙想而已,缺乏依据。尽管如此,它也反映了一个问题,即在理解其他文化的时候,是否就不得不采取一种由此及彼的类推方式。或者说,即便是完全不同的文化,只有将它转变为共同性或类似性的事物才能理解。而违背了这一共同性或类似性的事物,就不得不加以舍弃。② 当然,如果是"共享性"的内容,不同文化背景的受众则都易于接受和理解。

在国际上,很多学者、政府官员和有识之士一直在致力于寻求那些能为各国人民都接受和认可的价值观。共识多,沟通才能顺畅,世界也才能趋向和

---

① 乐黛云、勒·比雄主编:《独角兽与龙》,北京大学出版社,1995年版,第145~147页。
② [日]高坂史朗著,吴光辉译:《近代之挫折:东亚社会与西方文明的碰撞》,石家庄:河北人民出版社,2006年版,第13~14页。

平、和谐;对于电视对外传播也是如此,传播的价值观与受众之间的共同点越多,受众越容易接受,传播效果自然也就越好。那么,国际上究竟存在哪些能放之四海而皆准的价值观呢?学者们为此做了孜孜不倦的探寻。以色列心理学者沙洛姆·施瓦茨(Shalom Schwartz)为改变文化价值两分化问题,基于罗基切(Rokeach)1973年价值观研究中的共同成分,1992年提出人类基本价值理论(theory of basic human values),认为有10种价值是人类各种文化中都认可的价值,它们是权力(power)、成就(achievement)、享乐(hedonism)、激励(stimulation)、自我定位(self-direction)、普世主义(universalism)、仁爱(benevolence)、传统(tradition)、一致(conformity)和安全(security)。这10种价值可以归为两对范畴:加强自我(self-enhancement)与超越自我(self-transcendence)、开明对待变革(openness to change)与保守(conservation)。权力、成就及享乐属于加强自我;普世主义和仁爱属于超越自我;激励、自我定位及享乐属于开明对待变革(享乐既属于加强自我也属于开明对待变革);传统、一致和安全属于保守。① 施瓦茨试图找到人类的基本价值,以帮助人们了解彼此的文化。1994年,美国的心理学者凯瑟琳·达尔斯伽德(Katherine Dahlsgaard)等人审视了中国(儒家和道家)、南亚(佛教和印度教)、西方(希腊雅典哲学、犹太教、基督教和伊斯兰教)的哲学和宗教典籍,发现这些典籍中有6个共享美德(shared virtue):勇气(courage)、公正(justice)、人道(humanity)、节欲(temperance)、智慧(wisdom)和超越(transcendence)。②

联合国等国际组织通过《人权宣言》、《联合国宪章》等国际法文献昭示了国际社会应遵循的共同价值观。例如,在2000年9月召开的联合国大会上,189个国家签署《联合国千年宣言》,在该宣言第一部分"价值和原则"中说,我

---

① Shalom H. Schwartz, "Universals in the Content and tructure of Values: Theoretical Advances and Empirical Tests in 20 countries." in M. Zanna (Ed.), Advances in Experimental Social Psychology, 1992, vol. 25, pp. 1~65, Orlando, FL: Academic; "Are there Universal Aspects in the Structure and Contents of Human Values?", Journal of Social Issues, 1994, vol. 50, No. 4, pp. 19~45. 转引自关世杰《试论对外传播中的共享价值观问题》,《全国第二届对外传播理论研讨会论文集(上册)》(2011年,南京),第503~504页。

② Katherine Dahlsgaard, Christopher Peterson and Martin E. P. Seligman, "Shared Virtue: The Convergence of Valued Human Strengths Across Culture and History", Review of General Psychology, Vol. 9, No. 3, 2005, pp. 203~213. 转引自关世杰《试论对外传播中的共享价值观问题》,《全国第二届对外传播理论研讨会论文集(上册)》(2011年,南京),第503~504页。

们认为某些基本价值对 21 世纪的国际关系是必不可少的(We consider certain fundamental values to be essential to international relations in the twenty-first century)。这包括:自由(freedom)、平等(equality)、团结(solidarity)、容忍(tolerance)、尊重大自然(respect for nature)和共同承担责任(shared responsibility)。①

正因为不同文化之间存在众多差异,所以在跨文化传播的时候,要尽量求同存异。因为生活经验的可感知性,浅层文化的跨文化传播相对比较容易;深层文化的跨文化传播相对比较复杂。我国的对外电视需要从电视对外传播、文化传播的特点以及跨文化传播的规律出发,在文化传播的内容选择、技巧和策略等方面加以考虑;不仅传播浅层的文化,也需要传播深层的文化。

(二)"共享价值"有助于跨文化传播

麦克卢汉(Marshall McLuhan)认为,电视是一种"冷"媒介。他用"冷"字是指这种媒介所传达的内容含义不太明确,需要受众的参与。与卡通片、象形文字、手抄本等冷媒介一样,电视需要观众来完成画面,填补空隙。② 换言之,受众在观看电视的时候,要与其中的内容进行互动,要主动对内容进行思考和解读,而不仅仅是被动接受。因此,电视对外传播需要考虑电视作为一种媒介形式本身所具有的传播特点,利用"被受众思考"和"与受众互动"等特点进行深层文化的传播。更为重要的是,我们要精心选择传播内容,尤其是深层文化内容。其中,具有"共享价值"的文化内容就是重点传播对象,也是跨越文化差异的重要策略。

不同文化对于"共享价值"有着不同的理解和定义。1994 年,李光耀在《外交》杂志发表的一篇采访录中提出了亚洲价值观,即对注重家庭、信奉节俭、勤劳、孝顺、忠诚以及对学问和知识的尊重。新加坡前外长许通美认为,以东亚人为代表的"东方人能够为美好的未来提出可供选择的价值观念",这实际上就是许通美阐释的亚洲价值观。它包括:"1. 东方人不相信西方人习以为常的极端个人主义。2. 东亚人民深信家庭的稳固。3. 东亚人尊重教育。4. 东亚人相信储蓄和节俭是一种美德。5. 东亚人认为勤劳是一种美德。6. 东亚人

---

① http://baike.baidu.com/view/1884760.htm;http://www.nwccw.gov.cn/html/69/n-140669.html. 转引自关世杰《试论对外传播中的共享价值观问题》,《全国第二届对外传播理论研讨会论文集(上册)》(2011 年,南京),第 503~504 页。

② [美]丹尼尔·杰·切特罗姆著,曹静生、黄艾禾译:《传播媒介与美国人的思想——从莫尔斯到麦克卢汉》,北京:中国广播电视出版社,1991 年版,第 193 页。

实行民族团结合作。7.这里有人民与国家签订的亚洲式契约。8.一些东亚国家的政府努力使每一位公民成为国家的股东。9.东亚人希望政府使培养孩子的环境保持道德上的健康有益,也不接受色情、淫秽、下流言论及对宗教的攻击受到言论自由的保护等观念。10.东亚良好的政府想给人民自由。但是,与西方截然不同,它们并不认为自由是绝对权利。一方面,人们并不要求新闻媒体只充当政府的喉舌;另一方面,人们认为媒体一定要对自己的行为负责。"①1988年,新加坡领导人吴作栋提出,要把"亚洲价值观"提升为国家意识,推动文化建设进入新阶段。1991年1月,新加坡政府在《共同价值白皮书》中提倡五种价值观念:国家至上、社会为先;家庭为根、社会为本;关怀扶持、同舟共济;求同存异、协商共识;种族和谐、宗教宽容。② 需要指出的是,在多元文化并存的世界里,共享价值要真正做到"普世化"并不容易。例如,华人传统忠孝节义和尊老敬贤的观念,在西方人眼里可能是腐朽不可理解之事;天人合一和阴阳一体的思想可能是自欺欺人、软弱无能之表现。反过来,西方人的个人主义和与天争胜的作风,在东方人的眼里很可能是自私自利,是目中无人、好狠斗勇的表现。③

虽然不同文化对于文化中某些价值观或文化理念的理解有所不同,但对于它们的诉求仍有共通之处。美国学者劳伦斯·哈里森(Lawrence E. Hamison)归纳了他认为具有共享性的几个文化理念或者价值观:活比死好;健康比疾病好;自由比受奴役好;富裕比贫穷好;教育比无知好;正义比非正义好。④从宗教的角度来看,虽然不同的宗教典籍在具体的话语表达上可能有所不同,但仍有不少相似之处:说真话,不要欺骗;不要诽谤他人;不要亵渎神灵或圣像;避免使用贬低他人或生命的言语(包括奉承,以及愚蠢、油腔滑调、或者空洞无物的言语);通过言行一致来赢得他人的信任。克里斯琴斯(Christians)和特拉伯(Traber)通过研究非洲、亚洲、南美洲、中美洲、北美洲,以及东欧的部分地区和中东地区的不同文化,提出三个具有普遍性的价值观

---

① 潘一禾:《文化与国际关系》,杭州:浙江大学出版社,2005年版,第280~281、292~293页。
② 彭伟步:《新马华文报 文化、族群和国家认同比较研究》,广州:暨南大学出版社,2009年版,第103页。
③ [美]陈国明:《跨文化交际学》,上海:华东师范大学出版社,2009年版,第49页。
④ [美]塞缪尔·亨廷顿、劳伦斯·哈里森主编,程克雄译:《文化的重要作用》,北京:新华出版社,2002年版,第14页。

念和道德规范,即坦诚、对他人尊严的尊重、无辜者是不能受到伤害的。① 因此,我们在对外传播中国文化的时候,要以"共同价值"为桥梁,增进不同文化之间的沟通和理解,从而更为有效地开展跨文化传播。

(三)对外电视需要发掘和传播中国文化中的"共享价值"

中华文化中的哪些价值理念具有全球的共享性,这是一个值得进一步商榷和研究的问题。笔者在此强调对外电视要注重共享价值观念的传播,仅仅是提出了一个思考的方向。

很多学者担心,在西方大力推行其价值观念的情况下,推动共享价值的举动会让我们的文化沦为西方文化的附庸。这种威胁并非空穴来风,即使是西方的学者也担心其价值观体系会危及世界文化的多元化。有学者认为,影响全球文化多样性的现实问题主要来自于经济政治层面,文化的进化与自觉直接受制于经济政治状况,全球化所呈现的西方的"一"与非西方的"多"看起来是显示了西方文化传统在理论上的优越性,实质上还是因为西方在经济政治方面的强势。从目前的态势看,强势国家更多地强调普遍主义,强调共识,而弱势国家则强调差异与多样性,强调国家的普遍主义与弱势国家的多样性诉求,源自于自身的全球利益。② 换言之,西方利用经济的全球化来推动其文化的单一化。但随着中国经济影响力的提升,文化的传播获得了相应的支持。因此,我国电视对外传播不能避讳"共享"价值观的问题,相反,需要根据西方的话语体系和他们有关共享价值的标准,传播中国文化中能与之契合的深层次内容。

而且,我国的价值观与西方的价值观并无本质冲突,只要解释充分、传播方式得当,也能让外国受众较好地认同和接受。温家宝总理曾在一篇文章中专门提出:"科学、民主、法制、自由、人权,并非资本主义所独有,而是人类在漫长的历史进程中共同追求的价值观和共同创造的文明成果。只是在不同的历史阶段、不同的国家,它的实现形式和途径各不相同,没有统一的模式,这种世界文明的多样性是不以人们主观意志为转移的客观存在。"③

---

① [美]布拉德福德·J.霍尔编著,麻争旗译:《跨越文化障碍——交流的挑战》,北京广播学院出版社,2003年版,第292页。
② [美]乔治·麦克林、邹诗鹏:《全球化与存在差异》,武汉:湖北人民出版社,2006年版,第307页。
③ 温家宝:《关于社会主义初级阶段的历史任务和我国对外政策的几个问题》,《人民日报》,2007年2月27日。

对外电视媒体和相关研究机构应该加大对中国传统文化的研究力度,从中搜寻、提炼和总结适合对外传播的"共享价值"。例如,我们从孔子的《论语》和天坛建筑,可以看到中国人对大自然的敬畏和感恩的心境;从万里长城到郑和下西洋,可以看出中国人对和平的永恒追求;从20世纪老上海的开放活力,可以看到中国文化对外来文化的包容,等等。这些都是中国传统文化所体现的共享价值,需要着重展示。① 同时,我们也要有所扬弃。例如,有学者指出,我们注重人际关系中的和谐有序,相应地就忽略了个体独立自主的价值。②

从对外电视与文化传播的角度来说,能引起海外受众共鸣的共享价值是构建传播影响力的重要基础,也是塑造国家形象、提升国际话语权的关键。有学者认为,如果一个大国不能为国际社会提供一种具有引导力的文化形态、具有共享性的道德或文化理念,其大国地位不仅难以被其他国家所认可,而且其本身的发展也难以持续。③ 另外,传播共享价值对于提升我国对外传播媒体自身的质量具有重要作用,有学者指出:缺乏这种共享性观念,我们的媒体受价值水平的制约,就永远不可能成为真正的世界性媒体。④

我国对外电视媒体在文化价值观的传播方面需要创造性地发挥更积极的作用。在中央电视台的一次专家研讨会上,我国外交部英国公关顾问沙学文认为,世界正因中国的崛起而改变,而西方语境的偏见与歧视也愈加明显。偏见与歧视的结果必然是将中国妖魔化,在此背后则是对中国崛起的畏惧与疑虑。在信息传播极其不平衡的情况下,中国借船出海固然是一条途径,但不如自己造船出海。造船出海的前提则是界定自我价值与自信地呈现这些价值。而当今的世界,在西方语境的垄断之下苦于信仰缺失。而中央电视台在制作节目方面拥有世界其他媒体无法比拟的多元文化背景和社会经济文化发展的生动范例,完全不必以所谓西方主流媒体 BBC、CNN 为发展参照系,而应寻找、确立自己独特的价值体系。半岛电视台英文节目主持人沙舒华在研讨会上补充说,近年来,中国倡导的"和谐共生"理念既是放之四海皆准的共享价值,也反映了中国文化的核心理念。其中,中国穆斯林与其他民族和谐共处就

---

① 叶朗:《展示中国文化中的普世价值》,《人民日报》,2009年1月19日第12版。
② 刘利华:《中国传统中的普世价值资源》,《科学对社会的影响》,2008年第1期,第53~56页。
③ 罗建波:《中国崛起的对外文化战略——一种软权力的视角》,《中共中央党校学报》,2006年第3期。
④ 谭诚训:《主流文化的传播规范及价值层次——兼论我国媒体应该向全世界推广和谐价值观》,《河北大学学报》,2006年第4期,第114页。

是非常值得向世界讲述的故事。如果中央电视台能明确自己的价值观,并将这些价值观以不同的方式、有针对性地呈现给观众,那么央视的国际影响力将随之增强,中国的国家形象也会随之改变。①

那么,从对外电视的角度看,中华文化中的哪些价值观念可以作为共享价值系统性地对外传播呢?

笔者认为,我国电视对外传播的共享价值包括以下几个方面。需要指出的是,这些仅是在电视对外传播中易于和值得共享的价值观念,而不是国家层面的核心价值观念。

1. 尊重历史,认同本民族文化。20世纪90年代初,有关机构对夏威夷华人进行了500个样本的抽样调查,研究华人的文化传承和教育问题。调查结果显示,夏威夷华人在某些方面较好地保持着中国传统文化。例如,100%的受访者同意或者强烈同意小孩一定要尊敬长辈,96%的人认为接受良好的教育是十分重要的,75%的回答者认为华人不论是在什么地方生长,都应该有强烈的华人认同感。② 确实,尊重祖先、认同文化,才能保持中华文化的根本,这在某种意义上就是费孝通所说的"文化自觉"。费先生认为,文化自觉是指生活在一定文化中的人对其文化有"自知之明",明白它的来历、形成过程、所具有的特色和它的发展趋势,不带任何"文化回归"的意思,不是要"复旧",同时也不主张"全盘西化"或"全盘他化"。自知之明是为了加强对文化转型的自主能力,决定适应新环境、新时代对文化进行自主的选择。文化自觉是一个艰巨的过程,首先要认识自己的文化,理解所接触到的多种文化,才有条件在这个正在形成中的多元化文化的世界里确立自己的位置,经过自主的适应,和其他文化一起,取长补短,共同建立一个有共同认可的基本秩序,并创造一些能与各种文化和平共处、各抒所长、联手发展的条件。③ 身处不同文化的人都应该正视自己的历史,传承和坚持自己祖先创造的文化的精华,而不是"数典忘祖",投身文化"全球化"、"西方化"的进程,人类世界才能拥有永不枯竭的发展动力。

2. 重视家庭,注重亲缘关系。家庭观念是家庭形成的文化基础,是一个民族根据自己的历史、社会经济条件、地理特征和民族心理代代相传而形成

---

① 根据中央电视台海外传播发展中心于2010年12月3日举行的国际传播能力建设专题研讨会的发言资料。
② 吴燕和主编:《华人儿童社会化》,上海科学技术文献出版社,1995年版,第105页。
③ 费孝通:《费孝通论文化与文化自觉》,北京:群言出版社,2007年版,第428页。

的。不同的家庭观念有着不同的家庭形式、人际关系以及消费、娱乐方式等。中国的家庭观念源于两千多年前的孔孟之道等诸伦理著作中,家庭人际关系的处理,如父子关系和夫妻关系等,几千年来都是以这些最早的伦理为圭臬。① 我国文化强调家庭的功能及其维系,因此,中国家庭也是中国文化的基础,而文化特征又决定了家庭的外在形态及其内涵。② 即使在海外,华人家庭的关系模式与感情联系依然得到保持、受到重视。在新加坡的一项社会调查研究中,接受调查的约 500 位父母均认为,孩子应在吃饭时或离家和回家时跟长者打招呼,这即是"传统",也不失为"一个好的价值观"。一位女士说:"我记得年轻时,我对母亲说:'阿妈,吃饭吧!'现在我的女儿虽然以英语说这句话,但意思仍是一样的,我希望她能这样做……"③但是,不容忽视的是,生活在西方的很多华人第二代,因为受当地文化的影响,淡化了家庭和亲缘关系。尽管如此,对于任何一种文化来说,家庭都是社会的基础单元,也是个人在社会生存、发展的依靠和动力。近几年来,许多热播美剧如《我的兄弟姐妹》、《丑女贝蒂》和《天赐凯尔》等,都洋溢着家庭的温馨,这也似乎表明,西方社会正在重新审视家庭对于个人的作用和对于社会的意义。

3. 尊重知识,重视教育。中国自古就尊重知识、重视教育。《增广贤文》中"世上万般皆下品,思量唯有读书高"、"有田不耕仓廪虚,有书不读子孙愚"、"士者国之宝,儒为席上珍"等话语,在中国人的口中世代相传。西方学者甚至说:"以对美德和学识的评价作为评判当代中国人的两个标准,有着很悠久的历史传统。早在公元前 200 年,一个人的价值就以其知识储备的多少来衡量。"④大多数海外华人依然重视这一传统观念,把教育当作子女向上层社会流动(upward social mobility)的唯一有效途径。⑤ 在海外,华人地位上升的一个重大推力就来自于教育。在 20 世纪 90 年代初,有学者在美国夏威夷就华人子女教育和文化方面的问题进行问卷调查。问卷中每题都有四个选项由回答者来圈选:1. 表示强烈不同意;2. 表示不同意;3. 表示同意;4. 表示强烈的同意。表 3—3—1 把回答的家长们按移民和土生的华人加以分组来看统计上的平均数。表中第一代是指移民,第二代是指第一代土生的子女,第三和第四

---

① 薛素珍、陈静英:《美国纽约华人家庭》,三联书店上海分店,1993 年版,第 58 页。
② 薛素珍、陈静英:《美国纽约华人家庭》,三联书店上海分店,1993 年版,第 83 页。
③ 吴燕和主编:《华人儿童社会化》,上海科学技术文献出版社,1995 年版,第 81~82 页。
④ [美]拉里·A. 萨默瓦、理查德·E. 波特著,闵惠泉、王纬、徐培喜等译:《跨文化传播》,北京:中国人民大学出版社,2004 年版,第 146 页。
⑤ 周敏:《美国华人社会的变迁》,上海三联出版社,2006 年版,第 345~348 页。

代则为移民的孙辈和曾孙辈。①

表 3－3－1 对传统观念的反应平均数

问题	平均数	第一代	第二代	第三和第四代
教养孩子的一大目标是让孩子将来能受到良好的教育	3.38	3.24	3.38	3.64

可见，无论华人移民多少代，对于教育的重视并未消减。毋庸置疑，教育对于整个人类同样具有重要的意义。教育是人类社会文化传承的纽带，更是人类社会发展进步的动力。

4. 仁而有礼，诚实守信。中国人很讲究"人格"，不希望自己只是没有价值的社会成员或工具，希望自己有个人的价值，受人尊重，并且自重。② 美国华裔女作家黄玉雪在作品中表达了对中华文化的钟爱与倾慕，散发着浓厚的中华文化气息。作为第二代移民，黄玉雪的文化认同与她父亲的影响密不可分。虽然身处海外，但她父亲极为重视对子女进行中华文化的熏陶，注重培养子女对于中华文化中传统伦理道德的认同。例如，他在家里的钟上就贴上了自己手写的家训："尊敬长辈，善待别人。"③ 无论是人格，或者是为人处世之道，都是中国人重视个人品德的一种表现。1993 年，研究人员对上海和台湾屏东两地各 500 位左右的华人父母进行调查，探寻应该给孩子传授哪些做人的道德。两地的家长认为：

> 首先是"孝"，子女对父母要尽孝道。排在各项教育内容之首的是"应该教育孩子尊重长辈"（上海极赞成、赞成者占 98.2%，屏东为 99.4%）。
>
> 其次是"忠"，使孩子经常意识到自己是炎黄子孙，是中华民族的后代，"应该让孩子深深觉得自己是华人"（上海极赞成、赞成者占 93.2%，屏东为 94.5%）。
>
> 再次是"信"，朋友之间要讲信誉。两地家长都把说老实话，做老实人作为自己的教育目标。

---

① 吴燕和主编：《华人儿童社会化》，上海科学技术文献出版社，1995 年版，第 106 页。
② [美]成中英：《从中西互释中挺立》，北京：中国人民大学出版社，2005 年版，第 235～236 页。
③ [美]黄玉雪著，张海龙译：《华女阿五》，南京：译林出版社，2004 年版，第 236 页。

最后是"礼",要有良好的行为习惯,能遵规守纪。"孩子吃饭、对答都有规矩"被绝大多数家长所接受(上海极赞成、赞成者占90.6%,屏东为93.9%)。

在家尽孝,为国尽忠,待人守信,讲究礼仪,这乃是当今上海与屏东家长们普遍追求的教育目标,他们心目中做人的标准。它与孔老先生"子以四教,文、行、忠、信"的精神是基本一致的。①

有学者以为,中国的伦理学有五个基本观点,都各有其必然性与普遍性,是相当重要的。这五个基本观念是:仁、义、礼、智、信。② 需要指出的是,在当代社会,中华文化中的"礼"不是要强化"权力距离"、放弃西方社会遵从的"平等原则",而是要强调真诚、得体地对待亲人朋友。作为共享价值,"仁而有礼、诚实守信",也就是"仁""义""礼""信"("智"即前文的教育),对于世界其他文化也有推广的价值。

2011年10月,中国共产党第十七届六中全会提出,要"广泛参与世界文明对话,促进文化互相借鉴,增强中华文化在世界上的感召力和影响力……增进国际社会对我国基本国情、价值观念、发展道路、内外政策的了解和认知,展现我国文明、民主、开放、进步的形象"。在推动中华文化走向世界的过程中,认真总结现代化建设的"中国经验"中所包含的文化因素至关重要,正如胡锦涛于2006年4月在耶鲁大学演讲时所说:"科学发展的理念,是在总结中国现代化建设经验、顺应时代潮流的基础上提出来的,也是在继承中华民族优秀文化传统的基础上提出来的。"他概括了中华文明的一些优秀传统:注重以民为本,尊重人的尊严和价值;注重自强不息,不断革故鼎新;注重社会和谐,强调团结互助;注重亲仁善邻,讲求和睦相处。③

当然,我国文化中可以作为共享价值对外传播的深层元素还有很多,笔者仅列出了其中一部分。黄玉雪在其成名之作——《华女阿五》(1989)的导语中就提及了她认为非常重要的中华文化的内容:

> 我们很珍视这些价值观念,将其作为我们的遗产(不管是中国的遗产还是我们家特有的遗产)。我丈夫和我将家安在可以步行到唐人街的地方,这样,我们每个孩子可以上六年我上过的主日中文夜

---

① 吴燕和主编:《华人儿童社会化》,上海科学技术文献出版社,1995年版,第158页。
② [美]成中英:《从中西互释中挺立》,北京:中国人民大学出版社,2005年版,第228页。
③ 童世骏:《提高国家文化软实力》,《毛泽东邓小平理论研究》,2008年第4期。

校。尽管他们当时反对沉重的学习负担,因为他们的朋友没有这个学习项目,但是他们长大成人后,可以懂得他们朋友不懂的语言。他们为此感到高兴。他们十分清楚,在行为举止上,我们强调谦虚礼让、自力更生、诚实可靠、声音适中。在价值观念上,我们推崇热爱学习、尊重自然、服务他人、节制适中、知足常乐。这些价值观念是否和那些非中国的不同呢?我们基本的和最重要的价值观是家庭凝聚力。①

我国文化中的许多深层次内容,对于海内外华人以及外国人来说都具有一定的价值,这是我国电视对外传播的重要内容,也是对外电视实现跨文化传播的依托。

二、传播内容的民族化

所谓"传播内容的民族化",就是节目内容要有所选择,要注重传播适合于对外播出的具有民族特色的文化内容。需要指出的是,这里仅仅强调内容的民族化,并不是整个对外电视的民族化。对外电视需要注重普世化的价值观念和国际化的表达方式,否则难以有效地开展对外传播。

就对外电视开展文化传播而言,来自受众的障碍因素主要有以下三个方面:语言障碍、文化背景障碍和兴趣障碍。前两者都不是关键的障碍,语言的障碍可以通过一定的传播策略得到解决,如中央电视台中文国际频道采取双语字幕播出的方式;文化背景障碍也可以通过在节目制作的时候增加背景知识介绍的方式加以解决;关键的障碍是如何提升海外受众的兴趣。

传播内容的民族化主要是指节目的报道对象需要有一定的民族特色。有学者认为,不同文化之间的差异固然在某些方面阻碍了人们相互了解,但同时又会激发其对不同文化的好奇心和兴趣,从而产生吸引力。② 当然,强调传播内容的民族化的另一个重要原因是:民族化的内容往往具有厚度、广度和张力,拥有较高的传播价值。

那么,哪些文化既具有民族特色,又适合通过对外电视进行传播呢?

如果简化文化的分层方法,可以按照"形而下谓之器,形而上谓之道"的原则,将我国文化分为"器物"层面的表层文化和"理念"层面的深层文化。前文已经就深层文化的对外传播问题有所论述,这里主要是探讨表层文化中具有

---

① [美]黄玉雪著,张海龙译:《华女阿五》,南京:译林出版社,2004年版。
② 沈苏儒:《有关跨文化传播的三点思考》,《对外传播》,2009年第1期,第38页。

民族特色并适合对外传播的内容。

借鉴美国学者克拉克·威斯勒(Clark Wissler)对于文化的提纲分类,文化可以从九个方面去理解,即言语、物质性特征、艺术、神话、宗教、社会制度、财产、政府和战争。① 具体如下:

1. 言语,包括语言、书写体系等。

2. 物质性特征,包括饮食习惯、栖息地、运输与交通、服装、用具与工具、武器、职业与产业等。

3. 艺术,包括雕塑、绘画、图画、音乐等。

4. 神话与科学知识。

5. 宗教活动,包括礼仪形式、疾病治疗、丧葬等。

6. 家庭与社会制度,包括婚姻形式、识别亲属的方法、继承权、社会管理、体育与运动等。

7. 财产,包括不动产与动产、价值标准与交换、贸易等。

8. 政府,包括政治形式、司法与法律程序等。

9. 战争。

艺术、神话、宗教、制度、财产、政府和战争等方面属于深层文化的内容;如果按照三个层面来划分,则属于深层文化和制度性文化两个不同范畴。浅层文化则包括:言语和物质性特征等方面,也是我国对外电视易于传播的内容。美国《新闻周刊》在2006年曾评选出一些自21世纪以来世界最具文化影响力的国家文化及其形象符号,其中与中国相关的有:汉语、北京故宫、长城、苏州园林、孔子、道教、孙子兵法、兵马俑、丝绸、瓷器、京剧、少林寺、功夫、《西游记》、针灸、中国烹饪等。② 可以看出,外国人感兴趣的,或者说较为认可的,更多的还是具有中国传统文化特点的那些内容。具有民族特点的表层文化虽然最直接体现出文化差异,但这种差异也最容易消除。表层文化大多与日常生活息息相关,身处不同文化中的人能够根据生活经历进行推论,从而加以理解。

在一项针对51个国家405位意见领袖的研究中,调查数据显示,从文化艺术的表现形式看,最能够吸引海外意见领袖的是书法艺术(35.9%)、绘画雕塑(34.4%)和武术太极(31.4%),以下依次为园林建筑(28.6%)、杂技(21.9%)、

---

① [美]克拉克·威斯勒著,钱岗南、傅志强译:《人与文化》,北京:商务印书馆,2004年版,第70~71页。

② 唐晋:《论剑:崛起进程中的中国式软实力》,北京:人民日报出版社,2008年版,第91页。

服装服饰(21.9%)、瓷器玉器(16.1%)、民族舞蹈(15.1%)、诗词歌赋(14.6%)、戏曲(12.6%)和其他(0.5%)。在宗教哲学方面,海外意见领袖最感兴趣的是佛教的禅宗思想(47.4%)、儒家的和谐观念(40.5%),以下依次为道家的自然观念(28.4%)、传统五行八卦思想(16.8%)、墨家的兼爱思想(7.9%)和其他(2%),另有将近1/4的人表示对中国传统宗教哲学完全不了解(22%)。①

结合我国的具体情况,我国文化中适合对外电视播出的、具有民族化的内容主要有八类:艺术类文化(主要是书法、绘画、建筑、工艺美术等)、表演类文化(如音乐、舞蹈、话剧、戏曲、曲艺、杂技、魔术等)、遗产类文化(如文物、古迹等)、教育类文化(如语言、文字等)、体育类文化(如武术、太极等)、医疗类文化(中医、针灸等)、饮食类文化(如烹饪等)和服饰类文化(如唐装、丝绸等)。

需要指出的是,就对外电视而言,深层文化中的艺术是一个重要且较适合对外传播的内容,只不过需要注重传播的策略和技巧。有专家认为,我国对外文化传播要善于借用西方人易于接受的艺术形式,例如歌剧、舞蹈、交响乐等,以取得事半功倍的效果。② 另外,对外文化传播要注重对我国文化元素的包装和应用,在这方面,不乏成功案例,其中较有代表性的就是电影艺术。20世纪80年代前后,以徐克、许鞍华为代表的香港"新浪潮"电影,以侯孝贤、杨德昌为代表的台湾"新电影运动",还有以陈凯歌、张艺谋为代表的大陆"第五代"导演群体,尽管有着各自不同的艺术风格和美学追求,但是他们的影片有一个共同的特点,那就是用最现代的艺术语言来体现传统的中国文化,也就是需要通过现代创新的艺术手法来体现富有特色的民族文化。③ 此外,绘画艺术方面也有诸多成功经验,许多知名艺术家在运用中国文化元素进行创作的同时,也较为成功地传播了中国文化。例如,丁绍光善于运用现代绘画语言来表现最富有民族文化特色的内容,旅法著名画家赵无极则将东西方文化有机地融合在一起。在建筑界,建筑艺术大师贝聿铭就善于运用现代建筑语言来体现中国文化元素和审美情趣。在音乐界,谭盾在配器和作曲中都充分运用和展现了我国传统文化元素。

对外电视需要结合海外受众关于中国文化的兴趣点以及中国文化与西方

---

① 冯惠玲、胡百精:《北京奥运会与文化中国国家形象构建》,《中国人民大学学报》,2008年第4期,第21~22页。
② 金曼:《扩大对外文化交流和文化贸易 推动中华文化走向世界》,《人民政协报》,2007年3月12日第C02版。
③ 张国涛主编:《传播文化:全球化与本土化》,北京:中国传媒大学出版社,2010年版,第18页。

文化的结合点进行传播。

就兴趣点而言,功夫是海外受众经久不衰的一个主题。据相关部门测算,目前全球常年练习太极拳的人数有1亿多人,其中国外有上千万,仅在日本、韩国就有数百万人。① 在欧洲,仅匈牙利一国就有30多家中华武术学校,吸引着东西欧国家的学生到此学习,中华武术在当地大放异彩。少林寺武僧释行鸿还被匈牙利警察总署聘为总教官,他专门为警队编制的武术套路多次在大型活动中亮相,在当地引起很大反响。② 可见,武术在中国文化传播中可以发挥非常积极的作用。中国武术不仅属于体育的范畴,更具有文化的深刻内涵,几乎涵盖了中国传统文化的各种成分和要素。中国武术在重视其技击性的同时,更为强调和关注的是武术中所蕴含的"天人合一"、"身心合一"、"益智养生"、"防身健体"、"扶危济困"和"自强不息"等"以人为本"、"关爱人性"的思想和文化内涵,而决不主张"恃强凌弱"、"好勇斗狠"、"自我张扬"、"唯我独尊"等弱肉强食的"丛林法则"。③ 因此,传播这类外国受众感兴趣、且具有显著民族文化特征的文化,有助于优化传播效果。

就中国文化与西方文化的结合点而言,文物类文化是我国对外电视传播的一个重要主题。各国文化虽然不同,但是对于文物的兴趣都相似;虽然不同国家对于中国的文物有着不同的解读方式,但他们对于中国文物的热情却存在共同之处。例如,2007年9月,经过我国外交部多年的协商和策划,中国境外规模最大的一次兵马俑展览第一次在伦敦大英博物馆举行,仅预售票数量就超过20万张,打破了大英博物馆的纪录。展览期间,超过180万的观众观看了展览,来自中国那气势恢宏的展品和古老神秘的文化深深打动了英国观众。这次展览被大英博物馆视为"35年来最成功的一次展览",美国《时代》周刊发表了《兵马俑征服英国》的评论文章。④ 无论是海外受众关于中国文化的兴趣点,还是中国文化与西方文化的结合点,这些内容都是我国对外电视在选题时应该着重考虑的方面。

需要指出的是,对外电视传播内容的民族化要辩证地看,并不是具有民族特点的内容就适合对外传播。新华社记者翟树耀在20世纪70年代随上海杂

---

① 赵庆国:《推广太极文化 增强国际影响力》,《中国改革报》,2008年3月15日第006版。
② 吕伟雄主编:《海外华人社会新透视》,广州:岭南美术出版社,2005年版,第217页。
③ 吴友富:《对外文化传播与中国国家形象塑造》,《国际观察》,2009年第1期,第13页。
④ 彭新良:《文化外交与中国的软实力:一种全球化的视角》,北京:外语教学与研究出版社,2008年版,第87页。

技团访问欧洲十国时,曾经历和目睹西方民众集体抗议我杂技演员演出《变鸭子》节目的事件。在这个节目中,演员为了演出效果的需要,在舞台上将活鸭子夹在纸箱的夹层中,这竟然伤害了当地动物保护协会民众的感情,他们认为这是"虐待"动物。一个中国人喜爱的杂技节目却在西方遭到了人们的不满和抗议。另外,我国在面向西方受众播出的对外电视节目中不宜涉及某些西方人宠爱的动物做菜肴的中国烹调文化,更不宜播出那些用珍稀动物制作的中药材和保健品,如虎骨酒、熊胆液、麝香丸之类的节目。①

三、表达方式的国际化

对外电视除了要在内容方面注重传播具有共享意义的价值观念之外,在表达方式上也要力求国际化。关于国际化,有学者曾提出了媒介国际化的概念。"媒介国际化(Media Internationalization)是指一个国家的媒体所有权、媒体结构、媒体内容及其生产与制作、分销等受到外国媒体的利益、文化和市场等影响的过程。"②笔者认为,国际化包括宏观和微观的层面。本节所研究的内容是表达方式国际化,属于微观层面。所谓"表达方式国际化",就是要根据海外受众的心理特点、接收内容需求和接收习惯,在制作手法和传播方式上参照西方社会电视节目制作的要求。当然,国际化不是西方化。这就如同我国在度量衡方面采用公制,在数字方面采用阿拉伯数字,在历法上使用西元纪年,等等。对外电视表达方式的标准化只是参照国际上大多数国家认同的方式,而非以一国为准绳,这样才能让传播效果最佳化。

目前,我国的很多电视节目已经覆盖全球(如中央电视台中文国际频道CCTV-4)或部分国家和地区(如湖南卫视国际频道、浙江卫视国际频道等),并且CCTV-4已经细化成亚洲、欧洲和美洲三个播出版本,这就意味着,对外电视频道需要采取一种"国际化"的方式来解决对外传播中的"泛"文化差异问题。有一种观点认为,国际化就是西方化。这种观点虽然有些极端,但是,我们也不得不承认,西方化暂时还是主流,也是现阶段我们实施"国际化"策略可资借鉴的重要参照对象。就主持人和记者而言,我国中文电视的对外传播需要研究西方发达国家的电视节目,改进主持人与记者的语态和形象等,以

---

① 翟树耀:《内外有别——对外宣传报道必须遵循的指导原则》,载刘洪潮主编《怎样做对外宣传报道》,北京:中国传媒大学出版社,2005年版,第117页。
② 郭镇之等编著:《第一媒介:全球化背景下的中国电视》,北京:清华大学出版社,2009年版,第26页。

"国际化"风格来最大限度地跨越"泛"文化差异,实现较为理想的传播效果。

有学者将文化分为三个组成部分:符号、价值观和规范。① 前文就对外电视中所传播的价值观问题进行了初步的阐释,并强调要梳理和传播中华文化中具有共享性的深层内容,即价值观和规范。传播的符号包括视觉符号、听觉符号和文字符号等。符号的意义是人为赋予的,与文化具有很高的相关性。例如,即便是同一个文字符号,如单词 Brahma:对西班牙人,是一头公牛;对巴西人,是一种啤酒;对美国人,是一种休闲汽车;对印度人,是神。② 因此,对外电视还要解决传播符号的跨文化问题。有学者认为,文化是符号中介(semiotic mediation)。③ 因此,如何呈现符号,成为文化传播的一个重要内容。而且,表达与内容是电视互为表里的两个方面。就对外电视而言,表达最主要就是符号的运用,简而言之,就是视觉符号、文字符号和语音符号。

(一)视觉符号的国际化

对外电视传播的视觉符号比其他元素具有更为明显的跨文化传播问题,需要通过采取国际化的举措来减少跨文化问题所造成的理解障碍。例如,俄罗斯的对外电视频道"今日俄罗斯"(RT)在 2005 年创办之初,直接将其英语新闻频道的英文呼号定名为"Russia Today"(今日俄罗斯),收视率持续低迷。进行收视调研后发现,很多观众因为频道名称中有"俄罗斯"几个字,误认为该频道的节目内容只局限于俄罗斯,因此没有兴趣。RT 果断将其频道名称和标识统一改为"RT"(即 Russia Today 的英文缩写)。"今日俄罗斯"台长尼科洛夫认为,面向国际的电视频道应从包装上淡化国家特性,从内容与表达上突出国际性。只有这样才能更好地为其所在国家服务。截至 2010 年底,RT 宣称已拥有超过 3 亿的电视观众,在国际传播领域占有一席之地。④ 频道与栏目标识的设计、标题和字幕的设计,以及演播室的空间设计、颜色的设计与组合、主持人和记者的形象和装扮风格等,都涉及视觉符号的问题,而视觉符号又与不同文化的码本直接相关,需要通过国际化的途径降低解码的难度,提升传播

---

① 王超逸主编:《软实力与文化力管理》,北京:中国经济出版社,2009 年版,第 133 页。
② [美]詹姆斯·罗尔著,董洪川译:《媒介、传播、文化——一个全球性的途径》,北京:商务印书馆,2005 年版,第 251 页。
③ [美]J.瓦西纳著,孙晓玲、罗萌等译:《文化和人类发展》,上海:华东师范大学出版社,2007 年版,第 70 页。
④ 根据 2010 年 12 月 16 日中央电视台海外传播发展中心与"今日俄罗斯"负责人的座谈会发言资料。

的效果。

电视台的台标设计、栏目标识设计以及节目宣传中的象征符号使用等,就涉及象征性符号的问题。符号选择和设计需要突出自己独有的特色,这也关乎电视频道和节目的品牌。在全球化时代,媒体林立,利用中国民族文化打造品牌电视节目是中国电视走向国际市场的必由之路。[①] 很多电视媒体都精心设计自己的台标,力求体现一定的文化底蕴。例如,湖北电视台采用"火凤凰"标识、湖南电视台的台标体现"鱼米合体"的概念、河北电视台使用了"长城"的图案。[②] 凤凰卫视的台标"凤凰"利用传说中的一凤一凰所组成的圆形标识,凤代表阳,凰代表阴,引申出"南北东西大荟萃"的主题,为东西文化、传统与现代做出了哲理性的文化诠释,也表现出了中华民族的审美品位。与此同时,其台名英文翻译中的"Phoenix",在西方文化中是浴火重生的不死鸟,有着和中文"凤凰"一样积极、正面的寓意。

相比之下,上海东方卫视的英文名字为"Dragon TV",这就存在一个跨文化的问题。在中国文化中,龙是吉祥的象征,但是在英语文化中,"dragon"是恶兽,是一种令人恐怖的怪物,不具任何美感。东方卫视的本意是取"龙"字中所蕴含的吉祥含义,并以此展现中华文化中所蕴含的深厚底蕴。但是东方卫视却没有意识到,"龙"与"dragon"在东西方文化中代表着迥然不同的含义。正因为如此,现在一部分学者主张从根本上解决这个"错译"的历史问题,即把龙翻译为中文的音译"loong",而把英文的"dragon"一词音译为"罪根兽"。因为中国的"龙"与西方的"dragon"本来就没有对应关系,是早期来中国的传教士误译的结果。如果继续沿用,势必会"混淆视听",不利于中国文化的传播。[③] 对外电视机构应避免文化差异给海外受众带来误解,以免损伤品牌的形象。

除了这类因为"误译"而产生的"同名异物"跨文化问题之外,对外电视还要注意"同物异意"的跨文化问题。很多"动物"虽然在中外都存在,指称也一致,但在不同文化中却有着不同的含义。例如,在中国文化中,喜鹊给人的印象极其美好,人们认为它是吉祥鸟,是叫喜的,因而有"喜鹊叫,有客到"的说

[①] 于姚:《"缺钙"的中国电视——民族文化,中国电视的强健之本》,《记者摇篮》,2004 年第 7 期,第 9 页。
[②] 王长潇:《当代中国电视文化传播论纲》,济南:山东人民出版社,2005 年版,第 39~42 页。
[③] 关世杰:《跨文化传播理论在对外传播中的应用价值——以龙在我国与 dragon 在英美的文化差异为例》,《全国第一届对外传播理论研讨会论文集》,2009 年 11 月。

法。然而在英语文化中,喜鹊却比喻"唧唧喳喳或爱好收藏杂物的人";而在俄语文化中,它的形象则更为不佳,象征着"搬弄是非的饶舌者"。老鹰的形象在中国文化中可谓乏善可陈,但在美国却是力量的象征,甚至用在了美国的国徽上。在中国文化中,孔雀是"美丽"、"吉祥"的象征,然而在英语文化中,孔雀(peacock)使人联想到的却是"炫耀"、"骄傲"、"虚荣"等贬义词。① 由此可见,在对外传播中,象征符号的使用存在着复杂的跨文化问题,稍有疏忽,传播的意义就会"失之毫厘,差之千里",传播效果也会大打折扣。因此,电视对外传播在使用象征符号的时候,需要认真研究符号在不同文化中的含义,确保其在两种文化中的含义不出现偏差,或尽量避免使用那些容易产生歧义的符号。

除此以外,频道、栏目或节目名称中图腾或象征性符号的翻译也需要注意跨文化和国际化问题。例如,中央电视台的英文翻译就是"China Central Television",缩写为CCTV;该缩写在中国已经成为家喻户晓的品牌。但是,在英语世界中,CCTV是"闭路电视"的意思,即"closed circuit television"的缩写,也可以指"闭路监控录像"。时至今日,在英语世界中,CCTV的主要意思还是这两种意思。例如,2010年3月25日英国广播公司所播出的两条新闻的标题就是:Hotel CCTV of Chile earthquake emerges②(智利地震中宾馆闭路电视录像公开)以及CCTV of panic at Santiago disco during Chile earthquake③(中央闭路电视录像显示智利地震发生时圣迭戈舞厅的惊恐景象)。西方受众很容易混淆此"CCTV"与彼"CCTV",换而言之,这种同名有损央视在海外的品牌形象。品牌标识是品牌的重要组成部分,20世纪40年代的营销大师菲利普·科特勒认为,品牌是"一个名称、术语、标记、符号、图案,或是这些因素的组合,用来识别产品的制造商和销售商品牌内涵的演进过程"。④ 如果在翻译的时候没有考虑或没有研究其在对象国语言中的含义,则容易使品牌标识或名称缩写背离本义,不利于频道、栏目或节目的品牌建设和

---

① 戎林海:《跨越文化障碍——与英美人交往面面观》,南京:东南大学出版社,2005年版,第213～215页。
② http://news.bbc.co.uk/2/hi/americas/8588308.stm?ls.
③ http://news.bbc.co.uk/2/hi/americas/8546481.stm. 新闻原文导语为:CCTV footage has emerged from a night club in Santiago, showing the panic caused by the weekend's 8.8—magnitude earthquake. Revellers fled the dancefloor as tiles fell from the ceiling, with others clinging to a pillar for support.
④ [美]菲利普·科特勒、加里·阿姆斯特朗著,俞利军译:《营销学导论》,北京:华夏出版社,1999年版,第320页。

在海外的传播与推广。纵观世界一些知名的大台,其台标或标识往往体现这样一些特色:一是视觉冲击力强,二是整体构图简单明了但寓意深刻,三是图案形象的通俗易懂性,四是具有"国际语言"的通用性等。① 在这方面,我国对外电视还需要提升自己的设计意识、文化意识和品牌意识,力求让代表一个电视台的台标或呼号既有文化内涵,又有国际化特点。

主持人或记者也是电视屏幕上重要的传播符号,他们着装的颜色、式样和搭配以及他们化妆的风格等,都构成了视觉符号。他们在电视机构和受众之间扮演着"人际传播"的角色。需要指出的是,对外电视的主持人和记者所面对的受众与国内受众存在一定差异,笔者在2009年对15位海外华语电视媒体人士、包括资深业界人士进行了深度访谈,在访谈前还对22位海外华语电视媒体业者进行了先导性问卷调查,以了解目前中国电视对外传播中主持人和记者的表现与改进方向。之所以选择海外华语电视媒体人作为调查对象,是因为他们长期浸淫在海外的环境中,对于当地的文化和电视媒介都比较了解,对于当地受众的接受习惯和思维方式掌握甚多,而且,他们中很多人本身也是出生在海外的第二代华裔,更具备跨文化体验与思考的条件。笔者通过研究发现,我国对外电视媒体的主持人和记者在国际化方面还存在改进的空间。

海外华语电视媒体从业人员普遍认为:包括中国中央电视台中文国际频道在内的很多中国对外电视节目的主持人和记者已经大有改进和提升,但是与西方主流电视媒体相比较还存在一定的不同。就与视觉符号相关的着装和装扮而言,这既是主持人和记者个人特点的展现,也是一个传媒节目风格、文化特点与节目专业化水准的体现。尽管不同文化对于服饰和装扮有着不同的喜好和倾向性,但对一个职业而言,着装与装扮具有一定的"国际化"规则。

澳大利亚华裔资深媒体业者在受访时表示:"就服饰而言,西方女主播的着装就要比中国女主播个性化很多。"②美国华语电视业界人士也表示:"中央台的主持人的衣着和发型……比较个性化的东西比较少,就算有时候一些主持人会比较有特点,但是感觉还是挺千篇一律的。"③相比主持人,记者在着装和装扮方面存在更多有待改进的地方:很多记者出镜的时候,着装过于随便,缺乏庄重和职业感。海外华语电视人士在接受访谈时表示:"国内电视台的记

---

① 王长潇:《当代中国电视文化传播论纲》,济南:山东人民出版社,2005年版,第43页。
② 根据笔者对澳大利亚翡翠互动台张雪仪的访谈。
③ 根据笔者对美国中文电视张碱的访谈。

者着装比较休闲,但是在这边,主流电视台记者出镜的时候,通常穿得比较正式,比较整齐。我看国内电视台一些记者,在出镜的时候甚至穿一些很简单的T恤,没有严肃的感觉。"①

在主持人的视觉符号方面,个性化也是国际化表达的一个重要方面。在海外华语电视媒体人士的眼中,中国对外电视节目主持人与西方同行相比,一个比较明显的差别就是:中国的主持人个性化色彩不浓。对此,欧洲华语电视业者受访时认为:"主持人的腔调差不多都是一致的,没有明显的特色,好像都是一个模子刻出来的,这可能是跟他们在国内上学时候的训练有关系,还跟电视台挑选主持人的标准有关系。"②美国华语电视业者也认为:"主持人的表情跟肢体语言感觉都是差不多一个模子里面出来的,比较个性化的东西比较少,就算有时候一些主持人会比较有特点,但是感觉还是挺千篇一律的。"③西方的主播都是源自记者,而非播音系学生,因此他们在自己长期的采访生涯中已形成了自己的风格,拥有自己的叙事方式;并且,他们都有很强的交流意识,很注重在新闻片中营造与受众面对面交流的氛围,让人感觉是在讲故事,而不是在朗读新闻稿。随着中国电视与外界交流的增多,尤其受众欣赏水平、信息需求模式和接收习惯的改变,中国电视节目的播音员、主持人与西方同行的差别将日趋缩小。当然,中国主持人出现的问题与中国主持人的培养机制存在一定的关联,也与中国电视机构自身的业务流程及人员分工定位有关。因此,这需要整个电视传媒业界、教育界和相关主管部门给予重视,从培养机制、选拔标准和行业规范等方面进行调整。

海外华语业者提及的问题确实存在,而且比较普遍。很多记者在出镜报道中,无论是男记者还是女记者,着装都很随意,有时候还刻意身穿统一配发的休闲装或运动装。电视台通常对主持人有着严格的着装要求,但是对记者的着装却缺乏相应的要求。着装和装扮是塑造主持人和记者权威性的视觉呈现,同时依照"个人气质"、服装(正式)与肢体语言(轻快及沉稳)来呈现个人特色。④ 着装与装扮对于主持人和记者来说,既展现个人的个性,也体现节目风格,更是电视媒体公信力、专业化与国际化的构成要素。对外电视机构应该加

---

① 根据笔者对澳大利亚翡翠互动台张雪仪的访谈。
② 根据笔者对欧珠无线卫星台罗树基的访谈。
③ 根据笔者对美国中文电视张碱的访谈。
④ [英]Stuart Allan著,陈雅玫译:《新闻文化》,台北:书林出版有限公司,2006年版,第108页。

强对人员形象的培训,成立相关部门进行统一形象设计和包装;对于对外电视频道而言,主持人和记者的着装与装扮还需要考虑受众的欣赏习惯,尤其要照顾不同地域华人的要求,尽量做到国际化。

文化是一个符号世界。西安的兵马俑、北京的故宫与长城、杭州的西湖,以及长衫、旗袍、马褂、武术、舞狮、中餐、筷子等,都是中国文化的符号。① 对于对外电视而言,我们电视节目中的视觉符号既要有我国文化的内涵,又要能体现国际化的风格。尤其是对于中文电视节目而言,我们的节目需要在内容层面构建全球华人"共享的意义或共享的概念",② 同时又要在视觉符号层面超越不同国家的限制,体现国际化的风格。

(二)文字符号的国际化问题

对外电视的文字符号,即字幕,也存在跨文化问题,其国际化程度有待强化。文字符号的跨文化问题主要体现在对不同语言文字之间语义的表达方式以及与文字相关的文化背景上。

就对外中文电视而言,因为不同国家华人受众的中文水平和使用习惯有一定差异(即第五章所阐释的群体间文化差异),而且第二代华人受众的中文水平大多相对较低。而国际化的屏幕文字符号作为重要的信息载体,对于海外受众更好地理解节目内容、提升对外电视的传播效果具有重要的作用。

有国外学者认为,中国的语言和文字是最古老的,因而也是最为复杂的语言之一。弗洛伊德(Sigmund Freud)虽然是位心理学家,但他对中文的观点却颇具一定的代表性。

> 你们知道这个文字有种种表示音节的音,或为单音,或为复音。有一种主要方言约共有四百个音,因为这个方言约共有四千字,可见每一个音平均约有十种不同的意义——有些较少,有些较多。因此,为了避免误会,就想出种种方法,因为仅据上下文,还不足以决定说话者要传达给听者的究竟是这十种可能的意义中的哪一种。在这些方法之中,一是合两音而成一字,一是四"声"的应用。为了我们的比较起见,还有一个更有趣的事实,就是这个语言在实际上是没有文法的:这些单音节的字究竟是名词、动词还是形容词,谁也不能确定;而

---

① 彭新良:《文化外交与中国的软实力:一种全球化的视角》,北京:外语教学与研究出版社,2008年版,第402页。
② [英]斯图尔特·霍尔著,徐亮、陆兴华译:《表征——文化表象与意指实践》,北京:商务印书馆,2003年版,第18页。

且语尾有没有变化,以表明性(gengder),数(number),格(case),时(tense),或式(mood)等等。我们或者可以说这个语言仅有原料而已;正好像我们用以表示思想的语言因梦的工作还原为原料,而不表示其相互间的关系。中文一遇到不确定之处,便由听者根据上下文就自己的意思加以裁决。譬如中国有一句俗话说"少见多怪"。这都是很容易了解的。其意可译为:"一个人所见愈少,则其所怪愈多。"也可译为:"见识少的人便不免多所惊怪。"这两种翻译仅在文法构造上略有不同,我们自然不必对此两者加以选择。然而中文虽有这些不确定性,却仍不失为传达思想的一个很便利的工具,因此,我们可以明白不确定性未必即为误会的起因。①

正是因为中文的复杂性,包括海外华人在内的很多海外受众都希望对外中文电视节目注重文字符号的使用方式。有观众在给中央电视台中文国际频道(CCTV—4)的反馈中表示:"为了传播中国文化,央视四套的连续剧上都应有中文字幕。最近在映的《雍正王朝》,其中对话多半是文言文,海外华人如没字幕,未必能全懂。"②新加坡亚洲新闻台在2007年开始播出时给节目配备字幕,中文新闻现场播报内容也是如此。这既是为了普及中文,也是为了让电视屏幕上的文字符号发挥辅助作用。美国受众中的华裔第二代习惯使用英文、中文水平不高,但同时又有学习和了解中华文化的愿望,针对这种情况,东森美洲卫视就在节目标题中使用双语,也就是中文标题的下面也会有英文标题。美国旧金山KTSF电视台在2005年首创将华语连续剧附上英文字幕的方式播出,该台首先播出了苏有朋和赵雅芝主演的《杨门虎将》,之后又推出《天下第一》、《英雄》、《战神》、《功夫足球》等。KTSF节目部主任表示,华语连续剧配上英文字幕是为了让华人第二、第三代青少年和父母一起看华语电视节目。同时,英文字幕也便于与华人联姻的其他族裔人士一起观看中文节目和了解中华文化。③ 2010年12月1日,中央电视台中文国际频道(CCTV—4)将频道定位向文化方面进行了倾斜,并对频道的视觉符号、文字符号等进行了重新包装。为提升新生代华人及新移民的传播有效性,并激发外国主流人群的收视

---

① [奥]弗洛伊德著,高觉敷译:《精神分析引论》,北京:商务印书馆,1984年版,第181~182页。
② 中央电视台海外中心联络部:《海外观众反映》,2009年第17期(http://blog.cntv.cn/html)。
③ 朱辰华:《美国华语电视的新发展》,《新闻记者》,2005年第11期,第52页。

兴趣,中央电视台中文国际频道在大部分栏目中实施中英双语字幕策略。有中英文双语字幕的栏目为:《中华医药》、《中国文艺》、《走遍中国》、《快乐汉语》、《国宝档案》、《华人世界》、《远方的家》、《文明之旅》、《天涯共此时》、《城市1对1》和《流行无限》。

随着我国国际影响力的提升,我国电视对外传播拥有越来越多的受众,这就要求我们在每一个细节上都要考虑受众的需求。美国传播学者施拉姆曾列过一个计算受众对信息选择的公式:报偿的保证/费力的程度＝选择的或然率。[①] 对于海外受众来说,如果电视节目的表达不能贴近他们的接收习惯,让他们难以理解、甚至费解的话,那么他们可能就会选择其他的信息渠道。对外播出的电视频道需要考虑受众的跨文化问题,在屏幕的文字符号上借鉴国际大台的一些经验,提升文字符号表达方式的国际化程度。

值得一提的是,我国目前正在大力发展外国语的国际电视频道,现在仅中央电视台就开播了英语新闻频道和英语纪录频道,以及西班牙语、法语、阿拉伯语、俄罗斯语国际频道。在这些频道的对外传播中,翻译是否得当直接关系到传播的效果,也对文化传播有着重要的影响。赵启正先生长期从事对外传播和国际公共关系事业,他曾就对外传播中的翻译问题发表了独到的见解:

> 举一个最简单的例子:中国有馒头,而外国有面包,如果在翻译的时候仅仅进行简单的类比,将馒头翻译成"中国的面包"或"蒸熟的面包"(steamed bread),外国人由之可能会联想到这是指一种特殊的面包,而想不到中国的用蒸笼蒸出来的馒头上去。因此,与其译为"steamed bread",还不如直解音译为"MANTOU"。另一个因为类比的方式而将"中国特产"变成"外国货"的例子是,将京剧译成"北京歌剧"(Peking Opera)。多年前中国在巴黎举办"中国文化周"的时候,在那里举办了几场专题报告,包括"外国人眼中的法国"、"中国的建筑"、"中国的京剧"等主题,后来有的法国人说,如果不经解释,他们会将"Peking Opera"理解为北京表演的《茶花女》、《卡门》或《图兰朵》等西洋歌剧。名不正则言不顺,在这种情况下,其实不如索性按其读音译为"JINGJU"。此外,我们对相声的英文翻译也是如此,将"相声"翻译成"Cross Talk",不仅不能将这种艺术形式准确地表达出来,而且甚至还存在被误解的危险——"Cross Talk"还有打电话

[①] [美]威尔伯·施拉姆等著,陈亮等译:《传播学概论》,北京:新华出版社,1984年版,第114页。

"串音"的意思!

在这一方面,日本对其特有的艺术形式的翻译方式就值得我们借鉴。日本独有的艺术形式"歌舞伎",日文的发音诗"Ka—bu—ki",其英文翻译是"Kabuki"。日本还有一种口头艺术叫"漫才",日本人也按其读音译为"Manzai"。当外国人如果听到"Kabuki"或"Manzai"的时候,不会因此联想而产生误解。①

(三)语音符号的国际化问题

电视节目具有大众传播和人际传播两种传播类型的特点。就人际传播而言,电视节目通过主持人或记者与观众进行面对面的交流,这也是电视节目相比其他媒体类型的一大优势。对外中文电视在语音符号方面的国际化主要体现在主持人的表达方式和播报风格上。

对于中文电视对外传播而言,主持人和记者在表达方式与用词上需要考虑不同背景华人的词汇与语言风格差异。虽然在汉字的读音上正在日益趋同,但是词汇与语调仍存在一定的差异。例如,中国大陆、中国台湾地区和新加坡三地语言存在较大的差别,是语言的三种地方变体。② 目前,对外中文电视的发音都采用以"北方口音"为基础的普通话,这让来自南方的华裔有些不能适应。马来西亚华语电视业者在接受访谈时表示:"对于我们来说,北京的标准京话是一种非常陌生的语言,因为马来西亚华人过去长期受到香港、广东的文化和台湾闽南式的风格的影响。"③当然,从文化传播的角度来说,我们需要固守大陆现行的文字和发音体系,但是在制作专门针对中国台湾地区或有台湾背景的海外华人的节目时,就需要对这些差别有所注意。立足语音符号的国际化,我国对外电视需要充分考虑世界各国华人的中文表达和用词习惯,尽量在节目中避免用较为生僻的遣词造句方式。

近年来,我国电视节目、尤其是新闻节目开始逐渐脱离"报纸"文字报道模式,注重电视传播中人际传播的特点和视听传播符号的特征。现在英语广播电视新闻报道越来越接近谈话英语(conversational English),即主要采用口语体表达形式,呈现话题和用语的广泛性、表达生动性、话语简略性和随意性的趋势。选词的大众化在一定程度上能够降低非母语受众的视听难度,从而

---

① 赵启正:《公共外交与跨文化交流》,北京:中国人民大学出版社,2011年版,第103页。
② 陈京生主编:《华语广播电视媒体语言研究》,北京:中国传媒大学出版社,2009年版,第70页。
③ 根据笔者对马来西亚八度空间电视台陈贞团的访谈。

使传播更加通畅。① 中国对外电视频道的主持人也正在经历由"读"到"说"的转变。"读"是一个含义很宽的概念。说到读,一般人容易联想到看字出声的"念",念是读的一种表现形式,但这种读的发音机械死板,听起来不自然,是一种水平不高的读法。播音员的读融入了职业技巧,发音连贯自然,可以称为"播读"。不论哪一种读法,读的基本特征是照着稿子发音。② 读会限制主持人和记者的个性表达,更不利于在用词与语态方面体现电视媒体的特点,容易出现口语表达"书面化"的问题。澳大利亚华语电视资深业者在受访时认为:"澳大利亚当地严肃的新闻处理跟国内大部分都是一样的,都是有一个主播的导语,然后一个现场出镜。但是如果是比较轻松的话题,主播语气会有比较亲切,比较轻松的感觉,就好像跟朋友在谈一样。但是国内的导语,如果说得不好听,就是比较板。"③ 这种表达上的差异既与对电视特性认识不足有关,也与国际化程度不足有关。电视对外传播机构以及主持人和记者个人应该认真学习西方传媒的表达方式,加强用词的口语化,强化表达的交流感。

需要指出的是,除了视觉符号、文字符号和语音符号,表达方式还包括话语体系和表现手法等方面的内容,它们对于对外传播也非常关键。

就话语体系而言,我国电视对外传播需要与目标受众拥有相同或类似的词汇和概念体系,才能实现较为通畅的传播,进而实现传播目标。这就要求对外电视改变以我为主、自说自话的表达方式,尽量寻找与信息流向地受众话语的共同点,并努力扩大这个共同点,以海外受众能够接受并乐于接受的方式进行传播。与此同时,使用目标受众的话语体系要求我国对外电视在国际传播中必须了解对方的价值体系。了解对方(尤其是西方)的价值体系,并不意味着我们一定要认同和接受它们,而是因为我们只有先知道他们是怎么想的,以及是用什么样的方式思考问题的,才能有效地向他们传播我们的信息。对此,赵启正提出了"中国立场,国际表达"、"中国故事,国际叙述"等重要对外传播方式。其中,"中国立场"和"中国故事"是传播的根本和中心,是立足点和归宿,而"国际表达"和"国际叙述"是传播的一种环境、一种要求。④

就表现手法而言,以国际化的方式呈现所要表现的内容往往能取得较为

---

① 王海:《西方传媒对外报道策略》,北京:中国传媒大学出版社,2009年版,第140页。
② 陈京生主编:《华语广播电视媒体语言研究》,北京:中国传媒大学出版社,2009年版,第34页。
③ 根据笔者对澳大利亚翡翠互动台张雪仪的访谈。
④ 韦伟:《提高媒体塑造中国国家形象能力》,《军事记者》,2010年第7期,第53页。

理想的传播效果。1999年,美国K2传媒公司与中央电视台合作拍摄英文版电视片《来自中国的声音》(In Search of China),片中采用的表现手法是讲述普通人的故事,用大量事实向西方观众展示中国在经济改革进程中发生的变化。片中对于人性的注重和表现有别于以往中国自己拍摄的同类专题片,而人性是西方观众容易接受的表现方式。这部片子在美国PBS所属的270家电视台黄金时间同时播出,引起轰动。参与拍摄的中方编导认为,在与美国同行合作的过程中,看到了承认差异与尊重普遍人性有机结合对塑造中国形象的有效作用。这位编导说,真实和人性是纪录片的世界语言,它可以跨越国家民族的巨大差异,引起人们的共鸣。这就是尊重普遍人性的重要性。① 由此可见,我国对外传播要注重采用国际化的表达方式,这样可以更好地跨越文化差异的障碍,取得较为理想的传播效果。

---

① 李霞:《塑造中国形象的"软力量"》,载刘洪潮主编《怎样做对外宣传报道》,北京:中国传媒大学出版社,2005年版,第322~323页。

第四章

国家形象视野下的对外电视与文化传播

对外电视与文化传播有助于国家形象的塑造,而良好的国家形象又能优化对外电视与文化传播的效果,这三者是相得益彰的。文化传播既要提高我国的文化软实力,也要从文化的角度来塑造我国的国家形象。我国各语种的对外电视频道不仅要传播新闻信息、把握国际话语权,也要传播当代中国的国家形象。

第一节 国家形象概论

一、国家形象的概念

国家形象主要包括国家和形象两个部分。"国家"的概念比较容易界定,而"形象"则是一个包含多种层次的概念,例如个人形象、公司形象、国家形象。不同层次的形象,有着不同的构成和内涵。例如,就一个公司而言,形象是指公众群体中的大部分人对这一主体可能的感知,这种感知的依据来源于公司、组织或公共关系顾问所提供的信息,如组织讨论、进行评论、提出建议,以及直接邮件、促销展示、口头认可(或批评)和任何其他方式。"形象"也是声誉的同义词。①

　　国外关于国家形象以及形象传播方面的研究开始于20世纪,其开端可追溯到第一次世界大战中哈罗德·拉斯韦尔有关宣传的研究,经过几十年的发展,渐趋成熟。特别是在美国,每年的5月份都会举行国家形象会议(National Image Convention),对国家形象方面的问题进行学术讨论。② 不过,也有学者认为"国家形象"的概念源自中国本土,"国家形象"在英语与其他语言中并无对应的词汇,相关的概念包括国际政治、国际关系和跨文化交流传播领域里的"perception of the nation"(对国家的认知)、"cultural representation of the nation"(国家文化的再现或表述)等,以及公共关系、广告、市场营销、品牌形象等商业领域的观念。"National image"一词在英语中往往是指特定国家的商品品牌,如奔驰、宝马车是德国的"国家形象"。③ 在我国,从理论上提出"国家形象"的概念,是在20世纪90年代,管文虎正式对"国家形象"进行了定义,他提出:"国家形象是一个综合体,它是国家的外部公众和内部公众对国家本身、国家行为、国家的各项活动及其成果所给予的总的评价和认定。"④随着中国与国际社会互动的日益频繁,尤其是中国国际地位的提升和在国际上所扮演角色的改变,我国政界、学界和业界对国家形象日益关注。2008年,中国推出了北京申奥宣传片;2009年,我国在美国有线电视新闻网(CNN)投放了"中国制造"广告片;2010年,我国又精心制作了国家形象宣传片,并向西方国家媒体和相关驻外机构投放。从学术研究来看,笔者以"国家形象"为主题词在中国知网上进行检索后发现,2010年我国关于国家形象的论文和文章共计941篇,除了一般报刊文章之外,在学术期刊上发表的论文有482篇,优秀硕士论文有104篇,博士论文有20篇。而在2000年,我国关于国家形象的论文和文章仅有53篇,除了一般报刊文章之外,在学术期刊上发表的论文有48篇,优秀硕士论文有1篇,博士论文为0篇。另外,笔者在国家图书馆的网站以出版时间和"国家形象"为关键词进行检索后发现,在2000年,我国仅出版了1本关于国家形象的专著(管文虎《国家形象论》),而在

---

① [美]乔·马可尼著,赵虹君、魏惠琳译:《公共关系:实践与案例》,北京:电子工业出版社,2008年版,第52～53页。
② 刘继南、何辉等:《中国形象:中国国家形象的国际传播现状与对策》,北京:中国传媒大学出版社,2006年版,第62～63页。
③ 转引自刘康《全球传媒与中国国家形象》,《新闻与传播研究》,2009年第6期,第7页。
④ 蒋成龙:《关于国家形象传播研究的状况及思考》,《重庆科技学院学报(社会科学版)》,2010年第15期,第145页。

2010年,我国出版了7本与国家形象相关的学术著作。由此可以看出,学术界对于国家形象的关注度在10年间大幅提升,相应的研究成果也是迅速增多。

  关于"国家形象"的定义,则不尽相同。在人文和社会科学领域,一个概念往往有因为诠释者的背景不同而有多种解释和定义,并有相去甚远的理论框架和诠释方法。对于"国家形象"的理解也是这样。从国际政治和国际关系的角度出发,金灿荣认为:"一个国家在国际上的基本形象,主要还是取决于这个国家在国际上的表现、实践和成就。其次,还取决于其他一些要素,比如两国关系、国家所处的发展阶段,等等。"[1]从社会心理学角度来看,国家形象属于社会认知。在社会心理学内部有两种不同的研究传统:一为心理学传统,一为社会学传统。目前,国内外关于"国家形象"的定义也有两种传统,大致上可分为两类:认知论和社会交互论。大多数定义都是从认知论出发的,强调主体对客体的反映。[2]例如,有学者认为,"国家形象"可以理解为一个国家留给他国公众的总体印象和评价,或者"他国公众对本国特征及属性的感知或投射"。[3] 类似的观点还包括:国家的"国际形象"通常是指国际社会公众对该国有形表象、精神内涵和国家行为及其结果的总体评价。在国际社会上,国家声誉和威望的提高主要取决于国际形象。国家的国际形象,是一国综合实力的自我展示,是在国际交往过程中给他国民众留下的一种综合印象。[4] 也有学者认为,国家形象应为:外部和内部公众对某国的总体判断和社会评价。[5] 另外,中国传媒大学孙英春认为,国家形象是特定国家的历史和现状、国家行为、国家的各项活动及其外部影响在国际社会和内部公众心目中产生的印象、认知和评价。对于不同国家的公众而言,这些印象、认知和评价的获得,便于他们去理解复杂的国际社会,做出自己的选择。对于国家而言,国家形象是国家软、硬实力在全球场域下的整体呈现,是全球公共信息传播和国家对外交往实

---

[1]　转引自刘艳房、张骥《国家形象及中国国家形象战略研究综述》,《探索》,2008年第2期,第69页。
[2]　陈世阳:《"国家形象战略"概念分析》,《国际关系学院学报》,2010年第1期,第20页。
[3]　冯惠玲、胡百精:《北京奥运会与文化中国国家形象构建》,《中国人民大学学报》,2008年第4期,第17页。
[4]　朱凯兵、成曦:《论中国国际形象的定位、塑造与展示》,《南京政治学院学报》,2006年第6期,第48、49页。
[5]　汤光鸿:《论国家形象》,《国际问题研究》,2004年第4期,第19页。

践综合作用的结果。① 笔者认为,国家形象是一国在他国民众中的整体印象,是一国软、硬实力对外投射的效果。

关于国家形象的构成要素,中国传媒大学段鹏认为,"国家形象"的定义是一国外部公众对该国政治(包括政府信誉、外交能力与军事实力等)、经济(包括金融实力、财政实力、产品特色与质量、国民收入等)、社会(包括社会凝聚力、安全与稳定、国民士气、民族特性等)、文化(包括科技实力、教育水平、文化遗产、风俗习惯、价值观念等)与地理(包括地理环境、自然资源、人口数量等)等状况的认知与评价。② 其他学者的定义也多有相似之处。北京外国语大学孙有中认为,国家形象是一国内部公众和外部公众对该国政治(包括政府信誉、外交能力与军事准备等)、经济(包括金融实力、财政实力、产品特色与质量、国民收入等)、社会(包括社会凝聚力、安全与稳定、国民士气、民族性格等)、文化(包括科技实力、教育水平、文化遗产、风俗习惯、价值观念等)与地理(包括地理环境、自然资源、人口数量等)等状况的认识与评价,可分为国内形象与国际形象,两者之间往往存在很大差异。国家形象在根本上取决于国家的综合国力,但并不能简单地等同于国家的实际状况,它在某种程度上是可以被塑造的。③ 汤光鸿也认为,"国家形象是外部公众和内部公众对某国的总体判断和社会评价"。刘继南在此基础上对"国家形象"的概念作了进一步完善,他认为国家形象的构成要素包括政治、经济、军事、外交、文化、自然环境、社会、教育、科技、体育、国民等方面。张昆认为,国家形象是国际舆论和国内民众对特定国家的物质基础、国家政策、民族精神、国家行为、国务活动及其成果的总体评价和认定。④ 中国形象不是唯一的,是由各种形象共同构成的综合形象;或者说,中国形象包括各种形象,有政府形象、官员形象、民众形象、政治形象、经济形象、文化形象、地理形象、城市形象、农村形象等等。因此,对中国形象的"自塑"首先要分解,把中国形象分解成若干个具体的、个别的形象,然后有针对性地因"象"制宜,分别对待,"各个击破",最后重组中国形象。否则,树立中国形象、塑造中国形象、改变中国形象等,只会是空洞的口号。⑤

关于国家形象的分类,不同学者根据不同的标准有着不同的划分方式。

---

① 孙英春:《中国国家形象的文化建构》,《教学与研究》,2010 年第 11 期,第 33 页。
② 段鹏:《国家形象建构中的传播策略》,北京:中国传媒大学出版社,2007 年版,第 8 页。
③ 孙有中:《国家形象的内涵及其功能》,《国际论坛》,2002 年第 3 期,第 16 页。
④ 蒋成龙:《关于国家形象传播研究的状况及思考》,《重庆科技学院学报(社会科学版)》,2010 年第 15 期,第 145 页。
⑤ 周明伟主编:《国家形象传播研究论丛》,北京:外文出版社,2008 年版,第 420 页。

按照性质分,国家形象可分为正面形象与负面形象;按照时间纵向分,国家形象分为历史形象、当今形象和未来形象;按照领域分,国家形象可分为政治形象、经济形象、外交形象、文化形象、国民形象等;按照认知主体分,国家形象分为国内形象与国际形象。在学术研究和社会生活中,人们使用较多的是按照认知主体分类的"国内形象"和"国际形象"的概念。[①] 按照层次来划分,"国家形象"的概念可以分为三个层次,或者说"国家形象"具体由"国家实体形象"、"国家虚拟形象"和"公众认知形象"三个子概念组成。国家实体形象,即客观形象,是指一国的本原状态,是国家形象在客观世界,主要是在国际上的客观面貌,它是未被评价和认知的原始存在,是一国综合国力的自然状态。国家虚拟形象,即通常意义上的媒体国家形象,是指"国际性媒体通过新闻报道和言论(也即国际信息流动)所塑造的某国国家形象,也就是说,是关于某国的媒体国家形象,是国际舆论对某国的总体评价或总体印象"。公众认知形象,也可称为"国家主观形象",是指外部公众对一国形象的认知或外部公众通过媒介传播所获得的对某一国家形象的认知。[②]

值得一提的是,国际形象与国家利益息息相关。首先,国家形象有助于提升国际威望(International Prestige),即赢得一种对外影响力,或曰国际动员能力。[③] 其次,国际形象能推动国际贸易和国际旅游等经济活动的发展,获取经济上的收益。再次,国家形象有助于文化交流,提升一国的文化软实力。

二、中国国家形象的变迁

如前所述,"中国形象"是一个复杂和多元的概念,在论及中国国家形象变迁的时候,也就难以全面而准确地加以概括和阐释。目前,关于"国家形象"的研究似乎都是从境外人士的著作或境外媒体的报道等方面来反观我国的形象。虽然这种方式并不是最为理想和科学的,但在当下的情况下,却是较为简单易行的一条途径。

从西方的文字记载来看,我国在过去的300年间的国家形象几经变迁,在多种因素的作用下出现了较大的变化。有专家对这种形象的变化加以总结,并根据时间分为九个阶段:光辉灿烂的中国—莫测高深的中国—"劣等民族"的中国—大有希望的中国—"蓝蚂蚁"的中国—疯狂暴乱的中国—田园诗画的

[①] 陈世阳:《"国家形象战略"概念分析》,《国际关系学院学报》,2010年第1期,第21页。
[②] 段鹏:《国家形象建构中的传播策略》,北京:中国传媒大学出版社,2007年版,第9页。
[③] 宋效峰:《国际威望政策与中国的和平崛起》,《江苏社会科学》,2006年第3期。

中国—"苦海余生"的中国—伟大试验中的中国。

其中,"莫测高深的中国"是指我国自明中叶起,逐步实行闭关锁国,中国的国际形象趋于模糊。"'劣等民族'的中国"则是指鸦片战争之后,中国呈现在外界面前的腐朽与没落。"大有希望的中国"是埃德加·斯诺在《西行漫记》中为中国塑造出的形象。"'蓝蚂蚁'的中国"则是在"冷战"刚开始阶段西方给中国塑造出的形象。这一称号源于一个法国人写的一本书,在美国广为传播。中国人身穿蓝衣,头系白巾,集体劳动,虽也能挖山开河,但却没有自由,没有个性,了无乐趣,恰如蚁群。"疯狂暴乱的中国"则是"文革"时期中国给世界的印象。"田园诗画的中国"是中美关系转暖后,西方对华印象转好的直接结果。"'苦海余生'的中国"是"文革"结束后西方对中国进行重新审视的结果,代表作是《纽约时报》前驻京记者包德福的《中国:苦海余生》。"伟大试验中的中国"则是针对中国的改革开放以来出现的新气象。① 这九个阶段有一定的代表性,但不够全面。改革开放后,中国在西方的形象并非一直保持"正面",也出现了几次波折。有学者认为,近几十年来,中国的国家形象在西方国家特别是美国眼里,经历了三个阶段:从20世纪70年代的浪漫化,到80年代的天使化,再到90年代以来的"妖魔化"。②

总的来说,在21世纪之前,中国的国家形象几乎一直是由西方来塑造的,形象的正面或负面主要根据观察者的个人感觉或当时的国际形势来确定。

早期,很多西方人记录他们关于中国的印象,并以文字的形式在西方加以传播。早期的西方人对中国充满幻想,也给予了无尽的赞美。从马可·波罗时代到莱布尼茨时代,中国在西方的形象是:中国地大物博、君权强盛、历史悠久、人民富裕、社会文明、科技发达……到了17世纪末,中国国家形象在正向方向上发展到了一个高峰,以莱布尼茨为标志,西方开始在整体文化的各方面美化中国,莱布尼茨赞美中国有"人类最高度的文化和最发达的技术文明"③。

中国的国家形象在18世纪中期开始从正面走向负面。1742年,英国出版了乔治·安森的《环球旅行记》,该书从旅行见闻的角度,描述中国是个经济贫困、政治腐败、道德堕落的野蛮国度。1748年,法国出版了孟德斯鸠(Montesguieu,1689～1755)的《论法的精神》,该书则从理论原则上论证中国

---

① 段连城:《对外传播学初探》,北京:五洲传播出版社,2004年版,第10～15页。
② 段鹏:《国家形象建构中的传播策略》,北京:中国传媒大学出版社,2007年版,第34页。
③ 见莱布尼茨为《中国近事》写的序言,《莱布尼茨和中国》,安文铸等编译,福建人民出版社,1993年版,第103页。

是个邪恶的专制帝国。1750年,卢梭的《论科学与艺术》问世,书中谈到中国时充满嘲讽与轻蔑。以后一个多世纪,西方对中国的轻蔑与批判、仇恨与诋毁,逐渐加深,逐渐推广。中国是个贫困软弱的帝国、停滞衰败的帝国、暴虐野蛮的帝国,中国人愚昧而狡诈、懦弱而残暴、虚伪而淫荡、肮脏而懒散……19世纪,在西方人眼里,中国形象几乎一无是处、一团漆黑。① 黑格尔(Hegel,1770~1831)甚至这样评价中国人:"……他们以撒谎著名,他们随时随地都能撒谎……这种义务的实践只是形式的,不是自由的内心的感情,不是主观的自由。"以后的欧洲学者对中国的评论则更糟,有的甚至几近挖苦和讽刺。德国历史学家赫尔德(Herder,1744~1803)曾指出:"……中华帝国的道德学说与其现实的历史是矛盾的……孔子是一个伟大的名字,尽管我马上得承认它是一副枷锁,它不仅仅套在了孔子自己的头上,而且他怀着最美好的愿望,通过他的政治道德说教把这副枷锁永远地强加给了那些愚昧迷信的下层民众和中国的整个国家机构。"到了19世纪,理想化的中国形象被那些"从通商口岸回来的、对哲学不感兴趣的商人和领事粗暴地粉碎了"(费正清语)。② 在19世纪的晚期和20世纪初期,中国的负面形象加速演进,义和团时期的中国负面形象更是被推到了极点。

随着20世纪上半叶中国政权的大更迭,中国的国家形象也开始有所改变。尤其是"二战"后,中国作为美英等西方主要国家的同盟国抗击法西斯,国家形象得到了较大的改善。美国全国民意调查中心在1947年进行了一项民意测验,当时美国人对中国人的评价仅次于英国人、瑞典人和法国人,而高于墨西哥人、希腊人、德国人、苏联人和日本人(联合国教科文组织和《今日民意》报告,第35号,全国民意调查中心,芝加哥,1947年)。③

新中国自成立之日起就致力于国家形象的建设,然而随着中国与西方陷入对立状态,国家形象自然被抹黑,甚至连"很多周边国家尤其是东南亚国家害怕与中国打交道会成为中国的附庸"。当然,不了解中国国情、意识形态的隔阂等只是中国形象不佳的外因,其内因在于中国不重视外部世界的反应,忽视国际形象建构的重要性。④ 不过,1972年,随着美国总统尼克松的访华,中

---

① 周宁主编:《世界之中国:域外中国形象研究》,南京大学出版社,2007年版,第3~5页。
② 段鹏:《国家形象建构中的传播策略》,北京:中国传媒大学出版社,2007年版,第32~33页。
③ [美]哈罗德·伊罗生:《美国的中国形象》,北京:中华书局,2006年版,第231页。
④ 门洪华:《中国软实力评估报告》,《国际观察》,2007年第2、3期。

国在美国以及西方的形象逐渐由"敌人"向"盟友"转变,这一时期的西方媒体对中国进行的报道多数是积极正面的。到了20世纪80年代,西方公众对中国的热情达到了最高峰,中国被认为是正在自豪地追求财富和竭力摆脱前30年的教条主义的国家。有调查显示,1985年,有71%的美国公众认为中国形象是正面的,1986年美国公众对中国的感情热度为53度,为1978年至2002年中最高的一年。①进入21世纪之后,中国的国家形象整体上得到了较大的改善。

通过梳理中国国家形象变迁的历史可以发现,中国的国家形象与中国的现实情况往往存在一定的偏差,在很多时候,中国的国家形象是西方根据自身的需要而构建甚至编造出来的。有学者认为:"研究西方的中国形象,核心问题在于中国形象是如何参与构筑西方现代性经验,如何作为文化他者为西方现代性提供自我确认的想象资源,在中国形象与西方现代性思想结构的内在关联中揭示西方现代世界观念体系的内在逻辑与规则。研究东方的中国形象,真正的问题是东方或亚洲现代性的自我建构及其与西方现代性的关系。东方或亚洲国家在自我东方化叙事中构筑中国形象,确认自身的现代文明身份,不管是依附西方现代性,还是另辟东方现代性或东亚现代性,都无法超越西方现代性的基础与前提、方向与方法。"②在近代直至21世纪初,中国的国家形象依然主要是由西方构建出来的,只是构建的手段变成了西方的大众媒体。有研究者通过对近20年来西方主流媒介对华报道的动态分析,梳理出这样三个大致的阶段:第一阶段可以称作"接受期"(1975~1989)。在该阶段,西方主流媒体把中国描绘成一个充满异国情调的地方。第二阶段是"对抗期"(1989~2002)。西方主流媒介在这一时期对中国采取的是对抗式报道,甚至有如李希光等学者所提出的"妖魔化"倾向。第三阶段是"调和期"(2003年至今)。在这个阶段,西方媒体开始摒弃原有的"冷战"思维,但仍根据自己的国情来解释中国的现象,西方主流媒体对华报道更趋全面、深入,对中国经济的报道更为客观、积极。③

---

① John E. Rielly, *American Public Opinion and U. S. Foreign Policy* 1995 (The Chicago Council on Foreign Relations, 1995), p.24.
② 周宁主编:《世界之中国:域外中国形象研究》,南京大学出版社,2007年版,第34页。
③ 段鹏:《国家形象建构中的传播策略》,北京:中国传媒大学出版社,2007年版,第159~162页。

三、中国国家形象的现状

中国在世界上的国家形象现状并不是一个十分清晰的问题,有时候甚至充满争议。2010 年,德国一家媒体这样谈及中国的国家形象问题:

> 中国政府计划投入 10 亿美元来改变这种状况。此外他们也希望能够在世界媒体领域获得一个清晰的定位。对于中国政府积极改善中国形象,有德国民众表示,现在连印度、印度尼西亚等发展中国家和新兴国家都用批评的眼光审视中国,中国国家形象在世界范围内持续恶化。而也有德国人反驳说,中国形象其实并不那么糟糕,糟糕的是,德国媒体一直丑化中国。①

可见,国家形象是一个富有争议的问题,以不同的评判标准和指标体系来考量,会得出不同的结果。2009 年,美国华裔精英组织百人会开展了一次名为"仍非主流?美国公众对华裔及亚裔的看法"的调查②,其中包括所谓"中国威胁"的问题。调查结果显示,67% 的美国普通公众认为,中国对美国未来构成威胁。在四个"最具威胁性"的国家中,美国普通公众认为,伊朗和朝鲜是最具威胁性的,其次是中国和俄罗斯。2009 年,皮尤研究中心在 25 个国家和地区进行了一项"给中国打分"的调查,结果显示:认为中国具有正面影响的国家从 2008 年的 45% 下降到 39%,认为中国具有负面影响的国家从 2008 年的 33% 上升至 40%。结合其他相关调查来看,近期欧洲国家对中国的看法变得消极,如法国、德国、意大利和西班牙等,美国比较稳定,加纳、尼日利亚、中美洲、智利、墨西哥、印度和俄罗斯等对中国的态度保持积极。③ 2011 年美国皮尤研究中心(Pew Research Center)的一项民意调查结果显示,20% 的受调查者认为中国是美国最大的威胁,这是 2001 年以来比例最高的一次。另外,根据美国皮尤研究中心 2010 年一项全球调查的结果④,中国在法国、德国、土耳其以及日本、韩国和印度等国民众中的印象不太好,而在肯尼亚、尼日利亚和巴基斯坦等国民众中的印象较为积极、正面。这些调查结果虽然不能完全代

---

① 参见德国《德国经济周刊》网站的报道:http://www.wiwo.de/politik-weltwirtschaft/chinas-medienmacht-und-die-auslandspropaganda-439661/2/。
② 参见美国百人会网站:www.100committee.org。
③ 孙英春:《中国国家形象的文化建构》,《教学与研究》,2010 年第 11 期,第 34 页。
④ 参见皮尤调查中心网站文章:http://pewresearch.org/pubs/1855/china-poll-americans-want-closer-ties-but-tougher-trade-policy。

表事实,但也能在一定程度上反映客观现象。

现在学界对中国国家形象的关注点主要集中在形象是"正面"还是"负面"方面。笔者认为,"国家形象"是一个多元的概念,难以简单用一个"正面"或"负面"进行衡量,而需要对国家形象进行分解,厘清不同维度的具体状况,进而有针对性地进行改进。

20世纪90年代初,同济大学留德预备部的金秀芳教授曾就"中国(人)在您心中的形象"这一问卷在德国人之中做了调查。结果显示,被采访人的回答可以划分为三类:第一类印象是落后、封闭、贫穷的中国;没有自由的中国人;"文化大革命";人口众多(第一类人的印象也是大多数人的想法)。第二类的回答是中国有古老的历史、丰富的文化;是旅游的好去处(如兵马俑、长城等)。第三类,即极少数人的回答,是对中国一无所知。①

2005年3月7日,英国广播公司国际广播电台(BBC国际台)公布了一项在全球22个国家进行的有关中国国家形象的调查,结果显示,在22个国家中,有18个国家的民众对中国持正面看法。总体来说,48%的民众认为中国对世界的影响是正面的,30%的人认为中国的影响是积极的,只有9%的人认为中国的影响是消极的。对中国看法最消极的国家是日本,仅有22%的日本人认为中国对世界的影响是积极的,但认为中国对世界影响是消极的人数比例也不高,为25%,多数人未发表意见。除日本外,美国、德国和波兰受访者认为,中国对世界的消极影响大于积极影响。不过,没有哪个国家对中国持负面态度的人数超过50%。此外,从受访者年龄层次上看,年轻的受访者更倾向于对中国发展持积极态度,18~29岁的青年人中有58%的人认为中国是良性发展,而60岁以上人士抱同样看法的只有43%。从受访者的教育程度看,越是受过高等教育的人,越积极看待中国的经济发展,而受教育较少的人则对中国发展持负面看法。②

2006年4月至10月期间,中国外文局对外传播研究中心进行了"中国国家形象境外公众调查"。调查问卷表的第一个问题是:"如何看待中国",并提供了10个标准选项:"富有吸引力的国家"、"贫穷落后的国家"、"开放有活力的国家"、"封闭守旧的国家"、"爱好和平的国家"、"负责任的大国"、"经济崛起

---

① 段鹏:《国家形象建构中的传播策略》,北京:中国传媒大学出版社,2007年版,第35~36页。

② 段鹏:《国家形象建构中的传播策略》,北京:中国传媒大学出版社,2007年版,第37~38页。

的大国"、"贫富差距很大的国家"、"社会安定的国家"、"历史悠久的文明古国"。受访者对于上述问题可以有多项选择(问卷中多数问题也同样)。可以看出,不同国家和地区的境外受访者对以下几个选项的看法比较一致。在回答该问题的 1165 份有效问卷中,有 62.58% 的受访者(729 人)选择了"经济崛起的大国";选择"历史悠久的文明古国"、"富有吸引力的国家"受访者分别为 54.08%(630 人)和 46.09%(537 人);38.45%(448 人)选择了"贫富差距很大的国家"。①

就媒体报道而言,有学者认为,我国在世界主流印刷媒体上,形象可以分解为以下几个方面:蓬勃发展但存在问题的经济形象;不断完善,但仍亟待改善的政治形象;力量强大且"令人担忧"的军事形象;博大精深、富有魅力的文化形象;和平发展的大国外交形象;相对不良的社会方面的形象;经济发展的牺牲品——西方媒体中片面的中国环境形象;被西方媒体攻击的中国人权形象;受艾滋病问题困扰的中国医疗卫生状况的形象。②

2010 年 12 月,在中央电视台主办的一次国际传播能力建设研讨会上,我国外交部公共外交咨询委员会成员吴建民就表示,中国所处国际环境对于中国的发展并不是十分有利,这在某些方面严重影响了中国的国家形象。他通过自己在 2010 年 11 月到 12 月的实地考察发现,欧、美、日尚未走出金融危机的阴影、社会情绪普遍低落,这与中国等新兴国家形成巨大反差:日本右翼保守势力影响上升,民众普遍对中国有疑虑;欧洲已到了或是统一或是分裂的重要历史关口;美国失业率实际已达 16% 到 17%,民众情绪低落、对奥巴马政府不再信任。反差之下,国际主流社会形成的反华举动值得警惕:西方精英第一次普遍而且公开质疑中国的改革开放事业,认为中国的和平发展将不会持续,对中国的战略担忧蔓延开来;美国中期选举第一次出现 19 个反华竞选广告,中国人被描绘为霸气十足令人讨厌的人;西方商界特别是企业界第一次不再充当调停人和联系人,在中国与其政府关系紧张时,不再为中国说话。③ 这些都在无形中影响了中国在西方和世界的国家形象。由此可见,中国的国家形象塑造并不是一个一挥而就的工作,也不是一个"水到渠成"自然而然的事情,

---

① 周明伟主编:《国家形象传播研究论丛》,北京:外文出版社,2008 年版,第 476~477 页。
② 刘继南、何辉等:《中国形象:中国国家形象的国际传播现状与对策》,北京:中国传媒大学出版社,2006 年版,第 7~12 页。
③ 根据 2010 年 12 月 23 日中央电视台海外传播发展中心举行的国际传播能力建设专家研讨会的发言资料。

而是一个需要耐心和技巧,并不断进行探索的过程。

与此同时,我们也应该认识到,我国正处在一个发展的过程中,方方面面仍有不少有待完善和改进的地方,如贫富差距、城乡差距、环境恶化、社会不公正、腐败等,这些都是损害中国形象的主要因素,也是国际社会攻击中国的软肋。我们要客观看待中国在发展过程中的一些问题和不足,不要刻意回避,甚至对境外媒体的报道怀有敌对心态。当然,对一些媒体歪曲事实、刻意丑化的报道要另当别论。2011年10月,在中央电视台举办的"CCTV首届外语观众座谈会暨中外媒体交流论坛"上,来自境外的一些传媒业界和理论界嘉宾表示,中西方在政治体制、文化等方面存在诸多差异,这些差异会影响彼此看待对方的视角和思维,中国在面对西方传媒的时候要意识到这些差异的存在,并力求超越它。世界彼得伯格论坛策划人、德国的马修·纳斯表示,西方对中国的新闻报道也有很多批评声音,事实上,作为记者来说,是不愿意表扬或者赞扬政府的,而要对政府进行观察、监督,这是自由媒体和自由言论的责任。就像美国记者当中很流行的一句话:"我不喜欢以前的政府,我也不喜欢现在的政府,而且我也不会喜欢下一届政府。"中国要逐渐了解和适应这种媒体思维。中国孔子学院总顾问、歌德学院北京分院前院长阿克曼认为,中国有优美的山水风景,悠久的历史文化,还有驰名海外的中国功夫,都是向外宣传中国的途径,也能吸引大量的游客,但这些力量不可能消除西方对华的恐惧和偏见。日本知名纪录片导演大野清司说,关于中国,现在日本人最想看到三个方面:第一点,上下五千年的历史;第二点,真真实实的老百姓生活,这两点是正面的;第三点,问题一箩筐的中国,这种固有的成见是难以克服的。中国媒体要通过与国外媒体的交流,尤其是让他们通过眼见为实的拍摄,来逐步了解外国人以及外国媒体的思维方式。

第二节 文化传播与国家形象

国家形象的构成要素很多,大致包括国家的社会制度、民族文化、综合国力、政治局势、国际关系、领袖风范、公民素质、社会文明等,每一项要素在一定情况下反映或代表国家的整体形象,任何一个方面不完善,都将对国家形象产生不良影响。[①] 也可以说,国家形象本身是多层次的,可呈现为文化形象、政

---

① 刘小燕:《关于传媒塑造国家形象的思考》,《国际新闻界》,2002年第2期,第61页。

治形象、经济形象、外交形象等。其中,文化形象是国家形象的重要构成,它既是文化传统的保护和传承,也是文化创新力、文化生活质量、文化内容和文化结构、文化制度和文化观念的集中体现,同时表征着国民素质、民族性格和精神风貌,是判断国家的国际影响力和美誉度的重要标尺。[1] 而且,"国家形象"的概念内涵非常丰富,而且具有民族性的特点。有研究者认为,虽然"全球化"迅速发展,但民族国家依然是国家政治的基本行为体,民族性应该是国家形象的核心内容。一个良好的、能够赢得赞誉和尊重的国家形象不应该是对别国的简单模仿,而是对自身民族特色的尊重;[2]而民族性无疑与我国文化密切相关。因此,国家形象的塑造与文化传播紧密相连。

一、国家形象与文化形象

国家形象系统主要包括七个范畴:政治、经济、文化、社会、科教、外交、军事等。[3] 但在历史上,西方印象中的中国形象几乎都与文化相关,可以说,当时中国的国家形象基本上就是中国的文化形象。大概从 17 世纪末,以莱布尼茨为标志,西方开始从整体文化的各方面美化中国,莱布尼茨赞美中国有"人类最高度的文化和最发达的技术文明"[4],足可与西方媲美。伏尔泰则更进一步,全面赞美中国到无可复加的地步,片面批判法国至一无是处的程度。有人讽刺伏尔泰只管说得令人激动,不管说什么,赞美或批判,都走极端。[5] 当时西方对中国的印象多是基于中国的文化,他们对中国的了解也是通过接触中国的文化。例如,有西方人士这样写:

> 西洋和中国的许多研究者,是通过古典文化来观察中国的。他们通过这样的媒介物来观察,把中国当作是"古雅"的,而且发现年深月久的苍翠的锈痕,悠悠然笼罩在中国的乡村和人民之上。田野中圣经时代的韵律,使中国的生活仿佛是一首牧歌,以神所指定的旋律,从这一季荡漾到那一季,从播种时荡漾到收获时,从出生荡漾到

---

[1] 孙英春:《中国国家形象的文化建构》,《教学与研究》,2010 年第 11 期,第 35 页。
[2] 张丽华、王乐:《崛起中的国家形象塑造与国际传播战略》,《长白学刊》,2010 年第 5 期,第 39 页。
[3] 冯惠玲、胡百精:《北京奥运会与文化中国国家形象构建》,《中国人民大学学报》,2008 年第 4 期,第 17 页。
[4] 见莱布尼茨为《中国近事》写的序言,《莱布尼茨和中国》,安文铸等编译,福建人民出版社,1993 年版,第 103 页。
[5] 周宁主编:《世界之中国:域外中国形象研究》,南京大学出版社,2007 年版,第 3~5 页。

死亡。①

18世纪末至19世纪中叶,当时很多欧洲人并不曾到过中国。欧洲上层社会和普通民众对中国的推崇,大多基于他们直接或间接与中国文化的接触。例如,孟德斯鸠(Montesquieu)这个法国启蒙运动思想家便大量运用中国文化,但他从未踏出欧洲,他所了解的"中国"只是从有关中国的书籍资料而来的。随着工业革命后西方在经济、科技和文化等方面的迅速发展,而中国在闭关自守之中与西方渐行渐远,中国文化对于西方的吸引力逐渐降低。何怀宏在《中西文化的相遇与冲突》一文里概括道:"西方文化对中国文化的反应大致在17世纪是好奇,在18世纪是赞美,在19世纪确实颇有点鄙视了。"②随着文化形象的没落,中国整体形象也随之发生由"正"到"负"的改变。后来,当19世纪末"黄祸论"(黄种人将席卷全球的预言)出现后,中国文化更变成箭靶,而对中国文化的贬低也就合法化了。"黄祸论"显然只是"西方中心"、"白人中心"的思想,而中国在这样的语境下自然更被贬为低劣的民族:据德梅隆(James Dameron)的说法,中国人脑部容量只为82至83立方寸,而脑容量不超过85立方寸的人不可能建立自由政体。③ 当然,文化仅仅是导致这种变化的一个因素,更关键的还是政治和经济方面的因素。

在当代,文化形象依然是国家形象的重要构成。有学者认为,文化范畴应成为当前中国国家形象的优先范畴,"文化中国"应成为国家形象战略的目标导向。一项以"滚雪球"式进行的针对51个国家的405位意见领袖的大范围非随机抽样调研显示,海外意见领袖对中国国家形象构成维度的期待中,文化范畴获选率最高(77.8%),以显著优势位居第一。以下依次为社会(37.0%)、经济(34.0%)、政治(21.7%)、科教(21%)、外交(9.6%)和军事(6.9%)等。④

中国正处在一个关键的发展阶段,国家形象的塑造对于营造一个有利的国际环境非常重要;相比政治形象和军事形象,文化形象应该在整体国家形象的建构中发挥更为积极和有效的作用。实际上,在世界大国崛起的过程中,以文化维度为国家形象的目标导向是一个普遍经验。例如,军事美国—经济美国—文化美国、军事德国—技术德国—文化德国、军事日本—经济日本—文化

---

① [美]白修德、贾安娜著,端纳译:《中国的惊雷》,北京:新华出版社,1988年版,第35页。
② 段鹏:《国家形象建构中的传播策略》,北京:中国传媒大学出版社,2007年版,第32页。
③ 忻剑飞:《世界的中国观》,香港:三联书店,1992年版,第335页。
④ 冯惠玲、胡百精:《北京奥运会与文化中国国家形象构建》,《中国人民大学学报》,2008年第4期,第17页。

日本,英法则一直以文化国家形象跻身国际社会。[①]

那么,中国应该塑造一个怎样的文化形象呢?

在一项针对51个国家405位意见领袖的研究中,调查数据显示,相对中国现代文化(34%),海外公众更关注中国传统文化(66%);相对中国乡村文化(44%),海外公众更关注中国城市文化(56%)。在具体的文化类型中,海外公众最感兴趣的是中国和北京的饮食文化(32%),以下依次为艺术(26%)、民俗(18%)、科技(9%)、娱乐(8%)和体育(7%)。[②]

有学者认为,国家形象的文化建构涉及两个方面的内容:一是文化形象自身的建构;二是如何长期、有效地实现文化形象的对外传播。在文化形象的自身建构中,定位非常关键。中国文化形象的定位,应当是"传统中国"、"现代中国"与"未来中国"三种形象的综合,其"理想模式"是:一个历史悠久、为世界文明作出重要贡献的国家;一个处于现代化进程中的多元发展的国家;一个融入世界文化体系、有能力承担特殊责任的国家。把握好这三个层次的定位,有益于自我审视的理性,也有益于实践层面的突破。[③]

二、文化传播与国家形象塑造

有学者认为,国家的形象传播是一种以文化为内容的政治信息的传播,国家形象表现的好坏,往往会影响国际社会对该国所从事的事业的理解与支持,同时也会影响其他国家对该国的外交政策制定。[④]

从其他国家的历史和现实来看,文化传播与国家形象塑造紧密相连。早在17世纪,法国政府就开始向国外传播法兰西文化,以提升国家形象,实现国家利益。当时的法国国王路易十三(1610~1643)和路易十四(1643~1715)都积极支持传播法国文化,他们在位期间,法国文化在欧洲大陆、地中海沿岸地区乃至加拿大都得到了广泛的传播。到18世纪末,法语已成为欧洲广大地区宫廷、贵族、使节和知识阶层、艺术圈的通用语言。1883年,法国建立了"法语联盟"(法文协会,Alliance Francaise),利用"她的文化世袭财产作为民族复兴的方法",在法属殖民地和世界各地传播法语,向外国人教授法语,构成一个遍

---

① 冯惠玲、胡百精:《北京奥运会与文化中国国家形象构建》,《中国人民大学学报》,2008年第4期,第18页。
② 冯惠玲、胡百精:《北京奥运会与文化中国国家形象构建》,《中国人民大学学报》,2008年第4期,第21~22页。
③ 孙英春:《中国国家形象的文化建构》,《教学与研究》,2010年第11期,第36,37页。
④ 李智:《文化外交:一种传播学的解读》,北京大学出版社,2005年版,第67~68页。

布世界各地的、庞大的法语教学网络。1900年,法国在外交部下设附属于政治处的"学校和作品办公室"(1920年改为"作品处"),负责对外文化交流工作。1910年,法国又建立了负责国际学术交流的"国际校际交流处"(Office National)。同年,在外交部专设了一个独立的部门——"海外学校和法语基金局"(Bureau for School and French Foundation Abrooad),法国因此成为世界上最早在政府中设立文化交流机构的国家。1922年,法国正式在对外关系部(外交部)下成立了文化关系司(后来改为国际合作与发展司)。目前,法国已与100多个国家签有文化协定和文化交流计划,在世界68个国家开办了134个文化中心和文化学院以及28个社会科学研究机构。①

20世纪70年代,日本首次提出了"文化国家"的国家发展概念,主张对外要树立日本的文化国家的形象。自此,作为一项对外文化战略,建立"文化国家"成为日本历届政府的一大政治目标。20世纪80年代,日本政府提出建设"文化大国"、建立亚洲和世界文化基地的战略目标,以此作为"第三次远航"的强大动力。当时的大平内阁就宣布把日本的"文化战略"提升到保障国家安全的战略高度。中曾根首相在《建设具有文化力的国际国家日本》一文中提出了"建设文化发达国家"的战略构想,他说:如果我们"只停留在经济国际化,而不在文化、政治方面为世界作出贡献,就不可能成为真正的国际国家";"日本越是要成为国际国家,就越要思考……如何在世界上传播日本文化"。竹下内阁成立后,则把国际文化交流作为日本外交三大支柱之一,日本在欲圆文化大国之梦的征程上扬帆起航。日本前首相竹下登曾说:"应该确立一种重点放在精神方面而不是放在物质方面的政治,为创造一个飘荡着文化芳香、能够切实感受到物质丰盈的社会而努力。"2001年,日本国会专门通过了"振兴文化大国"的《文化艺术振兴基本法案》,从司法上保障了其向"文化大国"的推进。文化传播的重要举措就是日语推广。基于语言伸展到哪里,就会把它所负载的文化价值观带到哪里的观点,日本政府把加强日语教育看作是向全世界传播日本文化、让世界了解日本的一个重要手段。日语的国际推广事业由外务省下属的国际交流基金会、文部省和邮政省三方共同承担。进入21世纪,日本在英国举办了"JAPAN 2001"、在中国举办了"2002日本年"等。对于这类活动,文部省等有关政府部门不仅予以政策上的强力支持,还从经济上给予补贴。②

文化有不同的层次,不同层次的文化在传播方面有着不同的方式,对于国

---

① 李智:《文化外交:一种传播学的解读》,北京大学出版社,2005年版,第112~114页。
② 李智:《文化外交:一种传播学的解读》,北京大学出版社,2005年版,第126~131页。

家形象塑造也有着不同的作用。如前文所述,"形而上者谓之道;形而下者谓之器",将文化分为"道"和"器"两种层面。相对"道"文化来说,"器"文化受到的制约更小,比较容易为不同文化背景的族群所接受。这种跨文化传播的效果就会比"道"文化传播的效果要好,但影响力与成功的"道"文化传播恐怕还不能同日而语。① 在当前形势下,我国文化传播要积极通过"器"层面文化的传播来提升中华文化的影响力,并通过"道"层面文化的传播来提升中华文化的吸引力。

提升文化的影响力和吸引力是文化传播的主要目的,也是塑造国家形象的重要途径。文化部外联局一位官员在参加中央电视台的一个研讨会时表示:"文化传播的一个重要目的,是让人对你感兴趣。因为只有别人对你有兴趣,才会继续关注你。"②影响力是感兴趣的前提,而吸引力是感兴趣的结果。因此,可以通过传播外国人喜闻乐见而且易于理解的浅层文化来提升他们对中国文化的兴趣;在此基础上,通过传播我国文化中深层次的内容来增加中国文化对海外民众的吸引力。一项针对外国民众的研究发现,他们认为"最能代表中国文化的象征"前三位依次是"中医"、"汉字与书法"、"饮食文化",其次为"孔子与儒家思想"、"武术"、"科技发明"、"中国画"、"道教"和"京剧"。③ 这些浅层和深层文化元素都是提升中国文化影响力和吸引力的重要内容。

需要指出的是,我国目前在对外文化传播中仍存在不少问题,如果不加以重视,并进行妥善解决,将不利于我国国家形象的塑造和传播。有学者认为,国家形象的基本要素可以概括为物质要素、制度要素和精神要素三个层面。④ 文化也可以从物质、制度和价值观三个层面进行解构。这种方式虽然不一定十分严谨或全面,但可以用来简化分析文化传播和国家形象塑造中存在的问题。

首先,在国家形象的物质要素方面,我国文化传播要有所选择。任何一种文化都有精华,也有糟粕。19世纪,西方殖民者把男人的辫子、女人的小脚、富人的鸦片烟枪等丑陋的东西当成"中国的"特色去宣扬,造成不良影响,流毒

---

① 刘继南、何辉等:《中国形象:中国国家形象的国际传播现状与对策》,北京:中国传媒大学出版社,2006年版,第26~37页。
② 根据中央电视台海外传播发展中心于2010年12月23日举行的国际传播能力建设专题研讨会的发言资料。
③ 周明伟主编:《国家形象传播研究论丛》,北京:外文出版社,2008年版,第482页。
④ 张昆、徐琼:《国家形象刍议》,《国际新闻界》,2007年第3期,第12页。

所及,一直延续到20世纪。① 物质层面的文化往往可以概括或提炼为一种文化符号,我国在对外传播中一定要注重符号的跨文化意义,或者说,注重文化符号的跨文化表达。

其次,从国家形象的制度要素方面来说,我们往往不注重传播当代中国文化,因而不利于从制度的层面来塑造我国的国家形象。在传播中华文化的过程中,我们一直主打历史牌、传统牌,强调中国悠久的历史、古老的文化,过多地依赖"古老而神秘"的传统东方文化来吸引外国人,却忽视了近30年来中国发生的翻天覆地的变化,以及由这一变革而带来的新文化。这样的文化传播方式会在外国民众中产生或强化"定型观念",并产生某种文化"刻板印象",从而给在制度层面塑造国家形象带来不利影响。

再次,从国家形象的精神要素方面来说,我国在文化传播的价值观层面有待提升国际化或普世化程度。虽然从理论上讲,国家的文化资源是无限的,但在实际的利用上则是受限制的,因为其文化价值观体系的方方面面并非对任何国家、在世界任何地方、在任何时候都有吸引力。② 因此,我国文化传播需要梳理文化资源中适合对外传播的价值观体系,尤其要大力传播那些具有普世意义的价值观,这样有助于塑造和提升我国的国家形象。而且,在中华文化的传播中,我国仍然缺乏科学有效的手段,特别是在传媒方面表现明显。西方媒体善于通过议程设置来实施舆论导向,通过有选择地报道将社会注意力和关心引导到特定的方向,从而将西方文化价值观念灌输到受众头脑中。反观我国媒体,面对"中国文化,世界表达"的需求,往往显得力不从心,更不善于通过议程设置来引导国际舆论,从而使中华文化的推广和传播面临诸多困境。③

针对以上问题,我们可以通过调整传播策略、改进传播手段、更新传播技术等解决在文化传播方面的问题,从而扫清国家形象塑造的障碍。

第三节 对外电视与国家形象

国家形象的塑造是一个系统工程,无论是塑造主体还是塑造渠道,都包含

---

① 沈苏儒:《有关跨文化传播的三点思考》,《对外传播》,2009年第1期,第38页。
② 李智:《文化外交:一种传播学的解读》,北京大学出版社,2005年版,第69页。
③ 胡民伟:《试析中华文化推广对提升我国国家形象的作用》,《中国广播电视学刊》,2010年第11期,第20~21页。

着多层级的意义。从塑造主体来说,国家、团体、公司以及个人都与之相关;从渠道来说,媒体、展览、国际赛事、表演、教育、学术交流等在国家形象塑造的过程中扮演着重要的角色。当然,较为显性、系统和具有影响力的一个渠道还是媒体。媒体塑造国家形象力量的大小,取决于媒体塑造国家形象的张力和影响力,这里既包括媒体所属国家的强弱和媒体本身的强弱,也包括媒体所属国家赋予媒体权力的大小,其中媒体自身在国际范围内话语权的大小具有关键性的作用。① 当下,我国正在大力推进国际传播能力建设,以增强我国媒体的国际话语权,进而提升我国的国家形象。国际传播能力建设中的一个重要内容就是对外电视传播能力的建设,包括内容建设和渠道建设。

一、国家形象与影视传播

在电子媒体诞生之前,中国国家形象是由西方人通过纸质媒体所塑造的,主要是文字描写和绘图。随着影像技术的发展,西方人对中国国家形象的构建就主要通过影视媒体了,尤其是电影。

早期西方关于中国的影像作品主要是通过两个途径来塑造中国形象,一是通过对海内外中国人形象的塑造,二是通过在故事情节中对中国的政治、经济、军事和风土人情的塑造。在西方关于中国的影视作品中,美国公司在制作方面占有很大的比重,本节主要以美国影视作品作为研究对象。

(一)通过影视人物形象的刻画来间接塑造中国形象

还在早期的无声电影时代,华人就被描写为具有古怪文化传统的人物。早在1894年,美国就曾拍摄过一部近半小时的无声片《华人洗衣铺》。这一时期的中国人形象具有极度的漫画倾向,拖地的长辫和长长的指甲是被着力夸大的特征,他们不是伤风败俗的恶棍,便是古怪可笑的庸人。当年由美国莫特斯科普和贝奥格瑞夫影片公司所制作的这类影片有《爱管闲事的华人》(1903)、《华人异教徒与主日学校教室》(1904)、《黄祸》(1908)以及《傅满楚》(1914)等。1919年,迪·沃·格里菲思拍摄了著名的无声影片《残花》。片中出现的华人角色,为后来的华人银幕形象开了先例。这部电影原名为《支那佬与白人女孩》。影片中的男主角是一个"黄种人",由理查德·巴塞尔迈斯扮演;女主角是一个受欺凌的白人女孩,由莉莲·吉什扮演。剧情是一个黄种人收留了一个白人女孩,并且渐渐地爱上了她。巴塞尔迈斯是美国早期饰演黄

---

① 刘小燕:《关于传媒塑造国家形象的思考》,《国际新闻界》,2002年第2期,第62页。

种人的白人演员之一。他所塑造的华人总是弯腰驼背、虚弱不堪,眼神则因吸鸦片而呆滞、迟钝。

好莱坞还塑造了两个经典华人形象,即傅满楚博士和陈查理探长。其中,系列片《傅满楚》把华人形象丑化到无以复加的地步。从1929年开始,好莱坞连续拍摄了数十部以傅满楚博士为主角的电影,傅满楚总是在自己的黑暗世界中策划种种邪恶勾当。《傅满楚》原来是英国小说家萨克斯·罗默的作品。1929年由美国培罗蒙电影制片厂改编,并把傅满楚这一形象搬上银幕。《神秘的傅满楚》一集,专门描写傅满楚如何偷偷追踪英国官员皮特利至伦敦,以便伺机报复。因为皮特利曾经在中国杀死了他的妻子和孩子。傅满楚这一阴险形象给银幕带来的恐怖长达40年之久。直到1967年,才以《傅满楚的新娘》一集告终。但在停演了13年之后,傅满楚这一形象于1980年又通过彼得·塞勒斯主演的一部影片,再次在银幕上复活。

从20个世纪20年代中期开始,好莱坞银幕上出现了以华人侦探陈查理为主角的系列电影。华人形象陈查理是小说家厄尔·德·比格斯在20世纪20年代创作的一个人物。陈查理具有某种程度上的正面形象,但因为陈查理在影片中是个华人,所以该片对其刻画时处心积虑地加进了很多想象和加工。影片中的陈查理举止缓慢,外表谦卑,说话吞吞吐吐,常犯语法错误,还故意带着怪腔怪调的中国口音。第一部描写陈查理的影片是1926年放映的《没有钥匙的房子》,片中陈查理由日裔演员乔治·库瓦扮演。陈查理这一角色曾先后由奥兰、西德尼·托勒和罗兰·温特斯等人扮演,共出现在50多部影片里。这是一个足智多谋、处处比白人警察棋高一着的人物,但是仔细一推敲便会发现,这仍然是一个白人种族主义思潮的产物。不信你看:在陈查理嘴中念念有词的,无非是那几句嵌在签语饼里的哲语箴言,或是几句惹人发笑的孔子说教,完全是一个令人捉摸不透的人物。而那些扮演陈查理的白人演员,则因为全然不能把握华人言行举止的特征,只能靠一些温文尔雅的动作、弯腰驼背的姿势、内八字式的走相以及虚假做作的说话腔调来取悦观众。1980年,描写陈查理的一部新片《陈查理与龙后》打算在旧金山唐人街开拍。消息一传开,立即遭到华人的强烈反对。他们在旧金山和好莱坞两地举行了"停拍陈查理"的示威游行。但是制片商们却不顾华人的抗议,仍一意孤行地继续炮制他们心目中的华人模式形象。①

美国电影中的华人形象多为负面,偶尔出现少数几个正面形象,也不过是

---

① [美]麦美玲、迟进之:《金山路漫漫》,北京:新华出版社,1987年版,第173~175页。

凤毛麟角。比如,在 1960 年放映的《走如龙》一片中,詹姆斯·史盖特塑造了一个比白人歹徒枪法更为高明的华人角色。又如,在 1966 年上映的《沙卵石》一片中,马科成功地塑造了另一个华人形象——一个名叫宝汉的轮机舱学徒工。马科还为此荣获美国电影艺术学院金像奖。但是总的来说,华人形象是平淡无奇而千篇一律:男仆、恶棍、异国情调的酒吧侍女、娴静拘谨的古代闺秀等等,如此而已。这些影片包括:20 世纪 30 年代中期由贝拉·卢格西主演的系列片《唐人街的幽灵》;同时期的另一部系列片《浮夸的戈登》(描写一个名叫"无情阿明"的头号敌人);1962 年放映的《满洲秀才》;以及另外两部电视系列片《夏威夷 5—0》和《无法完成的使命》。尽管人们对此愤愤然,并且纷纷投书表示抗议,但是这类庸俗的角色却屡屡出现在电影、电视剧本中,自 20 世纪 70 年代至 80 年代从未间断过。比如,电视系列长片《夏威夷 5—0》中所出现的那些在杰克老爷身边的夏威夷人和华人随从,除了只会应一声"是,老爷"外,就什么戏也没有了。扮演华人滑稽角色的,则不例外地是些戴着深度眼镜、操着一口洋泾浜英语、长着满嘴大龅牙的人。连那些在星期六上午专为儿童播放的电视动画片里出现的华人,也都是香港弗洛伊斯式的人物——斜眼、龇牙、满嘴孔夫子的说教——这是一个在 1970 年至 1971 年电影节上放映的影片《真杰里·刘易斯,请坐!》中的人物。①

如果说早期中国在西方人眼里是神秘以及虚弱的弱国形象,那么中国男人就更不堪了。但是这一切都随着一批中国功夫明星的出现而逐渐改变。首先是李小龙成功地在世界范围内重振中国男人的声威,随后而来的成龙也是中国武术偶像,他极其注重中国人这一身份,经常穿着唐装在国际场合亮相,为华人也为中国树立健康硬朗的形象。接着是李连杰。李连杰在影片中,向美国观众展示了一个既不同于李小龙以巧制胜、四两拨千斤的神奇形象,也不同于成龙机智、灵活的讨巧形象,而是试图展现出中国功夫中最强劲、冷酷、迅雷不及掩耳的一面。②

(二)通过情节设计和场景设置来直接塑造中国形象

在影视作品中,情节设计和场景设置是塑造中国形象的一种较为直接的方式,不仅受到追求"异国情调"的动因影响,还与两国关系直接相关。

1896 年,美国谬拖斯柯甫公司(American Mutoscope Company)发行了两

---

① [美]麦美玲、迟进之:《金山路漫漫》,北京:新华出版社,1987 年版,第 179~180 页。
② 刘继南、何辉等:《中国形象:中国国家形象的国际传播现状与对策》,北京:中国传媒大学出版社,2006 年版,第 154~155 页。

部记录晚清重臣李鸿章访问美国的短片,名字叫《李鸿章在格伦特墓前》和《李鸿章乘车经过第四号街和百老汇》。此后,出于猎奇,西方关于中国的纪录片逐渐增多。在这些早期纪录片中,中国是一个贫弱不堪的形象:抬轿的苦力和轿子里的权贵,进出租界的外国军队,饥饿的孩童和无家可归的难民。

在西方塑造的中国形象中,表现的永远是西方。从文化层面来说,第一次世界大战导致的西方文明的幻灭感,拯救了中国形象,使中国形象从意识形态回归乌托邦,寄托了西方人的现代主义幻想;而国际政治对于中国在西方媒体中的形象也有着至关重要的影响。20世纪30年代后期,尤其是在中国和日本进入战争状态后,美国曾一度视中国为自己的同盟。好莱坞为迎合战时需要,开始拍摄以中国本土为背景的电影。1937年,根据赛珍珠的同名小说改编的电影《大地》就是其中之一。《大地》在几代西方观众中塑造了一个单一、片面的中国形象:乡村、田野、农妇。①

新中国成立后,在"冷战"的背景下,中国与西方的关系渐行渐远,西方影视作品中的中国形象也重回负面。"冷战"时期,美国涌现了一批以"冷战"为背景的间谍片,反面人物基本都是来自以前苏联为首的社会主义阵营。如1962年在007系列中的"不博士",这个坏的"不博士"就是中国人。他形象猥琐,身穿中山装,秘密研制核武器,制造生化武器,十分邪恶。② 不管是贬低中国还是美化中国,不外是因为西方正统意识形态在"冷战"时代要确认巩固西方的"自由世界"秩序,或者因为西方"左"翼文化批判力量需要在现代资本主义之外,构筑一个替代性的红色乌托邦。至于20世纪末的"中国威胁论",不是因为中国"威胁"世界,而是因为正"威胁"世界的新帝国主义,在新保守主义意识形态中需要构筑一个"假想敌",确认自己的文化身份与政治目标。③ 例如,1995年美国摄制了一部高投入、大制作的巨片《红潮激浪》,其娱乐性很强,与近年中国进口的好莱坞大片相比毫不逊色。但影片开始时,却穿插了有关中国西部核基地的背景故事,影片中的战争狂人妄图发动核爆装置,炸毁中国核基地,诱发新的世界大战。影片非常暧昧地暗示了中国军方在这场阴谋中有某种参与。1997年年末,好莱坞新推出三部反华影片,它们是《西藏七

---

① 刘继南、何辉等:《中国形象:中国国家形象的国际传播现状与对策》,北京:中国传媒大学出版社,2006年版,第149~153页。

② 刘继南、何辉等:《中国形象:中国国家形象的国际传播现状与对策》,北京:中国传媒大学出版社,2006年版,第153页。

③ 周宁主编:《世界之中国:域外中国形象研究》,南京大学出版社,2007年版,第13页。

年》《坤丹》——关于达赖喇嘛童年的影片、《红色角落》——关于一位外国律师在北京身陷囹圄的影片。①

可以说,西方拍摄的有关中国的电影往往将西方置于优越的位置,或者正义的立场,而中国则被再现为不能自我认知、不能自救的他者,②或者偏离正义的方向。基于这种价值观层面的认知,中国在西方影视作品中的国家形象自然也就难以反映真实的状况。

二、对外电视与国家形象传播

国家形象传播,是以国家形象宣传为主题的一种跨国的政治传播。它涉及新闻学与传播学、世界政治经济与国际关系、国际政治经济学、公共关系学、社会学、文化学等许多学科,因而可以说是一项庞大的系统工程。③ 目前,世界各国在实力允许的范围之内,在积极开展国家形象传播,其中重要的手段就是通过对外电视进行播出。例如,进入 21 世纪后,俄罗斯随着经济状况的好转,投入巨资进行形式多样的国家形象传播,包括建设一批针对外国受众的现代化媒体。"今日俄罗斯"(RT)电视台就是俄罗斯着力打造的一家对外电视媒体。"今日俄罗斯"是俄罗斯唯一一家用外语播出节目的电视台,其创办目的是为了向世界呈现一个"没有偏见的俄罗斯国家形象"。根据俄罗斯新闻社(RIA Novosti)2010 年 12 月发布的新闻,"今日俄罗斯"在英国拥有近 200 万观众,收视率超过了半岛电视台英语频道和"德国之声"。其月平均观众数是"德国之声"的 5.5 倍,是半岛电视台英语频道的 1.5 倍。④ "今日俄罗斯"台长尼科洛夫在与中央电视台座谈时表示,他们不惜重金投入以迅速进入英国最大的直播卫星平台 BskyB、免费数字地面电视 Freeview 和免费直播卫星平台 Freesat,得以覆盖全英国 90% 以上的电视观众。在美国,"今日俄罗斯"也是抓住美国华盛顿等城市模拟转数字启动初期缺乏数字电视节目的契机,不惜付出高额转播费进入当地数字开路频道,迅速成为观众最容易收看到的外国

---

① 刘继南、何辉等:《中国形象:中国国家形象的国际传播现状与对策》,北京:中国传媒大学出版社,2006 年版,第 156 页。
② 朱耀伟:《当代西方批评论述的中国图像》,北京:中国人民大学出版社,2006 年版,第 184~185 页。
③ 支庭荣:《国家形象传播——一个新课题的凸现》,《中国广播电视学刊》,1996 年第 7 期,第 25 页。
④ 俄罗斯新闻社新闻稿:RIA Novosti news agency, Moscow, in Russian 1454 gmt 8 Dec 10。

电视频道之一。① 由此可见,为了有效传播国家形象,俄罗斯正在不遗余力地发展对外电视。这从一个侧面也可以看出,对外电视对于国家形象传播的重要性。

电视也是海外民众了解中国的主要媒介之一。笔者在 2011 年 7 月和 8 月主持了一项针对中国电视在非洲传播策略的研究,先后三次对非洲 25 国的 53 名媒体工作者和政府主管官员进行了面对面的交流和问卷调查,受访者来自阿尔及利亚、布隆迪等 16 个使用法语的国家,以及肯尼亚、埃塞俄比亚等 9 个使用英语的国家。在受访者回答"以何种渠道了解中国"的问题时,电视占据了较大的比重,所占比例为 44%。位居第二的渠道是电影,占 18%;文化交流活动位列第三,为 13%;报纸、互联网、杂志、书籍、广播等媒体分列其后。可见,我国对外电视在面向非洲的传播中仍是主要渠道,对于国家形象的塑造发挥了重要作用。

中国外文局对外传播研究中心在 2006 年 4 月至 10 月期间开展了"中国国家形象境外公众调查",以英、法、德、西、俄、阿、日、世界语等 8 种语言进行问卷调查。为了了解境外公众获取中国信息的主要途径、影响其形成对中国形象的主要因素,调查表设计了"了解中国的主要渠道"这一问题,包括"亲友讲述"、"到中国旅游"、"公务访问"、"与中国人接触"、"看电影"、"看电视"、"听广播"、"看杂志"、"读报"、"看书"、"上网"、"学校课堂"、"户外广告"、"其他"等 14 个选项。在回答上述问题的 1136 位受访者中,"了解中国的主要渠道"排序依次是:"与中国人接触"(33.01%)、"到中国旅游"(32.04%)、"看电视"(26.23%)、"看杂志"(25.88%)、"读报"(25.35%)、"上网"(24.38%)、"看书"(23.33%)、"亲友讲述"(23.33)、"户外广告"(17.52%)、"看电影"(17.41%)、"公务访问"(16.64%)、"学校课堂"(12.94%)、"听广播"(5.19%)。② 可以看出,电视仍是海外民众了解中国最为主要的媒介之一。

需要指出的是,海外受众更多地还是通过本国或本语种的电视了解其他国家。正因为如此,很多国家都通过在目标国媒体上播放国家形象宣传片或者分时段投放节目的方式传播国家形象,如印度在美国国家地理频道播出了一部名为《不可思议的印度》的宣传片,日本所推出的主题宣传片不仅仅在美国有线电视新闻网(CNN)、美国哥伦比亚广播公司(CBS)、英国广播公司

---

① 根据 2010 年 12 月 16 日中央电视台海外传播发展中心与"今日俄罗斯"代表团的座谈会发言资料。

② 周明伟主编:《国家形象传播研究论丛》,北京:外文出版社,2008 年版,第 484~485 页。

(BBC)等公认的西方主流媒体上播放,还出现在欧洲新闻电视台、加拿大广播公司(CBC)电视台等有着众多潜在受众的电视台节目表中。

当然,本国的对外电视仍然是一国进行国家形象传播的重要渠道。对于我国而言,对外电视在进行国家形象传播的时候,需要注意四个方面的内容,即传播策略、传播内容、传播方式和传播渠道。

就传播策略而言,对外电视要注重三个方面:赢得传播我国形象的主动权,提升受众了解我国的兴趣,增进受众对我国的了解,从而达到传播国家形象的目的。首先,对外电视要提高"议程设置"能力,掌握国家形象塑造主动权。对外电视尤其要注重提高本国新闻报道与发布的时效性与可信度,打造具有国际影响力的"传媒航母",并打破"自说自话"的局面,提高中国主流媒体的公信力。① 其次,对外电视要着力于提升海外受众对中国的兴趣。德国歌德学院中国分院院长、2012年中国文化年外方顾问阿克曼在中央电视台的一个研讨会上表示,中央电视台应充分利用西方人的好奇,尽可能多地引起好奇,才可能让更多的人产生进一步了解你的兴趣。他说:"媒体的作用在于塑造形象和创造理解。"② 最后,对外电视要通过增进海外受众对我国的了解来达到传播中国形象的目的。有学者认为,要改善中国的形象,就要主动地去谈中国的政治体制,向全球传媒推销中国的政治体制改革和中国对民主、人权的理解、主张,尤其是这方面的实践。③

就传播内容而言,对外电视要注重对中国文化的传播。对外电视要充分发掘和利用中国丰富的文化资源,巧妙运用影像符号,建构良好的国家形象。④ 过去,对外电视在国际形象传播方面存在不少错误观念或心态,其中较为典型的有:发展战略中偏经济、轻文化,既是强调文化,也是以弘扬传统文化为主,对现代中国形象宣传不够;认为中国是具有悠久历史的文明大国,理应受到世界的尊重,殊不知历史的魅力并不能自动转化为现在的魅力。⑤

---

① 张丽华、王乐:《崛起中的国家形象塑造与国际传播战略》,《长白学刊》,2010年第5期,第40~42页。
② 根据2010年12月23日中央电视台海外传播发展中心举行的国际传播能力建设专家研讨会的发言资料。
③ 王海:《西方传媒对外报道策略》,北京:中国传媒大学出版社,2009年版,第194~195页。
④ 张丽华、王乐:《崛起中的国家形象塑造与国际传播战略》,《长白学刊》,2010年第5期,第40~42页。
⑤ 刘继南、何辉等:《中国形象:中国国家形象的国际传播现状与对策》,北京:中国传媒大学出版社,2006年版,第43页。

就传播方式而言,则要注重符号的使用问题。首先,对外电视使用的符号语言要融入世界话语体系,包括语言符号的使用以及话语方式或表达方式的设计。其次,在传播方式上,尤其是电视符号的编码方式上要按照国际通行的标准、规范。再次,对外电视要突出国家形象的个性特征。①

就传播渠道而言,新闻专题、纪录片和电视剧在国家形象传播方面发挥重要的作用,对外电视应该着力打造精品,并精心设计播出编排和市场销售方面的策略。尤其是电视剧,在国家形象传播方面发挥着不可估量的作用。据《新华每日电讯》报道:韩国公布的一项调查结果显示,出口韩国电视连续剧对提升韩国国家形象起到了积极作用,外国人看韩剧越多,越容易对韩国产生好感。韩国政府也高度重视并有意识地通过影视剧改善国家形象,如政府就曾出资购买《情定大饭店》、《秘密》、《四姐妹》等韩剧的版权,免费向数十家阿拉伯电视台提供播放。②

另外,值得一提的是,媒体自身的形象对于国家形象的塑造和传播至关重要。对外电视媒体是展示国家形象的重要渠道,它们自身的形象也往往表达着、进而代表着国家的形象。因此,打造主流媒体"真实可信"的国际形象,成为在全球化的世界中确立中国形象的一个关键要素。然而,包括中央电视台等在内的对外电视媒体,作为政治喉舌,一向旗帜鲜明,对自身的"代表"身份直言不讳,在西方世界中,这种权威性就遭到了极大的贬损。③ 也就是说,对外电视媒体在塑造和传播国家形象的过程中,首先要塑造自身的形象,提升媒体的公信力。

---

① 周明伟主编:《国家形象传播研究论丛》,北京:外文出版社,2008年版,第24~26页。
② 孔令顺:《全球化视阈中电视媒体对国家形象的塑造》,《现代视听》,2010年第8期,第7页。
③ 郭镇之等编著:《第一媒介:全球化背景下的中国电视》,北京:清华大学出版社,2009年版,第321、323页。

第五章 对外电视的频道定位与文化传播

　　频道定位是指一个电视频道在对自身特点充分认知的基础上,对节目风格与发展方式所定的基调,其中最关键的因素是内容定位、受众定位和战略定位。人们从不同的专业视角出发,对频道定位有着不同的解释,现在大都从媒体经营的角度出发来定义频道定位。例如,有业界人士就将频道定位界定为:一个频道根据电视事业发展的宏观战略要求,对市场环境和内外部资源进行科学分析,从而合理界定频道的节目内容构成、目标观众群以及竞争范畴,并形成最优化的整体频道布局。[①] 在市场导向下,频道定位的构成也更加丰富,专业频道的定位包括:节目定位、观众定位、栏目定位、市场定位、投资定位、管理定位、队伍定位和竞争对手定位。[②] 目前,我国对外电视频道或者国际频道的定位大多比较接近,例如,重庆电视台国际频道在官方介绍中就将该频道定位为"重庆广播电视集团专门为海外华人华侨及懂中文的国外观众开设的一个综合性中文电视频道"。[③] 安徽电视台国际频道的定位也是"专门为海外华人华侨及懂中文的国外观众开设的一个综合性中文电视频道。它突出安徽地域经济文化特点,为观众传播最新的时事、经济、文化、旅游、娱乐资讯和精彩的电视剧节目"。[④] 各个频道不仅定位较为接近,而且传播的内容也大都是综

---

① 潘界泉:《湖南卫视的频道定位对省级卫视的启示》,《新闻天地(下半月)》,2010年第3期,第34页。
② 于继来:《频道的合理定位》,《记者摇篮》,2010年第7期,第51页。
③ http://www.cbg.cn.
④ http://www.ahtv.cn/ahtv6/index.shtml.

合性的。值得一提的是,少数频道是以传播文化为主要定位,例如中国黄河电视台国际台就定位于教育文化,它以汉语教学、中华人文为主要节目内容,分为教育教学、资讯服务、文化传播三大版块。主要栏目有《口语五分钟》、《芝麻开门》、《方块字》、《天天诗词》、《时尚报道》、《标题新闻》、《人生现场》、《唐风》、《拍案说理》、《时尚中国》以及《黄河剧场》等19个栏目。这些栏目力求让观众在浓厚的文化氛围中学习汉语,通过掌握汉语更好地了解中国文化,以教育的亲和力、文化的厚重感打造在海外有广泛市场的专业教育文化频道,成为对外汉语教学领域的主导电视媒体。① 在电视频道的几个定位中,战略定位是核心所在,本文主要的探讨对象也是战略定位(以下简称"定位")。本文的研究对象是中央电视台中文国际频道(CCTV-4),该频道定位几经变化,在2010年12月1日的改版中将频道定位由原来的以新闻为主的综合频道拓展为"新闻·文化"综合频道;该频道定位中文化元素的加入反映了我国电视对外传播对文化的日益关注。

第一节 对外电视频道的文化定位
——以 CCTV-4 为例

中央电视台中文国际频道(CCTV-4)成立于1992年10月1日,是我国第一个面向全球观众24小时播出的对外频道,创办初期包括中文和英文节目,以海外华侨、华人和港、澳、台同胞为主要服务对象。中央电视台中文国际频道(CCTV-4)是中国对外电视传播的重要窗口,经过十多年的精心打造和磨砺,CCTV-4已成为全球最具影响力的中文频道之一。截至2010年6月,CCTV-4已在121个国家和地区落地入户,共计1500余万用户。2010年12月1日,CCTV-4进行了开播以来的第6次改版,频道定位、内容设置、节目编排、目标受众和包装风格都有大的调整,尤其是将频道定位调整为"新闻·文化"综合频道,并将"中华文化第一传播平台"作为频道建设目标。中文国际频道总监杨刚毅在接受笔者访谈时表示:"传播中华文化是中文国际频道的重点。当前世界正在关注中国,世界第二大经济体需要凸显话语权,中国需要输出文化。"②这充分体现了对外中文电视传播者和管理者的文化传播意识,也

---

① http://www.cyrtv.net/beimei
② 来自笔者2010年9月19日在中央电视台对杨刚毅总监的访谈。

是对外中文电视开展对外文化传播的基础。

一、CCTV－4 改版前的定位:"准新闻频道"的尴尬

2006 年 1 月 30 日,中文国际频道进行了第 4 次全面改版。改版后,CCTV－4 新闻节目的首播从 6 次增加到 24 次,实现整点有新闻,次次有更新。自此,CCTV－4 成为"准新闻频道",但是,这种定位与频道自身的特点与功能、受众的期待与需求等存在一定的差距。

(一)节目内容:不能满足海外华人受众的需求

随着新闻国际化风潮的流行,无论是对内还是对外的电视频道都在践行国际化的"新闻理念"或"编排方式",其中一个重要的现象就是国际新闻占据越来越多的分量,有时候甚至是整档新闻节目都以国际新闻为主要内容。而与美国等西方主要国家新闻节目相比,中国内地电视新闻节目在采访能力或者新闻资源方面并不具备优势,也就是说,仍需要依靠西方的媒体资源来制作国际新闻,这会让海外受众觉得是在看"二手"新闻。而更为关键的是,海外华人更多地是希望通过中国的电视媒体了解中国的事情。美国一家华文媒体对受众感兴趣的新闻进行了调查,结果显示,他们最感兴趣的新闻主题首先是"大陆新闻",其次是"社区新闻",然后是"美国新闻",接下来是"港台新闻",最后才是"国际新闻"。[①] 这个调查结果对于我们的电视对外传播来说具有一定的参考价值。笔者曾就此问题对印度尼西亚美都电视台中文节目资深编辑程涵进行访谈,她的回答颇引人深思:

> 印度尼西亚美都电视台每天都录下央视 4 套的新闻,我想用这些画面,配上已翻译成印尼文的新闻稿,做成配套提供给印尼文的新闻组。可惜的是,我发现央视 4 套的新闻,大部分是国际新闻,中国国内的新闻反而不多。不知能否通过其他的渠道,获得有关中国新闻的画面。特别是经济发展方面的画面。因为大家目前对中国的经济发展特别感兴趣。

一般说来,海外受众对中国传媒的需求主要有三个方面:第一,尽快而且全面地了解变化中的中国;第二,了解中国经济的发展状况,尤其是投资环境和合作基础;第三,了解丰富的中国文化,包括:历史、艺术、风光、人物、语言和

---

① 郑晓东:《了解读者:华文媒体危机中的生存之道》,《第五届世界华文传媒论坛论文集》,香港中国新闻出版社,2009 年版,第 163 页。

风俗等。① 例如,美国观众 Gongqing Wang 就表示:"新闻节目很重要,CCTV-4对世界各地发生的事件反应很快,报道也很及时,但重复频率高了些,而且直播的新闻发布会太多,对国内各地的新闻报道太少。"②

在目前尚没有一个专门的对外新闻频道的情况下,CCTV-4确实扮演着重要的对外传播中国新闻资讯的角色,但也要避免"过犹不及"。海外观众一方面期待通过这个平台了解中国,另一方面,也希望在这个平台上获得教益和休闲。例如,英国诺丁汉观众张锁贵就在给央视的反馈中表示:"我们下班以后(伦敦时间 18:00~23:00,北京时间 11:00~16:00)没有一个娱乐节目,主要是新闻节目。我们为了看国内节目,专门买了卫星接收设备。希望中央台能够多为我们着想。"③

(二)节目编排:与海外华人受众收视习惯不符

一个频道的节目编排方式必定要符合频道的定位。CCTV-4 如果是以新闻为重,其节目自然就会按照"准新闻频道"的方式进行编排,但这样就不利于电视剧或者其他节目的编排。表 5-1-1 是中央电视台中文国际频道 2010 年 10 月 8 日的节目编排。

表 5-1-1 2010 年 10 月 8 日 CCTV-4 节目单

序号	播出时间	节目类型	节目
1	00:13	电视剧	台湾首任巡抚刘铭传
2	01:00	新闻	中国新闻
3	01:15	纪录片	探索发现
4	02:00	新闻	新闻联播
5	02:30	综合娱乐	中国文艺
6	03:00	新闻	中国新闻
7	03:15	纪录片	发现之旅
8	04:00	新闻	中国新闻
9	05:00	纪录片	走遍中国
10	05:35	纪录片	国宝档案

---

① 杨伟芬主编:《渗透与互动 广播电视与国际关系》,北京广播学院出版社,2000 年版,第 63 页。

② 中央电视台海外中心联络部:《海外观众反映》,2009 年第 19 期(http://blog.cntv.cn/html)。

③ 中央电视台海外中心联络部:《海外观众反映》,2009 年第 15 期(http://blog.cntv.cn/html)。

续表

11	05:45	综合娱乐	快乐驿站
12	06:00	新闻	中国新闻
13	06:15	综合文艺	中国文艺
14	06:45	饮食	天天饮食
15	07:00	新闻	今日亚洲
16	07:30	新闻专题	海峡两岸
17	08:00	新闻	中国新闻
18	09:00	电视剧	鸽子哨
19	09:45	教学	快乐汉语
20	10:00	新闻	中国新闻
21	10:15	纪录片	探索发现
22	11:00	新闻	中国新闻
23	11:15	纪录片	国宝档案
24	11:30	新闻专题	海峡两岸
25	12:00	新闻	中国新闻
26	13:00	纪录片	走遍中国
27	13:30	其他	荟萃之窗
28	14:00	新闻	中国新闻
29	14:20	电视剧	英雄虎胆
30	15:06	电视剧	英雄虎胆
31	15:52	电视剧	英雄虎胆
32	16:00	新闻	中国新闻
33	16:15	电视剧	英雄虎胆
34	17:00	新闻	中国新闻
35	17:15	儿童	动画城
36	18:00	新闻	中国新闻
37	18:20	综合文艺	中国文艺
38	18:50	纪录片	国宝档案
39	19:00	新闻	中国新闻
40	19:15	电视剧	特殊争夺
41	20:00	纪录片	走遍中国
42	20:30	新闻专题	海峡两岸
43	21:00	新闻	中国新闻
44	21:30	新闻访谈	今日关注
45	22:00	新闻专题	深度国际
46	22:45	教学	快乐汉语
47	23:00	新闻	今日亚洲
48	23:26	电视剧	台湾首任巡抚刘铭传

从表 5—1—1 中可以看出,新闻节目在播出时间的长度和时段的编排上占据绝对的优势,全天 48 档节目中有 20 档新闻、新闻专题或新闻访谈类节目,而且在节目编排中,晚间黄金时段都以新闻类节目为主。如果从准新闻频道的编排思路出发,这无可厚非。但是,对于一个综合频道而言,多少还是有些偏离定位,至少不太符合海外华人受众的收看习惯。例如,美国观众 June Sheng 致函 CCTV－4 说:"每当有事件发生的时候,电视剧就会被替换掉。"① 其他观众也多有同感,他们在给 CCTV－4 的反馈中也表达了类似的意思。例如,休斯敦观众曹珏女士表示:"CCTV－4 最近经常直播新闻发布会,有些内容跟我们海外华人华侨的关系不大,却占用了我们的晚间黄金时间。而且被冲掉的电视剧我们也无法再看到,使我们很难完整地看到一部电视剧。我也了解了一下周围华人华侨的情况,他们都跟我有相同的感受。"旧金山观众陈女士表示:"我们都是上班族,下班回家后最好的休闲方式是看 CCTV－4 的电视剧,一方面可以多了解中国,另一方面全家人坐在一起收看,感觉很轻松。可是最近频繁的新闻发布会使我们享受不到这种乐趣了。希望你们能考虑将电视剧调整到我们晚间的另一个时间播放,以避免新闻发布会的影响。"美国亚利桑那州图森市的十几位华侨及中国留学生联名给 CCTV－4 写信说:"CCTV－4 美洲版电视剧的首播时间是我们这里的晚上 19:30,也就是北京时间的上午 10:30,我们每天晚上都盼望着电视剧的播出,但是近几天却因为新闻发布会一直没有看到,而电视剧的重播时间不是在我们的半夜就是上午学习或工作的时间,我们不可能观看。可否将新闻发布会改为录播,安排至另外的时间播出?如果经常冲掉电视剧,我们担心很多人就会放弃 CCTV－4 而转看其他中文频道了。希望贵台不要给'新唐人'之类的电视台以机会。"② CCTV－4 自从定位"准新闻频道"之后,类似的反馈意见就持续不断,直到改版前的 2010 年 9 月,还有美国观众 Juria 来信说:"中央四台的新闻节目也播放太频繁了;几乎每个小时播放一次,烦人啊……我们更喜欢看那些轻松愉快的节目,像《中国文艺》、《走遍中国》、《百家讲坛》、《中华医药》和好的电视剧等等。"当然,观众的反馈只能代表一部分人的意见和态度,但也确实道出了 CCTV－4 在突出新闻节目的同时,在一定程度上不符合海外观众的收视习惯。

---

① 中央电视台海外中心联络部:《海外观众反映》,2008 年第 21 期(http://blog.cntv.cn/html)。

② 中央电视台海外中心联络部:《海外观众反映》,2007 年第 15 期(http://blog.cntv.cn/html)。

二、CCTV-4 的历次改版及定位

从 1992 年成立到 2010 年 12 月,CCTV-4 进行了 6 次改版。虽然每一次改版各有侧重,但都从不同方面改进了频道的整体品质,也从一个侧面反映了央视对外传播策略的变化。

(一)第 1 次改版:构建专业频道

1998 年 6 月 1 日,CCTV-4 进行了开办以来第 1 次全面改版,把原来的 68 个栏目减少到 47 个,同时新开办了介绍中国优秀传统文化、地理、历史、医药的 4 个新栏目:《千秋史话》、《东方家园》、《中华医药》和《纪录中国》。这次改版以凸显频道整体形象为目标,标志着 CCTV-4 走上了频道专业化的发展道路。

(二)第 2 次改版:优化编排,扩充节目

2000 年 2 月 7 日,CCTV-4 进行了第 2 次改版,这次改版主要侧重在两个方面:一是优化节目编排,二是扩充节目容量。在节目编排方面,CCTV-4 以亚洲、北美和西欧三个重点地区的主要收视时段为依据,节目编排由 6 小时一单元改为 8 小时一单元,全天滚动播出 3 次来安排播出时段,这样不仅使重点地区黄金时段的节目安排更加合理,而且增加了节目首播量,减少了重播。在扩充节目容量方面,CCTV-4 改版后,新闻的直播次数从原来的 4 次增加到 6 次,新闻和新闻类节目的日首播量从原来的 3.7 小时增加到 4.4 小时。在北京时间每天早 8 点还推出了一档新闻杂志性栏目《中国新闻 60 分》。与此同时,对台、涉台节目从原来的每周 60 分钟增加到 135 分钟,增加了《海峡两岸》栏目的播出次数,并新开办了《走进台湾》栏目。另外,推出了《世界华人》、《纪录片之窗》、《新中国第一》、《语林趣话》、《民族大家庭》、《东方时尚》和《真情》等新栏目。原有的《中国旅游》更名为《旅行家》,《体育大世界》并入《中国体育》,《梨园群英》、《神州戏坛》、《戏曲采风》和《旋转舞台》等并入《中国文艺》。此外,CCTV-1 和 CCTV-2 的一些名牌栏目也在国际频道安排播出。电视剧将从原来的每天一档增加为两档。

(三)第 3 次改版:构建全中文华人频道

2002 年 9 月 2 日,CCTV-4 以"加强新闻,突出对台,弘扬文化,荟萃精华"为宗旨,进行了第 3 次改版。经过这次改版,CCTV-4 变成全中文对外电视频道。改版后,CCTV-4 共有栏目 39 个,其中,新闻、对台、文体、专题节目播出量比例依次为 51%、6%、24%、19%。改版后,这次改版提出了"整点有

新闻,次次有更新"的口号,新闻节目频率增加,涉台栏目数量增加,专题栏目进行了大整合。改版推出 24 次整点新闻和《走遍中国》《名将之约》《两岸万事通》《同乐五洲》和《体育在线》等新栏目。第 3 次改版让 CCTV-4 更好地向港、澳、台、侨"四位一体"的华人频道方向发展。

(四)第 4 次改版:进一步凸显华人概念

2006 年 1 月 30 日,中文国际频道进行了第 4 次全面改版。改版后,CCTV-4 新闻节目的首播从 6 次增加到 24 次,首播量增加了 125 分钟,实现整点有新闻,次次有更新。新闻播出总量比原来增加 14.6%,在新闻板块中加大了资讯服务和生活服务的比例。自办专题栏目由原来的 14 个压缩为 7 个,但文化和文艺、体育类节目的首播量有所增加,新创办了《华人世界》《台商故事》《台湾万象》《缘分》等栏目。改版后,CCTV-4 继续定位为"新闻为主、荟萃精华"的综合频道,确立了"传承中华文明、服务全球华人"的频道宗旨,制定了 CCTV-4 新的战略目标——构建全球华人共享的平台,即"负责的大国话语表达输出平台,中国发展与机遇全面展示平台,中国文化崛起的主流传播平台,全球华人情感共享与交流平台",此次改版从指导思想上,大大强化了华人的概念,使 CCTV-4 更加具有国际频道的个性特征,同时也加强了海外的针对性、包容性和国际化。

(五)第 5 次改版:提升新闻报道的质与量

2009 年 8 月 1 日,CCTV-4 针对新闻节目进行了全方位改版。这次改版以"丰富新闻信息,提高新闻时效,加强新闻评论,传播中国观点"为目标,建立了以《中国新闻》为龙头的全天候新闻播报体系,以《今日亚洲》《今日欧洲》《今日美洲》为基础的国际新闻报道体系,以《今日关注》为龙头、《深度国际》等为主干内容的全天候新闻评论体系,并在以上节目体系的基础上,改进中文国际频道新闻节目总体包装,形成具有鲜明中国元素、符合新闻属性和国际化特色的包装风格。这是中央电视台全面推进"频道品牌化"发展战略的重大步骤,也是中文国际频道提升国际传播能力、构建国际一流媒体的重要举措。

(六)第 6 次改版:突出文化特色

2010 年 12 月 1 日,CCTV-4 进行了成立以来的第 6 次改版。这次改版调整了 CCTV-4 的频道定位,由"新闻为主的综合频道"改为"新闻文化综合频道"。改版后,CCTV-4 侧重点除了新闻之外,中国文化在频道编排中要占有更大的比例。这次改版增加了《文明对话》和《移动生活——远方的家》等 4

个栏目。其中,《文明之旅》定位为高品质的文化栏目,以对话的形式就文化传播和交流等主题访谈国内外知名文化学者,力求将其打造成世界华语电视频道中的顶级文化栏目。《移动生活——远方的家》是大型直播旅游节目,内容新颖,形式独特,属国内首创。节目内容不是介绍风光,而是围绕人来讲述和解读城市中纷繁芜杂的文化。通过这次改版,CCTV-4不仅在内容方面注重对中华文化的传播,还在受众定位和频道包装方面突出华人特点。这次改版在受众定位方面进行了拓展,将海外华裔第二代列为重要目标受众,此举极具前瞻性。与受众定位相适应,CCTV-4通过这次改版进一步强化国际化特点,在频道包装的色彩和专题类栏目的字幕等方面都有所创新,例如,专题类栏目的标题字幕采用中英双语。第6次改版是CCTV-4创办以来的一次历史性飞跃,频道定位更加明确,风格更趋国际化,发展战略也更具前瞻性。

三、CCTV-4的战略定位与目标

中央电视台中文国际频道经过6次改版,尤其是2010年12月1日的改版,使频道的战略定位和发展目标更加清晰,这为日后频道的对外文化传播工作奠定了坚实的基础。

(一)战略定位:中华文化传播平台

我国电视对外传播的重要目标之一就是传播中华文化。随着"文化软实力"、"文化巧实力"和"文化吸引力"等概念的出现和流行,包括CCTV-4在内的对外频道在文化传播层面上被赋予了更多的使命和期待。对外电视频道通过文化传播,增进海外华侨华人对中华文化的了解、理解和认同。如前所提及的,俄罗斯学者利哈乔夫的绝笔力作——《解读俄罗斯》,对于当下的中国来说很有启示意义,中国电视对外传播更应该承担起传播中华文化的使命。CCTV-4从创办之初就开播了不少以弘扬中华文化为宗旨的栏目,在此后的历次改版中,又增加或调整了不少文化类栏目,例如1998年第1次改版中创办的《中华医药》栏目以及2004年开播的《国宝档案》等栏目,至今在海内外依然具有很高的关注度。2010年进行的第6次改版更加注重中华文化的传播,在栏目设置上增加了《文明对话》等栏目,并对已有栏目的定位和内容进行调整,扩大了文化类栏目的比例。

经过历次改版,CCTV-4文化类栏目逐渐涵盖了文化传播的各个层次和方面。目前,关于文化的定义、构成和层次尚无定论。就文化的定义和构成来说,联合国教科文组织的观点具有一定的代表性。2001年11月2日,联合国教科文组织在185个与会成员国通过的《世界文化多样性宣言》中将文化界

定为:"应把文化视为某个社会或某个社会群体特有的精神与物质,理智与情感的不同特点之总和。除了文学和艺术外,文化还包括生活方式、共处的方式、价值观体系、传统和信仰。"①就层次而言,很多学者赞同将文化分为"表层文化"、"制度性文化"和"深层文化"。也有部分学者根据"形而上者谓之道,形而下者谓之器",将文化分为"道"和"器"两个层面。经过近 20 年的发展和 6 次改版,CCTV－4 在栏目构成上已基本涵盖了中华文化传播的完整层次。例如,《文明对话》传播的是文化理念、价值观层面的文化;《国宝档案》栏目的内容既与文化的器物层面相关,也传播了制度层面的文化;《中华医药》栏目关注的不仅是器物的表层文化,也解读与价值观和思维方式相关的深层文化。

值得一提的是,经过第 6 次改版,CCTV－4 在文化传播方面更注重策略和技巧,弱化甚至改变了"教化"的传播风格,转而采用"滴水穿石、润物细无声"的方式。有学者指出:一个没有文化品位的电视节目不是一个好节目,一个没有特色的电视节目在市场竞争中不具备竞争力,一个引不起共鸣的电视节目往往也打动不了观众。具有文化品位、又有独到特色、又能引起中国观众共鸣的东西就是电视文化的"民族独创性"。电视文化对于其"民族性"的传承与彰显便规律性地成为强健电视媒体生命力的重要所在。② 对于电视栏目是如此,对于电视频道是如此,对于面对激烈国际竞争的 CCTV－4 更是如此。

(二)发展目标:世界第一华语平台

CCTV－4 的 6 次改版、尤其是第 6 次改版,进一步凸显了频道的战略目标:打造世界第一华语平台。在这个目标中,"第一"和"华语"无疑是关键的战略要素。

"第一"对于电视频道而言,就是最具影响力的代名词,频道影响力的核心是节目内容的吸引力和公信力。CCTV－4 从 1992 年成立之后,就立足于成为具有国际影响力的电视频道,尤其是在全球华人中最具影响力的频道。由于条件限制,CCTV－4 直到 2002 年才成为纯中文频道,此后就针对栏目设置、节目内容和频道编排进行多次调整,增加节目的吸引力和公信力。CCTV－4无论是 2006 年第 4 次改版时推出 24 小时新闻节目,还是 2009 年第 5 次改版中增加新闻评论节目的比例,以及历次改版中增加、合并或调整文化类、服务类专题栏目,都是在努力提升频道内容的吸引力和公信力。相比其他

---

① 见联合国教科文组织网站:www.unesco.org。
② 于姚:《"缺钙"的中国电视——民族文化,中国电视的强健之本》,《记者摇篮》,2004 年第 7 期,第 8 页。

竞争对手,中央电视台在资金、人才和节目资源等方面的优势也为CCTV－4成为世界第一华语平台奠定了坚实的基础。

"华语"就意味着观众是全球华人,而不仅仅局限于内地以及从内地移民海外的华人。但是,全球华人并不具有同一性和均质性,而是存在群体差异。有学者认为,根据走出国门的时间,可以将海外华人分为旅居海外已经好几代的老侨——1949年以前的老侨,改革开放以后走出国门的新移民。根据来源地,可以分为内地移民、台湾移民、香港移民、老侨和居住国生长的新生代等,还可以细分为内地广东移民、福建移民等。① 在所有差异中,代际差异最为明显,第二代华人因为出生或成长在海外,在内容需求和收视习惯方面与他们的父母,也就是第一代华人存在较大的差异。2005年"美国人对华态度"调查结果显示:美国10%的华人倾向于收看英文电视,54%的华人倾向于收看中文电视,35%的华人倾向于收看双语电视,1%的华人不确定。此外,第二代华人的数量正在日益增长,在海外受众中占据越来越大的比例。以美国为例,目前,华人人口约1/5为美国本土出生的第二代。② CCTV－4在前5次改版中,在受众定位方面并未进行细分,仅是在节目编排方面考虑不同地域受众的收视习惯。在第6次改版中,CCTV－4将海外华裔第二代受众纳入重点目标受众的范畴,并在节目的内容和编排方面有所考虑。例如,增加节目的时尚感和现代感,一些栏目增加英文字幕等。

中央电视台前副台长张长明在CCTV－4成立十周年时曾撰文表示:"传承中华文化,服务全球华人,中央电视台和全球的华语电视媒体应该共同担负起这一时代和民族赋予我们的神圣使命。"③要兼顾传承中华文化和服务全球华人这两个使命,CCTV－4就需要将传播文化纳入电视频道的定位。CCTV－4提出"构建中华文化第一传播平台"的发展目标,既是对频道使命的进一步阐释及对受众需求的回应,也是提升中华文化在海外受众中认同度的重要举措。需要指出的是,本文强调要加大传播文化的力度,并不是忽视传播新闻资讯的重要性。在没有专业对外新闻频道的情况下,CCTV－4无疑肩负着传播新闻资讯的重要使命,只是新闻类节目和文化类节目的比例和编排需要有所平衡。

---

① [美]李大玖:《海外华文网络媒体——跨文化语境》,北京:清华大学出版社,2009年版,第37页。
② 周敏:《美国华人社会的变迁》,上海三联出版社,2006年版,第319页。
③ 张长明:《传承中华文化 服务全球华人》,《电视研究》,2002年第10期,第8页。

第二节　对外电视频道定位文化的作用与意义

电视频道的定位关乎频道生存和发展,也是核心竞争力的关键因素。有学者认为,电视频道的核心竞争力构建的系统包括三个层面、20个着力点。第一层面为基础层,主要是为电视媒体集团和电视频道核心竞争力的形成提供深厚文化基础和必要精神条件,包括频道文化、理念、价值观、形象、创新、特色、人才等7个着力点。第二层面是载体层,主要是为频道核心竞争力的形成发挥"平台效应",起到"支撑"作用,包括结构、机制、规模、战略、品牌、关系、制度等7个着力点。第三层面是转换层,其主要作用是把频道核心竞争力实化和物化,包括服务、质量、成本、营销、技术、员工能力等6个着力点。[①] 以上20个因素都直接或间接与频道定位存在关联,因此,定位关系到频道运营和发展的方方面面。中央电视台中文国际频道将频道定位从单一的"新闻"调整为"新闻"与"文化"并重,对于提升国际传播影响力具有重要的作用,同时还具有现实价值和战略意义。

一、定位文化有助于提升对外传播影响力

近20年来,中国电视对外传播力建设取得了巨大的发展:1992年10月1日,中国第一个面向海外的24小时国际卫星电视频道中央电视台中文国际频道(CCTV-4)诞生。随后,中央电视台英语、法语、西班牙语、阿拉伯语和俄语国际频道相继开播。2010年4月26日,中央电视台英语国际频道(CCTV-9)改版为英语新闻频道(CCTV-News),成为中国第一个外语新闻频道。目前,我国已经成为世界上开办了语种最多的国际频道的国家。2009年6月20日,胡锦涛主席在视察《人民日报》时提出,媒体要"加强舆论分析,主动设置议题,善于因势利导"。根据海外受众的特点和国际传播格局,我国对外电视频道应以文化为突破点,强化议程设置能力。对外电视媒体应该在频道定位、栏目设置以及日常新闻报道中注重文化内容;相比政治等"硬新闻"题材,文化中的许多成分能较好地契合西方媒体和受众的内容需求,文化折扣要小于因为中西政治制度差异而导致的政治传播"效果折扣"。对外电视频道

[①] 项仲平:《电视栏目与频道策划研究》,北京:中国广播电视出版社,2007年版,第230～231页。

改进文化内容及传播策略和方式,以文化吸引力强化议程设置能力,是提升我国国际传播影响力的一条重要途径。

(一)强化议程设置能力是提升对外传播影响力的重要途径

议程设置最早由美国人沃尔特·李普曼(Walter Lippman)提出。他认为,大众不是对外界实实在在的事件做出反应,而是对"虚幻外界"在"我们头脑中的图画"做出反应。公众获知的任何事件状况多数是经媒介筛选后的产物。① 1972年,麦克姆斯(Maxwell Mocombs)和肖(Donald Shaw)提出了议程设置理论,认为大众传播通过提供信息和安排相关的议题来有效地左右人们关注哪些问题和意见及他们谈论的先后顺序;大众传播可能无法影响人们怎么想,但却可以影响人们去想什么。从最本质的意义上讲,议程设置理论是关于显要性在议程之间的转移。在通常情况下,人们认为这种显要性转移是从媒介议程到公众议程的转移。② 就对外传播而言,议程设置则是要引导国际传媒和受众的注意力,将显著性从国内媒体转移到境外媒体和海外受众。议程设置能力与对外传播影响力有着直接的关联。传播影响力是传播效果的体现,是"传播内容到达后的效果以及其再释放能力和结果,是收视者完成收视行为后节目对个人和社会实际生成的影响力度"。③ 根据传播学理论,传播要素包括传播者、传播渠道、传播内容、传播对象和传播效果。议程设置决定传播内容,也就影响着传播效果。因此,议程设置能力与对外传播影响力有直接的关联性。

相比西方媒体,我国对外电视媒体在新闻选题和报道方式上设置议程的意识或能力还不足,这导致对外报道在很多时候受到西方媒体议程设置的影响,不利于我国对外传播影响力的提升。例如,我国媒体在国家领导人报道方面就没有利用有利条件在对外传播中进行议程设置。西方受众和媒体对关于中国领导人的新闻比较关注,美国《洛杉矶时报》驻华记者表示:

(中国)领导人的行动比较保密,对普通中国人来说,比较难以接触,美国人就更难接触了解他们,这就是我们愿意报道的原因。④

---

① [美]斯蒂文·小约翰著,陈德民、叶晓辉译:《传播理论》,北京:中国社会科学出版社,1999年版,第600~601页。
② [美]马克斯韦尔·麦库姆斯著,郭镇之、徐培喜译:《议程设置:大众媒介与舆论》,北京大学出版社,2008年版,第179页。
③ 俞虹:《分众时代电视社会影响力分析》,《中国广播电视学刊》,2004年第1期,第53页。
④ 周明伟主编:《国家形象传播研究论丛》,北京:外文出版社,2008年版,第400页。

可以说，对我国领导人的报道是我国对外电视媒体的优势报道资源，具有设置西方媒体报道议程的先天条件，但事实上，我国媒体并没有加以利用而设置国际媒体的报道议程。笔者曾对改版前的CCTV-News(即CCTV-9)中19点的《环球瞭望》(World Wide Watch)栏目进行了为期一年的抽样统计，时间是从2009年3月1日到2010年2月28日，样本是以尾数为0和5的日子。在抽出的71档新闻中，关于胡锦涛的新闻共有33条，内容大都是关于内政外交活动的记述性报道，而非引导媒体议程的观点性报道。相比之下，CCTV-9关于奥巴马的新闻共有24条，内容大都是报道奥巴马对某一热点问题的言论和观点。仅就数量而言，CCTV-9对美国领导人的报道在数量上比较接近对中国领导人的报道，而在报道内容和角度上还优于对中国领导人的报道。这说明，我国电视对外传播自身的议程设置能力意识薄弱，不善于利用关于中国领导人的报道来影响国际媒体议程。从另一个角度也可以说，我国对外媒体在某些报道领域依然被美国媒体的议程设置所左右。

CCTV-9关于两国国家领导人的报道并不是个案。有研究者发现，从中国媒体对2009年奥巴马就职典礼的报道和美国媒体对2008年北京奥运会的报道中，也可以明显地看出中美媒体关于对方报道的"不对等"，即两者在议程设置能力上的巨大差距。中国媒体对奥巴马就职的报道充满热情，各种细节俱全；而美国和西方媒体对北京奥运会的报道，却带有诸多的吝啬和挑剔。美国总统就职典礼和中国奥运会这两场盛事中同样都出现了"假唱"事件，美国以天气寒冷为由，没有成为热点；而中国却成为国际社会刻板印象中"弄虚作假"的证据。① 这种差别既与国家综合实力和影响力有关，也与我国传媒的报道策略、理念和方式相关，尤其是与议程设置能力有很大关系。议程设置能力的不足在一定程度上已经制约了我国国际传播影响力的提升。

我国对外媒体议程设置能力的不足有多种原因，除了意识不足外，新闻采集能力不强也是重要原因。虽然这些年我国对外电视频道的新闻采集能力大大加强，但与西方发达国家相比仍存在一定的差距，这就限制了议程设置能力。例如，我国对外电视频道目前播出的国际新闻大部分都来自西方国家的通讯社，这些新闻经过他们的"议程设置"之后，倾向性很明显。笔者在2009年3月1日到2010年2月28日期间对中央电视台中文国际频道(CCTV-4)21点的《中国新闻》进行了为期一年的抽样调查，结果显示：在抽样的71档新

---

① 李良荣、郑亚楠：《关于提高新闻传播能力的几点思考》，《北京印刷学院学报》，2009年2月第17卷第1期，第2页。

闻中有 566 条国际新闻,关于美国的报道明显多于其他国家和地区,而且负面新闻也相对较少。见表 5－2－1：

表 5－2－1　中央电视台中文国际频道国际新闻内容

		数量		比例
美国	新闻总量及总体比例	112		19.79%
	其中负面新闻数量及比例	26	23.21%	
非洲	新闻总量及总体比例	19		3.36%
	其中负面新闻数量及比例	16	84.21%	
拉丁美洲	新闻总量及总体比例	66		11.66%
	其中负面新闻数量及比例	48	72.73%	
亚洲	新闻总量及总体比例	231		40.81%
	其中负面新闻数量及比例	97	41.99%	
欧洲	新闻总量及总体比例	91		16.08%
	其中负面新闻数量及比例	53	58.24%	
其他	新闻总量及总体比例	47		8.30%

从表 5－2－1 可以看出,中央电视台中文国际频道所播出的国际新闻中,美国内容占 19.79%,比整个非洲、拉丁美洲和南美洲的新闻总和还要多;关于美国的负面新闻只占其新闻总数的 23.21%,远低于其他地区。但是,有关亚洲、非洲或者拉丁美洲和南美洲的新闻,不仅负面新闻的比例高,而且内容也多涉及政府政变、军队叛乱、社会不稳定等问题,给世界构建了一个混乱、不安、落后的图景,反衬出西方发达国家的繁荣稳定。导致这种现象的原因主要是由于自身新闻采集能力的不足,受制于西方媒体的报道议程。在这一年抽样统计的 566 条国际新闻中,由中央电视台驻外记者采集的新闻仅有 68 条,占总数的 10.25%。根据挪威社会学家高尔通(Johan Galtung)1971 年提出的结构帝国主义理论(structural imperialism),通过跨国的新闻社,新闻从(西方)中心国家流向边缘国家,同时,驻外记者从发展中国家搜集信息又回到中心国家的新闻社,再从中心国家的新闻社发送到发展中国家。这种结构造成的后果是:南方国家对周边国家的信息基本上一无所知,因为信息经过了发达

国家信息网络的过滤。如果中心国家根据自己的新闻标准和发达国家对新闻的需求来确定新闻的话，那么边缘国家中心地区对新闻的需求和新闻标准就会与中心国家相一致。这就是国际媒体的"议程设置功能"。① 目前，中国对外电视频道还不具备足够的议程设置资源，很多时候只能按照西方媒体的议程设置来报道世界。虽然我国媒体在采用这些国际新闻的时候有所选择，并在视角方面力求按照中国的立场进行调整，但是，新闻报道的重点或者说注意力仍然不可避免地被西方媒体所左右，仍然在按照他们所设置的议程来关注世界，这种状态对于国际传播能力建设极为不利。

由此可见，新闻采访能力对议程设置能力有着显著影响，而议程设置能力又与对外传播影响力直接相关。根据我国对外传播媒体的现实条件，短时间内通过强化新闻采访能力来提升议程设置能力不太实际。因此，在当前的国际传播格局下，需要寻求其他更有效、更快捷的途径来强化我国对外电视媒体的议程设置能力，以此来提升我国的对外传播影响力。

(二)以文化吸引力来强化议程设置能力

对外电视频道要有文化传播的意识，以文化吸引力来强化议程设置能力。亨廷顿(Samuel Phillips Huntington)和伯杰(Peter Berger)在分析全球化时代世界格局的时候，提出了文化"放射物"的概念，指那些能够主导某个区域甚至全球的文化力量。

一个国家或一种文明，要成为文化的"放射物"，就必须有足够的文化自我觉悟。它必须了解自己作为传播文化的实体拥有多大的潜力，同时必须了解自己与其他文化的关系。②

对于中国的电视对外传播而言，中华文化中的精华无疑是我们的"放射物"，也就是我们应该大力对外传播的内容。在目前世界传播格局之下，我国电视对外传播在提升国际影响力和争取话语权方面，要采取有别于西方的路径和方式。其中，以文化吸引力来提升议程设置能力就是较为现实可行的选择。

1. 文化在中国电视对外传播中的意义。如何解决我国议程设置能力不足的问题，很重要的一个方面是看外国受众希望了解中国的原因是什么。根据蓝海国际传播促进会2008年进行的《蓝海调查:美国人眼中的中国》，在回

---

① 转引自关世杰《国际传播学》，北京大学出版社，2004年版，第103～105页。
② [美]塞缪尔·亨廷顿、彼得·伯杰主编，康敬贻、林振熙、柯雄译:《全球化的文化动力》，北京:新华出版社，2004年版，第83页。

答"希望了解中国的原因是什么"问题时,对中国文化、历史感兴趣的回答高居首位,达49%,这一数字比"中国不断增加的政治、经济实力"这一问题多出20个百分点(见表5-2-2)。

表5-2-2 美国民众希望了解中国的原因是什么(primary reasons to learn about China)

Reason/原因	(%)	男性	女性
Culture/History/对中国文化、历史感兴趣	49%	40%	56%
Education/Learn/提高自身的教育水平、增加知识	35%	27%	42%
Growing Political/Economic Force/中国不断增加的政治、经济实力	29%	29%	29%
Interesting/Like Country/有意思的国家、喜欢中国	21%	17%	25%
High Work/Moral Ethic/中国人工作努力、道德感强	13%	7%	19%
Language/中国语言	11%	8%	15%

在"政治、经济实力"这个大概念下,美国民众具体关注中国什么现实问题呢?在蓝海调查中,美国民众在回答"什么是美国人当前最关心的中国问题"时,中国的政治、社会、环境、经济问题都先后名列其中(见表5-2-3)。在这10个美国民众最关心的问题中,可大致分成三类:一类是中国与美国有重大分歧、有激烈争论的问题,如民权、自由、人口、控制、共产主义与资本主义、西藏问题;一类是中国社会经济发展中存在的现实负面问题,如污染、环境、劳工、血汗工厂、产品质量问题;一类是客观现状,如经济、美国对中国的金融债务。

表5-2-3 什么是美国人当前最关心的中国问题(Most Important Issues About China)

Issue/问题	Mentioned/提到的人数比例(%)
Civil Rights/Freedom/民权、自由	39%
Population/Control/人口、控制	25%
Pollution/Environment/污染、环境	24%
Communism vs. Capitalism/共产主义与资本主义	23%
Economy/经济	21%
Labor Issues/劳工问题	17%
Sweat Shop/血汗工厂	16%
Low Quality Products/产品质量问题	15%
U.S. Debt to China/美国对中国的金融债务	13%
Tibet/西藏问题	12%
Nothing/不知道	16%

第一类问题,即"民权、自由、人口、控制、共产主义与资本主义、西藏问题",属于争论的政治议题,双方会各执一词,在短期内我们难以在议程设置方面改进,难以改进中国在美国的国家形象。

第二类问题,即"污染、环境、劳工、血汗工厂、产品质量问题",是现实社会发展中存在的负面问题。在经济迅速发展和社会转型过程中,这是人们享受发展带来的成果时付出的代价。在人们肯定改革开放巨大成绩并从中受益的同时,这也是人们不满意的地方。客观地讲,我们不如美国。我国的人民都不满意,外国人怎么会满意?我们也正在解决这些问题。面对这些议题,中国对外传播只有招架之功,在这方面难以占美国之上风。

第三类问题,即"经济和美国对中国的金融债务",是有利于设立中国正面形象的两个议题,我们处于积极主动的地位,有利于改进中国的国际形象。

在政治、经济、社会方面,对于传播对象美国来说,在设立议题方面,国内政治议题难度大,国内的社会和环境议题,难度次之,国内的经济议题是我们占优势的方面,也是我们应该加强的地方。

相比文化议题,由于中国几千年的灿烂文化,比较美国只有200多年的建国史,具有设立传播议题的优势。

根据美国民众对中国信息的需求特点,根据国际传播格局和我国电视对外传播现状,现阶段可以通过增强文化吸引力来强化议程设置能力,提高我国的国际传播影响力。

与此同时,很多海外受众对于我国对外电视频道中的文化类节目一直情有独钟,具有一定的受众基础。例如,美国俄亥俄州观众 David Moyer 在给 CCTV-9 的信中表示,CCTV-9 让他深入了解了中国丰富而神奇的历史,以及多姿多彩的文化和传统。美国观众 Cary Kelly 在给 CCTV-9 的信中也表示,他从未在中国居住过,也不是华裔,但是仍然喜欢 CCTV-9。他很喜欢学习别的国家的文化,也包括中国的。[①] 印度观众 K. N. Vijayakumar 在 CCTV-9 的网站上留言说,他经常收看 CCTV-9 的节目。节目非常好,信息量大。他很高兴能够通过这个频道了解中国的文化、历史和自然风光。他希望 CCTV-9 能多播出中国的传统音乐,不要模仿西方的形式。[②] 因此,文化吸引力是提升我国对外电视影响力的重要途径。

---

① 中央电视台海外中心联络部:《海外观众反映》,2009年第3期(http://blog.cntv.cn/html)。
② 中央电视台海外中心联络部:《海外观众反映》,2009年第6期(http://blog.cntv.cn/html)。

2. 对外电视频道应将文化吸引力转化为议程设置能力。文化是电视新闻和专题节目的重要内容之一，随着我国对传统文化的重视，电视对外传播也越来越注重对文化内容的报道。例如，2006年春节期间，中央电视台中文国际频道（CCTV－4）的新闻节目就一连几天以直播的形式介绍不同地域过春节的情况以及其中的文化内涵。同年，该台新闻节目以"传奇中国节"为主题，直播报道各地"三月三"、端午等传统中国节日的盛况。2010年2月春节期间，该台新闻节目又推出了"我们的春节"系列节目，以与全球华人互动的形式来传播中国传统节日文化。节日是文化中生活方式维度的重要内容，新闻节目浓墨重彩地报道传统节日，对于传播传统文化具有重要作用。除了节日这类宜于电视传播的文化题材外，传统手工艺等艺术也是文化的重要载体。2009年，CCTV－4午间《中国新闻》以卫星直播连线的形式推出"直播台湾"系列报道，介绍了台湾灯笼制作等众多传统文化。另外，文物考古和发现对于传播文化具有极为重要的意义，文物是文化的积淀，也是文化穿越时空的载体。而且，重大文物考古发现能在国内外产生重要的影响，具有设置国际传媒议程的功能。2010年5月，CCTV－4和CCTV－News连续10天报道广东汕头"南澳一号"古沉船的水下文物考古活动，其中在5月16日和20日连续直播了1个半小时的考古活动。水下考古清理出来的古代瓷器等既展示了中国传统瓷器文化，也同时传播了瓷器上所凝聚的中国传统人文精神和图腾文化等内容，并揭示了中国古代生活方式、贸易、经济、外交等层面的内容。新闻节目对于各类文化元素的传播具有重要的意义，而且新闻节目连续、系列播出的方式能形成较大的影响力，与此同时，新闻节目及时性、互动性等特点在传播效果上具有一定的优势。这些节目在海外产生了较大的影响，无论是海外媒体的转载还是海外受众的反馈，都在一定程度上体现了文化吸引力向议程设置能力的转化。

另一个例证就是CCTV－News的《海客谈》（Crossover）。《海客谈》这个栏目是2010年4月26日CCTV－9改版为CCTV－News后新增的一个谈话类节目。虽然《海客谈》的很多话题与文化无关，但是文化的内容依然占据一定的比重。在4月26日到5月25日为期一个月的节目中，与文化相关的内容达到18期，占总数的60%。其中，与"传统与习俗"相关的话题最多，占61.11%；其次是涉及"生活方式"的话题，占22.22%；第三是与"文学和艺术"相关，占16.67%。见图5－2－1。

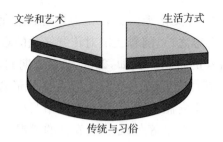

图 5-2-1 《海客谈》涉及的文化元素

而在文化的四个层次中,《海客谈》主要是关于"习俗层面"的,占 61.11%;其余的则与"浅层文化"相关,占 38.89%。见图 5-2-2。

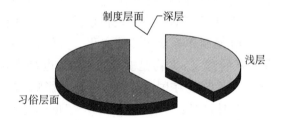

图 5-2-2 《海客谈》涉及的文化层次

外国观众通过观看这档节目中主持人与嘉宾之间关于诸如称呼、庆典、节日等与日常生活相关的浅层文化的谈话,能在一定程度上对中国文化有所认知。

需要指出的是,对外电视节目在传播文化的时候,需要根据海外受众的接受习惯和接受心理来设计传播的内容和方式,这样文化吸引力才能成功地转化为议程设置能力。例如,每逢重大传统节日,我国对外电视频道的节目大多会报道相关的庆祝活动,但是,报道角度与方法通常和国内新闻的报道没有什么区别。国内受众对这些节日的历史文化背景和相关庆祝活动比较熟悉,但海外受众比较陌生。国内电视节目关于传统节日活动的报道大都比较笼统,其报道角度、报道内容和报道手法很难引起海外受众的兴趣,也不利于他们深入了解中国文化。因此,对外电视节目在报道这些传统节日的时候不可以照搬照用对内电视节目,而需要考虑海外受众的特点,选择适合于对外报道的角度、内容和手法。例如,在 2010 年中国清明节前夕,美国美联社(AP)关于清明节报道的稿件标题是:"Taiwanese offer ancestors paper Ferraris, iPhones"(台湾民众向先人孝敬纸法拉利跑车、纸 iPhone 手机)。文章从西方人熟知的法拉利跑车和 iPhone 手机切入,报道了中国人在清明节时烧纸质祭品给先人这一独特传统。文章报道了清明节在台湾的最新潮流,也介绍了中国清明节的历史背景和相关习俗。对于西方受众而言,美联社的标题和内容具有较强的吸引力。相比美联社关于清明节的报道,我国对外电视频道在同时期播出的新闻多为:"清明:祭祖扫墓 追思故人"、"清明:慎终追远 文明祭祀"、"清明:不弃传统 文明祭祀"、"清明将至 重温传统习俗"和"长白山:文明祭祀 低碳清明"等。这些新闻的报道角度和内容大都针对国内受众,而不适合对外播出。因此,我国电视对外传播需要充分考虑受众的差别,在传播文化的时候,选择适合海外受众的内容、角度、手法。

二、文化定位的现实价值和战略意义

(一)文化定位的现实价值

从理论上说,文化与电视媒体所进行的传播是互动的和一体的。文化是传播的文化,传播是文化的传播。没有文化的传播和没有传播的文化都是不存在的。① 对于CCTV-4这样的对外频道尤其如此。

从现实价值层面来说,CCTV-4以传播文化作为频道定位可以大大满足受众的内容需求。美国著名传播学者拉斯韦尔在《社会传播与结构》(1948)一文中,总结了传播的三大功能,即监视环境、联系社会和传递遗产。传播功能研究的集大成者 W·施拉姆在《传播学概论》(1982)一书中认为,传播功能包括一般功能、政治功能和经济功能,具体的功能为雷达功能、控制功能、教育功能和娱乐功能。② 无论是表述为"传递遗产",还是"教育功能"和"娱乐功能",媒体在文化传播的作用与价值都早已被认同。

CCTV-4从创办之初就开播了不少以弘扬中华文化为宗旨的栏目,在此后的历次改版中,又增加或调整了不少文化类栏目。例如,1998年第1次改版中创办的《中华医药》栏目以及2004年开播的《国宝档案》等栏目,至今在海内外依然具有很高的关注度。2010年进行的第6次改版更加注重中华文化的传播,在栏目设置上增加了《文明之旅》等栏目,并对已有栏目的定位和内容进行了调整,大大增加了文化类栏目的比例。这些文化类栏目较好地满足了海外受众在求知和娱乐方面的需求,也增强了CCTV-4的吸引力和凝聚力。这从很多海外受众给CCTV-4的反馈中可以看出。日本宇都宫市观众野崎清隆先生说:"我和老伴一直在认真收看CCTV的《中华医药》栏目,受益匪浅,了解了许多防病治病的方法和求医信息。我还买了《中华医药》丛书。我们能够健康、愉快地在日本生活至今,和洪涛牵挂着我们每个人的健康,是

---

① 庄晓东主编:《传播与文化概论》,北京:人民出版社,2008年版,第3页。
② 庄晓东主编:《文化传播:历史、理论与现实》,北京:人民出版社,2003年版,第45~46页。

分不开的……还有许多使人看了十分开心的娱乐节目,如《曲苑杂坛》、《中国文艺》等等,这一切使我在异国他乡充分感受到了中国丰富的文化艺术魅力和它具有的感染力。"①

(二)文化定位的战略意义

CCTV-4将传播中华文化纳入频道的定位不仅具有现实价值,还具有战略意义。有学者曾阐释文化外宣的三个战略意义,即改善国家形象、优化国家战略和增强国家软实力。② 对于电视对外传播而言,传播文化对于增强海外受众对于中华文化的理解和认同具有重要作用。

我国电视对外传播的重要目标之一就是传播中华文化。随着"文化软实力"、"文化巧实力"和"文化吸引力"等概念的出现和流行,包括CCTV-4在内的对外频道在文化传播层面上被赋予了更多的使命和期待。对外电视频道要通过文化传播,增进海外华侨华人对中华文化的了解和认同。有观众就建议CCTV-4制作中国姓氏起源的节目:"为加强海外华人的归属感,希望中央电视台中文国际频道制作一些诸如《千家姓》的来源、祖籍简史等介绍中国历史、文化的节目,让海外华侨能更多地了解自己的祖先,不忘记自己是龙的传人。"③由此可见,文化传播对于增进文化认同具有重要的意义。

通过电视频道进行文化传播对于强化海外华人的文化认同感具有重要的意义。文化认同(cultural identity)指个人对一个特殊文化或族群所具有的归属感。④ 有论者指出:"文化认同是人类对于文化的倾向性共识与认可。这种共识与认可是人类对自然认知的升华,并形成支配人类行为的思维准则与价值取向。由于人类存在于不同的文化体系中,因而文化认同也因文化的不同而各异。不同的文化有不同的文化认同,文化认同也因此而表现为对其文化的归属意识。文化认同的涵盖随着人的文化群体的形成、整合及人类文化的交融而扩大。一个国家的民族认同与文化统一性的发展潜力,是以相互关系的方式,由其所依附的民族国家间变幻不定的权力失衡和相互依赖的结构所决定的。"⑤换而言之,民族认同与文化传播的能力与效果密切相关。而且,18

---

① 中央电视台海外中心联络部:《海外观众反映》,2007年第5期(http://blog.cntv.cn/html)。
② 梁岩:《中国文化外宣研究》,北京:中国传媒大学出版社,2010年版,第32~36页。
③ 中央电视台海外中心联络部:《海外观众反映》,2009年第11期(http://blog.cntv.cn/html)。
④ [美]陈国明:《跨文化交际学》,上海:华东师范大学出版社,2009年版,第171页。
⑤ [英]迈克·费瑟斯通著,杨渝东译:《消解文化——全球化、后现代主义与认同》,北京大学出版社,2009年版,第124页。

世纪以降,民族认同已成为协调文化属性最引人注目的和最成功的现代模式。① 毫无疑问,海外华人在适应当地社会的过程中难免会在中华文化和当地文化之间摇摆,甚至会被"同化"。"同化"意味着移入的一群人不仅失去了原来在另一个社会中培养成的行为方式,并逐渐吸收了新移入社会的方式,而且不再认为自己与别人有明显不同,这样,他们不被划入另类,不被与其他人区别对待。当然,对于新移民来说,大多数仅是"文化适应",而非被"同化"。② CCTV—4等媒体通过传播中华文化,可以持续不断地唤起海外华人的集体记忆,构建共享的传统,借助对共同历史和遗产的认识,保持文化认同和集体认同的凝聚性。

第三节　外国电视频道的文化定位
——以日、韩国际频道为例

NHK是日本最具影响力的电视机构,目前通过NHK环球电视频道(NHK World TV)进行国际传播。KBS是韩国最具影响力的媒体之一,KBS旗下的KBS世界电视频道(KBS World TV)是韩国开展国际传播的重要渠道。这两个频道作为日本和韩国最为重要的对外电视频道,在节目编排和内容选择等方面都不谋而合地采取"文化策略",这对于中国对外电视传播来说,具有一定的参考和借鉴意义。

一、NHK和KBS简介

(一)NHK环球电视频道简介

NHK(Nippon Hoso Kyokai,日本广播协会)是日本唯一的公共电视机构,其前身是1925年3月22日播出的东京广播电台,1926年8月20日与大阪广播电台和名古屋广播电台合并后,正式成为全国性广播电台组织。1950年,日本国会通过了"电波三法"(《电波法》、《放送法》和《电波监理委员会立法》),规定NHK为公共广播机构,不以营利为目的,独立于国家,为了全体国民福祉而进行广播。NHK因此进行了重新组建,成为具有公共性质的特殊法人,并建立了较为完善的管理和监察机构。1953年2月1日,NHK开始播

---

① 周宪主编:《文学与认同:跨学科的反思》,北京:中华书局,2008年版,第155页。
② [美]宋李瑞芳:《美国华人的历史和现状》,北京:商务印书馆,1984年版,第255页。

出电视节目。1989年6月1日,NHK卫星电视正式开播。2000年12月1日,NHK卫星数字电视开播。2003年12月1日,地面数字电视开播。到2011年,NHK在国内拥有2个卫星电视频道,即BS 1和BS Premium。此前,NHK拥有3个卫星电视频道,即BS 1、BS 2和BS-hi。其中,BS 1主要关注国内外新闻、财经资讯和体育赛事。BS Premium主要播出文化和娱乐方面的节目。之前的BS-hi是一个专门播送高清节目的频道。

截至2011年3月,NHK在全球设立了30个海外总局和分局,其中北京、巴黎、曼谷和纽约为海外总局,另外24个站点为分局。NHK在全球拥有80名记者。NHK在北京设立了中国总局,共有日方和中方雇员22人。

NHK开播了国际频道,包括环球电视频道(NHK World TV)和环球收费频道(NHK World Premium)。其中,NHK环球电视频道(NHK World TV)从2009年开始推出了高清节目。截至2011年3月,NHK环球电视覆盖了全球120个国家和地区,拥有1.37亿用户。NHK环球电视计划在2014年年底在全球拥有1.5亿用户。

(二)KBS世界电视频道简介

KBS即韩国广播公司(Korean Broadcasting System,简称KBS)。KBS的历史要追溯到1926年成立的社团法人京城广播电台。该广播电视台于1927年正式开播,是韩国第一个广播电台。1961年,KBS电视台正式开播。1980年,当时的全斗焕政府合并了韩国广播公司(KBS)和文化广播公司(Munhwa Broad-Corpration,简称MBC)两个公共电视网。20世纪80年代后期,MBC又从KBS中分离出来。① 1990年之前,韩国一直是一个奉行公共广播体制的国家,KBS和MBC垄断了整个韩国的广电市场。1990年,韩国广电业进行了一次"有限开放"式结构调整,民营的汉城广播公司(Seoul Broadcasting System,简称SBS)正式开播。从此,韩国广电业在公营与民营共存的二元结构中成长,电视市场格局也由两强独占转化为KBS、MBC与SBS的三足鼎立,并一直延续至今。② KBS在2001年开始播出高清节目,并计划在2012年前,所有节目都以高清格式制作和播出。2005年12月1日,KBS开始运营全球第一个地面DMB,提供电视、音频和数据服务。截至2011年,KBS拥有2个地面电视频道(KBS 1 TV和KBS 2 TV)、4个有线电视频道(KBS体育频道、KBS文化频道、KBS电视剧频道和KBS娱乐频道)、1个

---

① 郭镇之主编:《全球化与文化间传播》,北京广播学院出版社,2004年版,第256页。
② 夏骏:《十字路口的中国电视》,北京:清华大学出版社,2006年版,第176页。

国际电视频道（KBS 世界电视频道）、4 个数字多媒体移动频道（依托于 KBS 1 TV 的 KBS 中央移动电视频道、依托于 KBS 2 TV 的 KBS 家庭与文化移动电视频道、KBS 音乐频道、KBS 数据与信息频道）、6 个广播频道（FM 2，全球韩语广播网，Radio 1，Radio 2，Radio 3，FM 1）、1 个国际广播频道（KBS 世界广播频道）。截至 2010 年 12 月 31 日，KBS 共有员工 4964 人。

2003 年 7 月 1 日，KBS 开播了面向海外播出的 KBS 世界电视频道（KBS World TV）。该频道的口号是："超出你的想象"（More Than Your Imagine），目前覆盖 71 个国家，包括美国、中国、日本，以及大部分亚洲国家和欧洲、中东、拉丁美洲、非洲等地域的国家。截至 2009 年 12 月，全球收视家庭大约为 4420 万。KBS 世界电视以韩语播出，节目加配日文、中文、西班牙文、印度尼西亚文和英文字幕。KBS 世界电视频道积极推行本土化策略，以拓展海外市场。KBS 在美国成立了 KBS 美国频道（KBS America），根据美国观众的特点重新编排 KBS 的节目，并在节目中增加了英文字幕。KBS 在日本成立了 KBS 日本频道（KBS Japan），节目内容也是根据日本观众的特点对 KBS 的节目进行筛选和编排，在节目中增加了日文字幕。另外，KBS 在印度尼西亚也与当地公司合作，对 KBS 进行了本土化改革，在注重节目编排的同时，在节目中增加了印尼文字幕。目前，KBS 正在与越南当地公司商谈合作，计划在越南开办具有本土特点的频道。

二、NHK 在国际传播中的"文化战略"

当今世界，以开办国际频道或其他形式进行国际传播的动机主要有三个，即政治、经济或文化。政治需求主要是为了强化或夺取"话语权"，经济需求则是立足商业运作、谋求利益最大化，而文化需求则是提升他国民众对本国文化的认知和认同。作为公营媒体机构，日本 NHK 开展国际传播的目标主要是传播日本文化，在国际媒体竞争中以"文化战略"来赢得自己的一席之地，由此向世界传递日本的声音。NHK 主要通过两个渠道来实现其"文化战略"，即节目传播和文化外交。

（一）节目传播

NHK 主要通过 NHK 环球电视频道（NHK World TV）进行节目传播。日本开播这个环球电视频道的初衷是为了应对信息输入与输出不平衡的压力。1990 年（平成 2 年）7 月，日本政府邮政省发表了《平成 2 年通信白皮书》，指出在 1988 年度日本接收国外电视节目的量是日本向国外传送节目量的 18 倍。日本各界由此感到，通过 NHK 来实现日本文化的输出是日本政府修改广播法并扩大 NHK 业务范围的一个最重要的目的。① 日本发展国际电视频道分为三个步骤,首先是 TV Japan 的播出。TV Japan 并非一个稳定的电视频道,而是由 NHK 向位于纽约和伦敦的两个电视频道提供节目,再向当地的日本侨民播出。第二步是"委托广播业务"的开展。1995 年 4 月 3 日,NHK 开始通过 TV Japan 的两家电视频道 JNG 和 JSTV,每天向北美播出 5 小时、向欧洲播出 3 小时 10 分钟的电视节目。第三步是 NHK 于 1996 年 9 月在巴西落地、1997 年 7 月在墨西哥落地。② 1994 年,日本修改了《广播法》,将面向海外的电视播出确定为 NHK 的法定业务。根据修改后的《广播法》,NHK 于 1995 年开始了面向欧洲、北美的电视海外播出。③ 1998 年 4 月,NHK 环球电视频道(NHK World TV)开播,其口号为"亚洲视角"("Your Eye on Asia")。NHK 环球电视频道开播后,播出的时间逐渐延长、范围逐渐扩大。1999 年 10 月,该频道开始 24 小时播出,2001 年 8 月,覆盖范围扩展到了非洲南部地区,从而基本实现了全球覆盖。2009 年 2 月 2 日,NHK 环球电视频道成为 24 小时播出的英语新闻和资讯频道。

目前,在 NHK 环球电视频道播出的节目中,文化类节目占日播时长的平均比例达到 28.75%。NHK 环球电视频道文化类节目的时长如表 5—3—1 所示。

表 5—3—1　NHK World TV 文化类节目的时长(单位:分钟)

类别	周一	周二	周三	周四	周五	周六	周日
语言类	0	10	35	20	20	20	15
风土人情类	60	230	190	105	20	45	60
传统文化类	0	40	75	140	120	15	0
文物类	30	0	0	0	0	0	25
音乐艺术类	320	330	180	0	0	0	235
美食类	200	85	0	0	0	0	100
建筑类	40	30	45	30	30	0	0
合计(分钟)	650	725	525	295	190	80	435

---

① 龙一春:《20 世纪 90 年代后 NHK 发展战略的变化》,《现代传播》,2006 年第 1 期,第 160 页。
② 胡正荣主编:《外国媒介集团研究》,北京:中国传媒大学出版社,2003 年版,第 248～249 页。
③ 李卫兵:《从 NHK 海外频道看日本对外传播的新动向》,《中国广播电视学刊》,2008 年第 8 期,第 91 页。

NHK World TV 新闻类节目只有两个：整点播出的《新闻快报》（Newsline）和周播的《亚洲七日》（Asia 7 Days）。关于文化的栏目达到14个，涉及不同的主题。有些栏目偏重传递具有浓郁日本文化特色的内容，例如，《日本樱花》（SAKURA－Cherry Blossom in Japan）介绍日本著名的樱花景点；《栗原春美私房菜》（Harumi Kurihara Cooking）与《日餐厨房》（Your Japanese Kitchen）是推介饮食文化类的节目；《轻松学日语》（Nihongo Quick Lesson）是语言文化类节目，教授在日本旅游或会见日本朋友时很有用的简单短语和词汇；《日本礼仪》（Sense of Japan）是一个介绍日本基本礼仪的节目；《日本生活》（Begin Japanology）的内容是关于日本文化细节以及日本人的审美观和价值观。在文化类节目中，NHK 环球电视频道注重推介包括音乐艺术在内的当代日本文化，其节目播出时间所占日播时间总量的平均比例达到10.55%。

日本广播协会中国总局长西川吉郎先生在接受笔者访谈时表示，外国人实际上在两个层面对日本感兴趣，第一个是日本在世界上比较领先的技术、经济、高科技，另一个就是比较典型的日本文化。为了满足外国观众对这两方面的兴趣，NHK 环球电视频道在制作节目时有所侧重。[①] 而且，NHK 环球频道的节目制作体制也有利于其满足境外受众的内容需求，实施"文化战略"。2007年12月21日，日本《广播法》修正案在经过众议院修改后获得了参议院通过，要求 NHK "建立新的对外播出机制"，要将"面向外国人"和"面向海外日侨"分开。面向外国人的电视对外播出，其节目制作等部分业务，可以委托给 NHK 子公司制作。这就从法律上保障了由专门的团队来制作专门面向外国受众的电视节目。[②]

除了文化类栏目，NHK 环球频道也注重在新闻节目中报道日本的文化动态、展示日本的文化传统。日本广播协会中国总局长西川吉郎先生在接受笔者访谈时表示："新闻是文化的反映，而且是最典型的一种反映。"[③] 虽然 NHK 环球电视频道的最终目标是成为像 CNN 和 BBC 一样的国际一流媒体，但其频道定位、传播理念和内容设置却没有走"新闻立台"的路线，而是利用日本文化在世界的独树一帜走文化路线，着重传播对国际受众来说比较新

---

① 根据2010年8月笔者对日本广播协会中国总局长西川吉郎先生的访谈。
② 李卫兵：《从 NHK 海外频道看日本对外传播的新动向》，《中国广播电视学刊》，2008年第8期，第92页。
③ 根据2010年8月笔者对日本广播协会中国总局长西川吉郎先生的访谈。

奇和有吸引力的日本文化，以另一种方式为日本在国际社会争取话语权。①

另外，NHK也注重通过文化产品的销售来传播文化。NHK设立了专门在国际上负责购买和销售节目的代理公司NEP(NHK Enterprises. INC)。该公司负责向海外销售反映日本文化或具有日本文化特点的纪录片、电视连续剧和动画片。2007财政年度(2007年4月1日到2008年3月31日)，NHK共向43个国家和地区售出5211个节目。在2008财政年度(2008年4月1日到2009年3月31日)，共向43个国家和地区销售了7516个节目。在2009财政年度(2009年4月1日到2010年3月31日)，NHK向40个国家和地区销售了3706个节目。在2010财政年度，NHK向35个国家和地区销售了3602个节目。

(二)文化外交

除了在节目上注重文化内容的传播外，NHK在国际传播上实施"文化战略"的另外一个重要举措就是开展文化外交。根据自身特点，NHK的文化外交活动主要通过两种方式开展，即文化活动和国际合作。

1. 文化活动。NHK在国际上开展文化活动的形式多样。例如，NHK邀请世界一流指挥家和管弦乐团，联手举办"NHK音乐节"活动。此外，NHK每年主办"NHK杯国际花样滑冰锦标赛"。在NHK的众多文化活动中，较有影响的有三个国际性赛事，即NHK亚洲电影节(NHK Asian Film Festival)、圣丹斯/NHK国际电影工作者奖(Sundance/NHK International Filmmakers Award)和"日本奖"(The Japan Prize)。

NHK亚洲电影节创办于1995年，创办后的前十年是每两年举办一次，从2006年开始，改为每年举办一次。圣丹斯/NHK国际电影工作者奖创办于1996年，由NHK与罗伯特·雷德福主持的非营利团体"圣丹斯协会"共同设立，其目的是通过发掘人才和作品，以提供奖金和购买播出权的方式支持有潜力的导演，促进世界影视文化发展和文化交流。

"日本奖"设立于1965年，是一个教育节目国际竞赛奖，旨在"提高国际教育节目质量，增进国际理解与合作"，以鼓励人们致力于教育下一代的优秀影视作品的创作。参赛作品不仅包括电视节目，也包括以教育为目的的网站、游戏和其他音视频材料。它不仅是一个教育类、高水准音视频内容的赛事，而且也是一个全球创作者、制片人和教育界人士进行讨论和交流的论坛。在2010

---

① 何明智、郭醇:《中日电视英语频道比较——解读NHK World TV的定位兼与CCTV-9对比》，《对外传播》，2009年第4期，第37~39页。

年,该赛事共收到来自64个国家和地区的409部参赛作品。

通过这些文化类赛事,不仅促进了国际文化事业的发展,也大大提升了NHK的影响力和公信力。

2. 国际合作。NHK文化外交的另一个重要策略就是在文化领域开展国际合作,其形式主要是技术合作以及节目合作。

就技术合作而言,NHK通过派遣专家和接受对象国对口专家赴日研修等形式,与亚洲、大洋洲、非洲和拉丁美洲等地的发展中国家的广播电视机构进行技术合作。专家和研修人员涉及的领域广泛,包括广播电视设备的维修保养、信号传输、节目制作技术、节目制作指导、广播电台和电视台的经营等。在过去50年中,NHK派遣专家和接受研修人员的数目累计达到4333人。其中,2010财政年度,NHK接待了来自82个国家和地区广播电视及相关机构的1450位来访者。

就节目合作而言,NHK与海外许多广播电视机构和制作公司保持合作关系。在过去的30年里,NHK已经通过国际合作的方式制作了750个节目。例如,曾经在中国产生较大反响的《丝绸之路》是中央电视台首次与NHK联合摄制的大型电视系列片。该片从1979年8月开始至1981年5月结束,共拍摄了20个月,国内行程几万公里,拍片近14万米。1985年到1988年,中央电视台和NHK再次合作拍摄了大型纪录片《黄河》。从2009年4月到2010年3月,NHK共计播出了54个国际合作制作的节目,节目数量达到165个。

三、KBS世界电视频道的"文化策略"

韩国KBS世界电视频道的"文化策略"就是通过电视剧来营造"韩流",以电视剧为依托传播韩国文化。韩剧是KBS世界电视频道的主打内容,除少数因版权原因不能及时播出之外,几乎所有韩剧都是在韩国本土播出四周后就在该频道播出。而且KBS所制作的电视剧已经在海外产生一定的影响力。近年来,KBS向印度出口了电视剧《黄真伊》、《浪漫满屋》,向非洲出口《冬季恋歌》、《秋天的童话》。相比我国电视机构注重通过新闻节目来强化"话语权",提升"文化软实力",韩国一直非常注重电视剧在国际传播中的作用。实际上,"传播的全球化所改变的是媒体虚构的内容和音乐,而非新闻和时政。绝大多数的新闻机构——无论是报刊还是广播电视——仍然是国家的和本土的"。① 卡伦所指的内容主要是影视剧。而且,从文化传播的层次来说,根据"形而上者谓之道,形而下者谓之器"的划分,文化也可以分为"道"和"器"两个层面。其中,"道"文化是抽象的高层次的文化,是形而上的;"器"文化是具体的文化,是形而下的。② 相比其他节目形式,电视剧在同时传播"道"和"器"两个层面的文化内容方面具有较大的优势,这也正是韩国 KBS 世界电视频道实现其"文化策略"的重要方式。

（一）电视剧在节目编排比例和时段上具有绝对优势

通过电视节目进行文化传播的方式有很多种。从风格来说,可以是严肃的,也可以是轻松的;既可以坐而论道、循循善诱,也可以嬉笑怒骂、润物无声。从类型来说,可以是电视剧,也可以是新闻、娱乐和纪录片等。KBS World 选择的是通俗的、轻松的方式来传递其文化,体现在节目编排上,就是播出大量的娱乐节目、电视剧和纪录片,尤其是电视剧。在 KBS 世界电视频道的节目单上,电视剧占有很大的比例,其日均播出时间占当天节目总时长的比例为 41.67%。表 5-3-2 是 KBS 世界电视频道在 2010 年 10 月 8 日的节目单。

表 5-3-2　KBS World 节目单（2010 年 10 月 8 日）

序号	播出时间	节目类型	节目
1	00:30	音乐	音乐银行
2	00:40	纪录片	KBS Special
3	01:50	音乐	刘熙列的音乐笔记本
4	03:10	电视剧	吹风的好日子
5	03:50	电视剧	面包大王
6	05:00	新闻	News Plaza
7	05:50	综合娱乐	我的故乡
8	06:45	纪录片	人间剧场
9	07:25	脱口秀	早晨论坛
10	08:30	电视剧	那女人的选择

---

① ［英］詹姆斯·卡伦著,史安斌等译：《媒体和权力》,北京：清华大学出版社,2006 年版,第 232 页。

② 刘继南、何辉等：《中国形象：中国国家形象的国际传播现状与对策》,北京：中国传媒大学出版社,2006 年版,第 36~37 页。

续表

11	09:00	电视剧	妈妈也很漂亮
12	09:30	电视剧	大姐
13	10:05	纪录片	背包走向世界
14	11:00	新闻	
15	11:25	电视剧	自由人李会荣
16	13:25	纪录片	影像散文——我心里的旅游
17	13:45	纪录片	人间剧场
18	14:25	电视剧	大姐
19	15:00	电视剧	那女人的选择
20	15:30	电视剧	妈妈也很漂亮
21	16:00	新闻	今日新闻
22	16:20	综合娱乐	KOREA Insight
23	16:50	音乐	音乐银行
24	18:10	综合娱乐	KBS World Han Network
25	18:40	综合娱乐	KOREA Today
26	19:10	综合娱乐	明星约会
27	19:25	电视剧	吹风的好日子
28	20:00	新闻	KBS News 9
29	21:00	电视剧	嫁给我吧
30	23:20	综合娱乐	两天一夜

从表5-3-2中可以看出，每天30档的节目中，电视剧占了11档，而且都是在黄金时段播出。这些电视剧秉承韩剧的一贯风格，在场景中嵌入大量的韩国文化元素，剧情也蕴含着韩国传统文化价值观念。

当然，其他类型的节目也或多或少担负着传播文化的使命。例如，在表5-3-2中，纪录片《背包走向世界》是一档55分钟的节目，通过旅行者的视角来浏览、欣赏多姿多彩的一座座城市，记录城市的历史、文化和生活场景，以旅行者的视角来观察并审视城市的历史和文化、价值和特色，以及认同性。

(二)电视剧凸显构建文化符号、传递价值观念的功能

韩剧是韩国电视文化的重要构成部分,也是韩国实施文化策略的重要方式。韩剧对于文化元素的使用是全方位、多层次的。在文化"道"的层次上,韩剧总是在细小琐碎的家庭生活中表现对亲情、血缘、人伦、中和、礼仪的选择与重视。如《澡堂老板家的男人们》、《人鱼小姐》、《黄手帕》、《说不出的爱》等电视剧,尽管主题不一,情节各异,但整个电视剧的落点和基调都是对传统人伦关系、儒家理念等的体现。在文化"形而下"的层面上,也就是在日常生活起居饮食等方面,韩剧也是热衷于展现其文化的印迹,尤其乐于在饮食文化和服饰文化等方面表现其民族特色。例如,电视剧《大长今》淋漓尽致地展示了韩服和韩食的精美。① 总而言之,韩国电视剧在构建文化符号、传递价值观念方面发挥着重要的作用。

KBS世界电视频道正是依托KBS强大的电视剧资源对外开展文化传播的。韩国第一部电视剧就是KBS于1962年1月19日首播的《我也要做人》。进入21世纪后,KBS在电视剧方面的成绩斐然,不仅提升了韩国电视剧产业的品牌,也推动了韩国旅游经济的发展。例如,《冬日恋歌》、《夏日香气》、《蓝色生死恋》等一系列代表作,因为剧中大量拍摄本土风光,输出到国外之后引来了大量的游客,为韩国旅游创收立下了汗马功劳。2004年是KBS大丰收的一年,《尚道,上学去》、《白雪公主》、《爱情的条件》、《哦,必胜!奉顺英》、《新娘18岁》、《对不起,我爱你》、《浪漫满屋》、《豪杰春香》几部剧集为KBS赢得好评。2005年的《18:29》改编自池秀贤的小说《天使之吻》,剧情另类搞笑,也很受欢迎。除了《九尾狐外传》这样魔幻题材的作品外,它们同样也擅长制作一些大手笔的历史剧,如《明成皇后》、《张禧嫔》、《武人时代》、《不灭的李舜臣》和《海神》等,处处显示出老牌国营电视台的厚实底子。② 在 KBS World 播出的电视剧中,大都以直接或间接的形式传播韩国的文化。在表5—3—2的那些电视剧中,有的直接体现韩国的文化价值理念。例如,电视剧《大姐》讲述的就是一位韩国传统女性的故事。片中的大姐仁玉在13岁的时候父母双亡,她从此扮演起父母的角色,照料两个妹妹。她总是先为妹妹们着想,把自己放在后面。以个人主义澎湃的这个时代标准来看,她是牺牲自己的可怜的女性。但是,电视剧中的大姐没有抱怨自己的命运,也没有自暴自弃,而是充满勇气,

---

① 余敏先、米学华:《韩剧在中国热播的文化反思》,《安庆师范学院学报》,2009年1月第28卷第1期,第127~128页。
② 夏骏:《十字路口的中国电视》,北京:清华大学出版社,2006年版,第177页。

积极挑战,所以她的人生美丽而崇高。

(三)社会环境和基础设施为电视剧开展文化传播提供条件

包括 KBS 在内的韩国电视台在制作电视剧的时候,从剧本创作到拍摄手法,都非常注重韩国文化的传播。此外,韩国在电视剧制作的基础设施建设和产业政策方面都为文化传播提供了便利。

从 20 世纪 90 年代开始,韩国就开始注重传统文化的回归。1996 年 7 月,韩国政府发布了公务员"孝顺休假制",国家公务员在父母或岳父母的生日这天可以休假,并且,祖先去世的祭日也可以作为祭祀而休假。在韩国所有的人际关系中,"孝"是第一位,"孝道"是一行之本。儿子无论长到多大也不能在父母面前抽烟,对父母要用敬语说话,从父母和年长者手里接东西时一定要用双手等。① 正是这种整体的社会氛围为韩剧的创作提供了基调,也是韩剧注重文化传播的动力。中国电视制作人尤小刚说,韩剧的基本模式是"日本的故事结构+中国的儒家文化底蕴+人造的俊男美女+先进的技术成就"。② 这种说法虽然不全面,但也道出了韩剧的特点。韩剧成功的关键在于,它找到了各种文化的契合点,即道德和伦理,实现了社会文化心理的近距离感知。韩剧所蕴藏的韩国社会文化,也包括以中国传统文化为根源的东方文化,特别是儒家文化。像《看了又看》、《澡堂老板家的男人们》这样的家庭伦理剧,提倡的是大家庭成员之间的互相关爱、孝敬父母、夫妻恩爱等最基本的儒家道德思想,迎合了中国观众的家庭伦理观念。《天堂的阶梯》、《青春》、《冬日恋歌》等爱情悲剧,演绎的是男女主人公不离不弃、坚贞不渝的爱情故事,与中国古典文学中的"海枯石烂不变心"的爱情故事有异曲同工之处。③ 可以说,正是韩国社会中传统文化的回归奠定了韩国电视剧成功的基础。

就基础设施而言,韩国为增强电视剧的文化底蕴,采取了很多创造性的举措。为了方便影视剧的创作,韩国政府专门建立了两个文化项目——"原创文化数码机构"和"故事银行"。前者涵盖了韩国各个历史时期的风俗习惯、服饰、音乐和兵器等相关资料,后者则收集了大量韩国历史故事,它们仿佛是两个巨大的"文化数据库"。只要输入关键词,相应的资料便一一呈现。从前每拍一部历史影视剧,为了寻找那个特定历史的相关资料,制作人员往往要花费

---

① 郭镇之主编:《全球化与文化间传播》,北京广播学院出版社,2004 年版,第 114 页。
② 转引自夏骏:《十字路口的中国电视》,北京:清华大学出版社,2006 年版,第 178 页。
③ 董盺主编:《韩剧攻略:当代韩国电视剧研究》,北京:中国传媒大学出版社,2009 年版,第 36 页。

很大的精力,还不一定准确。"原创文化数码机构"和"故事银行"建立后,这样的问题就迎刃而解了。① 此外,韩国在文化资源的保护和开发方面也采取了很多独到的措施。韩国专门设立一个名为"无形文化财产厅"的机构,管理诸如韩国传统说唱、假面舞、摔跤、拳击、韩纸艺术、宫廷御膳、魔术、礼仪、传统医药等无形文化财产。对每项无形文化财产及掌握该绝活的民间艺人都编号管理。② 也许正是因为这种举国文化理念和机制,韩国的电视剧才能具有深厚的文化底蕴,并由此风靡海外。

四、NHK 和 KBS 国际传播的"文化战略"对我国电视对外传播的启示

目前,在对外传播上,我国偏重政治、经济新闻的发布,而忽视影像的传播,或者说一直不具备影像输出的能力。对此,有学者建议,在充分熟悉国际电视节目制作规则后,还要生产出对全球观众都有较小文化折扣的产品。只有这样,中国文化的输出才能实现,中国现代性才能被普遍认可。③ 而且,就文化传播自身而言,传统文化要想保持自己的特色并迅速发展,大众文化的传播途径可能是最经济有效的。④ 参考日本 NHK 环球电视频道和韩国 KBS 世界电视频道的文化传播策略,我国对外电视传播应该加大对文化传播的重视,兼顾"硬新闻"和"文化传播"两个渠道。

(一)强化文化内容的传播,增强对外传播吸引力

目前,我国主流对外电视频道大都以新闻为主要内容。例如,中央电视台中文国际频道的定位就是"以新闻为主的综合频道",中央电视台英语国际频道更是在 2010 年 4 月 26 日改版为专业的新闻频道,呼号也由原来的 CCTV-9 改为 CCTV-News。"新闻立台"有其应有之意,但真正要在国际上传播软实力,增进外国受众对中国文化的了解和对当代中国的认同,文化传播可能是更好的选择。而且,由于政治理念和传播方式等方面的差异,新闻传播本身存在着诸如"政治理念"、"话语体系"等方面的障碍。当然,这并不是说要忽视新闻

---

① 董旸主编:《韩剧攻略:当代韩国电视剧研究》,北京:中国传媒大学出版社,2009 年版,第 35～36 页。
② 王众一、朴光海:《日本韩国国家形象的塑造与形成》,北京:外文出版社,2006 年版,第 191 页。
③ 海阔:《媒介人种论——媒介、现代性与民族复兴》,北京:中国传媒大学出版社,2008 年版,第 206 页。
④ 黎风主编:《广播影视与文化传播》,重庆:西南师范大学出版社,2008 年版,第 188 页。

传播在对外传播中的作用。笔者只是要强调,对外传播在内容构成和编排方式上应更加多元化。

在现阶段,我国对外电视频道的整体实力,尤其是传播理念和技巧等方面的软实力,还不及西方发达国家,因此,新闻传播的作用还局限于告知以增进受众的了解。而文化传播的作用则不仅可以告知,还能影响,以增进受众的认同。当中国在传媒实力和传播技巧方面能与西方发达国家比肩的时候,中国的新闻传播才能具有定义权,也才能在占有国际话语权、投射文化软实力方面发挥应有的作用。因此,我国对外电视频道应加大文化内容的比例,在编排上也宜将与文化传播相关的节目置于重点时段。

现在,"文化软实力"正成为各界讨论甚多的一个概念。很多学者认为,文化软实力的核心就是文化吸引力。同样,"国际传播能力建设"也是当下的一个热门概念。笔者认为,国际传播能力的重要组成部分就是传播内容的吸引力。

当然,电视对外传播在以新闻或专题节目传递文化内容的时候,一方面需要注意文化层次的问题,也就是文化的器物层面、制度层面或价值观层面的内容选择。另外,需要考虑跨文化传播的问题,尤其需要兼顾不同的文化价值观。例如,日本NHK对外传播的文化价值观就选择海外受众能接受的部分,"NHK新闻一定基于老百姓的价值观,当然这种文化的价值观应该是世界文化价值的一部分,所以应该把日本的这种文化价值观当做世界价值的一部分来讲,作为一个基础来考虑"。[①] 换言之,即尽量传播文化价值观的普适价值,要力求避免传播其他文化中所禁忌的内容。

(二)完善文化外交的模式,提升对外传播影响力

从国际政治角度来说,文化外交是以文化传播、交流与沟通为内容所展开的外交,是主权国家利用文化手段达到特定政治目的或对外战略意图的一种外交活动。在很大程度上可以说,公共外交就是文化外交。[②] 加强文化外交,扩大本国文化的国际影响力,注重文化产品和文化资本输出,大力开拓国际文化市场,是西方发达国家提升本国文化国际竞争力的第三个重要经验。[③]

目前,我国文化外交的主要模式是"走出去",以不同的渠道到世界各国开

---

① 根据2010年8月笔者对日本广播协会中国总局长西川吉郎先生的访谈。
② 李智:《文化外交:一种传播学的解读》,北京大学出版社,2005年版,第24、34页。
③ 邓显超:《发达国家文化软实力的提升及启示》,《理论探索》,2009年第2期(总第176期),第37页。

展文化交流和传播活动。当然,不同的渠道有着自身的特点,故而有着相应的文化外交模式。就对外电视而言,"走出去"固然必要,"请进来"也必不可少。所谓"请进来",就是对外电视机构通过举办相应的文化活动,吸引世界各国的同行参与其中,形成互动,增强理解,进而提升影响力。中国虽然已经有"上海电视节"、"长春电影节"等国际电视、电影节活动,但其影响力依然有提升的空间。目前,中国电视机构尚没有像NHK亚洲电影节、国际电影工作者奖和"日本奖"一类的文化活动或传播模式。另外,从长远来说,针对外国、尤其是发展中国家的来华留学生培养、电视工作者来华培训以及人员交流等工作的开展,对于提升我国对外传播的影响力具有重要意义。总之,文化外交的模式应尽量多元化,不仅要大力"走出去",也要积极"请进来",多层次、多渠道、多方式地提升我国对外传播的影响力。

(三)在电视剧创作和生产中应注重传统文化元素的加入

以通俗的电视剧或其他节目形式来传播文化具有非常重要的现实意义,而这却没有得到应有的重视。从古至今,中国文化中的深层次内容,如"仁、义、礼、智、信"的价值观念、"天人合一"的自然观、"注重后代教育"的教育观、"中庸"处事方式、"面子"与"和谐"等人际关系准则以及"祸福相依"的处世观念等,其传播方式除了口耳相传、书籍传播外,还有一条很重要的途径就是戏曲欣赏。因为掌握这些传播媒介不需要什么学问,只要有眼睛有耳朵就能接收。因而在民间流行的作品一般都是较为通俗的作品。同时,这些作品的内容只有符合普通老百姓的安分守己、忠孝节义等传统文化心理和道德观念,才能得到广泛的认可和流行。[①] 例如,昆曲《牡丹亭》传递的不仅是中国传统的爱情观,还有人们对于生死、祸福等方面的命运观;湖南花鼓戏《刘海砍樵》传承的价值观念包括中国传统的"孝"、"忠贞爱情"与"手足情深"等理念。现代的影视剧也具有类似的功用,通过剧中人物的言谈举止,能够体现一个民族文化中深层次的内容。例如电视剧《三国演义》,除展现了中国历史上一段风起云涌的历史外,也通过人物向人们诠释了什么是"忠"与"义";电影《宝莲灯》则向世界深刻传递了中国人"孝"的理念。中国的影视剧常被赋予教化功能。被誉为"中国电影之父"的郑正秋早在中国电影发端时期就一再申明自己的"电影要教化社会"的主张。蔡楚生、史东山等中国的第二代电影导演更是进一步把这种主张和观念推及到自己的影片创作和全体民众中去。[②] 因此,当代的

---

① 朱增朴:《文化传播论》,北京:中国广播电视出版社,1993年版,第68页。
② 黎风主编:《广播影视与文化传播》,重庆:西南师范大学出版社,2008年版,第24页。

电视剧需要在题材、思想内容、场景等方面注重文化元素的加入,从而让这些电视剧在播出和发行的同时达到传播文化的目的。这既是传播文化的需要,也是赢得受众的基础。例如,我国香港、台湾地区和日本、韩国等国家,充分利用儒家文化圈层的共同文化基础,进行大规模的区域营销。香港武侠剧、台湾琼瑶剧、日剧、韩剧等,都曾经制造过轰动效应。他们往往能够利用儒家文化中侠义、家庭、伦理及其现代化遭遇,赢得该文化圈层观众的广泛认同。①

---

① 海阔:《媒介人种论——媒介、现代性与民族复兴》,北京:中国传媒大学出版社,2008年版,第205页。

第六章

对外电视的节目形态与文化传播

电视节目是对外电视的传播内容。客观地说,所有的电视节目都在传播文化,尽管电视节目的生产者——记者、编辑——对此并不一定都有所意识。文化包含不同的构成要素和层次,不同形态的电视节目在文化传播方面具有不同的特点。例如,电视剧擅长传播深层次的价值观文化,而语言类节目则以传播文化中的语言和文字为主。

第一节 电视节目形态概说

一、电视节目与电视节目形态

按照《广播电视辞典》的解释,"电视节目"指电视台各种播出内容的最终组织形式和播出形式。[①] 在多种定性分类系统中,四分法即依据节目的内容性质(也可以说是节目的社会功能)将电视节目划分为新闻类节目、娱乐类节目、社教类节目和服务类节目的节目分类系统,比较受学者们的青睐。学者们在进行电视节目传播形态研究、节目经营研究的时候,大都采用这种较为简捷的分类方法。例如,周鸿铎在《电视节目经营策略》一书中,就将电视节目分为新闻节目、教育节目、文艺节目和服务节目四类;童宁在《电视传播形态论》中,

---

① 转引自张海潮《中国电视节目分类体系》,北京:中国传媒大学出版社,2007年版,第14页。

也将电视节目分为新闻节目、社教节目、文艺节目和服务节目四类。①

电视节目的栏目化,是电视节目由松散拼凑向集约规范发展的必然趋势,是电视节目走向成熟的重要标志。电视栏目与电视节目既有联系又有一定的区别。电视节目是电视台各种播出内容的最终组织形式和播出形式。而电视栏目,从本质上讲是节目的一种编排形式,是电视传播内容的基本单位。因此,人们习惯上把栏目叫做"节目"。② 本章在论及电视节目或电视节目形态的时候,也采用了这种概念互换的方式来研究电视栏目或电视栏目形态。

电视栏目是借用报纸"专栏"的概念而形成的。报纸"专栏"是将主题相对集中、题材和体裁风格类似的一组或多组稿件放在报纸或杂志的一个版面或版面的一个局部,以花边的形式与其他稿件相隔并标以统一的标题,使之成为一个相对独立的版块的编辑形式。③ 电视栏目是指有固定时间、固定长度、固定风格并定期播出的电视节目,体现了一种版块化的组织方式,是电视制作和播出中的基本衡量单位之一。从宏观上说,电视栏目是电视内容产业的重要组成部分。从微观上看,电视栏目是电视频道编排的基本单位。④

从策划的角度来说,一个电视栏目包括八个方面的构成要素:①栏目的宗旨;②栏目的定位,包括内容定位和受众定位;③栏目的策划;④栏目的选题;⑤栏目的版块分类;⑥栏目的运作方式;⑦栏目的风格与样式;⑧栏目的活动与宣传。⑤

电视节目根据内容定位、受众定位和表现形式可以划分为不同的类别,即电视节目的形态,也就是电视栏目所属的类别。电视栏目的分类基本可以沿用电视节目的分类方法,参照媒体的功能定位,可以分为新闻类栏目、综艺类栏目、社教类栏目和服务类栏目。在每一个类别下面,根据形态和内容,栏目又可以进一步细分。例如,根据央视——索福瑞媒介研究公司(CTR)的节目分类,综艺类栏目包括综艺晚会类、单项艺术类、互动/现场娱乐节目、综艺娱乐报道、综艺其他类别。服务类栏目又可以分为:电视导购/广告杂志、美容/服饰、家居/房产、旅游、饮食、汽车、健康类、天气预报、生活服务其他等类别。⑥

---

① 张海潮:《中国电视节目分类体系》,北京:中国传媒大学出版社,2007年版,第32页。
② 郑保章主编:《电视专题与电视栏目》,北京:中国广播电视出版社,2007年版,第174~176页。
③ 项仲平:《电视栏目与频道策划研究》,北京:中国广播电视出版社,2007年版,第133页。
④ 转引自张海潮《中国电视节目分类体系》,北京:中国传媒大学出版社,2007年版,第15页。
⑤ 胡智锋:《中国电视策划与设计》,北京:中国广播电视出版社,2004年版,第145~153页。
⑥ 转引自张海潮《中国电视节目分类体系》,北京:中国传媒大学出版社,2007年版,第67页。

从对外文化传播的角度来说,对外电视中与文化传播相关的节目类型包括:新闻节目、旅游文化类节目、电视剧、综艺类节目、健康类节目、文物类节目、汉语教学类节目和访谈类节目。

二、电视节目形态与文化传播的层次

在第一章关于文化的章节中,对文化传播层次的话题进行了探讨。对于海外受众而言,不同层次的文化也有不同的认知度和接受度。有研究者在一项关于中国文化对外传播效果的研究中发现,美国、泰国孔子学院学生在感知中国文化时,对中国物质文化如兵马俑、茶叶、中国菜等的了解愿望强烈,且认知更为正面;对中国行为文化如中国人的中庸之道等持较为中性的看法;而对中国的制度文化以及价值观等精神文化,则比较抵触。① 因此,对外电视需要根据文化传播的层次和海外受众的接受情况,有针对性地运用不同形态的栏目传播相应的文化内容。

目前,我国电视对外传播的栏目大都是在"器"层面传播中国文化。换言之,节目内容大都是关于中国的浅层文化,涉及"道"层面的节目不多。表6-1-1是中国主要中文对外频道或国际频道中与文化有着直接或间接相关的栏目。

表6-1-1 部分中文国际频道或对外频道与文化相关的栏目

电视频道	栏目名称	栏目类别或定位	"文化"层次
中央电视台中文国际频道	《天涯共此时》	人文故事类栏目	浅层
	《中华医药》	健康类节目	浅层+深层
	《国宝档案》	文物类节目	浅层
	《快乐汉语》	汉语教学类节目	浅层
	《走遍中国》	旅游文化类节目	浅层
	《文明之旅》	访谈类栏目	浅层+深层
湖南卫视国际频道	《天天向上》	综艺类栏目	浅层
	《中华绝技》	综艺类栏目	浅层

---

① 吴瑛:《文化对外传播:理论与战略》,上海交通大学出版社,2009年版,第117页。

续表

北京电视台国际频道	《学汉语到北京》	汉语教学类栏目	浅层
	《中华文明大讲堂》	讲座类栏目	浅层+深层
	《食全食美》	厨艺美食类栏目	浅层
	《天下收藏》	文物收藏鉴赏类节目	浅层
	《这里是北京》	人文地理类栏目	浅层
厦门卫视对外频道	《闽南通》	人文地理类栏目	浅层
	《看戏》	综艺类栏目	浅层+深层
黄河电视台国际频道	《口语五分钟》	汉语教学类栏目	浅层
	《方块字》	汉语教学类栏目	浅层
	《天天诗词》	汉语教学类栏目	浅层
	《时尚口语》	汉语教学类栏目	浅层
	《MTV学中文》	汉语教学类栏目	浅层
	《拍案说书》	文化讲座类栏目	浅层+深层
	《唐风》	旅游文化与汉语教学类栏目	浅层
重庆电视台国际频道	《食在重庆》	厨艺美食类栏目	浅层
	《记录重庆》	人文地理类栏目	浅层
安徽电视台国际频道	《相约花戏楼》	综艺类栏目	浅层+深层
	《新安大讲堂》	专题讲座类节目	浅层+深层
福建海峡卫视	《收藏岁月》	文物收藏鉴赏类节目	浅层
	《梨园寻访》	综艺类栏目	浅层+深层
南方电视台卫视频道	《粤唱粤好戏》	综艺类栏目	浅层+深层
天津电视台国际频道	《抢遗·保护》	文化遗产保护类栏目	浅层+深层
	《天津故事》	人文地理类栏目	浅层
	《美食大搜索》	厨艺美食类栏目	浅层
四川电视台国际频道	《魅力发现》	人文地理类栏目	浅层
	《记录》	人文地理类栏目	浅层
	《音乐之声》	综艺类栏目	浅层
	《吃八方》	厨艺美食类栏目	浅层

由表 6-1-1 可以看出,目前的文化传播大都是集中在表层文化的层面,这也是简单易行或深入浅出的文化传播方式。传播的主题主要是中华美食文化、汉语汉字、武术、中医中药、历史地理、文物等。传播的形式则以教学片、讲座片以及专题片等为主。

纵观目前中国部分中文和外语对外或国际频道中与文化相关的栏目,我们可以看出,其所传播的内容是以"形而下"层面的文化为主,有关制度礼仪、价值观念等"形而上"层面的内容较少。在我们的对外电视节目中,中华文化的价值观、传统和习俗等核心内容,应该得到足够的重视,加大"深层文化"节目的比例。有学者指出,所有的传播,最终都要回归到价值层面上,无论是物质利益的传播还是文化精神的传播,在本质上,都是追求"价值"。①

需要指出的是,中国文化仅以"浅层文化"和"深层文化"来简单解构不无偏颇,但是对于当下的电视对外传播而言,这种文化分层方式有利于节目内容的分类以及整体传播策略的制定。只有"浅层文化"与"深层文化"都得以向外传播,我国文化软实力才具备形成的基础,也才有发挥作用的条件。

第二节 新闻类节目与对外文化传播

电视新闻是以电视为媒介报道(或传播)的新近发生、变动的事实。根据目前的文献资料,我国第一条电视新闻是 1958 年 5 月 29 日北京电视台(中央电视台的前身)播出的"朱德副主席到石景山钢铁厂为扩建工程剪彩"。而第一个固定播出的电视新闻栏目是《电视新闻》。该栏目从 1958 年 9 月 2 日开始,作为北京电视台电视节目的第一个栏目,在每天晚上 19 点准时播出,一直延续至今。② 从电视新闻诞生那天起,文化及与之相关的活动或变化都可以成为新闻报道的内容或主题。

对外新闻类节目的文化传播主要是以文化新闻的形式开展。文化新闻报道是以报道社会文化生活、文化现象和文化人物为主要内容的新闻报道。③ 通俗地说,"文化新闻"就是有关文化政策、文化活动、文化现象及文化人的新

---

① 吴祚来:《对外传播与文化焦虑》,《对外传播》,2009 年第 9 期,第 15 页。
② 夏之平:《铭心往事——一个广播电视人的记述》,北京:中国广播电视出版社,2009 年版,第 60、61 页。
③ 邱沛篁:《加强和改进文化新闻报道》,《新闻界》,2000 年第 3 期,第 35 页。

闻报道的总称。① 广义的文化新闻包括：文艺作品的出版、演播、展出、评论和研究的信息；文艺工作者的创作、生活；文艺界各种活动的信息；群众文艺活动的信息；民间传统文艺的形式、兴衰、挖掘、研究及相关信息；民风民俗的信息；中外文艺交流的信息；文艺方针、政策和文艺改革的信息等。这个界定主要是从内容上进行的，也是在实践中总结出来的，对具体实际操作有一定的指导作用。② 如果按照主题分类，文化新闻一直就是中国电视新闻中的一个重要类别，它和时政新闻、经济新闻、社会新闻、科技新闻、体育新闻等并列。例如，中央电视台相继播出过《文化视点》、《文化报道》和《文化周刊》等栏目，中央电视台英语新闻频道自创办起就播出一档文化栏目——《文化速递》(Culture Express)。值得一提的是，价值观是文化最核心的因素，因此，所有关于价值观的报道均属于文化新闻的范畴。

文化新闻是我国文化对外传播的重要形式。近年来，与中国传统文化有关的活动一直是中央电视台中文国际频道(CCTV-4)新闻节目的重要内容。2006年春节期间，中央电视台中文国际频道的新闻节目就一连几天以直播的形式介绍不同地域过春节的情况以及其中的文化内涵。随后，该台在新闻节目中，以"传奇中国节"为版块名称，直播各地"三月三"、端午等传统中国节日的盛况。2009年，在中央电视台中文国际频道午间《中国新闻》中，以卫星直播连线的形式推出"直播台湾"系列报道，介绍了灯笼制作等在内的众多传统文化。在2010年2月春节期间，该台新闻节目中又推出了"我们的春节"系列节目，以与全球华人互动的形式来传播中国传统节日文化。新闻节目连续、系列播出的方式能形成较大的影响力。而且，相比专题节目，新闻节目的及时性、互动性等特点，使其在传播效果上具有一定的优势。

一、对外电视新闻中的文化传播

（一）形式

对外电视新闻类节目开展文化传播的形式主要有日常新闻节目和特别节目。日常新闻节目是指以常态播出的单条新闻节目。这类节目主要是报道与文化相关的事件或活动。我国对外电视频道每逢传统节日都会播发相关新闻，尤其在春节等重大节日期间。表6-2-1是中央电视台中文国际频道(CCTV-4)在2011年正月初一（2011年2月3日）《中国新闻》的相关节目

---

① 唐小茹、吴丰军：《对文化新闻的思考》，《山东视听》，2004年第9期，第32页。
② 张帆、王羚、盛启立：《把脉文化新闻》，《现代传播》，2002年第3期，第31页。

编排。

表6—2—1　CCTV—4《中国新闻》相关节目(2011年2月3日)

1	＊＊＊中国新闻大片头＋提要＊＊＊
2	胡锦涛总书记在河北保定同干部群众共度新春佳节
3	＊＊＊小片头＊＊＊
4	钟声辞旧岁 欢歌迎新年 1. 除夕夜:撞钟祈福迎玉兔 2. 新春祈福 步步登高 3. 除夕夜:爆竹声声辞旧岁
5	香港新春花车巡游登场
6	台湾闹新春 1. 正月初一上香忙 2. 读经典 学雅乐 体验儒家文化
7	世界各地喜迎新春 1. 意大利古城那不勒斯披上"中国红" 2. 西班牙:数千华人华侨彩妆巡游 3. 美国:纽约帝国大厦点彩灯贺农历兔年
8	＊＊＊＊《行走唐人街》宣传片＊＊＊＊
9	【行走唐人街】巴西:欢乐中的牵挂
10	【行走唐人街】古巴:173位中国老人的迎新活动
11	简讯:1. 春节期间渤黄海海冰将缓解 2. 北京警用直升机监控城区火情 3. 大年初一逾10万人游览北川新县城 4. 近4万游客兔年第一天参观中国馆 5. 贺岁短信千篇一律 原创祝福更传情 6. 上海:寺庙撞钟迎接新年 7. 青岛:萝卜雕出海湾大桥

表6—2—1仅列出了该档新闻的第一部分。从中可以看出,这组新闻不仅报道了节日中的相关事件,如领导人下基层,同时也报道了世界各国华人怎么庆祝这个节日。如果按照新闻形态来说,兼顾硬新闻和软新闻的特点。节日报道在讲述新闻事件的同时,也传播了文化符号,同时传递了深层文化理念。

除了日常新闻报道外,特别节目也是对外电视传播文化的一种重要形式。与文化相关的新闻类特别节目的篇幅较长,在新闻栏目的窗口内播出或者以独立时段的形式播出,主要包括两种类型,一是以特别节目的形式报道与文化相关的事件或活动,二是以系列节目的形式主动策划和报道与文化相关的活动。前者如对黄帝祭祀大典等重大文化活动的报道,后者如针对传统节日策划的系列报道,或以其他主题策划的、以文化为主要内容的报道,如中央电视台中文国际频道《中国新闻》在2006年推出的《传奇中国节》、2009年策划播出的《海峡东岸行》等。

(二)主题

就文化传播的主题来说,对外电视新闻节目着力报道的内容包括文化动态、传统节日、宗教庆典和活动、传统文化艺术、文化历史遗产、民间文化和民俗活动等。

1. 文化动态是指与文化创作及成果有关的新闻,包括各种文学、艺术等领域的最新创作动态以及成果。

2. 传统节日是中国对外电视新闻的重要报道内容,也是对外传播中国传统文化的重要组成部分。随着我国对传统文化重视程度的升温,对外新闻节目中关于传统节日的报道越来越多,报道形式不仅有单条新闻,也有特别节目。

3. 宗教庆典和活动。宗教是文化的重要构成部分,故宗教活动也是新闻报道的重要主题。

4. 传统文化艺术。传统文化艺术的演出、展览、研究以及其他重要活动动态,都是对外新闻报道的重要内容。

5. 文化历史遗产。我国有着丰富的文化历史遗产。关于这些遗产的保护、发掘、研究等方面的内容不仅是我国受众关心的话题,也受到全人类的共同关注。毕竟文化历史遗产是全人类的共同财富。

6. 民间文化和民俗活动。我国有很多根植于民间的传统文化,例如民间戏曲、民间庆典、民间婚丧嫁娶习俗等,它们是我国文化在民间鲜活的存在方式,也是我国文化传承的重要方式。

(三)机理

电视类节目对外传播文化的机理主要是议程设置。所谓"议程设置",是指在媒体通过报道主题、报道方式的选择,引导公众的注意力。[①] 从最本质的意义上讲,议程设置理论是关于显要性在议程之间的转移。在通常情况下,人们认为这种显要性转移是从媒介议程到公众议程的转移。[②] 对文化类报道而言,议程设置可以在一定程度上较好地影响受众的注意力。当对外电视新闻栏目确定了文化报道的主题、尤其是主动策划系列或大型文化活动报道的时

---

① [美]斯蒂文·小约翰著,陈德民、叶晓辉译:《传播理论》,北京:中国社会科学出版社,1999年版,第601页。

② [美]马克斯韦尔·麦库姆斯著,郭镇之、徐培喜译:《议程设置:大众媒介与舆论》,北京大学出版社,2008年版,第179页。

候,可以较好地引起受众的关注。海外受众在收看节目的过程中,会对已知或未知的文化传统、文化背景等内容进行思考,这就在一定程度上发挥了设置受众议程的功能。需要指出的是,议程设置理论最初是源于政治领域的活动及其相关报道,因此非常注重媒体—受众—政府之间通过媒体报道而产生的影响与被影响的关系。对电视新闻的文化报道而言,这种关联性不是那么强烈。

二、对外电视新闻中的跨文化意识

关于我国文化的报道要有内外有别的跨文化意识。我们在进行报道的时候,要对报道的思路、主题、写作等进行调整。对外文化新闻报道虽然在篇幅上比较短小,但往往涉及文化中的深层内容,因此要力求深入浅出,将新闻中的文化内涵或背景等解释清楚,在较短的篇幅中实现文化跨越。美联社在2011年中国春节期间播发了几篇报道。在这几篇新闻稿中,报道的主题、内容、写作等都与一般的政治、经济或体育等方面的新闻有所区别,尤其是增加了很多简短的解释性文字。例如,美联社在2011年2月3日的发稿中有一篇报道题为《中国新年——世界各地的民众庆祝中国兔年新年》(Chinese New Year— Crowds around the world celebrate the Chinese new year, year of the rabbit)。新闻稿这样写道:

> 从中国到古巴,民众在庆祝兔年。各种庆祝活动标志着中国阴历新年第一天的到来。
>
> 兔在中国十二生肖中居于第四位,十二生肖的纪年方式在亚洲通行,以十二年为轮回。有一些算命者已经预测说,在2011年兔年中,全球股市可能会遭遇不确定性,中国还会发生自然灾害。
>
> 北京当地居民和旅游者前往寺庙,在祈祷中度过新年。民众聚集在白云观,为来年的心愿祈祷。根据传统,人们在这天触摸这座道观中的幸运石,朝钟投掷硬币,并焚香。

美联社的新闻是发至全世界各国的,其受众具有不同的文化背景,因此其新闻报道必须要注重跨文化技巧。在这段新闻稿中,我们可以看到,每个文化细节都有相关的背景解释,这样才便于不同文化中的受众理解。无论是"兔年"的来历,还是中国民众的过年方式,在短短数行的文字之中,都进行了必要的注解。对外电视新闻栏目需要有高度的跨文化意识,要意识到"受众不是中国人",即使面向海外华人的节目也是如此。

在对外电视新闻节目中,尤其要注重不同文化在文化价值观、宗教理念、文化背景和文化符号等方面的差异。当涉及这些方面的内容时,需要根据不同国家受众的文化背景,通过比较或其他方式进行阐释。以下是2011年2月3日中央电视台中文国际频道《中国新闻》关于春节报道的一条新闻稿。

【大小标题】钟声辞旧岁 欢歌迎新年
除夕夜:撞钟祈福迎玉兔
【大小标题】钟声辞旧岁 欢歌迎新年
新春祈福 步步登高
除夕夜:爆竹声声辞旧岁
【导语】兔年到了,人们逛庙会、品民俗、敲古钟、赏夜景,中国各地的民众以各种各样的形式,迎接新年的到来。
【正文】"迎新年听钟声"是中国新年辞旧迎新的传统活动,新年之夜,浑厚的钟声经久不息,人们相聚在山东泰山、四川峨眉山、安徽九华山等地,敲响象征吉祥如意的钟声,寄托对新一年的希望和憧憬。
【正文】【同期】钟声(河南开封、山东泰山)
【同期】小朋友(河南)
祝大家 恭喜发财 新年快乐
【同期】
【正文】正月初一登山祈福是不少地方的风俗,人们用登山的方式来表达新年愿望,希望新的一年越走越高、越来越好。(安徽黄山)
【同期】游客
今年我和爸爸妈妈姥姥大舅小舅,一起来到黄山过春节,今年过得好开心哦。
【正文】正月初一一大早,贵州黄果树景区迎来了新春首批台湾游客。随着"福"字财门缓缓打开,游客们也争先恐后地冲进财门,摘取充满祝福的"接财纳福红包"。
【同期】台湾游客
很开心,今天大年初一来这里,参加这么热闹的活动。
【现场】一段烟花现场
【正文】爆竹声声辞旧岁。除夕夜,漫天绚丽的烟火照亮了夜空,好不热闹。在欢乐的人潮中,幸福洋溢的人们纷纷送上新春的祝福。(天津、湖南)
【同期】天津市民
烟花挺漂亮的,我们照完之后传到网上,给大家都看看。

【同期】长沙市民
祝愿老年人健康长寿,年轻人2011更加给力。
【同期】小朋友
祝所有的小朋友新年快乐。
【正文】现场

　　对于这些文化差异,寻求共通性是一个重要的策略。就节日报道而言,每个民族都有自己最重要的节日,只是庆祝方式不尽相同。庆祝方式就是差异性,最重要的节日就是共通性。对外电视新闻就是要通过强化文化的共通性,阐释文化的差异性,来达到有效传播我国文化的目的。以上这条新闻中,展示了我国民众过春节的一些庆祝方式,如逛庙会、品民俗、敲古钟、登山等与春节相关的活动,这其中就蕴含着深厚的文化背景,并不容易为外国受众所理解,因此需要进行一定的解释。但新闻节目不同于专题节目,不能过多地解释某个文化背景而让新闻的篇幅加长或新闻节奏变慢。因此,只能简单地说明活动与意义之间的相关性,或者说简单阐释文化符号的意义。在新闻中,"敲古钟",表达"希望和憧憬",因为钟声象征吉祥如意,就很好地解释了这个文化活动。同样,新闻也简单说明了"登山"与"祈福"、"爆竹"与"辞旧迎新"等之间的关联。

　　在不同文化之间,与文化相关的意识理念、行为方式或符号系统等存在一定的差异,但也存在一定的共性。以节日为例,某些外国受众可能很难理解为什么过节要去敲钟、登山等,因为他们的文化中没有这样的节日行为方式。但他们对于通过某些活动表达美好心愿这种方式是可以理解的,毕竟人类都有一些共同的美好心愿,也会通过一定的方式去表达。因此,对外新闻中的文化报道要寻求共同的意义空间和表达方式,力求让报道易于被其他文化中的受众理解和接受。

三、对外电视新闻在开展文化传播时要注重趣味性

　　趣味性是海外受众在观看与异国文化相关的新闻时一个重要的心理预期。尤其在美国等西方国家,新闻界的一个传统价值观就是注重新闻趣味性,他们甚至将趣味性等同于新闻价值本身。因此,对于美国等国家的文化类新闻报道,就要根据它的新闻传统和受众而形成的内容需求和接收习惯,在选题和协作方式等方面提升其趣味性。目前,一些对外新闻只是简单改编对内的新闻报道,缺乏生动性和趣味性。例如,国内新闻关于传统节日活动的报道大都比较笼统,其报道角度、报道内容和报道手法很难引起海外受众的兴趣,也

不利于他们深入了解中国文化。因此,对外电视新闻节目在进行文化报道的时候不可以照搬照用国内频道的新闻,而需要考虑国内与海外受众之间的差别,选择适合于对外报道的角度、内容和手法。例如,在2010年中国清明节前夕,美国美联社(AP)关于清明节报道的稿件标题是:"Taiwanese offer ancestors paper Ferraris, iPhones"(台湾民众向先人孝敬纸法拉利跑车、纸iPhone手机)。文稿从西方人熟知的法拉利跑车和iPhone手机切入,报道了中国人在清明节时烧纸质祭品给先人这一独特传统。文稿报道了清明节在台湾的最新潮流,也介绍了中国清明节的历史背景和相关习俗。对于西方受众而言,美联社的标题和内容都具有较强的吸引力。相比美联社关于清明节的报道,我国对外频道在同时期播出的新闻多为:"清明:祭祖扫墓 追思故人"、"清明:慎终追远 文明祭祀"、"清明:不弃传统 文明祭祀"、"清明将至 重温传统习俗"和"长白山:文明祭祀 低碳清明"等。这些新闻的报道角度和内容大都针对国内受众,而不适合对外播出。因此,我国电视对外传播需要充分考虑受众的差别,在传播文化的时候,选择适合海外受众的内容、角度、手法,尤其注重具有趣味性的表达方式。

另外,需要指出的是,文化新闻也是新闻的一种,必须符合新闻的传播特点和规律。对外新闻节目中的文化报道比较容易出现的一个问题就是将文化新闻与文化宣传相混淆。现在,很多文化新闻的报道突出的是对某个文化活动或元素的宣传,而不是富有新闻性的报道。对外电视新闻在进行文化报道的时候,要强化新闻性,避免成为我国文化的广告片。

总而言之,对外电视新闻是传播中国文化的重要渠道,需要在传播技巧、传播手法和传播理念方面考虑文化差异和新闻理念差异,注重新闻的跨文化性、趣味性,提升对外电视新闻在文化传播方面的国际传播能力。

第三节 旅游文化类节目与对外文化传播
——以《走遍中国》为例

旅游文化类电视栏目是以旅游的形式传播历史人文信息的电视专题节目,它以旅游为载体,以文化为内核,在本质上是有关人文地理的纪录片。旅游文化类专题节目承载着大量的文化信息,具有沟通民族与民族之间、种族与种族之间、地域与地域之间文化的功能。使本民族、本种族、本地域的文化通过专题片这个窗口,让异族和异域观众了解,促进不同文化的交流。例如,《最后的山神》让我们了解到鄂伦春族的信仰和生活习俗;《西藏的诱惑》为我们呈现的是西藏的壮丽与神秘;《故宫》可以让外国人看到中国古代建筑的神奇,了解到许多中国国宝背后的动人故事;《北方的纳努克》让我们了解了爱斯基摩人古老的生活方式;英国的《正在消失的世界》则介绍了全球各种不同的文化。① 旅游文化类电视栏目与纯旅游电视栏目不可等同,二者在形式上的差别在于:前者以讲述为主,后者以体验为主;在内容对象上的差别在于:前者以历史人文为主,后者以景观景物为主;在传播目的上的差别在于:前者以传播文化为主,后者以提供旅游信息与服务为主。正是因为旅游文化类栏目使旅游与文化进行了有机融合,这类栏目才在对外电视文化传播中发挥了独特的作用,成为文化软实力投射的重要渠道。本节通过对中央电视台中文国际频道(CCTV-4)《走遍中国》节目内容和形式的分析,探讨旅游文化类栏目在对外电视的文化传播中所发挥的作用。

一、《走遍中国》简介

CCTV-4自从成立以来创办了数档旅游类节目,这与CCTV-4的频道定位密不可分,也与近年来中国电视界的旅游节目热存在一定的关联。目前,几乎每个省级卫视都有一档与旅游相关的节目,海南卫视还在2002年1月28日将频道定位调整为专业旅游频道,频道名称也更改为"海南旅游卫视"。《走遍中国》创办于2002年9月2日,该栏目整合了之前CCTV-4中与旅游相关的若干栏目,如《千秋史话》、《东方家园》、《纪录中国》、《中国旅游》、《中国风》等。《走遍中国》的发展历程与CCTV-4的发展和定位密切相关。1998年6月1日,CCTV-4进行了开办以来第1次全面改版,把原来的68个栏目减少到47个,同时新开办了介绍中国优秀传统文化、地理、历史的新栏目,其中就包括《千秋史话》、《东方家园》和《纪录中国》。2000年2月7日,CCTV-4进行了第2次改版。原有的《中国旅游》更名为《旅行家》。2002年9月2日,CCTV-4进行了以"加强新闻,突出对台,弘扬文化,荟萃精华"为宗旨的第3次改版,《走遍中国》在这次改版中诞生。2010年12月1日,CCTV-4进行了成立以来的第6次改版。这次改版调整了CCTV-4的频道定位,由"新闻为主的综合频道"改为"新闻文化综合频道"。《走遍中国》在节目内容和形式上进行了微调。

《走遍中国》在创办之初就将栏目定位为"人文故事类纪录片栏目",以"弘

---

① 郑保章主编:《电视专题与电视栏目》,北京:中国广播电视出版社,2007年版,第3~11页。

扬中华民族优秀文化,展示现代中国发展变化"为栏目宗旨。《走遍中国》栏目以中国某一城市或地域为切入点,选取最具特色的历史传承、风土民情、杰出人物、自然山水和发展变化,以连续一周每天 30 分钟播出的容量,向世界全景式地展现新世纪的中国城市或地域形象。除了自然风光和人文景观,传奇人物、动人故事、历史事件和现实生活等,都是《走遍中国》关注的主题。

二、旅游文化类节目的特点:在场景中叙事、于山水中寄情

亨廷顿(Samuel Phillips Huntington)说:"文化的核心包括语言、宗教、价值观、传统以及习俗。"[①]对外电视节目在针对海外受众的传播中,所传递的不仅是一种语言和文字层面的符号性内容,也包括中华文化中的宗教、价值观、传统和习俗。就电视栏目而言,旅游文化类栏目能综合性、多维度、立体式地开展文化传播。正是因为旅游文化类栏目在文化传播内容方面具有一定的优势,故这类栏目备受各国国际电视频道的青睐。就东亚而言,日本和韩国主要的对外电视频道都办有旅游文化类栏目,并以此来传播文化。日本主要的对外频道——NHK 世界电视频道(NHK World TV)就办有《旅行在日本》(Journeys in Japan,该栏目以记者游览日本的方式,展示景点的魅力)、《日本樱花》(SAKURA—Cherry Blossom in Japan,该栏目主要介绍日本著名的樱花景点)、《日本四季》(Four Seasons in Japan,该栏目主要介绍日本名胜和不为人知的景点,展现日本的自然美)、《旅行:聆听当地人的故事》(Gentle Journeys,该栏目以记者的视角游览日本小镇和城市,讲述当地居民的生活故事)、《东京览胜》(TOKOY EYE,该栏目主要介绍东京这个大都市中的最新潮流、故事和不为人知的魅力)、《京都花园》(Exclusive gardens of Kyoto,该栏目主要展现传统京都庭院,介绍庭院历史和制造工艺)。韩国主要的对外频道——KBS 世界电视频道(KBS World TV)也办有一档名为《背包走向世界》的栏目。这个节目通过旅行者的视角来浏览、欣赏多姿多彩的一座座城市,记录这些城市的历史、文化和生活场景。它的主要特色如下:秉持"慢的美学",用摄像头将城市里的各种场景真实地记录下来,带给观众新奇有趣的感官享受,使大众能从中接触到新的信息和价值;通过旅行者的视角来观察、审视城市的历史和文化、价值和特色,以及认同性。[②]

---

① 转引自[美]拉里·A. 萨默瓦、理查德·E. 波特著,闵惠泉、王纬、徐培喜等译《跨文化传播》,北京:中国人民大学出版社,2004 年版,第 36 页。
② 参见韩国 KBS 世界电视频道网站:http://kbsworld.kbs.co.kr。

CCTV-4作为中国主要的对外中文电视频道,旅游人文类栏目自然是频道内容构成和编排设计中不可缺少的内容。《走遍中国》在栏目介绍中说:

> 《走遍中国》是一个有关中国的人文地理节目。通过人文说地理,通过地理说人文。用镜头带领观众进入中国地理空间,在现实的地理空间中,将观众带进人文空间,揭秘历史,叙述故事,解密事件,介绍人物,让见证者见证历史,让专家学者进行评论匡正,让观众不知不觉间进入节目叙事,共同探索、发现和思考。节目应该具有中国文化的观点立场、价值判断和思想追求。①

可以看出,《走遍中国》的节目内容涵盖了文化中的几个重要方面。而且,从所传播的文化层次来说,它也具有较强的兼顾性。文化层次的划分方式多种多样,莫衷一是。简单而言,可以根据《易经·系辞》"形而上者谓之道,形而下者谓之器"的划分,将文化分为"道"和"器"两个层面。② 而《走遍中国》的内容既包括对人文地理景观的介绍,也涉及文化理念、价值观、传统和习俗等方面。因此,其所传播的内容具有层次多、范围广的特点。

在场景中叙事、于山水中寄情是旅游文化类栏目进行文化传播的重要特点,这在CCTV-4《走遍中国》等很多节目中都有非常清晰的体现。2010年10月1日到9日播出的九集系列片《太极武当》,就从对武当山这一世界文化遗产的介绍中,深刻阐释了武当武术及道家文化的魅力,从自然与历史的不同视角开展文化传播。例如,第一集《有形无形》将故事的场景设在了武当山,而故事的主角是应武当山之邀为其设计一座太极文化中心的德国建筑设计大师戈特弗里德·玻姆。为了设计好太极馆,戈特弗里德·玻姆让自己的儿子保罗·玻姆去探访神秘的武当山。在武当山的自然风光和人文气息之中,他感受到了最真挚的道家文化,也更好地了解了中国文化,尤其是深层次的内容。另外,第七集《星象天语》仍然将叙事场景设置在地理意义上的武当山中,事件则是郑晓飞学习道教的故事。穿插其中,片中介绍了古代天文学的作用、符箓的制作和寓意、符水的奥秘、北斗星所表达的天语和道教的思想。整个系列片融中国文化于自然风光之中,并在武当山这个特殊的地理环境中阐释中国文化中深层次的哲学、价值观和传统理念。

---

① http://news.cntv.cn/program/zoubianzhongguo/shouye/index.shtml.
② 刘继南、何辉等:《中国形象:中国国家形象的国际传播现状与对策》,北京:中国传媒大学出版社,2006年版,第36~37页。

三、旅游文化类节目:文化软实力投射的重要渠道

"软实力"是当下的一个热门词语,其概念已被广泛引用,对其解释也是多种多样。软实力是由美国克林顿政府时期的国家情报委员会主席和国防部国际事务助理部长、哈佛大学政治学院院长约瑟夫·奈提出的。1990年,他研究了"冷战"后的国际关系格局后提出,信息力是一种软实力(soft power),当今美国试图称霸世界的国力资源中,信息力和文化力是重要的权力资源。美国可以利用其国际传播渠道,输出其理想信念、意识形态、文化、经济模式和政治制度。① 在软实力的概念体系中,文化软实力是一个重要组成部分。简而言之,文化软实力就是文化的吸引力。有学者探讨中国的文化软实力时提出,中国文化应当成为中国崛起的软力量的重要构成。② 而文化要产生吸引力,首先就是要获得认同。根据 Phinney(1993)的研究,文化认同的形成,通常经过三个阶段:未审的文化认同期(unexamined cultural identity)、文化认同的搜索期(cultural identity search)与文化认同的完成期(cultural identity achievement)。③ 针对同族,例如海外华人,进行文化软实力传播时,文化认同就非常重要,是我国对他们开展传播的重要基础,而这就需要我们在文化、政策等层面有所作为。

我国具有丰富的文化资源,这是当下开展国际传播、投射文化软实力的宝贵财富,关键是如何开发这些资源,并使其转化为文化软实力。例如,中国是茶的原产地,最早发现了茶的用途,并种茶、制茶和饮茶,从而形成颇具特色的茶文化。中国茶文化对外传播源远流长,早期茶文化的对外传播基本上是与陆路丝绸之路相辅而行的。到宋朝,与北方少数民族政权契丹进行的茶叶贸易已有文字记载,并由于西辽的西征,把茶叶带到西北亚。西亚和西北亚地区以及俄罗斯原属乳饮文化系统,中国茶文化传输过去,与当时的乳饮文化结合,形成了奶茶文化,这种调饮系统囊括了西亚和欧洲。④ 茶文化是中国开展对外传播的重要资源,早期的传播渠道主要通过商贾等人际渠道,而当下则可以凭借对外电视媒体。CCTV-4《走遍中国》在2009年7月播出了《武夷山

---

① 转引自关世杰《国际传播学》,北京大学出版社,2004年版,第226页。
② 仪名海主编:《信息全球化与国际关系》,北京:中国传媒大学出版社,2006年版,第301~303页。
③ [美]陈国明:《跨文化交际学》,上海:华东师范大学出版社,2009年版,第171~172页。
④ 孙振玉、梁艳:《中国茶文化的形成及其对外传播》,《中国茶叶》,1995年第5期,第38页。

茶文化》系列片,从历史和现实的视角系统、生动地介绍了茶文化,并从中折射出中国文化中与之相关的价值观、传统、理念和习俗等。第四集《茶风古韵》讲述了北宋王朝第八位皇帝徽宗赵佶绘制饮茶场景《文会图》以及当代茶具收藏爱好者赵勇的故事,观众从中可以深切地体会到中华文化博大精深的魅力。其中,有这样一段内容,充分体现了旅游文化类栏目在文化传播方面的功能:

> 建于唐代以前的天心寺是武夷山最早的佛教禅院,历史上它几经兴废,命运坎坷。但那古老的禅茶之风却被精心地传承至今。茶禅一味,壶里乾坤,在漫长的岁月里,僧侣们以茶为伴,武夷茶至今被他们赋予了超凡的文化品位。"茶韵"这个概念因此变得鲜活具体。然而,如果茶仅仅是僧道者的杯中之物,那么这份优雅、超然就很难走出寺院。寄情山水、探幽访胜,是历史上文人士大夫的性情所在。在儒、释、道交相辉映的武夷山,寺庙道观,成为宋代文人驻足交往的最佳选择。最终,宋经济文化的繁荣和文人雅士的精神追求,促成了武夷茶风的兴盛。①

从这段解说词可以看出,节目由地理风物谈及历史,由历史又论及文化。在地理的场景中,文化的多个层面都生动地得以展现。

旅游文化类栏目在海外受众中广受欢迎,这也与其在内容主题和表现形式方面传播文化、投射文化软实力存在一定的关联。CCTV-4 的美洲观众就给其观众联络部门写信说:"我是居于北美的 CCTV-4 忠实观众。家中装的 CCTV-4 卫星'小耳朵'已超过十年……我们一家最喜欢收看的节目是《走遍中国》这几个有很高的文化、人文、历史和艺术价值的节目。"②可见,从传播文化的优势来说,旅游文化类栏目在节目内容的主题方面能够满足海外受众的某些诉求。CCTV-4 副总监王广令先生在接受笔者访谈时说:"从 CCTV-4 的定位来说,它是向全球介绍中国、向海外华人传播中国文化。海外华人是有根的,也就是他们自己的故乡。通过《走遍中国》介绍他们的家乡,理论上应该是他感兴趣的东西。以前传播效果没有达到预期,可能是栏目编辑和记者向海外受众介绍的内容不是他们真正有兴趣去知道的东西,或者介绍的方式不

---

① http://space.tv.cctv.com/video/VIDE1246625587965088/ 《茶风古韵》,电视系列片《走遍中国——武夷山茶文化》解说词第四集。
② 中央电视台海外中心联络部:《海外观众反映》,2007 年第 2 期(http://blog.cntv.cn/html)。

是他们习惯接受的一种方式。"①由此可见,节目的表现形式对于旅游文化类栏目进行文化传播的效果有着重要的影响。王广令先生在接受访谈时表示:"《走遍中国》这些年最大的变化,可能是它在叙述方式上的变化。节目编导需要给观众讲故事,无论是个什么题目,一定要以故事的形式呈现给观众,而不是泛泛地介绍……《走遍中国》涉及一些旅游的内容,节目中会介绍好看的自然景观,同时也会发掘故事,因此它又包含一些人文、地理的概念。"②《走遍中国》在栏目定位和内容特质方面强调人文性,同时精心设计,注重表现手法和叙事方式,这些都有利于其高效地进行文化传播。

四、旅游文化类节目在文化传播方面的发展策略

旅游文化类节目在制作过程中既需要考虑人物、情节、场景等方面的因素,还需要注入文化元素,另外在立意、主旨、故事结构和叙事手法方面也需要别具匠心,因此,具有一定的挑战性。很多时候,即使是相同的素材,但不同的团队制作出来的节目在效果上相差甚远。中国较早的一部有名的纪录片——《望长城》,是日本 NHK 和中国合拍的纪录片。双方的前期拍摄几乎没有多大的差别,得到的素材也很相似,但最终呈现的片子却大不相同。日方的《万里长城》讨论的是"人为什么活着"的哲学问题,并围绕它讲了很多有趣的故事,即使不了解中国历史文化的人也能听懂;而我们的《望长城》则是在探讨一些与长城有关的深刻历史问题,受众需要有很多背景知识才能理解。在国内,两部片子都受到了观众的好评,但在国际市场上,它们的待遇却差别很大:日方销售一空,而中方销售业绩却不佳。③ 值得肯定的是,经过多年的发展,我国旅游文化类节目的制作水准有了大幅度的提升。从对外电视的角度来说,旅游文化类专题栏目正在日益国际化。

旅游文化类栏目是我国对外电视频道的重要节目类型,从进行文化传播的角度来说,它也是重要的渠道。当然,旅游文化类栏目需要精心考虑内容定位、主题选择和表现形式,同时需要正确处理"旅游"与"文化"两个概念的关系。从CCTV—4《走遍中国》的成功经验可以看出,旅游文化类栏目中的"旅游"是形式,"文化"是内核,或者说"文化"是体,"旅游"是用,两者需要有机融合。

---

① 根据 2010 年 11 月对 CCTV—4 副总监王广令先生的访谈。
② 根据 2010 年 11 月对 CCTV—4 副总监王广令先生的访谈。
③ 高峰、赵建国:《中国纪录片跨文化传播的障碍与超越》,《现代传播》,2009 年第 3 期,第 81 页。

第四节　电视剧与对外文化传播

中国电视剧肇始于1958年。1958年6月15日北京电视台(中央电视台的前身)播出了电视剧《一口菜饼子》。此后,中国电视剧的发展几经曲折,直到1984年才步入正轨,进入了生机勃勃阶段,涌现了一大批优秀作品,如《今夜有暴风雨》、《四世同堂》、《新星》、《红楼梦》、《努尔哈赤》、《凯旋在子夜》、《末代皇帝》、《围城》、《辘轳·女人和井》、《焦裕禄》、《宋庆龄和她的姐妹们》,还有《渴望》等等。[①] 近年来,我国电视剧的年产量逐年增长,出口量也看涨。2010年年初,我国电视剧近1.5万集,是全球最大的电视剧生产国。2010年,我国电视剧出口达7029集,销售金额达9124474美元。

我国电视对外传播的主要目标之一就是传播中华文化。随着"文化软实力"、"文化巧实力"和"文化吸引力"等概念的出现和流行,包括中央电视台中文国际频道(CCTV-4)在内的对外频道,在文化传播层面上被赋予了更多的使命和期待。就对外电视频道而言,电视剧是其中最受欢迎的节目类型之一,也是开展对外文化传播最便捷、最重要的渠道之一。电视观众收视调查发现,观众收视需求的排列顺序依次是:电视剧→娱乐节目→专题栏目→新闻资讯。[②] 本节以中央电视台中文国际频道(CCTV-4)的电视剧为研究对象,从文化传播的角度研究电视剧的作用和意义,同时探寻如何通过电视剧更好地传播中国文化。

一、CCTV-4电视剧节目现状

中央电视台中文国际频道(CCTV-4)成立于1992年10月1日,频道以"传播中华文明,服务全球华人"为宗旨,是海外最具有影响力的中文频道之一。截至2010年10月,CCTV-4已经进入122个国家和地区的1649万家庭。在CCTV-4的节目中,电视剧是最受海外受众欢迎的节目类型之一,也是CCTV-4节目构成中的重要部分。但是长期以来,因为受版权等因素的影响,CCTV-4的电视剧在内容和编排等方面一直不尽如人意。一位新加坡

[①] 张国涛主编:《传播文化:全球化与本土化》,北京:中国传媒大学出版社,2010年版,第63页。

[②] 赵树清:《外宣电视文艺节目的创新与提高》,《电视研究》,2007年第6期,第50页。

观众在写给 CCTV－4 的信中就呼吁道：

> 非常希望贵台多播高水平和未播过的连续剧……据传中国每 50 分钟就制作出一集连续剧（应该不止此数），产量举世无双，贵台只要选出其中一成佼佼者，便有助于刷亮 CCTV－4 的招牌。也请少播古装剧，要播就播《雍正皇朝》、《红楼梦》这类够分量的作品……贵台选购连续剧应以韩国高水平连续剧作为竞争对象，在新加坡，至今为止，贵台还不是韩剧的对手。请不要小看连续剧的作用，它可以在不知不觉中，争取到海外华人的文化认同、民族认同，效能很可能大过孔子学院，这就是所谓的"软实力"，正是一个国际大台负责人不该忽视的重点之一。①

电视剧不仅是传播文化的载体，对于提升电视频道的影响力也具有重要作用。一位葡萄牙观众在给 CCTV－4 观众联络部门的来信说：

> 我是葡萄牙侨民，来葡萄牙已有 8 年。这里只能接收三个中文台，分别是 CCTV－4、凤凰卫视和新唐人台。新唐人台播出的都是一些乱七八糟的东西，但它的电视剧好看，所以还是有很多华人去看它的节目；凤凰卫视办得还不错，但我更喜欢看 CCTV－4。不过最近我和我的朋友都在谈论 CCTV－4，因为你们一些栏目经常重播过去的节目，电视剧也太少了……希望改进，以免被新唐人夺去观众。②

由此可见，电视剧对于频道的影响力具有重要的作用，更是频道竞争力的保障。

电视剧是海外观众喜闻乐见的电视节目形式，在中文国际频道亚、欧、美三个版本每年播出的电视剧数量达到 5300 集。从观众反馈情况来看，中文国际频道的电视剧在制作、播出方面还存在一定的不足。

（一）内容：缺乏新作

CCTV－4 的电视剧由于受国内版权的影响，所播出的剧目大都较为陈旧，很少有当下在国内热播的电视剧，这就无法及时满足海外受众的收视需

---

① 中央电视台海外传播发展中心 2010 年 8 月观众反馈资料。
② 中央电视台海外中心联络部：《海外观众反映》，2008 年第 20 期（http://blog.cntv.cn/html）。

求。一位马耳他的观众在给CCTV－4观众联络部门的来信中说:"我在马耳他已度过了将近十个春秋。六年前我买了卫星天线,可以收看CCTV－4和CCTV－9……最近CCTV－4播出了《西游记》和《红楼梦》,虽然都很好看,但都是二十年前的了。和我一起的中国人都想看到更多的国产新电视剧。我们都知道中国电视剧的年产量很高,其中不乏精品,但在CCTV－4播出的却不多。"①电视剧的版权问题一直是CCTV－4的一个"紧箍咒",对于海外受众的这类要求也是无能为力。2009年的时候,一位海外观众在给中央电视台长城平台的来信中说,希望CCTV－4能播出当时热播的电视剧《荀慧生》。长城平台的回复很具有代表性:"非常感谢您对长城平台的关注!电视剧《荀慧生》因为海外版权原因,故不能在对外频道播出,给您带来的不便请见谅!再次感谢您对长城平台的支持!"②

(二)主题:并非都适合对外

对外电视频道的受众来自不同的地域,他们具有迥异的成长背景。对外电视频道的节目、尤其是电视剧的题材要有所选择,一方面要注意内外有别,另一方面也要重视外外有别。一位莫斯科大学新闻专业的中国留学生在给CCTV－4的信中说:"现在正播的电视剧《别拿豆包不当干粮》和给贫困地区捐款的公益广告却让我失望。我的俄罗斯同学看了这些节目后说:中国怎么这么落后啊!我认为,作为中国大陆对外的重要窗口,CCTV应多宣传中国当前改革者开放的大好形势和现代化的一面。现在,大多数外国人对中国还了解甚少,印象中的中国还是数十年前落后的景象。如果他们从电视剧中看到中国一些落后的东西,会对中国的现状产生一些不正确的印象。"一位非洲的观众在给CCTV－4观众联络部门的信中也说:"我们是在非洲博茨瓦纳工作的华人。看了最近正在播出的电视剧《别拿豆包不当干粮》,大家都觉得此剧严重脱离现实,故事情节太过牵强,演员表演庸俗乏味。由于CCTV－4是面向全球播放的中文频道,影响力非常大,此剧有损中国人的形象。我们谨代表南部非洲的华人向中央电视台提出建议,今后这样的电视剧在对外播出时要慎重选择。"③

通过以上这几位观众的观点可以看出,我国对外电视频道在选择电视剧

---

① 中央电视台海外中心联络部:《海外观众反映》,2006年第15期(http://blog.cntv.cn/html)。
② 中视国际传媒有限公司:《中国电视长城平台工作简报》,2009年第2期。
③ 中央电视台海外中心联络部:《海外观众反映》,2006年第10期(http://blog.cntv.cn/html)。

的时候,如果忽视主题的"内外有别",例如,播出"主旋律"或者政治色彩过于浓重的电视剧,则传播效果不一定理想,甚至有可能适得其反。当然,这与国内整体的电视剧制作环境有关,虽然某些题材的电视剧在国内也有日薄西山之势,只是相关主管机构或媒体没有创新或改进的意识。有学者就认为,中国文化产品创作的一个观念误区就是文化产品内容必须承载教化大众的功能。"中国的文化作品正陷入了这样一个误区:主旋律题材的影视片,不论题材主角在现实生活中如何感人,只要以文化作品的形式呈现给消费者,其消费市场一定不理想。与之相关的是,一些大众喜欢的文化作品,往往与主旋律无关"。① 当然,这种观点也不一定就完全正确。美国一些宣传主流价值观的影视作品也有热卖的,因为典型人物有时候与英雄主义的影视题材可以较好地契合,关键在于采用怎样的创作理念和制作手法。

(三)编排:不符合受众收视习惯

目前,我国主流对外电视频道大都以新闻为主。例如,中央电视台中文国际频道在 2010 年 12 月 1 日改版之前,其频道定位就是"以新闻为主的综合频道"。表 6－4－1 是中央电视台中文国际频道 2010 年 10 月 8 日晚间的节目编排,从中可以看出,黄金时段都以新闻类节目为主。

表 6－4－1　CCTV－4 晚间时段节目单(2010 年 11 月 3 日)

播出时间	节目类型	节目
18:00	新闻	中国新闻
18:20	综合文艺	中国文艺
18:50	纪录片	国宝档案
19:00	新闻	中国新闻
19:15	电视剧	特殊争夺
20:00	纪录片	走遍中国
20:30	新闻专题	海峡两岸
21:00	新闻	中国新闻
21:30	新闻访谈	今日关注
22:00	文化专题	中华医药
22:45	文化教学	快乐汉语
23:00	新闻	今日亚洲
23:26	电视剧	护国良相狄仁杰

---

① 邹文广、徐庆文:《全球化与中国文化产业发展》,北京:中央编译出版社,2006 年版,第 149～154 页。

定位决定编排方针。改版前的CCTV-4在黄金时段自然都是编排新闻、评论或访谈类的节目。而且,新闻为主的思维也会导致电视剧等节目成为新闻节目的"牺牲品"。一位美国观众在给CCTV-4的信中说:"每当有事件发生的时候,电视剧就会被替换掉。但是,能否让我们在第二天看到被冲掉的那集(而不是被跳过)?总是不能连续地看到故事情节真的令我们很沮丧,尤其是遇到最后一集被冲掉时,我们就根本不知道整部剧的结局如何。希望你们能考虑。"[1]另外一位美国休斯敦的观众也打电话给CCTV-4说:"我是一位CCTV-4的忠实观众,收看CCTV-4已经很多年了。我从心底热爱CCTV-4,因为它是我了解祖国的窗口。但是CCTV-4最近经常直播新闻发布会,有些内容跟我们海外华人华侨的关系不大,却占用了我们的晚间黄金时间。而且被冲掉的电视剧我们也无法再看到,使我们很难完整地看到一部电视剧。我也了解了一下周围华人华侨的情况,他们都跟我有相同的感受。"从这些观众的反馈中可以看出,他们非常喜欢收看电视剧,但他们对于电视剧的编排方式,尤其是电视剧常常被新闻节目冲掉而表示不满。因此,对外电视频道要充分考虑海外受众的需求和收视习惯,不要因为是"外宣"频道而只求完成"宣传任务"而忽视受众的诉求。

除了以上三个方面,对外电视频道的节目还需要考虑海外受众的中文水平,注意国内受众与海外受众在语言文字方面的水平差异和使用习惯差异。例如,一位香港观众就致电CCTV-4的观众联络部门说:"正在CCTV-4播出的电视剧《红楼梦》没有字幕,我们看起来有些困难。《红楼梦》人物很多,人物关系复杂,没读过原著的人不容易理解。香港人,尤其是年轻人大都没有读过原著,老年人又有许多不懂普通话。所以对这些人来说,没有字幕问题会更大。前些时候播出的《三国演义》就很好,既有字幕,又对每个人物都有单独的介绍,我们看起来就很有兴趣。"[2]一位美国观众也有类似的要求,他在给CCTV-4的信中说:"我认为,为了传播中国文化,央视四套的连续剧上都应有中文字幕。最近在映的《雍正王朝》,其中对话多半是文言,海外华人如没字幕,未必能全懂。"[3]他们的反馈表明,对外电视频道不仅要考虑电视剧的内容和编排,还需要考虑受众的接收习惯。

---

[1] 中央电视台海外中心联络部:《海外观众反映》,2008年第21期(http://blog.cntv.cn/html)。
[2] 中央电视台海外中心联络部:《海外观众反映》,2006年第14期(http://blog.cntv.cn/html)。
[3] 中央电视台海外中心联络部:《海外观众反映》,2009年第16期(http://blog.cntv.cn/html)。

二、电视剧:对外文化传播的载体

在对外文化传播的各种载体中,电视剧是较为重要的一种。英国学者卡伦指出:"传播的全球化所改变的是媒体虚构的内容和音乐,而非新闻和时政。绝大多数的新闻机构——无论是报刊还是广播电视——仍然是国家的和本土的。"① 卡伦所说的内容主要是影视剧。从文化传播的层次来说,电视剧在同时传播"道"和"器"两个层面的文化内容方面具有较大的优势。

以通俗的电视剧来传播文化具有非常重要的现实意义。在古代,中国文化中的深层次内容,如"仁、义、礼、智、信"的价值观念、"天人合一"的自然观、"注重后代教育"的教育观、"中庸"处事方式、"面子"与"和谐"等人际关系准则以及"祸福相依"的处世观念等,其传播方式除了口耳相传、书籍传播外,还有一条很重要的途径就是戏曲欣赏。例如,昆曲《牡丹亭》传递的不仅是中国传统的爱情观,还有人们对于生死、祸福等的命运观。到了近现代,电影和电视剧在很大程度上就具有早期戏曲的文化传播功能。被誉为"中国电影之父"的郑正秋早在电影发端时期就一再申明自己的"电影要教化社会"的主张,蔡楚生、史东山等中国的第二代电影导演更是进一步把这种主张和观念推及到自己的影片创作和全体民众中去。从《孤儿救祖记》中的家庭伦理叙说到《一江春水向东流》《八千里路云和月》中的乱世情怀,中国电影自觉地承担起了宣传教化社会的历史责任。② 当代的影视剧也通过人物的塑造来诠释中华文化中深层次的内容。例如,电视剧《三国演义》除了展现中国历史上一段风起云涌的历史外,也通过人物向人们诠释了什么是"忠"、什么是"义"。

需要指出的是,从文化传播的角度来看,影视剧容易走向两个极端,即"过度传统化"或"过度现代化"。所谓"过度传统化",就是影视剧为了迎合西方的口味而"曲意迎合",以塑造"异国情调"。这虽然能产生一定的影响,但是影响并不等于效果。日本在这方面就有先例。20世纪50年代,日本导演黑泽明、小津安二郎、沟口健二、衣笠贞之助等巨匠们的电影在西方对于传播日本文化具有重大的作用。当时,《罗生门》《雨月物语》《地狱门》等影片在国际电影节获得众多奖项,好评如潮。但到了20世纪90年代,日本的电影评论家开始对这些作品所塑造的形象和产生的效果进行反省。这些电影作品有两个共同

---

① [英]詹姆斯·卡伦著,史安斌等译:《媒体和权力》,北京:清华大学出版社,2006年版,第232页。

② 黎风主编:《广播影视与文化传播》,重庆:西南师范大学出版社,2008年版,第24页。

点:历史剧题材与和服装扮。也就是说,它所表现出来的是西方人眼中的所谓"日本传统"的东西。实际上,尽管日本自明治维新以后快速地向现代化迈进,生活方式随之西化,但影片中所描写的仍然是日本近代之前的旧风物、老式服饰和旧的观念,而且为了使西方人易于理解而对人物形象进行简单化、模式化处理。① 在20世纪八九十年代,一些颇受西方欢迎的中国电影也存在类似的情况,例如《大红灯笼高高挂》等电影中传播的似乎正是简化的中国文化元素,它们迎合了西方的臆想,却远离了中国的现实。另一个极端就是"过度现代化",也就是在我们的影视剧中展现了过于"现代"、过于"西化"的中国文化。例如,某些都市生活剧完全或者部分地模仿西方文化、套用西方的生活理念、吹嘘西方的价值观(如湖南卫视国际频道播出的《丑女无敌》)。这种现象的根源之一就是我国文化正在遭遇美国等西方文化的"电子式入侵",但还表现得"毫不知情",甚至"心甘情愿"。有学者指出,这种入侵威胁或破坏了发展中国家的传统文化,牺牲了这些国家的本土价值观,加强了物质消费主义,甚至使传统文化不复存在。② 对此,中国电视在从事对外传播的时候必须坚持批判精神,遏制电视节目的文化附庸倾向和宣扬美国价值观,同时必须从专业高度让电视节目有利于中华民族的认同建构及中国现代性的传播。③

三、电视剧在文化传播方面的发展策略

目前,在对外传播上,我国偏重政治、经济新闻的发布,而忽视影像的传播,或者说一直不具备影像输出的能力。对此,有学者建议,在充分熟悉国际电视节目制作规则后,还要生产出对于全球观众都有较小文化折扣的产品。只有这样,中国文化的输出才能实现,中国现代性才能被普遍认可。④ 就文化传播自身而言,传统文化要想保持自己的特色并迅速发展,大众文化的传播途径可能是最经济有效的。⑤ 在大众文化的众多形式中,电视剧无疑是重要的一种。那么,包括CCTV-4在内的对外电视频道如何充分发挥电视剧在文

---

① 王众一、朴光海:《日本韩国国家形象的塑造与形成》,北京:外文出版社,2006年版,第112页。
② 关世杰:《国际传播学》,北京大学出版社,2004年版,第100~101页。
③ 海阔:《媒介人种论——媒介、现代性与民族复兴》,北京:中国传媒大学出版社,2008年版,第207~208页。
④ 海阔:《媒介人种论——媒介、现代性与民族复兴》,北京:中国传媒大学出版社,2008年版,第206页。
⑤ 黎风主编:《广播影视与文化传播》,重庆:西南师范大学出版社,2008年版,第188页。

化传播中的作用呢？笔者认为,对外播出的电视剧除了在理念上重视文化内容之外,宜在以下五个方面有所加强。

(一)"质""量"并重,强化海外市场导向

电视剧只有在质量上具有竞争力,才能在国际市场上赢得一席之地。泰国亚洲新闻网在2010年10月25日刊登一篇文章就指出,中国电视剧因为质量不高而难以在国际市场立足:

> 由于质量不高、主题陈旧,中国电视剧的出口销售远低于美国和韩国。中国平均每天制作35小时的电视剧,是世界上制作电视剧时长最长的国家之一,但其征服世界市场的能力显然不强。虽然从2005年至2009年,中国电视连续剧的出口额已经增长了1/3,达到1.33亿元人民币(2600万美元),但其仍然落后于美国,甚至韩国——韩国电视剧的出口额在2004年就已达到7150万美元。中国电视剧存在的一个严重问题是缺乏创造性。中国距离成为世界领先的电视剧出口国还有很长的一段路要走。这一方面是因为许多中国电视剧制作公司都在更多地聚焦于国内市场,另一方面也因为中国国内受众和海外受众具有不同的审美情趣,而且外国受众对中国历史的不熟悉也会直接导致其无法理解中国电视剧的内涵。[①]

这篇文章一针见血地指出了中国电视剧在国际市场上不具备竞争力的根源所在。

中国电视剧虽然产量大,但质量参差不齐。古装剧一直在中国电视剧出口总量中占有相当的比例,但有一部分古装剧以"古装+娱乐+搞笑"为结构模式,一味迎合所谓的市场"卖点",凭空编造种种低俗、无聊的情节,人为制造噱头,脱离了基本的历史真相,有时还机械地影射当代社会。[②] 尤其是一些电视剧,在对中国古典名著改编的过程中发生偏离,不仅达不到传播文化的效果,反而起到负面的作用。历史名著经过千百年的时代传承,凝聚着中华民族深厚的文化底蕴和道德核心,已经沉淀为民族文化的象征。其主题思想和人物形象在民间深入人心,为广大民众所"格式化",任何对原著思想意义的修改和偏离,都会让人们感到别扭,难以接受。[③]

---

① 泰国亚洲新闻网:http://www.asianewsnet.net/home/news.php?sec=10&id=15112。
② 王长潇:《当代中国电视文化传播论纲》,济南:山东人民出版社,2005年版,第189页。
③ 王长潇:《当代中国电视文化传播论纲》,济南:山东人民出版社,2005年版,第188页。

客观地说,中国的电视剧目前在产量上已经位居世界前列,而且无论从样式还是内容来看,都非常丰富,见表6－4－2。

表6－4－2 2001～2010年电视剧外销出口统计表①

时间	集数	总时长	销售金额(美元)	国家和地区数
2001年	3000	3000	5876620	21
2002年	2336	2361	3628940	15
2003年	2541	2549	3267769	23
2004年	3398	3405	4212385	17
2005年	3110	3183	4443803	23
2006年	3106	3154	4227345	62
2007年	3740	3747	4328249	27
2008年	5423	5483	7557566	111
2009年	4507	4594	6090000	66
2010年	7029	6904	9124474	50

虽然我国电视剧外销出口量逐年增多,但其创作、营销等并没有建立海外市场导向。而相反,受国内市场的引导,"通俗性的,大众化的文化产品大行其道,'作秀'、'煽情'成为时尚;而精致典雅、深刻含蓄的艺术节目却渐入边缘,濒临灭绝或者被阉割、遭戏耍"。② 这些现象无疑使人担忧,也是对外电视要着力避免的。在这方面,我国应该借鉴韩国。韩剧的基本模式是"日本的故事结构＋中国的儒家文化底蕴＋人造的俊男美女＋先进的技术成就"。③ 中国电视剧如果要走出国门,在国际市场立足,就得先提升质量。质量是市场的保障,也是进行文化传播的基础。在这方面也有不少成功的案例。2008～2010年,电视剧《李小龙传奇》就成功发行到日本、韩国、巴西、美国、加拿大、越南、泰国、菲律宾、新加坡、厄瓜多尔、土耳其、意大利、伊朗、南非等40多个国家和地区,并有效带动了中国其他影视节目的国际销售。

节目质量还包括节目制作的技术标准。目前,我国的许多电视节目规格

---

① 数据由中国广播电影电视节目交易中心/中国国际电视总公司节目代理部提供。
② 郭镇之等编著:《第一媒介:全球化背景下的中国电视》,北京:清华大学出版社,2009年版,第324页。
③ 转引自夏骏《十字路口的中国电视》,北京:清华大学出版社,2006年版,第178页。

达不到海外媒体播出的要求。例如,中央电视台制作的某部优秀纪录片,曾一度引起了欧洲多家客户的购买兴趣,但是由于此节目的无字幕版本的右下角有台标 logo,不是标准意义上的无字幕版本,所以错过多次销售良机。这些问题应引起高度重视。可见,提高影视节目技术标准的国际化程度,兼顾国内国际市场需求,从全球视野、国际标准角度规范影视节目创作,是提升节目质量、扩大国际输出的基础。

(二)发掘文化资源

就文化资源的发掘和利用而言,我国电视创作与生产还存在较多不足。在经历了古装、农村等风潮之后,中国电视剧这几年开始流行都市风,甚至盲目追求"现代"和"西化"。如前文所举的《丑女贝蒂》的例子。传统观念、行为礼仪、饮食起居等方面的文化元素在中国的影视剧中并不多见。"仁、义、礼、智、信"的处世哲学、"修身、齐家、治国、平天下"的信念抱负等核心文化元素,在中国曾经推崇备至并深深影响了周边国家。然而,现在即使在中国的电视节目中、尤其是电视剧中,因为商业利益和西方文化的冲击,已经显得黯然失色。而韩国、日本等国的电视剧,正在凭借其文化内涵而征服亚洲、甚至世界。有学者认为,韩剧是一面镜子,照出我们意识中的潜流:原来我们对于具有传统文化的产品是那样的渴望,对失去的民族文化和民族精神是那样的怀念和推崇,也反映出我们对于外来文化的消费是那么的缺乏指导、那么的盲目。[①]日本影视界也对中国传统文化进行了充分的发掘和利用。宫崎骏有关白龙的灵感来自于卡通片中国的白蛇。在 20 世纪 50 年代,甚至还有《杨贵妃》、《秦始皇》、《白蛇传》等在日本被拍摄成故事片,《水浒传》、《西游记》、《三国演义》等中国经典在日本不仅被改编成电影,而且还在漫画、舞台剧等领域被广为引用,并有了日本独特的解说文本,这均体现了日本对中国文化的借鉴与创新。[②] 有学者认为,在儒家文化圈层中,中国应当在包括电视剧在内的电视贸易中占主导地位。除了广大的国内市场外,还是儒家文化的发源地和最主要的发展地,还有取之不尽、用之不竭的传统文化资源。[③]

---

① 王康:《从韩剧的热播看中国电视剧文化的流失》,《内蒙古电视大学学刊》,2008 年第 3 期,第 52 页。
② 王众一:《做好对日报道:着眼经济,关注文化》,刘洪潮主编《怎样做对外宣传报道》,北京:中国传媒大学出版社,2005 年版,第 352 页。
③ 海阔:《媒介人种论——媒介、现代性与民族复兴》,北京:中国传媒大学出版社,2008 年版,第 205 页。

电视剧在创作和拍摄的过程中要有意识地运用中国的文化符号,在这方面可以借鉴中国电影一些好的经验。例如,张艺谋导演的《活着》,较之余华的原著小说,电影的显著变化是增加了主人公福贵皮影艺人这一重身份。一方面,将皮影嵌入影片,为影片增添了一些色彩和旨趣,令观众欣赏到"皮影"这一现代社会中难得一见的"民俗奇观";另一方面,以皮影为载体串起了几十年的中国历史,也使之具有一定的象征含义。类似的电影还有很多,例如,《黄土地》中所包含的陕北民歌、腰鼓,《大红灯笼高高挂》中所包含的京剧元素,《边走边唱》的民间曲艺,《霸王别姬》的京剧,《炮打双打》的木版年画、爆竹,《黄河谣》的民歌、社火以及《流年》的民间剪纸等。类似的案例也有很多,暂且不究其中中国传统文化元素的展示是否恰当,是否能够和谐融入整体情境中,单就这些影视剧为那些文化形式所带来的传播效应就不可低估。如《黄土地》使安塞腰鼓"一役成名天下闻",赢得了可贵的发展空间;《霸王别姬》在海外展映,令西方观众为美妙的京剧深深叹服……①

当然,传统文化资源也需要进行必要的改造,让传统价值标准与新的社会发展实现"同一",如忠孝仁义对于现代工业社会,同时让新的价值标准如民主自由和传统社会实际的"同一"。② 因此,我国需要在政府层面、社会层面和产业层面强化电视剧创作和生产过程中对文化资源的发掘,在提升文化内涵的同时,提升其国际竞争力。与此同时,在对传统文化的发掘过程中还需要注意适度的问题。例如,对古典名著的改编,一直存在着一个改编分寸和改编程度的问题。因为历史名著和名人名篇经过千百年的时代传承,无一不凝聚着中华民族深厚的文化底蕴和道德核心,已经沉淀为民族文化的象征。其主题思想和人物形象在民间深入人心,为广大民众所"格式化",任何对原著思想意义的修改和偏离,都会让人们感到别扭,难以接受。更有甚者,一些电视剧制作机构为了迎合所谓的市场"卖点",在挖掘中国历史故事的时候,凭空编造种种低俗、无聊的情节,人为制造噱头,脱离了基本的历史真相,有时还机械地影射当代社会,结果是"戏说"变"乱说"、最终成"胡说"。③

---

① 张国涛主编:《传播文化:全球化与本土化》,北京:中国传媒大学出版社,2010年版,第215页。
② 朱增朴:《文化传播论》,北京:中国广播电视出版社,1993年版,第69～70页。
③ 王长潇:《当代中国电视文化传播论纲》,济南:山东人民出版社,2005年版,第188～189页。

(三)注重文化差异

在对外电视频道中,电视剧在主题、情节、制作、翻译等诸多方面都要注重文化差异的问题。笔者2011年在开展一项针对美国华语电视内容模式的研究时,整理了它们在2010年播出的电视剧的情况。其中,美国KTSF26台虽然播出大量中文节目,但它是一家美国电视机构,其内部工作语言是英语,电视节目编播表、节目串联单、节目预告等文字资料都有英文版。笔者在对照其英文电视剧名时就发现,部分电视剧的英文名翻译让人不知所云,甚至莫名其妙。据了解,这些英文名都是由中方的生产商或经销商翻译后,提供给美方的。参见表6—4—3。

表6—4—3 美国KTSF26台所播电视剧的中英文名

序号	电视剧中文名	电视剧英文名	备注
1	暗香	Dark Fragrance	
2	中国往事	Memoirs in China	
3	善德女王	Queen Seondeok	韩国产
4	蜗居	Dwelling Narrowness	
5	新不了情	Endless Love	
6	孔雀东南飞	Peacocks Flying Southeast	
7	百年荣宝斋	Bai Nian Rong Bao Zhai	
8	金大班	the last night of madam Chin	
9	神话	The Myth	
10	潜伏	Lurk	
11	美人心计	Schemes of a Beauty	

在表6—4—3中,《暗香》,又名《被爱放逐》,主要内容是讲述家族之间的争斗。如果采用直译,即"Dark Fragrance",很难传达出电视剧的内涵。同样,《蜗居》本是一部现代都市剧,反映的是青年男女在都市打拼的故事和交织其中的爱恨情仇。如果片名直接翻译成"Dwelling Narrowness",完全忽略了其中的含义。笔者在访谈KTSF26台总经理Mike Sherman时,他就表示这部电视剧名很莫名其妙。另外,《孔雀东南飞》本是一部与爱情相关的电视剧,但翻译成"Peacocks Flying Southeast"后,会让人觉得这是一部关于动物的电视剧。这其中最让人难以理解的是《百年荣宝斋》,它是直接用汉语拼音作为

英文片名。荣宝斋作为一个很有中国特点的专有名称,也许难以翻译,但片名如果用完全不适合西方语境的汉语拼音替代,恐怕也有些让人费解。

需要指出的是,这些电视剧不仅仅是提供给这一家电视台,有些还要在其他国家上市销售。这样的翻译方式不仅在跨文化方面不具备优势,也难以在市场上取得好的"第一印象"。相比之下,韩国在这方面的经验值得借鉴。韩国电视制作商在出口一部电视剧前,都要认真研究如何翻译片名,一般是全体相关人员聚到一起讨论如何制定片名。《大长今》被翻译为"Jewel in the Palace",《新进职员》是"Super Rookie",《玫瑰与黄豆芽》是"Roses in the Kitchen",《我的爱人》是"Love of My Life"。① 一些韩剧的英文名称都能较好地诠释电视剧的主要内容,至少能让受众产生认同感。制定与电视剧内容和整体感觉融为一体的片名,是译者须遵守的原则。

如果从商业的角度来看,电视剧也是一种文化产品,需要从品牌或营销的角度来考虑片名翻译的问题。在国际商务翻译中,很多失败的案例值得我们反思。在这些翻译中,要么译者过于注重表面意思,要么忽视了词汇的多义性,结果让人费解,甚至造成产品营销的失败。比如,Bud Lite 啤酒的口号,"好喝但不胀肚",如果直译成西班牙语就成了"胀肚,而且不怎么好喝"。肯德基的店训,"吃得让你舔指头",直译成中文是"把你的指头啃掉"。把其他语言译成英语时,也会出现类似的错误,比如香港的牙医做过这样的广告:"Teeth extracted by the latest Methodists",直译是,"由最新的循道宗信徒为你拔牙"(译者注:这是错把"循道宗信徒"一词当作"掌握最新方法的牙医"来用)。再比如,法国的一家商店橱窗挂出的英语招牌上写着:"We sell dresses for street walking",直译是,"这里出售妓女穿的衣服"(译者注:"逛街"在英语里有"卖淫"的意思)。②

文化是符号中介(semiotic mediation)。③ 从文化传播和符号学的角度来看,电视剧是由具有文化含义的符号编码而成的。符号(symbol)是文化传播的基因和代码,是文化传播的媒介和载体,是文化传播的基础。文化的创造在某种程度上说,就是符号的创造和运用符号进行的创造。符号形成了文化传

---

① 郭镇之等编著:《第一媒介:全球化背景下的中国电视》,北京:清华大学出版社,2009年版,第254页。

② [美]布拉德福德·J.霍尔编,麻争旗译:《跨越文化障碍——交流的挑战》,北京广播学院出版社,2003年版,第126页。

③ [美]J.瓦西纳著,孙晓玲、罗萌等译:《文化和人类发展》,上海:华东师范大学出版社,2007年版,第70页。

播的文本、信息和话语。① 文化在电视剧中的体现和传播都是以符号的形式进行的,电视剧的创作是编码过程,受众观看就是解码过程。对外播出的电视剧一定要注重码本的差异问题,力求编码和解码的过程不受文化差异的影响。电视剧的创作可以借鉴西方获得成功的电影,从中找寻成功的要素。李安就在这方面进行了很好的探索。他的"家庭伦理三部曲"中,《推手》在美国的票房并不理想,而后来的《喜宴》则吸取了教训。从决定投拍之时起,作为投资方的美国"好机器电影公司"总裁夏慕斯,便积极参与到原剧本的加工和修改之中,较多地考虑了西方观众的理解与接受问题,并且着重对商业层面进行考虑。通过商业娱乐的包装来表现浓厚的东方文化韵味,从而使《喜宴》在海内外均取得了可观的商业成就。电视剧也是一样,无论是视觉符号,还是思想内涵,都既要有民族性,也要有国际性和普适性。一部电视剧只有具备跨越文化差异、引起其他国家受众共鸣的能力,才能赢得市场,也才能成为文化传播的载体。

（四）加强国际化

加强国际化,主要体现在五个方面。首先,要有国际化的理念。目前,我国电视剧的主要市场在国内,因此在制作理念方面还比较偏向本土,这也就导致编剧、制作、包装、营销等各方面还没有充分与国际接轨。当然,电视剧作为一种文化产品,目标市场决定了其制作思路和营销策略。不过,从对外文化传播的角度来说,国际化程度越高的电视剧,其传播效果越好。国际化包括制作流程、节目风格以及营销手段等,而且国际化本身就意味着本土化,这主要是指在节目翻译、配音等包装手段方面适应本土观众的收视习惯。

其次,题材的选择要国际化。不同文化虽然存在一定的差异,但也有共同的地方,优秀文化完全可以超越不同国家、不同民族的社会制度、意识形态诸方面的分歧,成为各国分享的资源,这也是国际化的题材。如美国人诠释《花木兰》、中国人诠释《钢铁是怎样炼成的》,就是例证。有学者认为,我国电视剧的题材要完成从"族意识"到"类意识"的超越。在我们的影视作品中,关注民族性是应当的、必要的,但是,在世界日益走向"一体化"的今天,我们是否应当关注人类共同的东西呢？族意识与类意识相比,类意识是更高的一个层次。②

第三,主题思想或电视剧中所宣扬的价值观念要国际化。目前,中国电视

---

① 庄晓东主编：《文化传播：历史、理论与现实》,北京：人民出版社,2003年版,第51、52页。
② 张国涛主编：《传播文化：全球化与本土化》,北京：中国传媒大学出版社,2010年版,第8~11页。

节目出口基础相当薄弱,只有像《红楼梦》、《三国演义》这样的传统名著改编的电视剧能够部分进入东亚和东南亚的华语市场,部分纪录片能够进入其他国家。电视剧在内容核心理念方面的国际化需要寻求普适化的价值观,以赢得海外目标受众的认同。人类的情感是共同的,家庭、爱情、亲情、友谊等是属于全人类共同的情感,生命、死亡、存在、毁灭这些终极关怀的问题也是全人类共同思考的问题,青春、健康、真善美等更是全人类共同珍惜的。尽管东西方文化存在差异,但在这些根本问题上却是一致的,这也是处于全球化语境下的中华民族影视艺术所应当关注的。① 在这方面,我国电视剧可以向电影学习,尤其是近几年来在西方有较大影响的电影。例如,李安的《卧虎藏龙》是以一种人类共同的情感来打动西方观众,使西方人真心实意地迷恋上了东方情调,让相互隔膜的东西方文化在影视艺术领域内开始了真正的交流。②

第四,要注重国际化的合作。电视剧跨国合作是未来趋势,也是电视剧走向海外传播文化的捷径。2007年国际电视总公司与香港TVB合作拍摄电视剧《岁月风云》,与马来西亚合作拍摄了电视剧《双城变奏》。其中,为纪念香港回归十周年而合拍的电视剧《岁月风云》在12个国家和地区同步播出,全球有十几亿华人能同步收看,开创了华语电视节目海外播出历史崭新的纪录。2010年9月9日、10日,在韩国举行的第5届亚洲六国及地区电视作家会议上,与会者就"亚洲电视剧的成长及发展"问题展开讨论,并形成普遍共识,认为亚洲电视机构应该加强在电视剧领域的合作。他们认为,跨国合作制作的电视剧作品能收到意想不到的良好反响,观众在观看电视剧时跨越了国境的界限,在情感上认同了他国的文化。③ 采取国际合作的方式制作电视剧不仅可以分摊成本,而且可以很好地打开国外市场。通过和国际高水准电视机构的合作,也可以提高中国电视剧制作水平,结合本国的受众需要就可以制作出自己的成功品牌。从文化传播的角度来说,开展电视剧制作的国际合作有利于减少或消除文化折扣。所谓"文化折扣"(a cultural discount),又称"文化贴现",是指"扎根于一种文化的特定的电视节目、电影或录像,在国内市场很具吸引力,因为国内市场的观众拥有相同的常识和生活方式;它在其他地方其吸引力就会减退,因为那儿的观众很难认同这种风格、价值观、信仰、历史、神话、

---

① 张国涛主编:《传播文化:全球化与本土化》,北京:中国传媒大学出版社,2010年版,第21页。
② 张国涛主编:《传播文化:全球化与本土化》,北京:中国传媒大学出版社,2010年版,第20页。
③ 参见日本《读卖新闻》网页2010年9月16日文章:http://www.yomiuri.co.jp/entertainment/tv/tnews/20100916—OYT8T00726.htm。

社会制度、自然环境和行为模式"。①

第五,要注重翻译策略、翻译技巧和翻译水平的国际化。以电视剧的剧名翻译为例,韩国在这方面就非常用心。在韩剧出口前,全体相关人员聚到一起讨论如何制定片名。制定与电视剧内容和整体感觉融为一体的片名,是译者须遵守的原则。观察一些韩剧的英文名称,《大长今》为"Jewel in the Palace",《新进职员》是"Super Rookie",《玫瑰与黄豆芽》是"Roses in the Kitchen",《我的爱人》是"Love of My Life"。而韩剧被引进到中国时大都直译片名,如《大长今》、《茶母》、《商道》、《海神》等,这是因为汉语和韩语都属于汉字文化圈,因此不会影响原意的表达。但是也有一些特例,比如为了顺应中国人喜好四个字的片名,如《阁楼男女》、《爱了又爱》、《人鱼小姐》等。但是《人鱼小姐》在中国台湾播出时,台湾方面认为,《人鱼小姐》未能表达剧意,所以一度被改为《背叛爱情》。②

亨廷顿(Samuel Phillips Huntington)说:"文化的核心包括语言、宗教、价值观、传统以及习俗。"③如果要传播一种文化的核心内容,电视剧无疑是一个理想的载体:对白是语言的呈现,宗教、价值观、传统和习俗在人物活动和剧情中都可以得到淋漓尽致的体现。因此,电视剧在文化对外传播中可以起到其他节目形式难以替代的作用。需要指出的是,高质量、有文化内涵、具备跨文化能力的作品才能发挥文化传播的功用。

第五节 综艺类节目与对外文化传播

——以《中国文艺》为例

综艺节目属于娱乐节目的范畴,它是一种汇总、融合各种文艺形式,通过某一主题、某种艺术形式或某一表演者等逻辑串联方式集中展示的节目类型,它和电视剧节目、体育节目、电影节目、音乐节目、戏剧节目、游戏节目、真人秀

---

① [加]考林·霍斯金斯、斯图亚特·迈克法蒂耶、亚当·费恩著,刘丰海、张慧宇译:《全球电视和电影:产业经济学导论》,北京:新华出版社,2004年版,第45页。
② 郭镇之等编著:《第一媒介:全球化背景下的中国电视》,北京:清华大学出版社,2009年版,第254页。
③ 转引自[美]拉里·A.萨默瓦、理查德·E.波特著,闵惠泉、王纬、徐培喜等译《跨文化传播》,北京:中国人民大学出版社,2004年版,第36页。

节目、娱乐谈话·专题节目、国际娱乐类节目、大型娱乐节目等同属娱乐节目。① 电视娱乐栏目则是利用电视手段满足人们感性生活(艺术审美和文化娱乐)需求的电视节目形态,主要是对舞台上或演播室演出的各种文艺节目进行二度创作,既保留原有艺术形式的审美价值,又充分发挥电视特殊艺术功能。② 最早的电视娱乐节目是1938年5月31日在英国广播公司(BBC)的亚历山大宫直播的简单拼写竞赛——《拼写蜜蜂》(Spelling Bee)。这是一档游戏节目,比赛的内容非常简单,参赛者只需要正确拼写单词就可以了。③ 中央电视台的前身——北京电视台开始试播时,就播出了具有综艺特点的节目:诗朗诵《工厂里来的三个小姑娘》、舞蹈《四只小天鹅》和《春江花月夜》等。

中国具有丰富的文艺资源,在杂技、功夫、民俗、茶艺等传统艺术方面均有深厚的文化内涵,这既是综艺类节目创作的源泉和素材,也是中国文化对外传播的重要内容。以杂技文化的传播为例,根据日本坂本种芳的《奇术的世界》记载,中国的杂技与幻术早在唐玄宗开元十七年(729)就已传入日本,当时在日本朝廷宫宴时演出的节目就有吞刀、吐火、植树、走索等。在近代传统艺术中,杂技艺术是我国走向世界最早的项目。早在19世纪末,中国戏法大师朱莲奎就带领杂技班子远渡重洋,到美国纽约演出,并把三国时(220～280)左慈曾在曹操面前表演的"堂下钓鱼",传授给美国魔术家威廉·罗宾逊。1949年以后,我国政府开始把杂技艺术作为中国人民与世界各国人民文化交流的使者。周恩来总理曾亲自关注组建中国国家杂技团的事宜。1953年,中国杂技团正式建团。在之后的一年多时间里,中国杂技团先后出访了苏联、波兰、捷克斯洛伐克、匈牙利、保加利亚、阿尔巴尼亚、芬兰、丹麦、瑞典、奥地利等14个国家。④ 中国对外电视发展起来之后,杂技也成为对外电视节目的重要传播内容。例如,中央电视台中文国际频道的综艺类节目——《中国文艺》经常播出杂技表演节目,在2010年11月7日整期播出了以杂技为主题的内容,包括中国杂技团表演的《十三人顶碗》、张帆表演的《软钢丝》、上海杂技团表演的《抖杠》、沈阳军区前进杂技团表演的《女子抖杠》等。当然,其他传统文化中的文艺形式也是我国电视对外传播的重要内容。

---

① 张海潮:《中国电视节目分类体系》,北京:中国传媒大学出版社,2007年版,第79页。
② 郑保章主编:《电视专题与电视栏目》,北京:中国广播电视出版社,2007年版,第185～186页。
③ 转引自郑保章主编《电视专题与电视栏目》,北京:中国广播电视出版社,2007年版,第294页。
④ 梁岩:《中国文化外宣研究》,北京:中国传媒大学出版社,2010年版,第95页。

电视受众收视调查显示,他们收视需求的排列顺序依次是:电视剧→娱乐节目→专题栏目→新闻资讯。① 从综艺类节目在对外传播中的作用而言,综艺类节目是对外电视频道的重要构成,它不仅为海外受众提供娱乐服务,是传播中华文化的重要方式,同时也是情感交流的桥梁。一位美国观众曾这样评价《中国文艺》的一期有关民歌的节目:"跟随《中国文艺》的脚步,我仿佛走遍祖国各地,探寻着每一个民族,品味着每一个音符的情感,民歌让我的思乡情怀得到了最好的释放。"② 可以看出,《中国文艺》不仅为他们提供了娱乐节目,还满足了其思乡情结,同时让他们了解了民族文化。对外综艺类节目正是在娱乐之中传播文化,在潜移默化之中达到润物无声的效果。那么,综艺类节目在传播文化方面有着怎样的优势?文艺类节目如何做到兼顾娱乐受众和传播文化?对外综艺类节目如何在高雅文化和大众文化之间取得平衡?对于这些问题,本节通过对中央电视台中文国际频道(CCTV－4)《中国文艺》栏目的研究来寻求答案。

一、CCTV－4《中国文艺》简介

《中国文艺》开播于1996年5月1日,是中央电视台中文国际频道(CCTV－4)的一个日播综合性文艺专题栏目,节目时长为20分钟。栏目定位为:弘扬中华民族传统文化、播撒五千年古老文明、关注中国与世界重大的文艺活动、用精彩的电视文艺作品为海内外华人观众打开一扇精神视窗。CCTV－4担负着"传承中华文化"的使命,这就注定该频道的文艺类栏目所播出的内容不是一般的文艺性节目,而应该具有一定的文化底蕴和内涵。《中国文艺》在内容上强调"民族性"和"国际性",形式上以客观记录和文艺展示相结合,力求让海外受众了解中华文化艺术产生的土壤和独有魅力。

从创办之初到现在,《中国文艺》栏目随着整个CCTV－4的频道定位和内容编排等方面的变化而调整节目形态和内容。2000年2月7日,在CCTV－4第2次改版中,CCTV－4原有的《梨园群英》、《神州戏坛》、《戏曲采风》和《旋转舞台》等栏目并入了《中国文艺》。在2002年9月2日CCTV－4的第3次改版中,《中国文艺》改为周播五期,每期设定一个主题。其中,周一版集中介绍海内外华人艺术家的艺术成就和艺术人生,突出栏目的文化品位和人文色彩;周二版以舞蹈和杂技节目赏析等内容为主;周三版以音乐和歌曲节目赏析

---

① 赵树清:《外宣电视文艺节目的创新与提高》,《电视研究》,2007年第6期,第50页。
② 中央电视台海外中心联络部:《海外观众反映》,2009年第24期(http://blog.cntv.cn/html)。

为主;周四版以曲艺节目赏析为主,节目包括小品、相声等国内外电视观众喜闻乐见的曲艺形式;周五版则以海内外电视观众点播的节目为主,使栏目与观众实现互动。2006年1月30日,在CCTV－4第4次改版中,《中国文艺》根据受众需求和频道定位以及节目资源等情况进行了调整,节目更加注重内容的整体性,而不是突出播出形式或文艺类型的统一。栏目仍然一周播出五期,但每期都围绕一个主题展开。从2010年12月1日开始,栏目增加了周末版,采用"栏目主持＋专家主持＋表演嘉宾＋现场观众互动"的方式,注重原创作品的推荐和深度发掘。节目将那些近期广大观众关注的热点、焦点文艺节目设定为每期的重点话题加以现场演绎和深度解读,并适时引入现场观众的互动调查环节,使之丰富有趣,让观众通过《中国文艺》栏目触摸到中国文艺界发展的脉搏。日常版《中国文艺》的定位是"传递来自中国的精彩",周末版《中国文艺》的定位则是"解读精彩背后的故事"。

二、综艺类节目:娱乐受众是基础,传播文化是目的

从传播文化的方式而言,综艺类节目可以在娱乐之中让受众感受到文化的气息,接受文化的熏陶,但要同时兼顾受众娱乐和文化传播并不容易。几年前,海外观众给CCTV－4的观众联络部门写信反映说:

> 目前在CCTV－4的各栏目中,介绍内地新景象的优秀节目已不少,但某些栏目,尤其是文艺节目中,常出现于荧屏的不是带有民族风格、传统文化的东西,而是当前充斥内地文化市场、充满强烈商业色彩、艺术性不高的流行曲与西式演唱风格。当然,每个人对歌曲节目的欣赏要求不同,不是说流行歌曲就一定不好。但事实上,海外侨胞接触最多的都是港台流行曲。身处异域他乡,侨胞们更期望欣赏到的是来自祖国带有传统文化和民族风格的,令坐在电视机前的一家老少眼前一亮、心中一热、耳目一新的声音与画面。中国的文化艺术有五千年的积淀,无论内容和形式都十分丰富,多姿多彩。但是我感觉,今天内地的歌坛舞台却缺少对民族传统的挖掘与弘扬。①

这位观众的来信代表一部分海外受众的观点,也从一定程度上反映了一部分海外受众对文艺类节目的诉求。经过几次改版之后,《中国文艺》在节目内容和形态方面更加注重文化传播的问题。

---

① 中央电视台海外中心联络部:《海外观众反映》,2007年第2期(http://blog.cntv.cn/html)。

从理论上说,电视除了传播资讯、提供娱乐之外,教化也是其承担的一个重要任务。教化功能通过家庭启蒙、社会示范、社会心理、社会舆论、学校教育、新闻传媒等各种手段,为个体提供一系列的行为规范体系和价值观念体系,使之形成与所属社会基本一致的世界观和价值观,实现文化的规范、约束作用,最终达成个体与社会的有机整合。① 电视媒体在这方面可以发挥重要的作用,但前提是传播的方法和方式要得当。对于《中国文艺》来说,如果过于强调娱乐功能,则难以实现文化传播等教化功能;而如果过于注重教化功能、缺乏必要的娱乐性,则背离了栏目的宗旨和受众的需求,也就无从实现栏目传播文化的目的。说到底,娱乐受众是基础,传播文化是目的。

只有在形式上让受众娱乐,才能有机会让受众从节目内容中感受文化内涵,也才能达到传播文化的目的。以 2010 年 10 月国庆节期间推出的"歌唱祖国"系列节目为例,中华文化中的很多理念和符号都是在属于大众文化的流行歌曲中进行传递的。这一期播出了 9 首歌:

费翔:《故乡的云》
汪明荃:《万水千山总是情》
张明敏:《我的中国心》
刘欢:《绿叶对根的情意》
毛宁、刘德华、张信哲:《大中国》
刘德华、那英:《东方之珠》
王菲、那英:《相约九八》
谭晶、陈奕迅:《龙文》
SHE:《中国话》

从这几首歌中,海外受众既可以感受到中华文化中的国家理念和故土情怀,也可以体会到文字和语言这些文化要素的巨大魅力。有研究者也指出,《中国文艺》应当成为一个文化使者,充分利用和发掘中国丰富的文学艺术资源。② 需要强调的是,完成文化传播使命的前提是首先能够激起观众收看的兴趣,能够让观众从中获得娱乐。《中国文艺》十多年的发展历程也印证了这一点:文艺类节目的基础是娱乐受众,在此基础上,传播文化才是目的。

---

① 庄晓东主编:《传播与文化概论》,北京:人民出版社,2008 年版,第 92 页。
② 赵允芳:《〈中国文艺〉应当成为一个文化使者》,《传媒观察》,2006 年第 4 期,第 12 页。

三、综艺类节目传播文化的手段:潜移默化、润物无声

综艺类节目不同于文化专题类节目,它不是直接发挥教化功能,其节目内容和形态不直接与文化传播相关;综艺类节目也不同于新闻评论类节目,它是在提供娱乐之中而不是在提供资讯之中传播文化。可以说,在电视对外传播中,这几类节目相互补充、共同作用,在不同层面上发挥文化传播的功能。从媒体的角度来说,这也是其发挥影响力的重要方式。有业界人士认为,媒体在构建"国际影响力"的策略上,既要重视新闻性、评论性节目等"硬传播",更要重视电视文艺、文化专题节目等"软传播"。[1] 相比其他类型的电视节目,文艺类节目传播文化的手段更为独特,在潜移默化、润物无声之中实现传播目的,让受众在不知不觉之中接受了文化的熏陶,进而在心理上对中华文化产生认知和认同。

综艺类节目传播文化的这种特点与其编码方式密切相关。从编码、解码和文化码本的角度来看,文化是符号中介(semiotic mediation)。[2] 人的符号化生存方式决定了其本身是一种符号动物,而其社会历史过程就是一个不断"生产"和"消费"符号的过程。[3] 从解码思维出发,文化是人们在生活中实践和传承的思维、行为和组织的方式及其产品。[4] 节目与受众的关系是一个编码与解码的关系,文艺类节目以音乐、舞蹈、戏曲、相声、小品、杂技等大众喜闻乐见的文艺形式对文化进行编码,受众在娱乐的过程中对其所包含的文化元素进行解码。正是这样一种独特的编码—解码关系,才使得文艺类节目传播文化时具有潜移默化、润物无声的特点。

《中国文艺》具有综艺类节目共有的编码—解码方式,很多海外受众观看节目既是一种娱乐和消遣,也是感受中华文化的过程。例如,一位美国得克萨斯州达拉斯的观众在写给CCTV-4观众联络部门的信中说:"我自幼生长在北京的一个爱好京剧的世家,在美国已定居多年,每次听到京胡的声音都会热泪盈眶……希望《中国文艺》栏目能够播出更多的祖国的传统艺术。"[5]

对于这位观众来说,欣赏京剧是一种娱乐,也是一种文化体验。

---

[1] 赵树清:《外宣电视文艺节目的创新与提高》,《电视研究》,2007年第6期,第49页。
[2] [美]J.瓦西纳著,孙晓玲、罗萌等译:《文化和人类发展》,上海:华东师范大学出版社,2007年版,第70页。
[3] 庄晓东主编:《传播与文化概论》,北京:人民出版社,2008年版,第45页。
[4] 周大鸣主编:《文化人类学概论》,广州:中山大学出版社,2009年版,第67页。
[5] 中央电视台海外中心联络部:《海外观众反映》,2009年第17期(http://blog.cntv.cn/html)。

《中国文艺》的很多节目是按主题对热门小品或流行歌曲进行汇编,其中不少主题与中华文化理念相关。例如,2010年9月7日播出的《中国文艺》就以家乡为主题,节目的名称叫"乡音乡情之家乡"。在这期节目中,有五个节目从不同侧面阐释了中国人的乡土观念。这五个节目是:

巩汉林、柏青、韩再芬表演的小品:《都市外乡人》
韩红演唱的歌曲:《家乡》
腾格尔演唱的歌曲:《天堂》
歌曲:《黄土高坡》和《故乡的云》

在中国的文化理念中,有着浓郁的乡土观念。对于海外华人而言,这种乡土观念涵盖了祖籍地和移居地两方面内容,并成为一种"宗乡文化"。"宗乡文化"已经成为海外华人共有的历史传统与文化资源。最能表明海外华人社会这一共性特征的是遍布于世界各地的华人会馆、同乡会、宗亲会等社团组织。①《中国文艺》通过小品或歌曲的形式传播这种"宗乡文化"或"乡土观念",海外受众在欣赏节目的同时,也从中解读出或者解码出文化内涵。

四、综艺类节目传播文化的层次:"大俗亦大雅"

综艺类节目需要平衡的一个问题就是"雅"和"俗"的问题,也就是传播高雅文化还是通俗文化的问题,或者说是主流文化、精英文化或大众文化的问题。因为有学者认为,当代中国文化的格局是一个主流文化、精英文化和大众文化三足鼎立的多元共存的文化格局。② 为了方便起见,本文将文化主要分为高雅文化与通俗文化两种。如果将二者割裂,过于追求其中的一个极端,都不利于文艺节目自身的发展,更无助于文化的传播。过分的娱乐化会引起人们的担忧,娱乐的目的和品位也会随之发生变质。③ 而高雅文化一旦曲高和寡,也会失去生存的土壤。如果说通俗文化的目的在于娱乐、给人带来快乐,高雅文化的目的在于熏陶、给人带来美的享受,那么这两种文化其实是统一的。对外综艺类节目要将高雅文化和通俗文化有机融合于一体,这也是很多海外观众对《中国文艺》的诉求。一位观众在给CCTV-4观众联络部门的来信中表示:

---

① 曾少聪:《漂泊与根植:当代东南亚华人族群关系研究》,北京:中国社会科学出版社,2004年版,第301页。
② 王长潇:《当代中国电视文化传播论纲》,济南:山东人民出版社,2005年版,第19页。
③ 赵允芳:《〈中国文艺〉应当成为一个文化使者》,《传媒观察》,2006年第4期,第13页。

希望《中国文艺》栏目能多播放诸如歌舞《溜溜的康定溜溜的情》、《草原牧歌》、《西沙组歌》、《春江花月夜》、《千手观音》等,这类声情并茂、生动活泼,既有民族风格,又有现代气息的好节目。①

由此可见,综艺类节目既要有通俗、流行或大众的元素,也要有高雅、传统的内涵,二者缺一不可。

《中国文艺》制片人周晓岚女士在接受笔者访谈时表示,对于综艺类节目而言,"大俗即大雅"。她举例说,很多富有民族底蕴的节目,如内蒙古的长调,其大众化特点非常鲜明,但这些文艺形式绝对非常高雅。也许正是基于这种理念,《中国文艺》有意从传统文艺形式或主题中挖掘现代元素,或者通过内容与形式的整合来阐释"大俗即大雅"。例如,在2010年10月28日播出的节目中,就以《秦腔与摇滚》为主题。这期节目播出了四个富有民族特点又不乏现代元素的节目:

郑钧演唱的摇滚歌曲:《爱上当》

华阴县农民老腔团表演的老腔:《将令一声震山川》

鲲鹏乐队演唱的歌曲:《信天游》

胡月演唱的歌曲:《热恋的故乡》

秦腔历史悠久,深得陕西人的喜爱。当用艺术的眼光来看待秦腔时,这种艺术形式绝对具有它高雅的一面。这就如同爱尔兰的踢踏舞一样,根植大众,展现高雅。《中国文艺》作为文艺类节目,通过节目的创作和编排,来展现中华文化丰富的层次,同时也解读和阐释"大俗即大雅"的内涵与真谛。

五、综艺类节目在文化传播方面的挑战

综艺类节目凭借其娱乐性的内容和轻松的表达形式,在文化传播方面具有一定的优势。但是,它自身也面临一些挑战,具体而言,主要有五个方面:

第一,如何平衡节目中高雅与通俗的关系。在前文中阐释过高雅文化与通俗文化的定义和关系。对外中文电视综艺节目中的高雅文化可以展示我国传统文化的精华,有助于加强海外受众对于我国的了解;而通俗文化则具有较高的接受度和较广的受众范围,并可以通过包装在流行娱乐形式下的价值观

---

① 中央电视台海外中心联络部:《海外观众反映》,2008年第23期(http://blog.cntv.cn/html)。

念,可能潜移默化地影响甚至改变国外普通受众的观念和态度。① 虽然二者都是文化对外传播必不可少的,但是作用不一样,在制作手法和传播方式上也有不同的要求。同一个综艺节目如何兼容两种不同的风格和传播诉求,尤其是如何兼顾不同的受众需求就成为一种挑战。另外,如何确保高雅和通俗节目自身的特点也是对编导的挑战。中央电视台中文国际频道《中国文艺》制片人周晓岚在接受笔者访谈时表示:"高雅文化和通俗文化之间有时候没有一个明显的界限,关键是一个编导者或者制作者怎么去把握和去寻找一个文化的依托,你可以把通俗也变得很高雅,如果没有一个很高的审美或者鉴赏的能力,你可能把高雅的东西做得很庸俗,这都是有可能的。"②

第二,如何均衡节目内容"民族的"与"世界的"之间的关系。我们在对外传播文化的时候,倾向于传播有中国特色的传统文化。但是有些"最中国的"文化艺术,外国人不能完全理解、欣赏,因此就不能成为"最世界的"。如侯宝林大师的相声,是"最中国的"艺术之一,但不能成为"最世界的",因为外国人听不懂,要翻译成外文,非常不容易,即使译出来了,原来在中文里的喜剧效果恐怕也没了。③ 其他具有民族特色的艺术形式如戏曲等,都需要一定的基础才能欣赏,包括海外华人在内的普通受众理解节目的内容、表现形式和内涵的意蕴有一定困难。

第三,如何兼顾不同地域背景受众的需求。海外华人受众在移民背景地域上差别较大,而中国艺术形式多种多样,具有强烈的地域性。福建的布袋戏很精彩,但很难被我国北方地区移民出去的海外华人所理解。同样,秦腔意蕴绵长,但籍贯我国南方地区的海外华人欣赏不了这种艺术的美。除了戏曲外,相声和小品等艺术形式也存在地域差异。舞蹈也不例外,尤其是民族舞蹈有着浓郁的地域特色。对外播出的综艺类电视栏目需要考虑如何在集纳这些不同艺术形式或文艺形式的同时,能最大限度地兼顾不同地域背景受众的欣赏习惯和内容需求。

第四,如何兼顾娱乐和文化传播的关系。电视综艺节目是以娱乐的形式来传播文化,但是稍有偏差就变成了仅有娱乐而无文化传播,或者只有文化传播而无娱乐性。有娱乐而无文化传播让综艺类栏目失去了内核,而有文化传

---

① 转引自王超逸主编《软实力与文化力管理》,北京:中国经济出版社,2009年版,第28～29页。
② 根据笔者2010年10月28日对《中国文艺》制片人周晓岚的访谈。
③ 沈苏儒:《有关跨文化传播的三点思考》,《对外传播》,2009年第1期,第38页。

播而无娱乐性则让综艺类栏目丧失了观众的收视前提和基础。

第五,如何兼顾传播中国当代文化与传统文化的关系。当前我国对外文化传播的主要内容还是传统文化,当代文化所占的比例不大。或者说,境外受众对我国传统文化比较认同,也比较期待,而对我国当代文化比较陌生,尚没有强烈的收视需求。在这种情况下,节目制作者如何融合中国传统文化与当代文化,达到既传播了中国传统文化,也让海外受众了解了中国当代文化。周晓岚在接受笔者访谈时表示:"我觉得实际上所有的文艺形式里面都包含着中国文化的东西,关键在于如何进行包装和融合。比如说芭蕾是舶来的东西,也是中国当代艺术的一种形式。中国改编的芭蕾节目中融入了化蝶、梁祝等传统文化的内容或元素,这是用当代文化的形式来传播传统文化,同时也实现了当代文化与传统文化的融合。"①

第六节 健康类节目与对外文化传播
——以《中华医药》为例

健康类节目是指以健康保健为主要内容,通过开阔受众的健康视野和更新卫生理念,使受众认识健康、了解健康、把握健康、拥有健康。它和社会情感、经济财富、文化生活、体育技能、科学技术、服务指导等方面的节目一起,并称"公共型电视栏目"。这类栏目没有特定的受众对象,面向的受众在范围和层次上具有广泛性,选取的节目内容具有普遍性。②

中国健康类电视节目发端于20世纪50年代。当时的北京电视台(中央电视台前身)在建台初期就开办了电视健康节目《卫生与健康》,以科教片的形式介绍看病吃药、强身健体的知识。在20世纪80年代以前,《卫生与健康》一直都是在黄金时段播出。进入20世纪80年代以后,它就逐渐被淹没在《九州方圆》、《与你同行》等娱乐性更强的节目当中了,最后遭遇了停办的命运。③1960年1月1日,北京电视台开始播出"卫生节目"(每周一、周四播出),同年,固定播出《医学顾问》。这是一个知识性与服务性兼备的节目,可以说是中

---

① 根据笔者2010年10月28日对《中国文艺》制片人周晓岚的访谈。
② 郑保章主编:《电视专题与电视栏目》,北京:中国广播电视出版社,2007年版,第276~279页。
③ 转引自谭晖:《电视健康节目的健康传播学研究》,南昌大学硕士学位论文2007年,第8页。

国电视史上最早的正式的健康科普知识栏目。《医学顾问》栏目主要是请首都医学界的专家们介绍一些常见病、多发病的预防治疗知识、传统医学知识和医学成果。因条件有限，节目只能以直播讲解为主，中间插播一些模型、影片。其中，《傅连暲谈养生之道》、《心脏与心脏外科》、《小儿麻痹症与小儿麻痹疫苗》等优秀节目，受到观众的广泛欢迎。①

从我国整体而言，健康类电视栏目从20世纪80年代开始步入大发展的阶段。1981年，广东电视台将《群众生活》、《卫生与健康》和《科技天地》三个栏目合并为《家庭百事通》，调整后的节目趣味性、实用性、时新性都增强了，较受观众欢迎。1981年，广西电视台开办《健康顾问》栏目，节目主要立足于宣传科普知识，帮助观众养成良好的卫生习惯，防病治病，不断提高健康水平。1985年，北京电视台开办了《健康百话》栏目，以提高全民健康水平为宗旨，向观众普及防病治病、妇幼保健、优生优育、中老年保健等方面的科学知识。除此以外，上海电视台还创办了《健康顾问》栏目等。②

目前，健康类电视栏目已经成为我国各个电视台的基本栏目之一，其中有影响的包括中央电视台《健康之路》和《中华医药》、湖南电视台的《百科全说》、山东电视台的《养生》和北京电视台的《养生堂》等。《健康之路》创办于1996年7月6日，播出后几经改版，在2000年改为直播。《中华医药》栏目创办于1998年6月1日，目前是中央电视台中文国际频道最有影响力的电视栏目之一。湖南电视台《百科全说》是一档职业生活智慧脱口秀，是满足当下国民精神和生活实用诉求的百科全书式综艺娱乐节目。通过邀请诸多生活方面的专家做客现场，五个主持人组成"百科同学会"，通过提问交流的方式，传播丰富的生活实用信息，且教育大家如何学以致用。《养生》是山东电视台2008年推出的一档电视节目，它创办的初衷就是："一个让中国人多活十年的电视栏目，让每一个人成为养生知识的传播者和受益者。"③北京电视台《养生堂》创办于2009年1月1日，这是一档以"传播养生之道、传授养生之术"为栏目宗旨，演播室访谈加专题片形式的新栏目。栏目秉承传统医学理论，根据中国传统养生学"天人合一"的指导思想，按照二十四节气来安排节目内容，每天既系统介绍中国传统养生文化，又有针对性地介绍实用养生方法。④

---

① 郭镇之：《中国电视史》，北京：中国人民大学出版社，1997年版，第32页。
② 吴纯：《中国健康类电视节目发展研究》，山东大学硕士学位论文2010年，第14页。
③ 吴纯：《中国健康类电视节目发展研究》，山东大学硕士学位论文2010年，第18～19页。
④ 北京电视台《养生堂》栏目网页：http://space.btv.com.cn/page/podcast/yst。

健康类节目是当下较为重要的电视节目类型。从文化传播的角度来说，健康类栏目是中国对外传播文化的重要且有效的渠道，因为它能较好地满足受众的实用性需求。在中央电视台中文国际频道(CCTV－4)等对外电视频道中，健康类节目深受海外受众关注和喜爱，已成为对外文化传播的一条重要渠道。文化与传播是互动的、一体的。文化是传播的文化，传播是文化的传播。没有文化的传播和没有传播的文化都是不存在的。传播与文化的互动表明：文化与传播在很大程度上同质同构、兼容互渗。从这个意义上说，文化即传播，传播即文化。① 电视媒体作为重要的大众传播渠道，在文化传播方面扮演着重要的角色。从"文化传播"和"传播文化"的两个概念来说，文化传播是指文化的扩散过程，而传播文化是指一种有目的的传播行为。从文化传播的角度来说，一些中医保健类栏目在对外电视频道中还发挥着传递中华传统文化的作用。中央电视台中文国际频道的《中华医药》栏目，在对外文化传播方面具有重要的影响力。有学者认为，《中华医药》栏目不仅传播了健康养生的知识，同时也传播着一种中国式的生命态度和生活方式。《中华医药》以健康养生之用，显示了中国生命观的文化魅力。② 从《中华医药》栏目的实践来看，简单易懂、轻松有趣、用以载道等，不失为一种有效的文化传播手段。《中华医药》在海内外广受欢迎也证明，健康类栏目具有成为文化投射渠道的先天优势。本节就以中央电视台中文国际频道(CCTV－4)的《中华医药》栏目为研究对象，探讨对外电视频道中健康类节目在传播文化方面的模式、特点与意义。

一、CCTV－4《中华医药》栏目简介

中央电视台中文国际频道(CCTV－4)《中华医药》栏目创办于1998年6月1日，是中国最早的对外健康类专题电视栏目。该栏目以"关爱生命健康，服务全球华人"为定位。经过十多年的发展，在经历应运而生（创办之初）、渐行渐变（1998～2002）、"非典"亮相（2003）、日臻成熟（2004～2006）、品牌凸现（2007～2008）和品牌成熟（2009～现在）六个不同阶段后渐入佳境。《中华医药》诞生于CCTV－4成立后的第1次改版。此后，随着发展的需要以及CCTV－4历次改版，栏目在定位、节目内容、节目结构和包装风格等方面进行了一定的调整。2004年，《中华医药》由以前的《健康话题》、《医药名家》、《仲

---

① 庄晓东主编：《传播与文化概论》，北京：人民出版社，2008年版，第3页。
② 尹鸿：《〈中华医药〉：传播东方生命观的魅力》，《现代传播》，2008年第5期，第95页。

景医话》、《洪涛信箱》、《养生有道》五个版块改版调整为《健康故事》、《仲景养生坊》、《洪涛信箱》三大版块。这次改版使栏目在故事性、可视性和互动性方面有所增强,寓传统文化于健康服务之中。通过节目结构和叙事方式等方面的调整,《中华医药》力求实现"栏目主题化"、"主题人物化"和"人物故事化"。例如,栏目在过去几年中曾推出《我的健康我做主》、《天佑中华有中医》、《探秘红楼美食》、《教您如何不生病》、《反思"胃癌"的美食家》、《孤独的记录》等系列节目和主题化节目。①

从创办之日起,《中华医药》栏目就注重对中华文化的传播,将栏目的服务性、公益性和文化性有机结合,力求为海内外观众提供"健康服务"、"情感服务"和"文化服务"。从传播学理论和符号学研究来说,传播者的传播意图、内容选择和表达方式决定传播的编码与受众的解码,也就是接收何种内容以及如何解读这些内容都有着直接的影响。对于《中华医药》栏目负责人和编辑、记者而言,中华文化是《中华医药》栏目的主要传播内容,文化传播是栏目的重要使命。栏目创造性地将主流文化、精英文化、大众文化融于一体。

二、传播者的编码:《中华医药》与传播文化

任何电视栏目都可以从传播学的视角进行解读。传播学按照传播内容来划分,可以分为政治传播、体育传播、健康传播、经济传播、科技传播和文化传播等类别。当然,每一个类别并不是泾渭分明的,尤其在中国对外传播的语境中,健康传播与文化传播存在很多的关联或重叠。除了内容外,传播还涉及一个传播方式的问题。根据符号学的理论,传播是以符号的形式进行的。人的符号化生存方式决定了其本身是一种符号动物,而其社会历史过程就是一个不断"生产"和"消费"符号的过程。符号的构成要素主要体现为三个特征:一是代表事物的形式,二是被符号指涉的对象,三是对符号的意义解释。也可以被表述为媒介关联物、对象关联物和解释关联物。②《中华医药》传播中华文化的过程,就是一个进行文化符号"生产"或者说编码的过程。例如,栏目主持人洪涛身着传统风格的服装,以温婉的风格主持节目,就是一种文化符号的建构和传播。

相比主持人和栏目包装等外观层面的编码,节目内容的编码更为复杂。

---

① 参见刘文、洪涛《聚沙成塔 点滴在心——CCTV〈中华医药〉十年成长足迹》,《现代传播》,2008年第5期,第88~91页。

② 庄晓东主编:《传播与文化概论》,北京:人民出版社,2008年版,第45、47页。

节目通过对人物行为的描述来阐释中华文化的深层价值理念,在解释治疗方案、方法的过程中,说明中医中"天人合一"等文化理念,这些都是一种编码的方法或过程。例如,《我的健康我做主》介绍了电影演员管宗祥的保健养生方法,即烫脚、搓脚心的生活习惯。这期节目通过健康故事的讲述阐释了中医中穴位的理念,并进行了科学的解读。节目中主持人这样介绍道:

> "富人吃补药,穷人水烫脚"。这个烫脚治感冒,还真是有道理的,从中医的角度来看,人的脚上有众多穴位,跟全身其他部分是息息相关的,热水泡脚的时候,会刺激这些穴位,促进脚部乃至周身的血液循环,加快身体的新陈代谢,而血液循环加快了,就会让人出汗,体内的寒气也就会随着汗液排出了。①

节目以生动的方式进行了编码,即:

符号——形式——"管宗祥的保健养生方法"
对象——指称——"烫脚、搓脚心"
解释——意义——"身体穴位理念"

从这个例子可以看出,《中华医药》栏目以讲述人物故事或者解释实物等方式进行编码,将中医的文化理念、内涵或知识嵌入其中,从而完成传播文化的任务。

"中华文化传播"和"传播中华文化"是两个交互性和关联性很强的概念。中华文化的传播是中国文化走向世界的必然需要,而传播中华文化则是当代中国增强世界影响力、提升软实力的重要路径。《中华医药》栏目是中华医药文化和价值观等深层文化传播的重要载体,也是中国电视对外传播中华文化的重要渠道。

三、受众的解码:《中华医药》与文化传播

从文化传播的角度来说,传播内容的文化层次是一个重要维度。这里的层次不是通常意义上的档次或级别,而是对文化内涵的划分。根据《易经·系辞》"形而上者谓之道,形而下者谓之器"的划分,文化也可以分为"道"和"器"两种层面。其中,"道"文化是抽象的高层次的文化,是形而上的,包括理论信仰和价值观,也包括思维方式、行为方式等;"器"文化是具体的文化,是形而下

---

① 见《中华医药》,2010 年第 42 期节目《我的健康我做主》文稿(http://jiankang.cntv.cn/jiankang/zhonghuayiyao/20101028/100694.shtml)。

的,包括器物文化、技术文化等,它是文化的物化形式。①《中华医药》是在"道"和"器"两个层面上同时进行文化传播:既传播了中华文化中的价值观、人文理念、自然观念和健康概念等,也从实物的层面传播了中医药的知识。

中华传统医学博大精深,既融汇了中国文化中"儒、道、释"的思想精髓,也诠释了中国人对于身体机能和生命活动的理解。《中华医药》所进行的文化传播的内涵是中华医药的文化魅力,而其外延则是当下备受关注的健康和保健话题。正因为如此,《中华医药》才具有浓厚的文化底蕴,产生了"养生先养心"、润物细无声的文化传播效果。② 文化传播是文化的扩散过程。对于受众而言,文化传播是一个解码的过程。就《中华医药》而言,海内外电视受众在观看节目的同时进行文化内容的解码,传播的效果则需要依据受众的感知、认同和行为来评估。从创办之日起,《中华医药》栏目就受到海外观众的高度关注。近年来,每个月平均收到海内外观众来信近 2000 封,多的时候,半个月就收到观众来信 1700 多封。例如,2009 年 7 月 13 日至 2009 年 7 月 26 日,《中华医药》栏目就收到来自美国、匈牙利、赞比亚等地观众咨询节目信息的来信 1700 余封。③ 致用是受众对于《中华医药》这类健康服务性栏目的最大诉求,也是他们的收视动力。《中华医药》在编码的过程中,需要从编码的符号、对象到解释都契合受众的需求,才能有效地进行文化传播。对于受众而言,《中华医药》的主题选择、节目内容、表达方式和叙事结构等,都便于他们进行解码,领会其中的文化内涵。

对于受众而言,最容易和最轻松的解码方式就是看故事。对于高深的中医文化来说,受众解读人物故事中的文化内容是最为有效的节目解码方式。《中华医药》栏目组主创在近年的努力中,注意节目的具体性和故事叙事特性,使受众不仅从中对医药知识内容和中华医药文化有直观的了解,而且对其中的传统文化价值理念有了直观真切的体会和认知,在重构身临其境的感觉中完成了解码。例如,在《我的健康我做主》中,归亚蕾、林默予、陈彤云、雷恪生、王铁成和黄婉秋等明星现身说法,讲述了自己的饮食保健故事;岳红、六小龄童、迟重瑞、庞中华、靳羽西、马金凤和李慧珍等讲述了抗击疾病的故事;田成

---

① 刘继南、何辉等:《中国形象:中国国家形象的国际传播现状与对策》,北京:中国传媒大学出版社,2006 年版,第 36～37 页。
② 尹鸿:《〈中华医药〉:传播东方生命观的魅力》,《现代传播》,2008 年第 5 期,第 95 页。
③ 中央电视台海外中心联络部:《海外观众反映》,2009 年第 14 期(2009 年 7 月 13 日至 2009 年 7 月 26 日)(http://blog.cntv.cn/html)。

仁、游本昌、李明启、刀美兰、马德华、颜德馨和胡松华讲述了养生的故事;朱琳、秦怡、文怀沙、宋书如、丁聪、贾作光和晏济元等人则与受众分享了自己长寿的故事。这一系列节目以名人讲述的方式进行故事呈现,受众在直接、直观的故事讲述中对中医有了较为深入的理解。《探秘红楼美食》系列、《健康工作50年》系列,以及《反思胃癌的美食家》、《孤独的纪录》、《遭遇乳癌》等节目,都为受众提供了一个简易、有效的解码方式,把传统意义上寻经据典不能解决的"隔"的障碍完全拆除,将知识语境和生活真实感悟、讲述和体察结合了起来。①

只有解码方式轻松易行,受众才能轻松愉快地持续收看;只有解码后的符号意义丰富厚重,受众才能在收看节目后有所收获,并形成长久的收看期待。《中华医药》在栏目风格、叙事方式和节目内容等方面,为受众的解码提供了有利的条件,让受众在观看节目后既有轻松愉悦的感觉,又能有实用有效的收获。日本宇都宫市观众野崎清隆先生曾撰文说:

> 健康是我们六十多岁老年人最为关心的头等大事。四年多来,我和老伴一直在认真收看CCTV的《中华医药》栏目,受益匪浅,了解了许多防病治病的方法和求医信息。我还买了《中华医药》丛书。我们能够健康、愉快地在日本生活至今,和"洪涛牵挂着我们每个人的健康"是分不开的。②

类似的观众反馈还有很多,从中可以看出,《中华医药》在节目形态和内容设置方面赢得了受众的认可。从另一个角度也说明,受众对《中华医药》栏目的节目内容进行了有效的解码。有研究者认为,《中华医药》栏目之所以给受众一种深切的感动,"在于它所呈现的一种跨越时空的文化传播"。③

四、健康类节目:我国文化软实力投射的一条有效渠道

"软实力"和"文化软实力"是当下较为热门的概念,关于它们的定义纷繁复杂、尚无定论。笔者较为认同北京大学关世杰教授的观点。他认为,"软实力"是指一种能力,能通过吸引而不是施压(如军事、经济上的压力)或施惠(如经济、财政、物资上的援助)来达到预期的目的或效应;而"文化软实力"则是文

---

① 丁亚平:《传媒的建构——CCTV〈中华医药〉十年》,《现代传播》,2008年第5期,第93页。
② 中央电视台海外中心联络部:《海外观众反映》,2007年第5期(http://blog.cntv.cn/html)。
③ 丁亚平:《传媒的建构——CCTV〈中华医药〉十年》,《现代传播》,2008年第5期,第93页。

化要素(信仰、价值观、道德、风俗习惯、思维方式、语言符号、非语言符号等)的吸引力。目前,我国主流对外电视频道大都以新闻为主要内容,例如中央电视台中文国际频道的定位就是"以新闻为主的综合频道",中央电视台英语国际频道更是在2010年4月26日改版为专业的新闻频道,呼号也由原来的CCTV-9改为CCTV-News。"新闻立台"有其应有之意,但真正要在国际上传播文化软实力,增进外国受众对中国文化的了解和对当代中国的认同,文化传播可能具有更好的影响力和效果。当然,这并不是说要忽视新闻传播在对外传播中的作用。笔者只是要强调,对外传播在内容构成和编排方式上应更加多元化。

在与文化传播相关的节目中,健康类节目因为其内容实用性更容易被受众接受,因此容易成为文化传播的载体和渠道,这也是《中华医药》栏目创办的初衷和未来发展的前提。"《中华医药》栏目向海内外观众传播这种人人都可能直观接触到、感受到、体验到的医学成果,体现了中华民族五千年的文化积淀,非常具有人类意义和世界意义,因为健康是世界各国所有人都需要的。尤其是中医中药,对海外五千万华侨、华人而言,具有极强的民族亲和力和文化凝聚力。"①很多海外受众收看《中华医药》正是因为节目中所蕴含的文化底蕴,而这恰恰是中华文化对外传播的重要基础。美国波士顿观众杨孔丽向CCTV-4关联部门反馈说:

> 我很喜欢看CCTV-4的《中华医药》栏目,这个栏目让我学习到许多中医药知识,很吸引人,使人受益匪浅。我希望贵台能将这个栏目制作成英文版,然后通过我个人的渠道将其介绍给美国哈佛、麻省理工等名校的大学生,我相信如果他们看到这些节目,一定会有兴趣对中医中药进行研究……这对向世界推荐中医中药很有意义。②

从这位观众朋友的反馈中可以看出,健康类节目在对外文化传播中能切实有效地发挥作用,成为文化软实力投射的一条重要渠道。有研究者认为,文化的魅力是由生活的点滴体现出来的,中华文化的魅力也是用中国人对待生命、生活的态度和方式体现出来的。《中华医药》对中医药文化的传播,同时也是对中华民族独特的尊重生命和自然的价值观和生活方式的传播,使更多海

---

① 中央电视台《中华医药》栏目组:《健康收藏》,上海科学技术文献出版社,2007年版,第260页。
② 中央电视台海外中心联络部:《海外观众反映》,2008年第14期(http://blog.cntv.cn/html)。

内外华人和外国人认识并了解了中华文化的独特魅力。①

五、健康类节目在文化传播方面的现实挑战和发展战略

健康类栏目因为贴近受众的生活,因而具有较好的收视率和较大的影响力。对外电视中的健康类电视栏目因为具有"对外"的特点,在发展方面需要应对的现实挑战与国内的健康类栏目有所不同,因此也就需要考虑与之相适应的发展战略。

对外健康类电视栏目的现实挑战主要是跨文化的问题。我们知道,一方水土养一方人,医药也是如此。所谓"跨文化的问题"包括两个方面,一是如何避免文化冲突,二是如何把中医中药所蕴含的深层文化理念传播出去。其实,这是一个问题的两个层次。我们知道,每种文化都有自己的禁忌,健康类栏目在对外传播中就要尽量避免触及当地的文化禁忌,从而发生文化冲突。例如,中国传统保健方法中很重要的部分就是食疗,一方面是通过在饮食中加入中药食材进补,另一方面是根据时令季节吃相应的食物来进补。例如,冬天吃羊肉和狗肉等。这类文化就存在跨文化的问题,因为很多国家和地区的文化中对于食物都有一定的禁忌:

> 伊斯兰国家和地区的居民不吃猪肉及猪制品,并且不能谈论猪,不吃无鳞鱼(主要是指鳝鱼、泥鳅等);佛教徒不吃荤,印度教徒不吃牛肉。日本人不吃羊肉和鸭;东欧一些国家的人不爱吃海味,忌吃各种动物的内脏。美国忌食动物内脏和五趾,忌食大蒜、洋葱等味道很重的食品。在内布拉斯加州的活特卢法律规定,上午七时到下午七时之内,理发师吃洋葱是违法的。在印第安纳斯州的加里规定,吃过大蒜以后的四小时之内不准乘电车或上影剧院。叙利亚、埃及、伊拉克、黎巴嫩、约旦、也门、苏丹等国的人,除忌食猪肉外,还不吃海味及各种动物内脏(肝脏除外)。北美洲和欧洲很多国家的人忌食辛辣食物;阿拉伯国家做客不能要酒,例如阿尔及利亚虽然是葡萄酒主要生产国之一,产品也畅销世界80多个国家和地区,可是,他们自己国家的商店里却不卖酒,家庭不饮酒,就连酿酒工人也没尝过酒的滋味。这主要是因为他们是伊斯兰国家,教规严禁信徒饮酒。②

---

① 尹鸿:《〈中华医药〉:传播东方生命观的魅力》,《现代传播》,2008年第5期,第95页。
② 冯益谦:《涉外文化管理》,广州:华南理工大学出版社,2006年版,第232~233页。

可见,对外电视中的健康类节目需要考虑跨文化的问题,从而避免文化冲突。

对外健康类栏目的发展战略是充分利用中国文化"走出去"的机遇,加大与海外受众的互动,强化节目内容与活动的结合,力求以"走出去"的形式让节目内容与海外受众需求紧密结合。当然,中医文化博大精深,一个栏目要传播文化,首先面对的挑战就是要让栏目具有吸引力。"中医文化里面有很多的东西比较高深,观众要听得懂、看得明白有时候是很困难的。从这个角度来说,一个电视栏目如果要传播好中医文化也是挺难的。所以我觉得可能我们先做好了第一步,就是先能引人入胜,让观众能够关注这个节目,能看得下去,能对中医文化感兴趣"。①

目前,中医中药在海外的发展较为迅速,这是健康类节目开展对外传播的巨大契机。例如,在澳大利亚华人的推动下,澳大利亚成为第一个正式宣布对中医立法的西方国家。2000年5月,维多利亚州率先通过了中医立法法案,这是中医首次在西方国家得到法律上的认可。经注册的"中医师"或"针灸师"可以与西医一样正式称为"医生"(Doctor),享有与西医同等的法律地位。② 制度层面的保障无疑有利于提升民众对中医和中医文化的兴趣,有助于中医文化的传播。在这些中医合法化的国家,健康类栏目还可以组织像收藏类栏目所举办的"海外寻宝"或"海外鉴宝"一类的栏目,深入到海外受众之中,同时提升节目在海外的影响力和知名度。

另外,随着海外华人第二代人数的不断增多,健康类节目要注重针对华人第二代的传播,提升他们对于中医文化的兴趣。当然,这种吸引力的构建基础在于与他们的生活实际需要相契合,并能较好地满足他们的媒体使用习惯。"我们栏目很注重针对华人第二代的传播,比如说,我们会播出类似于中医药美容、减肥方面的一些选题,这样比较贴近现代年轻人的生活。另外从节目制作这一块儿,我们可能会融入更多的一些时尚的包装,然后再有就是比较时尚的表达方式。比如我们在一些节目当中加入大量的动画,希望能够通过这样,吸引年轻的这一代华人"。③

---

① 根据笔者2011年1月12日对《中华医药》制片人和主持人赵洪涛的访谈。
② 吕伟雄主编:《海外华人社会新透视》,广州:岭南美术出版社,2005年版,第208页。
③ 根据笔者2011年1月12日对《中华医药》制片人和主持人赵洪涛的访谈。

第七节　文物类节目与对外文化传播
——以《国宝档案》为例

从 21 世纪初期开始,文物类电视节目逐渐成为我国电视界较受关注的节目类型,具有一定的号召力。根据栏目的形态,文物类专题电视节目基本可以分为两大类:收藏鉴赏类和纪录片类,后者也可以称为"文物类专题节目"。在这两类节目中,收藏鉴赏类节目居多,其中较为知名的有湖南娱乐频道的《艺术玩家》(2002)、天津都市频道的《艺品藏拍》(2003)、中央电视台经济频道的《鉴宝》(2003)、河南卫视的《华豫之门》(2004)、浙江经济生活频道的《宝藏》(2004)、昆明电视台的《盛世典藏》(2004)、凤凰卫视的《投资收藏》(2005)、陕西电视台的《天下宝物》(2006)、北京电视台的《天下收藏》(2007)、上海电视台的《收藏》(2007)等。收藏鉴赏类节目的娱乐属性多于文化传播属性。文物类专题节目虽然较少,但在传播文化方面的定位更为突出。前者可以归为娱乐节目,后者属于社教节目。电视社教节目可以使观众在欣赏中接受教育,在教育中汲取知识,在知识中启发思想,在趣味中获得放松,在艺术中得以享受。[①]本节以中央电视台中文国际频道(CCTV-4)《国宝档案》为案例,分析文物类专题节目在电视对外传播中开展文化传播的特点与要求。

一、CCTV-4《国宝档案》简介

《国宝档案》栏目创办于 2004 年 10 月 4 日,是中央电视台第一次以电视栏目的形式介绍国宝级文物。这个栏目周一到周日播出,每天播出四次,每次 10 分钟。它通过那些凝聚着中华民族智慧和传统文化的历代传世国宝文物,来展示中华民族灿烂的历史和文化。《国宝档案》在介绍国宝的艺术价值、文物价值和历史价值的同时,着重讲述国宝背后鲜为人知的传奇故事和曲折经历。在引人入胜、跌宕起伏的故事中,使观众身临其境,领略中华国宝不朽的价值与魅力。它通过对国宝级文物的去向和传承轨迹进行实地跟踪拍摄,以强烈的纪实感和现场感给观众第一手资料,带领观众走近国宝、深入历史时

[①] 郑保章主编:《电视专题与电视栏目》,北京:中国广播电视出版社,2007 年版,第 271~272 页。

空,探寻国宝背后的秘密。①

《国宝档案》自开播以来,受到海内外观众的广泛好评,收视率屡创新高。据央视——索福瑞调查数据,栏目以平均收视率0.35%稳居中央电视台中文国际频道前5名。从电视对外传播的角度来说,其内容定位和表现形式能最大限度地契合各种背景的华人受众,较好地传播了文化。美国华语电视业者陈捷在接受笔者的访谈时表示:"《国宝档案》这些节目,我经常看……我想,海内外华人观众都不会有地域的隔阂,因为对于这些历史来说,对于中华民族的这些宝藏、宝贝,大家想知道它的来源……非常有吸引力。"②可见,它能较好地契合各种人群的需求,在增进海外受众了解中华文化和强化民族认同方面具有积极的作用。

二、文物类专题电视栏目进行文化传播的特点

在电视对外传播中,文物类专题栏目因为与民族历史和文化存在较强的关联,故在文化传播方面具有一定的优势。正因为如此,很多注重文化对外传播的境外国际电视频道都开办了文物类专题电视栏目。日本NHK世界电视频道(NHK World TV)办有《大和国宝》(National Treasures of Yamato),介绍日本国家宝藏的历史和艺术价值。

文物是一个民族历史文化的物化体现,国宝则是历史文物的精华沉淀,具有极高的历史价值和艺术水准。中国人注重"以史为鉴",文物对于强化民族记忆、维系族裔认同、保持民族凝聚力具有重要的意义。有学者认为,对于一个民族来说,必须经年累月,借助集体记忆,借助共享的传统,借助对共同历史和遗产的认识,才能保持集体认同的凝聚性。③ CCTV-4开办《国宝档案》立足于介绍中华文化瑰宝,增进海外受众对中华文化的了解和对中华民族的认同。日本华人观众在写给中央电视台的信中表示,《国宝档案》等栏目"让我们在异国他乡也能从欢笑和轻松中,挖掘中国文化,感受中国文化的意境,让外国人了解中国,让国人更加了解自己","已成为我们生活中不可缺少的精神食粮"。④

---

① 参见中央电视台网站:http://news.cntv.cn/program/guobaodangan。
② 根据笔者2010年8月对美国KTSF26台主播陈捷的访谈。
③ [英]戴维·莫利、凯文·罗宾斯著,司艳译:《认同的空间》,南京大学出版社,2001年版,第98页。
④ 中央电视台海外中心联络部:《海外观众反映》,2008年第7期(http://blog.cntv.cn/html)。

作为文物类专题栏目,《国宝档案》在文化传播方面的优势主要有三个:

1. 受众的关注度高。受众从审美、猎奇、求知或鉴赏的心理出发,对于文物精品、尤其是国宝,具有较为强烈的兴趣。《国宝档案》播出的节目内容大多是国宝级的文化或文物精品,容易引起受众的关注。例如,《国宝档案》在2010年11月1日到15日播出的节目分别是:"乾隆御笔画"、"太白山图"、"《江南园林胜景》图册"、"御制全唐诗"、"唐风图(上)"、"唐风图(下)"、"骨排箫"、"侯古堆纽钟镈钟(上)"、"侯古堆纽钟镈钟(下)"、"卤簿玉辂图卷"、"中国古代雕版版片(上)"、"中国古代雕版版片(下)"、"《大禹治水》玉山"、"隋代坐部伎陶俑"、"董鼎"等15个节目,每一个节目所介绍的文物既富有艺术价值,也充满故事性。

2. 与文化的关联性强。文物是历史的记忆,也是民族文化的物化体现。它不仅能再现一个民族的生活方式,也能体现文化中的价值观和生活理念等深层次的文化内涵。例如,《国宝档案》于2010年11月13日播出的"《大禹治水》玉山",就介绍了故宫收藏的一座以大禹治水为主题用巨大的玉料雕琢成的玉山。这件文物不仅体现了中华民族高超的艺术水准,也诠释了大禹治水所蕴含的传统人文精神。可以说,《国宝档案》等文物类专题栏目大都蕴含着丰富的民族传统文化,每一件收藏品都是民族文化的缩影。

3. 适合于电视媒体表现。节目所呈现的文物本身就是非常精美的艺术品,极具观赏价值,在电视上很能吸引各类受众的眼球,这是文物类专题节目的独特优势。① 而且,电视的表现手法,例如镜头的推拉摇移,都能赋予文化更为生动和灵活的视觉效果。在《国宝档案》播出的"《大禹治水》玉山"这期节目中,这座高224公分、宽96公分、重5300多公斤的玉山通过电视画面得到了全面和详细的展现。通过摇臂的俯拍和镜头的拉近,玉山磅礴的气势得到了充分的展现。玉山上峻岭叠嶂、瀑布急流、古木苍松、神秘洞穴以及在山崖峭壁上成群结队忙于开山治水的劳动者也都变得活灵活现,观众从中得到了美的享受。

可以说,文物类专题电视栏目是对外文化传播的一条捷径、一个有效的方式,它对国宝的介绍和点评是一种文化的展示和传达。受众在欣赏这些文物的同时,感受到中华民族深厚的文化积淀。

---

① 王为薇:《从艺术收藏类节目看小众节目的大众化》,《现代视听》,2008年第3期,第77页。

三、文物类节目传播文化的内在要求

大体说来,文化传播可以分为物质性的文化传播与非物质性的文化传播。物质性的文化传播,从历史上我们可以看到中国的丝绸之路,中国的瓷器通过丝绸之路向异域传播,传播的是物质财富,附着在物质商品上的文化生活方式、时尚、文化观念随之传到异域,国家或民族的文化形象通过这些物品得以逐渐确立。而非物质性的文化传播,譬如古代中国的汉籍向东亚或西方传播,通过这些译成其他文字的汉籍,异域的人们获得了对中国文化的认知,一些价值观念也受到影响,如孔子的学说对东亚、东南亚民族的影响源远流长,甚至奠定了一些民族的道德精神心态。① 和此类似,对外电视开展的文化传播也包括物质性的和非物质性的,但两种方式不是截然分开的。文物类节目就是通过物质性的文物来传播非物质性的内容。文化传播因为传播内容的特殊性,对于作为传播载体的文物类专题栏目有一定的要求。

第一,文物类专题栏目需要有明确的内容定位,即以文化传播为主要内容。任何传播都是一种符号的编码与解码的过程,因此,文物类专题栏目在节目内容方面需要考虑主体的特殊性,对节目进行清晰明确的文化定位。符号的构成要素主要体现为三个特征:一是代表事物的形式,二是被符号指涉的对象,三是对符号的意义解释。也可以被表述为媒介关联物、对象关联物和解释关联物。

  符号——形式——媒介关联物
  对象——指称——对象关联物
  解释——意义——解释关联物②

在符号—对象—解释的这个流程中,作为传播对象的文物被编码成什么性质的符号,并以何种方式解释,将直接影响到传播的效果。在目前国内的文物类专题节目中,有的以传播文化和历史作为栏目定位,有的则以经济和娱乐效果作为侧重点。不同的定位会直接影响到栏目的表现形式和叙事方式,也就决定了栏目的符号体系和编码方式。CCTV-4《国宝档案》以介绍中华文化为基本立足点,因此,节目的符号系统构建与中国的文化体系息息相关。例如,2010年11月8日和9日播出的《国宝档案》是"侯古堆纽钟镈钟"。节目的

---

① 吴祚来:《对外传播与文化焦虑》,《对外传播》,2009年第9期,第14页。
② 庄晓东主编:《传播与文化概论》,北京:人民出版社,2008年版,第47页。

内容不是从收藏或经济的视角出发来分析其在市场上的估价以及同类文物的市场行情,而是从中国传统文化的角度出发,阐释文物上各种图案的文化含义,同时介绍与中国古代历史和礼制等相关的内容。

第二,文物类专题栏目需要有清晰的受众定位,即关注中国文化的人群。文物类专题节目的目标受众最主要有两类人群:一是对中国文化感兴趣的观众,他们从了解文化的角度来关注文物;二是对文物收藏或投资感兴趣的人群,他们从获取收藏专业知识的角度来了解文物。《国宝档案》的目标受众定位主要是前者,即海内外对中华文化感兴趣的人群,因此要以提供文化内容为主要出发点。例如,奥地利一位华人观众就给CCTV-4观众联络部门来信说:"我们很喜欢你们的《国宝档案》、《中华医药》等栏目,很希望我们的孩子能通过央视四套节目学习中文和了解中国的古典文化。"①可见,这部分观众对于《国宝档案》的诉求是文化,收看目的就是了解中华文化并在家庭中传承中华文化。

第三,文物类专题栏目的形式要与内容相适应,即传播方式要适合中国文化的特点。有研究者认为,文化传播中传统的说教方式早已被受众抛弃,即便是耐人咀嚼的传统文化,如果采用僵硬的说教方式,在受众中能够产生的影响也不会很大。如今,文物类专题电视栏目让民族传统文化走上了比较时尚的一条路——娱乐,在雅与俗之间架起了一座桥梁,让大众亲近民族传统文化。因此,寓教于乐成为文物类专题栏目的一大亮点。②《国宝档案》的时长是15分钟,其节目形式主要以介绍一件文物的背景、特征和相关知识为主,尽可能通过还原历史场景,以故事的方式来解读文物和文物背后所蕴含的文化。其他一些类似栏目大都根据自己的时长和定位采取相应的传播方式。例如,河南电视台的《华豫之门》,不是局限于引经据典地介绍,而是在传承文明的同时寻求古典文化的现代表达;以鉴宝为载体,寻求抽象文化的形象表达;用大众参与的方式、故事化和情感化的处理,实现厚重文化的轻松表达。③ 文化是一个复杂的体系,如果仅仅用说教的方式进行传播,则难以达到预期效果。如果将文化传播与电视生动的表达方式有机结合,则能取得较好的传播效果。其关键在于节目的结构设计和表达方式,正如《国宝档案》主持人任志宏所说:

---

① 中央电视台海外中心联络部:《海外观众反映》,2009年第17期(http://blog.cntv.cn/html)。
② 申天红:《"鉴宝"的成功之道》,《今传媒》,2007年第7期,第53页。
③ 田雷:《〈华豫之门〉做时尚健康的鉴宝节目》,《视听界》,2009年第9期,第109页。

"首先要会讲故事。一个故事它关键是,你有了点以后,能很好地设计整个故事的结构。就像一个剧本、一部电影、一台晚会一样,结构好了,就是上乘之作。否则,平铺直叙像一个博物馆简介一样。"①

此外,某些文物类专题栏目的内容比较深奥或晦涩,加之对外电视频道的受众在中文的理解能力和接受水平方面存在一定的差异,因此,节目需要在表现方式上予以考虑。例如,有海外受众就给 CCTV-4 写信建议《国宝档案》等栏目加中文字幕:"本人是海外华侨。本人极为欣赏贵台制作的《国宝档案》等栏目。可惜本人的普通话程度不太好,只能明白少许,我相信有很多华侨观众情况如我一样……我们由于听不明白,错过了很多精彩内容。因此请求贵台能在以上节目中配上全中文字幕。"②可见,对外电视频道在进行文化传播的时候,需要考虑海外受众的中文水平差异,力求兼顾不同的节目需求和接收习惯。

中国文物承载着源远流长的历史和博大精深的文化,任何电视节目要对其进行详尽、全面和深入的诠释都存在着一定的挑战。电视媒介在传播文化方面虽然具备一定的优势,但也存在某些局限性,例如,电视的声画语言长于表现视觉和抒发情感,而弱于进行深刻的思想交流。因此,文物类专题栏目在进行文化传播的时候需要扬长避短,在内容定位、目标受众和表现形式方面符合文化传播的要求,尤其需要结合中华文化的特点,力求达到最佳的传播效果。

四、文物类节目在文化传播方面的策略

对外电视的文物类节目首先就是要恪守严肃的创作和制作路线。正如《国宝档案》任志宏所说:"节目要体现对文化的尊重,对民族历史的尊重。对外中文电视的文物类节目要捍卫这种尊严的精神,始终不动摇。"③现在国内很多文物类节目在制作方面过于娱乐化,有的甚至存在利益交易和炒作的迹象。对外电视代表的是国家,中文对外电视传播的是中华文化,文物类节目所传播的是历史的载体和文化的符号,故要有责任感和厚重感。"文物就是历史,对于这些见证历史的文物,一就是一,二就是二,它节目不能去虚构,如果

---

① 根据笔者 2011 年 8 月 21 日对《国宝档案》主持人任志宏的访谈。
② 中央电视台海外中心联络部:《海外观众反映》,2007 年第 7 期(http://blog.cntv.cn/html)。
③ 根据笔者 2011 年 8 月 21 日对《国宝档案》主持人任志宏的访谈。

虚构就是误人子弟"。① 当然，节目风格和表达方式也要符合受众的欣赏习惯。

对外电视中的文物类节目需要与中国文化"走出去"的大形势紧密结合，其节目策划与制作应尽量与相关的活动紧密结合。2007年9月，经过多年的外交协商和策划，中国境外规模最大的一次兵马俑展览第一次在伦敦大英博物馆举行，仅预售票数量就超过20万张，打破了大英博物馆的纪录。展览期间，超过180万的观众观看了展览，来自中国那气势恢宏的展品和古老神秘的文化深深打动了英国观众。这次展览被大英博物馆视为"35年来最成功的一次展览"，美国《时代》周刊发表了《兵马俑征服英国》的评论文章。这是一次典型的文化外交，也是在"中国威胁论"甚嚣尘上、"中国制造"被妖魔化的特殊时刻，开展的一次成功的公共外交。② 可以想象，对外电视频道的文物类节目如果能与这样的活动紧密结合，通过介绍展出文物和参展观众的感受，一定能取得不错的传播效果。

对外电视的文物类节目要充分发掘海外华人社区中的节目资源，力求在提升节目内容广度和张力的同时，增强节目的贴近性。例如，海外华人博物馆的不少馆藏很有价值，既具有文物价值，也有传播意义。目前，在7个国家有华人博物馆14座：美国于1974年建的俄勒冈州约翰迪市华人博物馆（又名"金华昌博物馆"），1991年建的纽约华埠历史博物馆，1996年建的纽约美洲华人博物馆，2001年建的旧金山美华历史博物馆，2005年建的芝加哥美洲华裔博物馆（又名"李秉枢中心"）；新加坡有1995年建的华裔馆，2006年建的华颂馆，以及新加坡土生华人博物馆；澳大利亚有1985年建的墨尔本澳洲华人历史博物馆，1985年的维多利亚州本迪哥市金龙博物馆；日本有1979年建的神户华侨历史博物馆；加拿大有1998年设立的华裔军事博物馆；菲律宾有1999年建的马尼拉菲华历史博物馆；马来西亚有马六甲峇峇娘惹博物馆。③ 另外，在海外华人社区的一些机构中，也有不少文物收藏。例如，2003年6月开馆的马来西亚韩江华人文化馆是一个深具文化教育内涵，集教学、研究、藏书与文物展示于一体机构。馆内分两部分：一是图书馆，一是文物展示室。④

---

① 根据笔者2011年8月21日对《国宝档案》主持人任志宏的访谈。
② 彭新良：《文化外交与中国的软实力：一种全球化的视角》，北京：外语教学与研究出版社，2008年版，第87页。
③ 陈传仁：《海外华人的力量：移民的历史和现状》，北京：世界知识出版社，2007年版，第358~359页。
④ 吕伟雄主编：《海外华人社会新透视》，广州：岭南美术出版社，2005年版，第199页。

第八节　汉语教学类节目与对外文化传播
——以《快乐汉语》为例

美国人路易丝·戴蒙德(Louise Diamond)、约翰·麦克唐纳(John McDonald)提出"多轨外交"(multi-track diplomacy)的概念。在他们提出的开展外交的九个轨道中,第五轨就是研究、培训和教育,或曰通过学习缔造和平。这一轨包括三个相关领域:与大学的研究项目、思想库及特殊利益集团的研究中心相联系的研究;寻求提供培训的项目,如谈判、调解、解决冲突及第三方提供的便利等从业技能培训;教育,包括涵盖全球或跨文化研究、和平与世界秩序研究以及冲突分析、冲突处理和解决冲突等各个方面的从幼儿园教育到博士课程的多种计划。① 按照"多轨外交"的概念,对外语言教学也是其中的重要构成。

新中国对外汉语教学工作开始于1950年。这一年,清华大学为第一批东欧国家来华留学生开设了汉语课程。改革开放以后,特别是进入21世纪,国家的政治经济发展使中国的国际地位上升,世界各地出现了汉语热,对外汉语教学和文化传播快速发展,我国的对外汉语教育事业有了全新的意义,汉语国际推广的概念应运而生。1987年,我国教育部设置了国家对外汉语教学领导小组办公室(简称"国家汉办"),工作的重点是指导对外汉语教学工作。2003～2007年,汉办的工作规划——《汉语桥工程》明确提出:"向世界推广汉语,增进世界各国对中国的了解和友谊,扩大中国在世界的影响。"宣传推广中国语言和文化,不只是政府有关机构的事情,而且是全民的责任,是国家发展的战略。② 作为我国对外传播的重要渠道,对外电视自然承担着对外传播中国语言和文化的重任,因此,汉语教学类节目也就顺理成章地成为频道的基本内容构成。

汉语教学类节目是指以海外华裔或非华裔受众为对象、以教授或传播中国语言文化为主要内容的教学类专题节目。美国政治学家亨廷顿(Samuel

---

① [美]路易丝·戴蒙德、约翰·麦克唐纳著,李永辉等译:《多轨外交:通向和平的多体系途径》,北京大学出版社,2006年版,第4~5页。
② 张幼冬:《汉语国际推广背景下的文化传播》,《现代传播》,2010年第5期,第15页。

Phillips Huntington)说:"文化的核心包括语言、宗教、价值观、传统以及习俗。"①对外电视频道在进行文化传播的时候,语言和文字无疑是重要的传播载体,因此,语言教学类栏目自然也就是电视开展对外文化传播的重要渠道。按照电视栏目类别划分,有新闻类节目、娱乐类节目、教育类节目和服务类节目等四种类型。②汉语教学类节目自然归入教育类节目之列,其定位就是以教育为主,或者说以对外传授中国文化为主。本节通过对 CCTV－4《快乐汉语》的研究,探寻语言教学类栏目在文化传播方面的优势和挑战,分析对外电视如何通过语言教学类栏目更好地传播中华文化。

一、CCTV－4《快乐汉语》栏目简介

中央电视台中文国际频道(CCTV－4)的《快乐汉语》栏目创办于 2009 年 8 月 3 日,每周一至周五播出,是一档推广汉语和中国文化的栏目。《快乐汉语》在各种生活场景中"实战教授汉语",立体展示当代中国的众多现实场景,让观众在生动幽默的环境里,轻松愉悦地"快乐学汉语"。与此同时,《快乐汉语》把中国文化融入语言教学之中,在教授汉语的同时也传播了中华文化,使更多的海外华人和外国受众有机会了解中国社会,了解中国文化,更好地推动中国文化走向世界。

《快乐汉语》采用分阶段、由易到难的方法设置栏目内容和形态。2010 年 5 月前,《快乐汉语》播出的是第一阶段的系列节目《日常生活汉语》,主要教授在家庭、学校生活中的日常用语。从 2010 年 5 月 31 日开始,《快乐汉语》播出的是第二阶段的系列节目《旅游生活汉语》,主要教授在中国旅游途中的实用汉语。栏目选择有代表、有特色的旅游城市、人文及自然风景名胜地,以系列"青春偶像风光剧"的方式进行拍摄。该系列剧不仅有好看的故事,还充分展示了当地的秀美山川、风土物产、人杰地灵。第三阶段则制作成以中国文化、成语故事等为主题的各种系列节目,按照系列节目的方式进行拍摄制作,为汉语学习者提供权威的汉语教学听说辅助材料。

二、语言教学类栏目在文化传播方面的特点

语言是文化的载体,语言教学类节目的节目构成必然包括对语言文字的

---

① 转引自[美]拉里·A.萨默瓦、理查德·E.波特著,闵惠泉、王纬、徐培喜等译《跨文化传播》,北京:中国人民大学出版社,2004 年版,第 36 页。
② 张海潮:《中国电视节目分类体系》,北京:中国传媒大学出版社,2007 年版,第 76 页。

解释,这在客观上就较为深入地传播了文化。当然,不同的语言教学类栏目在定位方面存在一定的差异,其在内容和形式方面更注重文化内容的传播。就《快乐汉语》而言,它在文化传播方面具有以下两个方面的优势。

(一)学以致用

《快乐汉语》栏目按照教学规律和进度,分成初级、中级、高级三个阶段,在场景设置、知识点以及教学方法上都有所不同。初级阶段主要教授日常生活中的汉语,中级阶段主要教授在中国旅游途中的实用汉语,高级阶段拟按照系列节目的方式拍摄制作诸如中国文化、成语故事等各种系列节目。《快乐汉语》的教学方式是在故事情景中开展教学,力求学以致用。初级阶段的故事是围绕一位美国大学生苏珊在中国的学习生活展开的:苏珊住在一个普通的三代同堂的中国家庭中。由于中西文化背景和观念习惯等不同,她和这家人在一起生活时发生了很多趣事。双方由初期的不适应到逐渐融合,亲如一家。北京之行的生活,也给苏珊提供了最真切、零距离地了解中国人、中国家庭和中国文化的环境与机会,苏珊越来越喜欢上了这个美丽友好的东方大国和这里朴实善良的人们。① 一个成功的电视汉语教学节目的运作模式,其实就是用现代电视传媒手段,把不同的教学内容,包括情景对话、语言点、文化背景等不同的内容进行整合。突出语言技能训练,以功能为主的教学方式日益受到大众的欢迎。用线形序列来表示就是:主持人开场→情景剧→解释对话→文化背景→语言点及句型讲解→替换练习→情景剧片段重放。从大众传媒的角度来讲,效果高于目的。②《快乐汉语》正是通过真实的生活场景,教授实用的日常汉语,并用一个个充满趣味的故事讲解中国文化,尤其是深层次的价值观和文化理念问题。

(二)寓教于乐

《快乐汉语》的中级阶段是旅游汉语系列。观众在欣赏自然风光和人文景观的过程中,学习了与之相关的一些词汇、句型和表达方式。例如,《快乐汉语》从2010年10月27日开始播出了吉林系列,来自拉脱维亚的安泽和中国的郭朕宇共同主持,带领观众游览松花湖、红叶谷、拉法山的美景,了解民间传统工艺剪纸、布贴画,见识号称是世界最大陨石的"吉林一号"陨石、化腐朽为

---

① 王锋:《谈〈快乐汉语〉的"乐中学"、"学中用"》,《电视研究》,2010年第2期,第32页。
② 来云鹤、路云:《在快乐中学习汉语,在学习中感受中国——浅析电视汉语教学节目策划及定位》,《中国电视》,2007年第2期,第60~62页。

神奇的浪木根雕、变废为宝的易拉罐……在这个过程中,每一集都重点介绍一个知识点。例如,第 1 集是"……有益于……",第 2 集是"还有更……",第 3 集是"难道……吗?",第 4 集是"只要……就……",第 5 集是"因为……所以……"。这些句型与旅游场景紧密结合,使观众在轻松愉悦的氛围中产生联想记忆。美国西雅图观众就向中央电视台中文国际频道的观联部门反馈说,她非常喜欢《快乐中国——学汉语》节目。她在西雅图开了一家奶茶店,每天晚上把《快乐中国——学汉语》的节目录下来,白天在店里播放。好多外国朋友在喝奶茶的时候都会聚精会神地看电视里的美丽画面。他们觉得中国实在是太美了,而且还很神奇。有的外国小朋友为了多看上一会儿,还会要求他们的妈妈再多买上一杯珍珠奶茶。① 电视具有"声画合一、视听兼备"的媒介特点,观众跟随主持人或情景剧中的人物,置身于一个特定的环境中,身临其境地边听、边看、边学,在视觉和听觉都感受到愉悦的同时,头脑较好地接收和保存了相关教学信息。

三、语言教学类栏目在文化传播方面的挑战

对外电视开展汉语教学,是传播中华文化的重要途径。随着媒介环境的变化和学习资源的丰富,对外电视的汉语教学目前仍存在着诸多挑战。有研究者针对汉语学习途径和效果,对北京与上海两大城市中的外国汉语学习者进行了问卷调查,共发放问卷 800 份,回收 692 份,有效问卷 650 份(上海 472 份,北京 178 份)。受访者来自 48 个国家,60% 介于 21 岁到 30 岁之间。调查结果显示,运用大众媒介汉语教学节目学汉语的比例与满意度最低。可见,大众媒介的教学节目尚未成为主要的汉语传播渠道。具体如表 6-8-1 所示:

表 6-8-1　汉语学习渠道使用频率与满意度②

类别/	使用频率(%)		满意度(%)	
学习渠道	经常	均值	满意	均值
学校上课	43.0	3.99	75.9	4.02
与人聊天	17.4	3.13	67.2	3.89

---

① 中央电视台海外中心联络部:《海外观众反映》,2006 年第 12 期(http://blog.cntv.cn/html)。

② 张国良等:《沟通与和谐:汉语全球传播的渠道与策略研究》,《现代研究》,2011 年第 7 期,第 49 页。

续表

中文电视	9.9	2.92	57.3	3.58
中文电影	10.1	2.90	61.1	3.68
中文歌曲	11.6	2.86	53.4	3.57
一对一	11.3	2.68	64.2	3.90
语言交换	8.3	2.63	55.0	3.63
报刊书籍	6.6	2.46	45.1	3.38
私人上课	8.5	2.27	47.4	3.48
软件教学	4.4	2.05	33.0	3.19
电视教学	4.2	1.99	33.6	3.16
网络教学	3.7	1.97	33.0	3.24
广播教学	2.7	1.73	23.9	2.99

与此同时，包括中央电视台中文国际频道《快乐汉语》栏目在内的汉语教学类节目，还面临着其他方面的挑战。

(一)如何有机融合语言教学与文化传播

作为文化传播的重要形式，语言教学类栏目承担着多重使命，也面临着多种挑战，尤其在如何有机整合语言教学与文化传播上，需要一定的策略和技巧。文化不仅是一个民族思想的核心内容，更是这个民族借以观察世界、认识世界的基础。如果说语言点的教学是一种单纯的语言知识的传授的话，那么，对中西方文化冲突的诠释就成为提升与完善学习者的语言技能、深刻理解中国文化之博大精深的一个很重要的方面。[①] 汉语教学遵从一向的习惯，可称之为"语文教学"。"语文"是一个整体，包括"语"(语言)和"文"(文字、文学、文化)两个方面。在对外汉语教学中，只从汉字、词汇、句式等方面展开教学是远远不够的。一部分汉语学习者的出发点是为了就业或旅游等，也有不少外国人是对中国文化、历史产生浓厚兴趣之后，才萌生了学习汉语的想法。因此，我们有必要向外国观众介绍中国博大精深的礼仪文化、独具特色的风土人情、源远流长的中国历史以及秀丽迤逦的自然风光。在对外汉语教学节目中，文

---

① 来云鹤、路云:《在快乐中学习汉语,在学习中感受中国——浅析电视汉语教学节目策划及定位》,《中国电视》,2007年第2期,第60~62页。

化背景内容应该与每课教学内容相呼应,使之成为一个相互联系的整体。①

那么,如何在节目中最大限度地整合语言教学与文化传播两项功能呢?对外汉语教学节目不仅需要在传播手法上做到深入浅出,简单易懂,而且还要考虑中外文化的差异和外国观众的接收习惯。具体而言,栏目首先需要对教学内容和教学方法进行充分的研究和设计,让主持人在轻松自然的谈话氛围中,对情景剧中所涉及的一些不易理解的文化现象进行由浅入深的阐释。其次,栏目组要编写"本土化教材"。这种对外汉语教材一方面要适合不同国家文化的情境和语境,教材内容符合不同文化背景求学者的口味;另一方面,这些教材还需要适合不同母语的学生。目前,通用的汉语教材基本都是中英对照,这就给母语是非英语的外国学生设置了一道很难逾越的障碍。栏目组需要与各个国家的教育机构或出版商进行合作,共同编写中英、中德、中法等不同参照语言的对外汉语教材。②

(二)如何通过提升互动性和参与性,强化文化传播效果

文化与传播之间具有很强的互动性,两者之间存在内在的关联。③ 相对于传统的课堂教学,电视教学的受众收看节目的随意性较强。如果教学节目在内容和形式上缺乏创新,落入俗套,就不能在短时间内调动受众的兴趣,也就无法吸引受众持续收看。这就要求电视教学节目必须打破原有的传统教学模式,运用各种电视元素,吸引观众眼球,创建一种轻松有趣、易于模仿、实用性强的节目形态,在一定程度上弱化系统的语法教学,让观众在轻松、愉快的氛围中学习到实用的汉语,取得良好的教学效果。④ 另外,从语言教学类节目本身的特点出发,互动性和参与性是确保受众学习兴趣和提升学习效果的重要渠道。例如,栏目可以设置一定的思考问答环节,或者增加游戏互动环节,以调动受众的参与性。

另外,电视传播手段的应用也是提升互动性和参与性的重要方式,也是增加教学节目趣味性的重要方法。互动性和参与性还可以通过实实在在的与受众之间的沟通实现。在电视行业中,"互动"主要体现在节目与受众之间的交

---

① 朱晓萌:《电视媒介的传播特性出发——浅谈对外汉语教学节目的内容设置》,《中国电视》,2009年第10期,第57~59页。
② 王锋:《谈〈快乐汉语〉的"乐中学"、"学中用"》,《电视研究》,2010年第2期,第32页。
③ 庄晓东主编:《传播与文化概论》,北京:人民出版社,2008年版,第3页。
④ 朱晓萌:《电视媒介的传播特性出发——浅谈对外汉语教学节目的内容设置》,《中国电视》,2009年第10期,第57~59页。

流上。观众有什么需求,可以打电话、发电子邮件,以最快的速度和栏目组沟通联系,甚至可以报名亲身参与到节目中来。可以说,"互动"拉近了电视节目与受众之间的距离,"互动"已经直接、有效地影响了节目的内容和形式。另外,栏目也可以请部分受众到演播室进行实际的互动,这样,电视机前的受众也能感同身受,体验到教学互动的过程。这种让观众本人直接参与节目的形式,能够增强节目的趣味性和活泼性,让观众产生亲近感,对节目中教授的汉语知识也会记忆深刻。①

(三)如何提升教材的权威性和影响力

目前,我国对外汉语教学节目种类繁多,多样化和多元化本无害处,但如果缺乏必要的统筹和资源集聚,就难以形成合力。而且,对于海外汉语学习者来说,也会觉得无所适从。以菲律宾为例,目前当地华校采用的汉语教材有国务院侨办的中文教材、菲律宾华教中心的教材、台湾编写的中文教材,"不同的学校采用不同的教材,甚至同一学校也用不同的教材,三种教材并存,互相争锋,且群龙无首,出现无权威、无经典的局面"。② 对外电视的汉语教学也是如此。目前,各个电视台或机构各自为政,根据自己的节目特点和风格编写教材,风格各有不同,质量也参差不齐。因此,我国对外电视机构应整合资源,编写一套既适合电视传播又符合汉语教学的教材。

(四)如何克服教学内容与方法的文化差异性

对外汉语教学节目和其他对外节目一样,存在一个本土化和跨文化的问题。世界各国文化或多或少存在一定的差异,汉语教学类节目需要适合不同地区受众的内容需求和接受习惯。目前,对外中文电视的教学节目主要是面向西方受众。例如,中央电视台中文国际频道的汉语教学节目《快乐汉语》就是采用的中西双语教学。中西语言之间存在诸多差异,故汉语教学节目需要考虑如何在教学内容和方法上弥合这些文化差异性。中西语言、思维和文化精神方面的差异可以概括为:

语法型语言:严式语言→严式思维轨迹→构造分析——逻辑演绎→智性精神;

语义型语言:宽式语言→宽式思维轨迹→整体领悟——类比联

---

① 朱晓萌:《电视媒介的传播特性出发——浅谈对外汉语教学节目的内容设置》,《中国电视》,2009年第10期,第57~59页。

② 吕伟雄主编:《海外华人社会新透视》,广州:岭南美术出版社,2005年版,第183页。

想→悟性精神。

具体而言,中西语言一个重词汇,一个重语法。语言学家徐通锵将其概括为"语义型语言"与"语法型语言":即汉语是典型的语义型语言,西方语言是典型的语法型语言。从构成方式来看,汉语是意合的语言,而西方语言是形合的语言。从语法范畴分析,汉语是宽式语言,西方语言是严式语言。语言学家陈保亚指出:"在印欧语言中,有很多严式语法范畴,如'性、数、格、时、体、式、人称、语气'等,而汉语中严式语法范畴很少,大都是宽式语法范畴。"中西语言在思维模式上存在"整体领悟—类比联想"和"构造分析—逻辑演绎"的对立,这种对立在语言层面也有明显的表现。比如,"养病"、"打扫卫生"等表述方式,长期以来被认为是不合逻辑而"约定俗成"的语言现象。这是因我们用了西方"结构分析—逻辑演绎"的思维模式去苛求汉语。若按汉语"整体领悟—类比联想"的思维模式来理解,便会得出"养病"是从"因生病而需要休养"这一整体概念产生出来的词语,并无逻辑不通的问题。"打扫卫生"是"打扫使之卫生"这一整体概念产生出来的词语,同样不存在什么逻辑不通。在语篇修辞上,汉语句子的典型模式是螺旋形结构,而英语句子的典型模式是直线型结构。①由此可见,汉语教学节目不仅需要考虑如何提升海外受众在读书写字方面的能力,更要研究如何加强他们对于中西文化差异的了解,同时加深他们对于中国语言文字内涵的理解。

值得一提的是,语言教学类节目的关键是词汇。在对外电视节目中,词汇教学存在诸多挑战:首先,中文词汇如同中国文化一样,源远流长,博大精深;其次,中文词汇的构词规律与西方存在较大的差异;再次,中文词汇体系在近代出现分化,在全世界缺乏统一的规范。正如沈苏儒先生所言:

> 中国的地名和人名对于外国人来讲特别困难,既不易分辨,又不易记住。我们中国人分辨和记住外国的地名和人名也不容易,但比较起来似乎外国人记中国名称更难,这可能由于汉语用单音节词,如秦 Qin 和清 Qing,外国人很易混淆。但还有一个原因是汉语拼音过去一直存在着混乱情况。有的是按照当地方言的发音用拉丁字母拼音的,如果再用普通话就对不上号。中华人民共和国成立以前,汉语拼音较多用韦德拼音方案,新中国成立后统一使用国家颁布的汉语拼音方案,在我国恢复在联合国的席位后又经联合国同意采用这一

---

① 徐行言主编:《中西文化比较》,北京大学出版社,2004年版,第154~181页。

方案,但在台湾和海外华人社会仍多沿用韦德方案,台湾当局还把这个汉语拼音问题作为政治较量来看待。如"北京"就有不同拼法,按汉语拼音方案的正式拼法是 Beijing,国外许多人却仍沿用老拼法 Peking,台湾当局则又出于政治原因而仍称之为"北平",用老拼法 Peping。这就是说,一个外国人必须同时记住这三个英文名词,并知道其实是同一个地方,这就很难为他们了。①

四、语言教学类节目在文化传播方面的策略

从古至今,西方人就以好奇的眼光来看待和了解中国语言。弗洛伊德曾经在他的著作中写道:

> 中国的语言和文字是最古老的。但仍为四万万人所通用。你们不要假定我懂中文;我因为希望在中文内求得和梦相类似的种种不确定性,所以才得到一点关于中文的知识;我并未失望,因为中文确有许多不确定性,足以使人吃惊。你们知道这个文字有种种表示音节的音,或未单音,或未复音。有一种主要方言约共有四百个音,因为这个方言约共有四千字,可见每一个音平均约有十种不同的意义——有些较少,有些较多。因此,为了避免误会,就想出种种方法,因为仅据上下文,还不足以决定说话者要传达给听者的究竟是这十种可能的意义中的哪一种。在这些方法之中,一是合两音而成一字,一是四"声"的应用。为了我们的比较起见,还有一个更有趣的事实,就是这个语言在实际上是没有文法的:这些单音节的字究竟是名词、动词还是形容词,谁也不能确定;而且语尾有没有变化,以表明性(gengder)、数(number)、格(case)、时(tense)、或式(mood)等等。我们或者可以说这个语言仅有原料而已;正好像我们用以表示思想的语言因梦的工作达原为原料,而不表示其相互间的关系。中文一遇到不确定之处,便由听者根据上下文就自己的意思加以裁决。譬如中国有一句俗话说"少见多怪"。这都是很容易了解的。其意可译为:"一个人所见愈少,则其所怪愈多。"也可译为:"见识少的人便不免多所惊怪。"这两种翻译仅在文法构造上略有不同,我们自然不必对此两者加以选择。然而中文虽有这些不确定性,却仍不失为传达

---

① 沈苏儒:《对外传播·翻译研究文集》,北京:外文出版社,2009 年版,第 34~35 页。

思想的一个很便利的工具,因此,我们可以明白不确定性未必即为误会的起因。

我们当然要承认,梦的地位更难比得上这些古代的语言和文字;因为,后者原来是作为传达思想的工具的;无论用何种方法,其目的都是求为人人所了解。至于梦,则不然了;梦的目的在于隐瞒;所以绝不是传达思想的工具,重要的是不要为人所了解。因此,假使梦内有许多疑难之点无从决定,我们就不必吃惊或感到惶惑。①

不同背景、不同经历的人,对中文有着不同的认知和阐释,这就如同他们看待中国文化的视角一样。可以说,西方人对中国文化的兴趣是对外语言教学类节目发展的基础,而如何将这些兴趣转化为传播效果,则是一种挑战。

汉语教学类节目应结合对外汉语教学和电视对外传播的特点,在教学理念、教学内容、教学方法和教学活动方面采取相应的策略,来增强节目的吸引力,改善传播效果。

(一)教学理念的科学性

对外语言教学类节目要注重教学理念的科学性,要深刻认识到对外汉语教学与对内汉语教学之间的差异性,尤其是语言本身所蕴含的内在文化之间的区别。著名语言学家赵元任曾讲过一个从德国改编过来的故事,说从前有个老太太第一次听外国话,觉得外国话怪得毫无道理,她说:"这明明是水,可英国人偏偏儿要叫它'窝头'(water),法国人偏偏儿要叫它'滴漏'(de l'eau),只有咱们中国人好好儿的管它叫'水'!咱们不但是管它叫'水',这东西明明是'水'嘿!"②不同文化之间的语言教学不仅需要解释语言本身的差异,还要从跨文化交流学、符号学等学科的视角来阐释语言中的文化差异及其表现。

(二)教学内容的贴近性

对外汉语教学的前提是教学内容的实用性,能贴近受众在学业或工作方面的实际需求。对外语言教学的基础则是文化的吸引力,因此,对外汉语教学节目成功的关键是贴近海外受众对我国文化的兴趣。文化差异并不一定就阻碍海外受众学习中国文化,有时也会激发其对不同文化的好奇心和兴趣,从而

---

① [奥]弗洛伊德著,高觉敷译:《精神分析引论》,北京:商务印书馆,1984年版,第181~182页。

② 转引自徐行言主编《中西文化比较》,北京大学出版社,2004年版,第146页。

产生吸引力。① 美国《新闻周刊》在2006年5月评选出一些进入21世纪以来世界最具文化影响力的国家文化及其形象符号,代表中国文化形象的有汉语、北京故宫、长城、苏州园林、孔子、道教、孙子兵法、兵马俑、丝绸、瓷器、京剧、少林寺、功夫、《西游记》、针灸、中国烹饪等。可以看出,外国人对中国文化形象的了解更多的还是中国传统文化。② 由此可见,对外汉语教学类节目应该更多地植入中国传统文化的符号,提升受众的兴趣。

(三)教学方法的本土化

教学方法的本土化是指对外语言教学节目的内容呈现方式和节目制作手法尽量符合海外受众的习惯。目前,很多对外汉语教学节目都采用双语、双人主持的方式,或者请精通中文的外国人主持。这是很好的做法。除此之外,对外语言教学类节目还需要从语言教学思维方面考虑如何做到本土化。例如,我国"俏佳人"传媒制作的汉语教学节目《轻松学汉语》,以西方人习惯的笑话形式教授中文,并邀请美国好莱坞的脱口秀演员用地道的美式发音来诠释笑话内容,配以权威中文教师的普通话导读。文稿的翻译由美国专家修改完成,完全按照地道美语进行翻译。因为教学方法符合美国本地受众的接收习惯,加之内容上也很考究,这套教学节目在美国比较受欢迎,美国数家电视台购买了这套节目,同时,美国数千家图书馆购买了《轻松学汉语》。③ 本土化的教学方法能让学习者较好地理解教学内容,故能取得较好的传播效果。

(四)教学活动的立体性

我国正在大力推进中国文化"走出去",目前已与166个建交国中的145个国家签订了文化合作协定,签署了752个文化交流执行计划,与近千个国际文化组织和机构有着不同形式的文化往来。我国在驻80个国家使领馆设有95个文化处、组,在法国、韩国、埃及等多个国家建有中国文化中心。每年在纽约、巴黎、伦敦、悉尼和曼谷等国际大都市开展"春节品牌"活动,举办艺术展览、文艺表演、讲演会、民俗展示、电影周等活动,集中展示了中华文化的活力、魅力和潜力,扩大了中华文化的影响。同时,利用国庆日、建交日等契机,举办

---

① 沈苏儒:《有关跨文化传播的三点思考》,《对外传播》,2009年第1期,第38页。
② 唐晋:《论剑:崛起进程中的中国式软实力》,北京:人民日报出版社,2008年版,第91页。
③ 单文苑:《汉语教学开发动漫产品〈轻松学汉语〉应运而生"俏佳人"挺进海外主流市场》,《中国文化报》,2008年12月8日第001版。

各种文化交流活动。① 对外语言教学节目如果能整合相关资源,不仅能较好地开展"空中"教学,也能和文化"走出去"活动一道走向海外,实现立体性教学,从而取得更好的传播效果。

教育功能和资讯、娱乐、服务功能一起构成传媒的四大功能。在对外传播中,语言教学栏目是教育功能的重要体现。从受众的角度来说,语言教学类节目对于他们的求职就业、出国旅游或者了解中国文化等都有重要的作用。例如,有海外观众威廉(William C. Uy)在2010年11月写信给中央电视台观众联络部门,建议《学汉语》的时间从15分钟增加到30分钟,他同时建议将该节目办成具有双重定位的栏目,即将受众扩大到想学英语的中国人。从中可以看出,语言教学类栏目的受众虽然定位小众,但也可以打造成有影响力和忠诚度的品牌。从文化传播的角度来说,语言教学类栏目以语言文字为载体,不仅是文化传播的渠道,还可以成为文化交流的平台。栏目需要在内容和形式上有所创新,在满足海外受众的内容需求、符合其接收习惯的同时,有效地传播中国文化。

第九节　访谈类节目与对外文化传播

——以《文明之旅》为例

访谈节目是指主持人围绕特定的话题与嘉宾进行对话的节目形态。在我国,电视谈话类节目兴起于20世纪90年代,并且随着时代的进步,日益吸引了受众的眼球。② 近年来,电视访谈类节目已经成为电视节目的重要类型,这也是基于电视访谈类节目自身的特点:一是充分展示了电视传播主体的个性化魅力,极大地调动了电视观众的参与积极性;二是提高了电视节目的生产能力,创造了效益较好的节目类型;三是更多地让普通观众在主流电视媒体中参与表达,在某种意义上体现了社会民主化程度的提高,也客观地推进了社会民主化进程。③

---

① 吴卫民、石裕祖:《中国文化"走出去"路径探析》,《学术探索》,2008年第6期,第108~109页。
② 张婧婷:《电视访谈类节目的采访如何深入及如何吸引受众》,《大众文艺(理论)》,2009年第3期,第66页。
③ 张国涛主编:《传媒观察:危机与转机》,北京:中国传媒大学出版社,2010年版,第204页。

按照话题内容划分,访谈节目包括时政类访谈、经济类访谈、社会类访谈、文化类访谈、体育类访谈和文艺类访谈等。按照节目类型划分,访谈节目可以分为专题类访谈和新闻类访谈等。按照访谈对象划分,访谈节目包括多嘉宾访谈或单嘉宾访谈。按照谈话方式,访谈节目可以分为对话式访谈和辩论式访谈等。按照播出方式划分,访谈节目可以分为直播类访谈和录播类访谈。按照访谈地点划分,访谈节目又可以分为演播室访谈和非演播室访谈。划分的维度还有很多,这些划分维度定义了访谈节目的主题、参与者、谈话方式、播出形式等。本文探讨的访谈节目主要是文化类、谈话式、演播室、专题访谈。本节以中央电视台《文明之旅》栏目作为分析对象,探讨文化类访谈节目传播文化的方式、特点等。

一、CCTV-4《文明之旅》栏目简介

中央电视台中文国际频道《文明之旅》栏目创办于2010年12月,是一档根据中文国际频道内容定位和目标观众而打造的、立意国际化特色的人文类高端访谈专题节目。《文明之旅》力求以国际化视野,体现人文特色、展示多元观点,做到"高关注度的内容、高端的嘉宾、高雅的风格"。该栏目的创办"立足于中国的快速发展,国际地位和影响力的提高,迫切需要中外文化的相互沟通和理解,平等对话的大背景,以中华文明与世界各国、各地区文明交流沟通为主要内容,是中外文明对话的平台。这里有多元观点的展现,人类文明普世价值的探寻,中华文明核心价值传承,目的是加深文化认同,创造文化记忆"。[①]

《文明之旅》节目形态主要是演播室访谈和场内外观众互动,在某些特定主题中还加入嘉宾的表演展示等环节。

栏目的访谈嘉宾包括:有国际影响力的专家学者、世界级的政界人士、国际知名文化大家、艺术大师等。

二、访谈节目传播文化的特点

访谈节目在传播文化的时候,主要有以下几个方面的特点。

(一)人际化的大众传播

访谈节目兼具传播的两个层次:既有嘉宾与主持人和现场观众之间的人际交流,也有嘉宾与电视观众之间的大众传播,是一种人际化的大众传播。

---

① 参见栏目官方网站网站介绍:www.cntv.cn。

以CCTV-4在2010年12月播出的《文明对话》第一期节目为例,主持人与嘉宾就一个主题的不同话题展开对话和互动,节目就在人际传播的过程中形成大众传播。

　　主持人:从上个世纪六七十年代开始,东亚有四小龙经济率先崛起,那么就有学界的人指出,它是新儒家思想导致的新权威主义,政府与市场之间的关系在东亚地区得到了具有当地特色的诠释,于是就促进了、推动了东亚经济的复兴,而21世纪中国的崛起也很难说没有与新儒家思想的核心理念息息相关,从文明的角度来看,东亚的崛起跟新儒家的思想有内在的必然的联系吗?

　　杜维明:我是这样理解的,一个民族的兴起除了很多外在的原因以外,文化特别是文化所代表的核心价值会起积极作用。儒家具有一些很可贵的精神,比如说工作非常勤奋,注重内省,强调合作,崇尚远见,奉行节俭,重视教育。

　　主持人:再回到您开场时说到的中国文化有三大特点,第二大特点是它的包容性。

　　杜维明:对。

　　主持人:为什么中国儒、释、道三教,包括5000年历史上中国从来未爆发过大规模的宗教战争,并且外界来的伊斯兰教和基督教文明在中国也是落地开花,并没有引起相互之间的排斥。

　　杜维明:对,我非常感动的一件事情,到了贵州,看了一个古镇,明代的古镇。街道的两边一个是佛教的庙宇,一个是道家的道观,它是对面的,门对门。所以很多人可能就到了佛教的庙宇,又同时到了道家的道观。你往前面看,还有一个天主教的教堂。所以这个情况,当时我们叫三教,我认为现在是五教,包括你刚才提到的伊斯兰教和基督教。这是中华民族的特色,这个特色使得我了解到现阶段这个儒家传统面对人类文明可能有的冲突,它可以扮演一个中介的地位或中介的角色。

　　观众观看节目的过程,也是一个思考的过程,即随着主持人的提问与嘉宾的回答同步进行思考,嘉宾对主持人的人际传播也随之通过电视成为大众传播。

(二)深入浅出

　　访谈节目因为具备人际化大众传播的特点,在传播文化时,能在人际层面实现深入浅出。访谈类节目的嘉宾能通过反复的问答,适时答疑解惑,对一个主题或内容进行深入透彻的解释。

例如,在《文明之旅》第一期节目中,主持人与嘉宾杜维明先生之间就电影《孔子》和《阿凡达》展开了对话,在有关大众文化的话题中阐释了一个深层的文化内容。

  主持人:2009年,中国各地的院线同时上映了好莱坞大片《阿凡达》与我们本乡土电影《孔子》。与前者的盛况空前相比,《孔子》在剧院里面是冷冷清清,是不是让人感觉到中国的年轻人已经与自己的传统文化渐行渐远了?

  杜维明:如果讲得露骨一点,我完全不赞成。完全不赞成的意思,我是非常欣赏《阿凡达》,这个电影是高科技,而且突出了一种最纯粹的感情,比如说是爱的感情、友情的感情,乃至对生态环保的感情,这些都是面向未来人类必须掌握的一些资源,儒家作为一个比较宽广的人文主义,也会体现这些资源,这基本上是儒家的看家本领。那么《孔子》这个电影,我们只能说这个电影不能体现儒家的基本精神,它不能体现"文",它体现的是"武";它不能体现民间教育的理想,它所体现的是很多也许不符合事实、不符合历史的一些故事轶事。

  我觉得往前看,我们的文化传统和传统文化之间的距离太大了,所以我们现在正是在逐渐地拨乱反正。也可以说,我们曾经用中国糟粕的糟粕和西方精华的精华相比,我们所代表的譬如说是阿Q、祥林嫂,而且我们国民性本身大半个都是负面的,而西方所代表的是自由、民主、人权、法治。这样相比的话,我们的信心是越来越丧失。可是过去30年,我认为特别是年轻人,如果重新来了解他们对中国传统文化乃至儒家的核心价值,他们的认同在很多地方比较强,甚至非常强。我担心反而是一种可能过分的爱国主义、过分的民族主义,认为我们的《易经》可能把人类的智慧都集中了,还有其他的文明,譬如西方的文明我们可能了解的力度不够大,所以这是一个相当大的反差。我觉得我们自己也应该对我们传统的文化做一些批判的认识,也可以成为一个现代和过去的对话,乃至加上中国内部和外部的对话。

从这段对话我们可以看出,许多复杂的文化概念在一问一答之间就得到了阐释。在节目中,嘉宾杜维明在与主持人对话中,实现了思维的互动与观念的碰撞。观众在这种互动与碰撞中,能更清楚、更容易地了解节目所涉及的主题。

访谈节目就某个主题展开的对话能深入触及文化中某个概念的核心,也能系统地阐释文化的某个方面。最为关键的是,这种阐释的过程非常浅显易懂,观众通过主持人与嘉宾的对话能参与思维的互动。

(三)易于传播深层文化

深层文化是文化传播的难点,也是其他类型节目在传播文化时容易受到限制的地方。在访谈节目中,嘉宾通过深入浅出的讲解和演示,能阐释或解释较为复杂的深层文化内容。

还是以《文明之旅》第一期节目为例,在这期节目中,嘉宾针对主持人提问中所涉及的故事,讲解了中国深层文化中的一个概念。

主持人:《孔子》电影里,有一个很悲壮的人物,叫颜回。在电影的结尾处,他去冰窟抢救老师的著作,舍生取义,导演胡玫在处理这个细节的时候,您认为她想传递什么样的信息?

杜维明:我先不管这个细节符不符合历史。我觉得它要体现的价值我可以认同。颜回在孔子的弟子中间是又没有钱又没有权,甚至最基本的生活也不能维持,可以说在经济、政治各方面一无所有,但是在孔子的弟子之中他的地位最高,为什么?就是他的一种学习精神,孔子说他是真正的好学。

……

所谓好学的意思就是学做人,而且他体现的一种价值就是仁爱的"仁"。这种价值我们一般都有,但是我们平常灵光一闪就过去了,而他能够维持三个月,每天都是在仁的价值之中发扬他自己。所以说,他的内在资源非常丰富,而外在的一无所有,这样孔子认为,他是弟子中间真正最值得让他学习的,所以这也体现了儒家一种注重个人内在的修养,而对外在的价值不是特别地关注。

嘉宾通过对电影中人物的评述,生动讲解了中华文化中一个深层价值概念——"仁"。这深刻体现了访谈节目的特点,即嘉宾在对话中,能深入浅出地讲解某些晦涩难懂的概念,从而传播一些深层文化。

三、访谈节目对外传播文化的策略

和任何类型的节目一样,访谈节目在传播博大精深的中国文化时会面对

各种挑战。如何既能有效传播中国文化,又能兼顾电视这种媒体的特性,这是一个值得研究的问题。笔者认为,主要有以下几个方面:

(一)栏目的定位要明确和持之以恒

一个栏目的定位,简而言之,就是这个栏目的关注点。对于一个栏目而言,定位是基石,是整个栏目长期生存和发展的基础。

我们知道,文化的定义非常复杂,其内涵与外延也难以有清晰的界定。文化类访谈节目关注的是文化领域,涉及的范畴非常广泛,栏目定位容易受到嘉宾等因素的影响而出现偏离。

(二)嘉宾要精心选择

嘉宾是一期节目的卖点,也是成功的关键所在。能请到一位好的嘉宾,节目就成功了一半。《文明之旅》的第一位嘉宾是杜维明,他是一位国际知名的文化学者和享誉世界的儒学大师,是哈佛燕京学社75年历史上第一位华裔社长。在过去的50年间,杜维明著书立说、开坛讲学,出版了数十本专著,并在世界各地进行了上千场重要演讲。从单期节目来说,重量级嘉宾能让栏目产生影响力、吸引力和关注度;从长远来说,重量级嘉宾能让栏目逐渐累积知名度和权威性。

(三)主持人特点要与栏目定位高度契合

主持人是一个栏目的灵魂,其知识积淀、专业素养、个人风格和表达方式等对栏目的成功至关重要。栏目与主持人之间是一种量体裁衣的关系,需要高度的相关性和契合度。一位好的新闻节目主持人不一定适合担任访谈节目主持人;同样,一位优秀的时政类访谈节目主持人也不一定就能主持好文化类访谈节目。以《文明之旅》为例,第一任主持人来自中央电视台英语新闻频道(CCTV-News),长时间主持英语新闻类访谈节目。这种主持人的安排主要是考虑这个栏目中的部分嘉宾为外国人士,需要主持人具备较好的双语沟通能力。但是,这位主持人习惯于"散打式"思维模式和表达方式,这符合一般新闻访谈节目的要求。但在文化访谈节目中,这位主持人难以与嘉宾进行深入互动,而只是蜻蜓点水般地完成节目编导设计的访谈框架,不能引导嘉宾向观众展示一个系统、深入的文化领域。

(四)主题要合理设计

主题是一期节目成功的关键。主题的选择一方面是栏目整体策划的结果,另一方面也与嘉宾有关。

访谈节目的主题不宜太泛,也不宜太专,要兼顾目标受众中的普遍化兴趣和专业化需求。

(五)充分沟通,合理设计节目结构

访谈节目的结构是指节目进程中的内容安排,包括时间结构和内容结构。时间结构就是确立每一个环节的时间长度;内容结构就是对访谈内容的构建,包括内容的主次轻重。

节目结构的设计建立在前期充分的准备工作中,包括栏目主创人员对于节目主题的了解和与嘉宾的充分沟通。有研究者甚至认为,访谈节目要进行明确、充分的前期工作,其中的重点在人物。因此,访谈节目的所有工作都以嘉宾为中心而展开。这就使得前期工作思路明晰,主要针对访谈嘉宾而进行。①

20世纪40年代,英国广播公司曾尝试通过广播节目传播文化,此举也为英国广播公司赢得了声誉,"在将近50年的岁月里,它在现代英国文化生活中一直享有独特的地位"。这个尝试就是开播的里斯讲座,该节目是向英国广播公司的创始负责人约翰·里斯表示敬意。从1948年起,英国公众得以通过广播听取题材广泛的讲座,受到人类学家和动物学家、天文学家和外交家、艺术史家和经济学家、神学家和企业巨头们的启迪。英国广播公司雄心勃勃,确实想创办一个一年举办一次的广播版的吉福德讲座②——一个由英国最富原创性的思想家和最有创造力的研究者主持的、面向广大听众的、通俗易懂的讲座。③ 电视谈话类节目虽然在节目形式上不同于广播和电视讲座,但都搭建了一个供文化名人、专家、学者与大众分享知识的平台,而且因为有主持人和受众的参与,形式上更加灵活,能让话题更容易被受众理解和接受。因此,电视访谈类节目是传播文化的重要平台,也是构建电视频道品牌的重要途径。

第十节 电视纪录片与对外文化传播

纪录片是文化传播的重要形式,也是我国对外传播文化的重要渠道。笔者曾有幸参与中央电视台大型纪录片《同饮一江水》的前期筹备工作,深刻感

---

① 张婧婷:《电视访谈类节目的采访如何深入及如何吸引受众》,《大众文艺(理论)》,2009年第3期,第66页。
② 吉福德讲座是世界上最著名的自然神学讲座。
③ [英]伯特兰·罗素著,储智勇译:《权威与个人》,北京:商务印书馆,2010年版,第2页。

受到纪录片对于文化传播与交流的重要意义和作用。2011年1月1日北京时间8:00,中央电视台纪录频道正式开播,24小时播出中、英文两个版本,信号覆盖全球。这是中国第一个国家级的专业纪录片频道,也是第一个从开播之始就面向全球采用双语播出的频道。中央电视台纪录频道的开播是我国对外传播的里程碑,也是我国文化软实力传播的战略举措。本章主要关注对外电视的节目形态与文化传播,因此,频道不是本节的研究重点。本节将着重探讨电视纪录片在对外文化传播方面的功能、作用和特点。

一、中国电视纪录片溯源

电视纪录片起源于纪录电影,因此属于"纪录片"这个大的概念范畴。根据美国《电影术语汇编》的定义:"纪录片是一种非虚构的影片,它具有一个有说服力的主题或观点,但它取材于现实生活,并且运用编辑和音响来增进其观点的发展。"《朗文英语词典》认为:纪录片通过艺术提供事实。[①] 20世纪40年代末,世界上出现了最早的电视纪录片。1951年,世界上第一个定期播出的电视纪录片系列《现在就看》(See It Now)和后来的《海上的胜利》(Victory at Sea),开创了电视纪录片的新样式。历史上,电视纪录片最成功的一个例子是哥伦比亚广播公司在1968年开始播出的新闻杂志型栏目"60分钟"。在这个节目中,把纪录片的内容和方法带进了商业电视,并逐渐探索出一种适合媒介需求的模式。[②] 中国电视纪录片与电视同时诞生于1958年,中央电视台的前身——北京电视台——在这年5月8日正式播出,电视纪录片也随之出现在中国电视屏幕上。严格意义上讲,此时的电视纪录片不过是以电视为载体播出电影纪录片,或者说纪录电影。1958年5月1日19:00,北京电视台开始实验性播出,当天播出了两部纪录片,一部是由中央新闻纪录电影制片厂摄制的纪录影片《到农村去》,片长10分钟,另一部是由莫斯科科学普及电影制片厂制作的科教纪录影片《电视》。[③]

在中国电视纪录片诞生的最初阶段,电视纪录片和电视新闻片几乎没有严格界限,其创作方法和风格样式基本承袭了中国电影纪录片的模式,电视特点并不明显。如果说有什么差别,那就是电影使用35毫米胶片,而电视使用16毫米胶片。另外,电视制作快,报道及时,篇幅长度相对自由。1958年诞生

---

① 何苏六:《中国电视纪录片史论》,北京:中国传媒大学出版社,2005年版,第111~112页。
② 何苏六:《中国电视纪录片史论》,北京:中国传媒大学出版社,2005年版,第27~28页。
③ 何苏六:《中国电视纪录片史论》,北京:中国传媒大学出版社,2005年版,第1~2页。

的中国电视新闻纪录片队伍,是以当时的中央新闻纪录电影制片厂和八一电影制片厂的一批摄影师为骨干组成的。1958年7月,北京电视台(中央电视台的前身)拍摄了我国第一部电视纪录片《英雄的信阳人民》,记者是孔令铎和庞一农。① 在中国电视诞生后的第一年里,还不能制作完整的有声拷贝影片。北京电视台第一部有声光学黑白纪录片是1960年摄制的《为钢而战》。②

随着电视纪录片的发展,其定义也日益清晰。在中国,越来越多的业界和学界人士对电视纪录片有了深入和系统的认识。有学者认为,电视纪录片是:用新闻纪录电影的方法,采用摄影或录像手段对政治、经济、文化、军事、历史事件等进行比较系统的、完整的报道。③ 也有学者认为,电视纪录片有广义和狭义之分,广义的电视纪录片包括专题片和以再现事实为本的纪实性、报道性的各种电视节目;狭义的电视纪录片指电视艺术中对某一事实或事件进行纪实报道的非虚构节目。④ 笔者比较认同以上关于纪录片的广义定义,它也符合对外电视开展文化传播的实际。

对于电视纪录片的分类,各国有着不同的方式。在日本,纪录片被分为八类:①报道特辑;②社会性纪实片;③自然类纪实片;④科学类纪实片;⑤历史、美术类纪实片;⑥纪行片;⑦经济专题纪实片;⑧剧本类纪实节目等以"NHK特集"形式播出的节目。在美国、加拿大、英国、德国和澳大利亚等国,纪录片主要分为两类:①与新闻性节目、时事节目相关的时事类纪实片(包括消息、各种时事);②专题纪实性节目。⑤ 在中国,一个较为普遍的分类方法是根据纪录片所表现的主要题材、内容倾向,分为新闻纪录片、历史文化纪录片、理论文献纪录片、人文社会纪录片、自然科技纪录片、人类学纪录片等六大类型。⑥

就发展阶段而言,中国电视纪录片经历了几个发展阶段,其中促进其较快发展的重要因素是电视技术(如ENG)的发展和政治、经济环境的变化。有学者把中国电视纪录片的发展分为四个时期,即政治化纪录片时期、人文化纪录片时期、平民化纪录片时期和社会化纪录片时期。纪录片的职能是划分这四

---

① 夏之平:《铭心往事——一个广播电视人的记述》,北京:中国广播电视出版社,2009年版,第62页。
② 赵化勇主编:《中央电视台发展史(1958—1997)》,北京:中国广播电视出版社,2008年版,第29~30页。
③ 任远:《电视纪录片新论》,北京:中国广播电视出版社,1997年版,第269~270页。
④ 欧阳宏生主编:《纪录片概论》,北京:四川大学出版社,2004年版,第30页。
⑤ 任远:《电视纪录片新论》,北京:中国广播电视出版社,1997年版,第189页。
⑥ 欧阳宏生主编:《纪录片概论》,成都:四川大学出版社,2004年版,第91页。

个时期的重要标准,即国家政治和阶级斗争—唤起民族激情—体察记录平民生存状态—关注记录社会主流的现实生活。①

二、电视纪录片与对外传播

电视纪录片是一种真实记录历史与现实的节目形态,具有跨语言、跨民族、跨文明传播的优势,电视纪录片较新闻而言,意识形态特征弱,但客观性与趣味性强;较影视剧而言,娱乐性与情节性弱,但真实性与可信性强。电视纪录片的这些特点有助于我国对外电视在面对不同的社会制度、意识形态和文化历史背景时,取得较为理想的效果。

在我国电视发展的最初阶段,电视纪录片是我国电视对外传播的主要手段。当时,北京电视台将报道国内重大事件、建设成就和人民生活的"出国片",附以中文、俄文或英文解说词,航寄给外国电视机构。此后,在我国对外传播领域,电视纪录片发挥着日益明显的作用。从20世纪70年代末至90年代初的十多年里,中央电视台与日本、美国、英国等国电视机构合作拍摄的纪录片对于传播我国文化、增进世界对中国的了解发挥了重要作用。其中,与日本电视机构的合作成果尤为突出。20世纪八九十年代,在中央电视台播出的群体制作的系列电视纪录片有:与日本广播协会合作拍摄的《丝绸之路》(中国版本17集,1980年5月播出),与日本私营的佐田企画社联合摄制的《话说长江》(25集,1983年8月播出),与日本广播协会合拍的《黄河》(30集,1988年2月播出),与日本东京广播公司(TBS)合拍的《望长城》(日本版的片名叫《万里长城》,1991年11月18日20:00双边同时播出)。②

进入21世纪后,我国电视纪录片取得了长足的发展,尤其是在全球化的背景下,我国电视纪录片逐渐改变了过去服务外宣的立足点,开始着眼于市场。近年来,中央电视台制作的《故宫》、《再说长江》、《大国崛起》等大型电视纪录片,在海内外产生了广泛而持续的影响,节目在50多个国家和地区播出,成为向世界介绍中国历史文化、人文社会和价值理念的有效载体。

三、电视纪录片与对外文化传播:以《同饮一江水》为例

中国电视纪录片虽然发轫于新闻纪录片,而且在相当长一段时间内主要服务于政治性较强的"外宣",但近年来真正具有影响力、被国际社会广泛认可

---

① 何苏六:《中国电视纪录片史论》,北京:中国传媒大学出版社,2005年版,绪论。
② 何苏六:《中国电视纪录片史论》,北京:中国传媒大学出版社,2005年版,第51页。

的还是具有文化底蕴的纪录片。着眼于文化传播的电视纪录片既是纪录片主题设定的需要,也是纪录片人文价值的体现。纪录片的价值,可以有人文价值、文献价值、社会价值和艺术价值等,其中,纪录片的人文价值是对人类共通的情感、道德的精神层面的个性化描述。在纪录片中,可以找到人对自身和生存状态的一种思考,以及人对历史的思考、对人与环境、人与自然的思考。[①]换言之,通过对人文价值的传播,电视纪录片传播了文化中的深层内容,即"形而上"的部分。从类别上说,近年来颇受欢迎的历史文化纪录片对于文化传播具有重要的作用。所谓"历史文化纪录片",是指利用影像形态对历史遗迹、文物器皿、文化景观的记录和表达,并以此来折射当代人对民族历史和文化的深刻认识、体验与反思,具有十分明显的文化意味。[②] 当然,反映当下文化的电视纪录片在传播我国文化中的作用也不容小觑。总而言之,与其他类型的节目相比,纪录片在对外文化传播中的优势就在于其内容的展现形式和观点的表达方式。

中央电视台国际频道(CCTV-4)是较早涉足电视纪录片制作的频道,也是中央电视台与国外媒体合拍纪录片的主要机构。2008年播出的《同饮一江水》(原名《澜沧江—湄公河》)是 CCTV-4 负责制作的一个大型纪录片。《同饮一江水》,从 2005 年开始筹拍,历时三年,2008 年上半年开始在中央电视台综合频道(CCTV-1)和中文国际频道(CCTV-4)热播。这部 20 集的纪录片是由中国中央电视台、柬埔寨国家电视台(TVK)、老挝国家电视台(LNTV)、缅甸广播电视台(MRTV)、泰国大众传媒第九电视台(MCOT)以及越南电视台(VTV)合作拍摄的。

多年来,中国电视纪录片界一直是配合欧美和日本等发达国家拍摄制作电视纪录片,扮演着从属甚至是跟班的角色。虽然这是一个电视欠发达国家必经的学习和发展之路,但是却不利于我们用自己的视角和方式向世界传播中国的形象和声音。《同饮一江水》是一个转折点,中国在这部电视纪录片的拍摄和制作过程中扮演着绝对主导的角色。这部电视纪录片还有另一个重要意义,那就是其合作模式和拍摄方式为我国电视对外传播提供了有益的探索和丰富的经验积累。

(一)合作模式

《同饮一江水》是中国中央电视台与大湄公河次区域其他五国(柬、老、缅、

---

① 何苏六:《中国电视纪录片史论》,北京:中国传媒大学出版社,2005 年版,第 169 页。
② 欧阳宏生主编:《纪录片概论》,成都:四川大学出版社,2004 年版,第 97 页。

泰、越)国家电视台合作摄制的大型电视系列片。由中央电视台提供资金、设备,并派遣摄制人员。其他五国电视台负责在各国当地的协调、辅助工作。合作主要体现在共同商讨题目、摄制大纲方面,遵守合作协议中确定的"共同视角"的原则。根据六国媒体在 2005 年 5 月 11 日签订的《六国电视台合作摄制电视系列片〈澜沧江—湄公河〉的框架协议》,整个纪录片的拍摄和制作采取联合制片人的方式。所谓"联合制片人机制",就是六方电视台分别委派一名代表作为联合制片人,组成摄制工作组,负责协商、沟通本系列片摄制过程中的相关事宜,本着友好合作的态度积极解决摄制过程中出现的问题。其中,CCTV 的代表担任总制片人,负责在本系列片摄制过程中和其他合作方的联合制片人交换意见,协商并解决本系列片摄制过程中出现的问题。总制片人有责任将本系列片的进展情况和有关信息及时通报给其他联合制片人。从纪录片的前期筹备、实地考察,到具体拍摄的每一个步骤,各方联合制片人都积极参与其中,就选题内容、出入境管理、电视采访拍摄法律法规、设备租赁、采访对象选择、地理气候以及历史与文化等方面的内容提出参考意见和建议。这不仅确保了前期选题、选址、立意等方面的正确与合理,而且为实地拍摄提供了很好的政策咨询服务和后勤保障。可以说,在这种平等而责任明确的机制下建立起来的合作模式是纪录片拍摄得以成功的一个重要因素。

(二)内容制作

1. 主题设定。《同饮一江水》片名中的"一江"指的是澜沧江—湄公河(此江在中国境内叫澜沧江,出中国境后名为湄公河),她连接了大湄公河次区域的六国,也就是中国、老挝、缅甸、泰国、柬埔寨和越南。这个区域极富发展潜力,受到全球的广泛关注。《同饮一江水》用 20 集从不同方面讲述了这个区域在地理、历史、人文等方面的主题,不仅给观众展现了文化的、习俗的、风情的表象,同时还探讨了更为深层次的话题,比如次区域人民如何面对现代化进程中价值观念和生活方式等方面的冲突。例如,《生活在水上》一集中,面对现代化对传统渔业的冲击,中国广西漓江上的渔民黄六七顺应当地形势,放弃了鱼鹰捕鱼的传统谋生方式,投入到旅游业中;越南安江的阿雄则在湄公河上进行网箱养殖;而柬埔寨洞里萨湖上的渔民尹耿丽顽强的带领一家人,充满信心地开始了新的捕捞季。这部纪录片通过这些故事向观众展示了次区域人民对待和利用自然资源的态度和行为方式,以及他们在传统和现代化之间找到平衡点的尝试与努力。《同饮一江水》是六国电视机构用共同的视角来描绘和解读澜沧江—湄公河—所连接的区域,向世界介绍这块具有伟大的文化、悠久的历史以及和平友好的合作传统的土地,以表达次区域人民共同的愿望,为次区域的合作与开发进行形象推广。

2. 内容选择。关于湄公河次区域的纪录片很多,例如,美国国家地理频道等很多机构都曾经拍摄过有关柬埔寨吴哥窟的纪录片,但是,以整个次区域为对象的纪录片从未有过。而且这部纪录片还探寻了次区域国家在很多领域的共性。从文化的广义角度来说,《同饮一江水》是对次区域文化的生动记录和解读。人类学家将文化分为三个层次:高级文化(哲学、文学、艺术、宗教、科学、技术等等)、大众文化(风俗习惯、生活方式、衣食住行、人际关系等等)、深层文化(价值观、个人角色、社会组织、行为准则、时间取向等等)。高级文化和大众文化均植根于深层文化,而深层文化的某一概念往往以一种习俗或生活方式反映在大众文化中,以一种艺术形式反映在高级文化中。①在《同饮一江水》中,对于文化各个层面的内容都有记录、表现和解读,这就为整部纪录片增添了深度和厚重感。例如,《永远的节日》就展现了澜沧江—湄公河这个区域节日的丰富性,也揭示了节日在来源、庆祝方式以及置身其中的人们的共性,并解读了这个区域节日和水的特殊关系、节日和自然、宗教以及农耕生产的关系。另外,这部纪录片也提供了很多独特的内容。因为这部纪录片是由六国电视台合作完成,许多不曾公开的领域和内容这次都得以列入拍摄内容。例如,在《大地之宝》一集中,缅甸一个世界最著名的抹谷红宝石矿区得以呈现在观众面前,而这也是这个矿区第一次向外界展现其开采挖掘的全貌。因此,这部纪录片的合作模式为选题和内容上的成功奠定了坚实的基础。

3. 视角。对于一部纪录片而言,除了主题和内容以外,视角也很重要。不过,对于以国外风土人情或者社会生活为拍摄对象,或者定位于国外市场的纪录片而言,电视机构在拍摄和制作的时候,容易过于强调本文化或者本国的视角,而忽略其他文化或其他国家的视角。北京大学关世杰教授在评价一部非常有名的涉及中国的西方拍摄的纪录片时说:"在谈东方文化文明的事例上,该片在唐、宋、元时代极力地推崇了日本的文学名著《源氏物语》和一些艺术现象,而对中国在其相应阶段所诞生的《西游记》、《水浒传》、《三国演义》等文学巨著和文化成果则只字未提。而在涉及元代中国的综合评价上也颇有微词。特别是对'郑和下西洋'的历史背景及性质的评价给予的仍是'西方式'的简单片面的定论。"②而在《同饮一江水》中,在表现次区域每一个方面的内容所用的视角都是多元的,并不是偏执于某个国家的。我们知道,次区域在政

---

① 蔡国芬、徐琴媛主编:《国际新闻与跨文化传播》,北京广播学院出版社,第 306 页。
② 关世杰:《国际传播学》,北京大学出版社,2004 年版,第 555 页。

治、经济、文化、历史以及宗教等方面都有自己的观点和视角。这在此纪录片中均得到了尊重和体现。每一集中涉及各国的内容都有各国自己对其的解读。从另一个角度来说,这种以多元的视角表现和传播关于次区域各国的内容,对于各国文化的传承和传统的延续具有重要的意义,尤其是在当下全球化以及美国文化甚嚣尘上的情况下。麦奎尔曾就全球化与大众媒体这个主题发表评论说,大众传播的内容流动出现了不平衡的状况,这就破坏了各个国家或地区的文化自主权,或者说阻碍了本土文化的发展。① 所以,在纪录片拍摄之初,六大合作媒体就强调了多元化这样一个合作理念:尊重各国人民的社会制度、生活习俗、文化传统和宗教信仰,片中不应有伤害任何一国人民之感情、损害任何一国之利益的表述。这无疑为这部纪录系列片确保了一个多元的视角,也为各国观众展现了一个真实、自然的澜沧江—湄公河次区域。

4. 手法。一部电视纪录片的拍摄和制作需要花费大量的时间、物力和精力,可以说是一个漫长的过程。在前期筹备阶段,摄制组的主要任务是确定纪录片的主题和内容。在实际操作阶段,叙事和表现手法就成为摄制组需要着重考虑的一个问题了。高峰在《电视纪录片及其审美选择》一书中说:"从一部优秀纪录片的成功经验来看,无外乎在某几点下了工夫:一是善于寻找特殊的环境,并注意环境的表现;二是善于观察细腻的情绪,并注意情绪的因由;三是善于留心个性的语言,并注意语言的自然;四是善于捕捉积极的行动,并注意行动的过程。"从手法这个角度来理解这几点的话,那就是在拍摄和编辑纪录片的时候,要表现好环境以及人物的情绪、语言和行为。《同饮一江水》在这方面具有很多可圈可点之处。例如,在《江河变通途》一集中,内容是介绍由澜沧江—湄公河与沿途无数的支流所组成的庞大水系,以及千百年来这里的人民把河流作为交通与情感通途的美好愿望与努力。片中营造了一个由河而生的大环境,以及在这个环境中人们的生活:家居、商贸、旅行以及教育等。同时,片中还着重表现了两个人物:一位在泰国打拼的中国商人以及生活在水上的越南少女。通过对他们的语言、行为以及情绪的记录,表现了澜沧江—湄公河对于两岸民众的意义、上下游民众的交流以及澜沧江—湄公河航道的疏浚和由此带来的变化。

另外,《同饮一江水》在表现手法上还有机融合了纪实与表现的风格。高峰在《电视纪录片及其审美选择》一书中说:"纪实与表现是纪录片的两种类型,纪实是缝纫;表现是刺绣。"在《同饮一江水》中,可以说这两种类型兼而有

---

① [英]格雷姆·伯顿著,史安斌主译:《媒体与社会:批判的视角》,北京:清华大学出版社,2007年版,第374页。

之。例如,在《手工制造》一集中,内容主要是关于澜沧江—湄公河流域各国的手工艺,要表现的主题是:精湛的手工艺的创造是流域内灿烂悠久的文化传统的表现,流域各国都有非凡的手工艺和卓越的匠人,这是古老文明的传统,也是经济增长的巨大潜能;同时,民族手工艺也相当脆弱,很容易在现代化的过程中迅速消亡。在手法上,片中如实记录了中国云南腾冲油纸伞的制作过程,以及缅甸漆器的制作程序。而在记录的同时,又融入了丰富的表现手法。片中介绍了两位人物:云南腾冲的郑大爷和缅甸手工艺人吴茂茂。通过讲述他们的故事、探寻他们的经历,两条平行但又不乏对比的主线清晰可见,而主题思想也随之自然地流露出来。

(三)文化传播

从文化传播的角度来审视这部纪录片,有很多富有启发性的地方。日本学者就跨文化传播探讨文化多元性所面临的危机的时候说:"即使在先进国家之间,也加大了否定各国文化的多元性,强加美国文化的危险性。"①而要化解美国文化对其他文化的侵蚀,重要的手段之一就是对本国和本区域文化的重视和传播。《同饮一江水》不仅用自己的视角表现了次区域各国的方方面面,而且对各国的文化都是同样的尊重,并着以同等的力度。此外,这部纪录片不仅是各国共同拍摄,而且还在彼此的国家播放。这样,次区域的观众可以更好地了解次区域伟大的文化、悠久的历史及和平友好的合作传统,以及次区域有哪些宝贵的资源,有哪些值得骄傲的文明,什么是人们的担忧,什么是人们的创痛。通过真实客观地描述和解读,《同饮一江水》无疑将对次区域各国民众加深对自身和彼此的了解具有重要的作用。例如《不变的虔诚》一集,讲述和介绍了寺院的日常生活、佛寺的建筑和装饰艺术、缅甸万塔之城——蒲甘、孩子们的成人礼、佛寺学校、收集保护贝叶经的故事、藏传佛教的彩粉坛城等等。我们知道,澜沧江—湄公河从源头到入海,两岸散落着无数的祭坛、寺院、灵塔以及各式各样的宗教建筑。它是构成澜沧江—湄公河流域人民精神世界的重要因素,也是当地生活习俗形成的重要因素。但是,各个国家奉行的宗教并不完全一样,存在着流派的差异以及传承中发生的变化。而片中通过对宗教建筑与艺术、宗教仪式与活动以及宗教文化的保护等内容的叙述,呈现了次区域宗教的一些差别,更突出了次区域宗教在催人向善、促进社会和谐、保护和传承历史与文化等方面的共同点。

---

① [日]桂敬一主编,刘雪雁译:《多媒体时代与大众传播》,北京:新华出版社,2000年版,第298页。

需要特别强调的是,电视纪录片在传播文化的时候,应注重普世价值的传播。有学者强调,在创作纪录片的过程中,无论是在关注人的时候,还是在关注事件的时候,如果能够触摸到这层最内在的、最本质的东西,就是国际化的东西,就是感动人类的东西。① 换言之,电视纪录片只有传播文化中深层的、能与其他文化相通的内容,才能较好地被理解和接受。

四、电视纪录片对外传播文化的策略

展望我国对外传播领域中电视纪录片的未来发展,我们可以肯定,电视纪录片在对外文化传播中将发挥越来越重要的作用。对于我国电视纪录片来说,市场是促进、也是检验电视纪录片制作的最好方式。尤其在对外文化传播中,只有获得国际市场认可的电视纪录片,才能获得较多的受众,才能有效地传播我国的文化。

纪录片是我国电视节目外销的重要内容,国际市场是纪录片传播中华文化的重要目标市场。2006年的《故宫》创我国纪录片海外发行多项纪录,被翻译成西班牙语、日语、韩语、马来语、俄语等多国语言,迄今已成功发行到南美洲、亚洲、欧洲、中东、澳洲等39个国家和地区。

中国广播电影电视节目交易中心是我国最早从事广播影视节目综合经营的企业机构,从2001到2010年的10年间,公司累计创收30亿元、创利6.9亿元、创净利4.6亿元。其中,纪录片是重要的创收来源之一。如表6-10-1所示。

表6-10-1 2001~2010年中国广播电影电视节目交易中心电视纪录片外销出口统计表②

时间	集数	总时长	销售金额(美元)	国家和地区数
2001年	571	169	218840	15
2002年	222	45	74784	12
2003年	326	187	146960	14
2004年	843	437	517315	10
2005年	1426	533	663286	17
2006年	1799	1010	1289532	47
2007年	3491	2228	1899581	55
2008年	2331	1611	1450824	66
2009年	2289	1460	2110000	73
2010年	1393	929	625928	38

---

① 何苏六:《中国电视纪录片史论》,北京:中国传媒大学出版社,2005年版,第215页。
② 数据由中国广播电影电视节目交易中心/中国国际电视总公司节目代理部提供。

着眼未来，电视纪录片的发展将日益依靠国际市场，唯有如此，电视纪录片才能更好地完成对外传播中国文化的使命。

首先，我国对外电视机构和节目销售机构需要强化市场营销和相关运作，将中国音像成品直接输往国际主流市场。2007年，中国广播电影电视节目交易中心成功地将按照日方要求出版制作的1万套纪录片——《世界遗产之中国档案》的DVD光盘销往日本市场，这是中国首次向海外主流市场规模性商业输出音像制品，并实现了技术形式、交易形式、传播形式等多方面的创新。

其次，我国对外电视机构和节目销售机构需要加强与国外电视机构或销售机构的合作，以获取直接的学习机会，提升中国影视制作和营销水平。与此同时，也有助于我国电视纪录片借助外方品牌和渠道优势，扩大海外主流媒体话语权，提升中国电视纪录片的国际影响力。例如，2005年，中国广播电影电视节目交易中心与德国ZDF电视台合作，改编发行《郑和下西洋》欧洲版，2006年下半年在德、法主流频道黄金时段相继播出后，收视率创同类节目的新高。2005年，中国广播电影电视节目交易中心与美国国家地理频道联合制作发行《故宫》国际版，先后在40多个国家和地区播出，其中在新加坡、台湾、香港的收视效果远远超出当地黄金时段的平均收视率。2006年，中国广播电影电视节目交易中心与委内瑞拉Venevision公司合作改编纪录片《再说长江》西班牙语版，并成功销售到美国Discovery频道和Galavision电视网，先后在北美、南美、欧洲、亚洲、澳洲的80多个国家和地区的主流媒体播出。

第三，我国电视纪录片的制作和销售机构也要着力在海外建设自己的发行和销售渠道。中国广播电影电视节目交易中心从2009年开始加强了在美国市场的渠道建设工作，并已获得阶段性成果。首批5000套专门针对美国市场、采用英文配音和美国包装设计制作的纪录片《故宫》成品光盘，于2010年4月份在美国主流音像品销售渠道上市发行，标志着中国精品节目首次全面进入美国主流音像的消费市场。另外，中国广播电影电视节目交易中心还对《再说长江》等一批优秀中国影视节目进行剪辑加工和包装设计，并着力在美国5000家如沃尔玛等主要零售超市和音像超市建立中国音像节目专柜，以统一包装、统一形象、统一品牌进行推广销售，以期在逐步扩大销售量和影响力的基础上切实打开美国主流消费者市场。

第七章

对外电视的输出渠道与文化传播

对外电视在海外市场的推广与营销是电视节目到达受众的关键一环,也是文化传播的重要基础。缺乏畅通的传播渠道,内容就无法到达受众,对外传播就是"传而不通"。对于中国电视对外传播来说,与海外电视市场、节目的传输方式和落地方式以及电视节目的海外销售等相关的概念都至关重要。

第一节 对外电视频道与海外市场

对于对外电视频道而言,接收终端和受众都在境外。在一些国家和地区,受众接收电视节目的途径和电视频道的市场运营方式与国内存在较大的区别。电视对外传播不仅要注重节目质量,还需要有市场意识。赫伯特·席勒曾说,控制着美国最有影响力的传播集团(《时代》、《生活》、《幸福》杂志企业集团)之一的卢斯比许多人都更早就认识到,"将经济实力和信息控制、塑造形象和形成舆论融合起来,无论在国内外都是权力的新精髓"。[1] 英国在新的国际形势下也改变了对外传播的思路。1988年,在英国关于广播电视事业的白皮书中确定,电视"将成为"以"进行国际思想、文化、体验的贸易"为重心的"日益国际化的媒介"。对外电视频道不管是基于何种传播目的,都必须从市场

---

[1] [英]戴维·莫利、凯文·罗宾斯著,司艳译:《认同的空间》,南京大学出版社,2001年版,第302页。

着眼。

与国内电视市场相比,海外电视市场具有不同的准入制度、管理方式和经营模式,其电视市场也处于不同的发展阶段,有着不同的特点。笔者在2011年对数位美国华语电视业者进行了访谈,了解美国电视市场目前的发展特点以及对华语电视的影响。以下几位美国华语电视业者的观点比较有代表性。

美国TVB翡翠台姚志刚认为,市场分割和竞争方式是美国电视市场的重要特征。他说:

> 美国电视市场的区域性分隔是很强的,在人口集中的大都市会自行成为一个市场。在美国,华人电视观众最主要的就是纽约、旧金山跟洛杉矶,这三个算是美国华人电视最主要的市场。但是,即使这三个是所谓的主要市场,每一个市场的华人人数都很少。不超过五六十万,这样的市场对于电视台的支持率非常非常的小,这就是为什么我们的广告收入只是占我们整体收入的小部分,大部分是靠这些卫星的订户。卫星涵盖全美国,拓展三个主要市场之外更多的地方。在美国洛杉矶、旧金山和纽约三个市场里,竞争非常激烈,像在洛杉矶,就有超过一打的华语电视频道。大家之间的竞争,广告的价格压得非常低,比中文报纸广告价格还低。所以说,今年都非常艰困,我们是经营最稳的一个电视台,目前其他的中文电视台没有一家在财务方面很健全、很稳健的。①

美国天下卫视李玉冲认为,美国华语电视市场不仅规模小,也不够规范。他说:

> 电视台主要是靠广告,广告怎么能来吸引人,就要靠电视剧。电视剧在黄金时段播的时候,插广告,它的收视率就会提高。现在的情况有所改变,至少在美国来说有所改变。因为现在是网络时代,好多大陆来的人喜欢看电视剧,但是现在不一定在你这个电视台看了,它有两个渠道。第一个是网络里面,给刻出来,然后在电脑里看。电脑里接到电视里面就可以看了,而且看得很过瘾,就不用一集一集地等了,这是第一。第二个,这边的华人的书店里,四五块钱就可以买一张碟,然后回家看。②

---

① 根据笔者2011年4月1日对姚志刚的访谈。
② 根据2011年4月1日对李玉冲的访谈。

美国"今日世界"电视台的黄杰平认为,传媒技术发展和受众结构变化给美国华语电视市场带来挑战。他说:

> 现在的一个较大的挑战,或者说新情况就是互联网对于电视的冲击。所有新播出的电视剧,网上很快就有。通过互联网收看这些节目,不仅不用花钱,还没有广告。现在这对美国华语电视的冲击很大。就是一般的老百姓看习惯了以后,渐渐就不愿意花钱看了,因为经济也不好,他们都是老年人,老年人有的就走了,他们下一代的人,你刚才讲的,第一代的华侨要看,到了第二代以后,看不看无所谓了,到第三代根本不看。①

美国华语电视业者对于目前市场的整体状态有不同的感觉。但整体而言,大都认为目前美国电视市场竞争激烈,互联网等给新媒体传播技术带来了激烈的挑战。

就对外电视频道而言,海外市场研究主要包括市场规则、竞争格局、市场营销和国际法规等方面的内容。

一、市场规则

中国电视对外传播需要加强对海外市场规则、市场特性、运营方式等方面的了解和研究。只有熟悉其他国家各种本土电视运营的规则、法律、竞争格局和商业模式,才能在电视频道的推广过程中做到"有的放矢"和"游刃有余"。就我国对外电视频道而言,市场规则主要包括三个方面:市场准入规则、渠道运营规则和监管法规。

(一)市场准入规则

不同国家有不同的市场准入规则。通过卫星进行节目传输的媒体要想在一个地区或国家打开或扩大市场,关键是要了解目标市场的卫星广电政策。例如,在亚洲地区,澳大利亚和日本实行开放政策;马来西亚和伊朗对卫星广电实行禁止接收政策;中国香港采取控制性的开放政策(允许个人接收,但禁止通过有线电视进行转播);中国内地采取封闭政策(禁止个人接收,允许经批准后部分地通过有线电视进行转播)。② 一个国家对境外电视频道的市场准入规则主要与政府的文化政策、外交政策以及族裔政策等相关。例如,加拿大

---

① 根据 2011 年 4 月 6 日对黄杰平的访谈。
② 郭镇之主编:《全球化与文化间传播》,北京广播学院出版社,2004 年版,第 88 页。

因为受到美国文化的威胁,对于外来电视频道一直采取非常严格的准入政策。2005年,加拿大广播电视及电讯委员会(Canadian Radio-Television and Telecommunications Commission,简称CRTC)开始逐渐改变过去保护本国文化和本土广电产业的政策,其中重要的内容就是陆续批准国外电视频道的进入。就中文电视频道而言,从2005年开始,CRTC已经陆续批准了包括凤凰卫视、东森卫视、长城平台、亚洲电视美洲台等十余个境外卫星频道在加拿大落地。不过,CRTC规定,包括华语电视频道在内的境外频道必须整个频道落地,不得插播本地广告,而且必须与相同语言的本地电视频道进行捆绑式销售(bundle)。换言之,凡付费收看凤凰卫视或长城平台的观众,必须同时购买如城市电视等当地电视频道。但是,加拿大对于英文频道、尤其是美国式的英文频道依然非常谨慎。2010年11月,加拿大广播电视及电信委员会(CRTC)拒绝了美国传媒大亨默多克在加拿大建立美国式新闻频道——阳光卫视——的申请。一方面是因为加拿大avaaz.org发起了全球性的在线运动,反对默多克的阳光卫视。该运动收集了83000份网友在线签名,反对授予阳光卫视广播权,同时CRTC收到了25000封信反对给阳光卫视颁发执照。另一方面是因为,加拿大人根本不想"模仿毒害美国政治的福克斯新闻充满仇恨的宣传"。①

美国和部分欧洲国家也较为重视多元文化,政府对于外来电视频道的限制较少。美国主要是基于频谱资源的不足对开办无线电视频道有较多的限制条件,对于外来频道的态度较为宽容。相比欧美国家,亚洲国家、尤其是东南亚国家对于境外电视频道的控制较为严格。例如,马来西亚实行"有限度的天空开放政策",采取"慎重和渐进的战略"。蒙古对外国卫星电视采取"有选择转播"的策略。孟加拉国准许一般居民购置卫星天线,接收外国卫视节目。缅甸有选择地开放天空,只准许政治家、外交人员以及居住在缅甸的外国人,在经过政府特许后使用卫星电视接收天线接收外国卫星电视,其他任何人均不得收看国外卫视的节目。日本实行依法开放天空的政策,外国电视频道的落地条件包括:所使用的通信卫星须在事先与日本商定的范围之内,卫星接收天线须在一定的直径范围内,对日本现行广播体制、秩序不会产生较大影响,不得侵犯日本的广播权、著作权等。斯里兰卡实行天空开放政策,准许国民接收国外卫星电视的节目。泰国也实行天空开发政策。新加坡则对境外卫星电视

---

① 参见英国《卫报》,2010年11月8日,http://www.guardian.co.uk/media/2010/nov/08/mounties-murdoch-sun-tv-news。

采用"堵"、"导"并用的方式。所谓"堵",即除了大饭店和获特批的政府部门和贸易机构以外,其他新加坡居民一律不得私设卫星天线,目的是"阻止不受欢迎的东西进入新加坡——即充斥性、色情、暴力或者危害我们亚洲人和睦共处的东西";所谓"导",是指大力发展有线电视,有选择地转播一些境外卫星节目。印度实行的是"有条件开放天空"的政策。具体而言:凡想在印度"落地"的国外卫视节目必须加密播出;必须有选择地播出广告,在新闻、时事、体育节目中可以加播商业广告,但在电影和动画片等节目中则不得播出商业广告。①

中国对外电视频道除了需要熟悉规则本身外,还要了解各国电视监管体系和管理政策,并根据各国管理模式的不同采取相应的市场进入方式和政府公关策略。就监管方式而言,当代许多西方国家对广播电视企业采取政府和国会间接监管的方式,即通过国家机关中独立行政机构调控广播电视企业。美国联邦通讯委员会(FCC)、加拿大广播电视和电讯委员会(CRTC)、法国最高视听委员会(CSA)、德国州际传媒委员会(DLM)、希腊的广播电视全国委员会(NCRT)、爱尔兰的广播电视委员会、荷兰的传媒委员会(Commissariaat Voor de Media)、英国的独立电视委员会(ITC)和广播局(RA),都是主管广播电视的国家独立行政机构,它们并不隶属于政府诸部,其成员任免由政府、议会,乃至法院等诸多方面决定。除此之外,有些国家,议会或法院在监管广播电视业中起关键性作用,例如西班牙和奥地利等;有些国家是政府和国家独立行政机构共同主管广播电视,例如荷兰、葡萄牙、瑞士和卢森堡等。但是,无论采取何种监管方式,当代西方广播电视主管机构基本上是依法行政,主要职责是颁发和更换或吊销营业执照,在技术、所有制、外籍职员构成、节目内容诸方面制定规章,规范市场秩序,开展政策引导,进行监管。一些西方国家,主要是西欧部分国家,对于广告的播出时间和国内外节目的播出比例等加以限制,以防止商业主义泛滥,以保护本民族的文化传统。② 因此,厘清各国的监管机构、管理形式和政策诉求等,对于我国电视对外传播的传播策略、方式和内容等至为重要。因为"产品"必须符合"目标市场"的准入规则、质量要求、监管制度和市场法规等,才能实现对外传播的目的。

---

① 张志君:《全球化与中国国家电视文化安全》,北京:中国传媒大学出版社,2006年版,第145~151页。
② 郑涵:《当代西方广播电视体制商业模式研究》,《上海大学学报(社会科学版)》,2002年第4期,第83页。

(二)渠道运营规则

不同的国家拥有不同的电视频道运营规则。例如在美国,地方政府传统上只向电视营业商发放许可证,有线电视、无线电视和卫星电视网必须申请许可证。该许可证要求经营公司向政府缴纳相当于收入5%的营业税。而该许可证是由州以下的地方政府发放的,也就是说,要想在某州经营电视业务,必须同几百个地方政府谈判。① 这些规则要求海外频道熟悉美国地方市场的运作方式,并采取相关的市场战略。当然,这些规则本身就注定了海外电视频道需要面对重重困难和挑战。例如,半岛电视台华盛顿记者站站长哈菲兹·米拉齐在谈到半岛电视台进入美国市场时就说:"挑战首先就来自转播信号。在有线电视方面特别困难。在美国发行很有问题。有线网络太复杂,还很分散,你得去一个县、城市的每个区域,劝说他们转播你的信号。"② 这对于中国对外电视频道来说也是一样,节目进入当地市场往往是"万事开头难"中的"最难点"。

从电视运营模式和节目生产流程来说,我国对外电视频道大都是节目的提供商,还没有跻身于节目运营商行列。这就意味着,我国电视频道需要根据市场的需求及运行规则生产和提供产品。以美国为例,电视节目主要通过有线电视、卫星直播平台、网络或者无线电视播出。换言之,电视台的节目必须拥有这几条渠道之一,否则无法将节目传播到受众。而且,每一条渠道又有许多细分的运营规则。以有线电视为例,美国有线电视的套餐服务分成很多层级,只有进入普遍的层级才能获得足够的用户。通常,有线电视公司把自己的服务包装成组,形成不同的服务级别,每提升一个级别,节目内容和服务项目就更为丰富,订户每月支付的费用也相应提高,这个过程就叫"层层升级"。

在图7-1-1中,金字塔的塔基是美国某一区域内所有可以接收有线电视服务的家庭。处在最底层的是通过家庭(PH),就是有线电缆的敷设经过这些家庭,这些家庭只要愿意,就可以订购有线电视系统的服务。美国拥有电视家庭的实际数字是10600万,其中大约有9800万家庭位于有线系统服务区内,因此通过家庭约占美国电视家庭的97%。金字塔塔基的上一层就是决定订购有线电视的通过家庭,包括基本频道订户和拓展的基本频道订户。有线电视家庭的数量可以根据有线电视订户在通过家庭中的比例计算出来。这一

---

① 孙萌:《全球IPTV发展概况及运营模式》,《通信世界》,2007年第10期,第3页。
② [英]休·迈尔斯著,黎瑞刚等译:《意见与异见:半岛电视台的崛起》,上海:学林出版社,2006年版,第284页。

比例也叫有线电视的基本渗透率。例如,如果一个有线电视系统敷设经过100个家庭,其中有85户订购了有线电视服务,那么基本渗透率就是85%。在一些城市郊区,"高消费"家庭较多,有线电视系统的渗透率可达90%以上;而在一些经济欠发达的内陆城市和农村地区,渗透率还不到50%。从全行业来看,渗透率在80%左右,也就是说,美国全国的有线电视家庭大约有7400万。金字塔内的第三级就是那些支付额外费用收看付费节目的有线电视家庭,他们被称作"付费频道订户"。再往上,随着订购服务内容的增多,这些家庭分别被称为:"多项付费家庭"、"按次计费订户"、"多项目按次计费订户"。①电视频道要想获得尽量多的受众,就需要进入金字塔越低的部位。当然,对于进行二次或多次销售的电视频道或节目来说,进入金字塔上面的部分则能获取较多的收益。

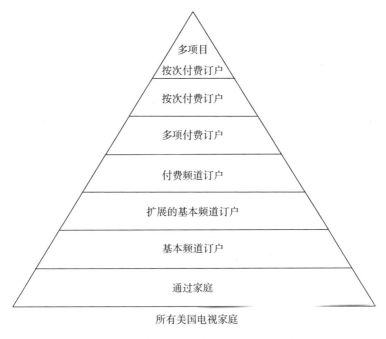

图 7—1—1　有线电视订户金字塔

对于大多数西方国家来说,渠道运营规则大都与商业规则直接相关。换言之,是否将一个境外频道纳入有线或卫星平台等渠道,决定于该频道的受众

---

① [美]Joseph R. Dominick, Fritz Messere, Barry L. Sherman,[中]张海鹰:《电子媒体导论》,上海:复旦大学出版社,2006年版,第96～98页。

规模。只要订户数足够多,能为渠道运营商带来利益,频道就能顺利进入到有线电视或卫星平台等渠道。

相比欧美国家,亚洲国家、尤其是东南亚国家对于电视媒体控制较为严格,这主要体现在对媒体的伦理要求方面。

(三)监管法规

关于境外媒体准入的法律法规已经在前面的准入规则部分有所提及,这里的监管法规主要涉及国内法律中对于媒体内容的监管法规。不同的国家对于媒体内容有着不同的规定。正因为如此,有关传播法律和政策的研究在很大程度上因国家而异,需要具体问题具体分析,难以一概而论。

政府对于传播内容的监管,主要焦点是言论自由、淫秽、暴力、犯罪、种族、广告以及性别等方面。不同的国家对于这些焦点问题有着不同的政策和法规。例如,美国对于言论自由的态度非常坚决,而英国则没有一部成文的宪法来规定政府和人民各自的责任与权利,所以英国成了一些评论家所说的今天世界上最为"守口如瓶"的民主国家之一。德国的宪法体系,即基本法,确立了包括言论自由在内的许多个人权利,但"与个人自由本身相比,法律的宗旨享有更高的地位",则法律就被允许限制个人自由。爱尔兰宪法具体规定,个人和新闻界的自由言论都是有限的,"煽动性"的言论和破坏"公共秩序"的言论应当受到惩罚和控制,政府还雇佣了官方的审查人员。①

各国政府对于媒体上淫秽内容的管制态度,更加清晰地体现出不同国家对媒体在内容和观念上监管的差异性。美国在淫秽问题上的立场一直非常含糊,尤其对媒体内容的监管缺乏法律层面的保证。1957 年,美国最高法院才开始在法律上界定"淫秽"的含义,其后花了 16 年时间,结果却发现无法这样做,最终只得为各州提供一些笼统的指导方针。1997 年,美国最高法院以违宪为由,废除了美国国会所通过的《传播体面法案》(Communications Decency Act)。此后,行政当局甚至放弃了为监视因特网上的色情内容而做出的努力,而是支持采用软件过滤器来保护儿童免于接触到因特网的不雅内容。1999 年国会通过的并由时任总统的克林顿签署的、以图矫正《传播体面法案》缺陷的法律——《儿童上网保护法案》(COPA,1999)——也在一项联邦地区法院裁决中,被宣布为违宪。而且,这项裁决得到了第九巡回上诉法院的维护。英国在淫秽问题上采取了比较放纵的法律立场,根据可能会获得该素材

---

① [美]叶海亚·R.伽摩利帕编著,尹宏毅主译:《全球传播》,北京:清华大学出版社,2008 年版,第 65~66 页。

的人的类型来界定淫秽。英国1959年的《淫秽刊物法案》规定,如果一位观看者由于这种素材很可能会堕落和腐败,那么该素材就符合淫秽作品的标准。因此,制定该法律的主要目的是保护儿童,而仅限于向成人提供的图像色情素材则并不一定被看作淫秽作品。瑞典和荷兰实际上没有任何限制淫秽作品的法律。这两个国家还拥有庞大的色情文化产业。丹麦的情况也是如此,成年人对色情文艺作品的消费完全不受阻碍。①

虽然不同国家对于境外媒体的传播内容的规定有所差异,但是各国对于国际大众传播应该遵循的原则存在一些共识,这也是国际传播法的基本要点:传播媒介不能用于侵略战争;传播媒介不能用于干涉他国内政;不得散布种族优越、种族仇恨的思想或煽动种族歧视言论;不得直接或公开煽动灭绝某一民族、种族、部落或宗教团体;不得传播歧视妇女的信息;不得传播宗教歧视和信仰歧视的信息;传播媒介应在向公众进行和平教育和提高和平意识方面发挥积极作用等。②

二、市场竞争

长期以来,我国电视对外传播一直较为忽视海外市场,这与长期以来电视对外传播理念直接相关,即重生产轻经营、重政治轻市场,采取"以内养外"的经营方针,即以国内经营收益来补贴海外运营的亏损。③ 我国对外电视要逐渐树立市场意识、竞争意识,因为只有在海外市场上具有竞争力的节目,才能实现传播效果。

我国对外电视在制作节目的时候,主要是供给电视频道播出,并不以市场销售为指针。换言之,央视对外电视缺乏文化产品的概念。因此,中国电视对外传播需要增强节目的"产品"意识和"市场"概念,尤其是"国际营销"理念。对于中国电视对外传播而言,如果继续沿用"传播=宣传"的思路,产品、市场和营销策略欠缺,则难以在海外真正打开局面,也难以形成国际影响力。

另外,值得一提的是,我国整个电视节目创作、生产都是以国内市场为主要目标的,即使是对外电视机构拍摄的纪录片也大都是应国内政治、经济或文

---

① [美]叶海亚·R.伽摩利帕编著,尹宏毅主译:《全球传播》,北京:清华大学出版社,2008年版,第67~73页。
② 关世杰:《国际传播学》,北京大学出版社,2004年版,第468~473页。
③ 谭天、于凡奇:《从"走出去"到"走进去"——论中国电视对外传播的策略创新》,《中国电视》,2009年第8期,第45页。

化的需要。我国对外电视机构播出的节目主要是来自于对内电视机构,而对外输出的电视节目也主要是由对内电视机构制作,小部分是由对外电视机构生产的。

我国对外电视频道在一个国家或地区的市场规模和经营状况除了取决于当地市场规则外,还与当地电视市场的竞争环境密切相关。在大多数国家,媒体之间的竞争难以避免,甚至相当惨烈。对于跨国播出的国际电视频道来说,其竞争对象主要是当地主流频道以及同语种的其他国家的国际频道。例如,在英国市场上,俄罗斯对外英语频道"今日俄罗斯"(Russia Today TV)发展速度很快,在当地通过卫星、地面数字无线和有线网实现了较好的覆盖。根据最新的市场调查,"今日俄罗斯"在英国拥有近200万观众,收视情况超过了半岛电视台英语频道和"德国之声"。其月平均观众数是"德国之声"的5.5倍,是半岛电视台英语频道的1.5倍。英国知名调查公司Kantar媒体公司在2010年9月和10月对10250名英国受众的直接调查,也证实了"今日俄罗斯"的受欢迎度。调查还显示,该频道受欢迎的主要原因是观众希望获得有别于主流新闻频道的其他视角的新闻,因为45%的受访者认为,BBC、CNN以及天空电视的新闻有失偏颇。① 由此可见,在一个市场上,相同语种的电视频道之间的竞争日趋激烈。

市场竞争的首要方面就是目标受众的竞争,其次是节目内容和服务质量方面的竞争,还有是在收视费用和广告价格上,最后就是在技术层面的竞争。就目标受众的竞争而言,一个频道要找准自身的受众定位,并根据定位来制定竞争策略并实施相应的举措。例如,德国之声为了应对日益激烈的竞争形势,在2010年重新调整了受众定位,将其主要受众不再定位为在"外国的德国人",而随着其"成为世界舆论的引导者"的目标的确立,将他国精英阶层作为第一受众。这次被称作"彻底的改革",确定了德国之声到2013年"三向传播"的多媒体发展方向,即电视、广播和网络三种媒体形式并用的发展策略。在非洲利用短波,广播有30种语言对外传播,电视用德语、英语、阿拉伯语和西班牙语4种语言播出。改革方案明确了德国之声传播的具体地区和在各个地区侧重的传播内容。比如,欧洲不再作为德国之声重要的战略目标点,重点放在中国、俄罗斯、中东(伊朗)、北非、南亚(印度、阿富汗、巴基斯坦)和拉美。相应地在亚洲侧重经济议题,在非洲则以国家建设为主,在中东尤其是伊朗重点报

---

① 根据俄罗斯新闻社的2010年12月10日播发的报道(RIA Novosti news agency, Russia Today TV says it has over 2m viewers in UK Moscow, 1454 GMT 8 Dec 10)。

道与专制政体有关的内容。[1] 由此可见,目标受众的竞争与节目内容和服务的竞争直接相关。我国对外电视频道需要根据目标受众的定位确定节目内容和服务方面的竞争策略。需要指出的是,我国对外电视频道在内容和服务方面还有众多不足之处,尚难以在国际上形成强大的竞争力。就中文电视节目而言,我国在海外颇有影响力的长城平台和中文国际频道(CCTV—4)在受众服务方面仍有较大的提升空间。以下是两条观众反馈信息,从中可以看出一二:

> 一个月过去了,我没有看到电子节目单的任何改善,几乎每个频道都有错误的信息。作为你们的忠实用户,感到非常失望![2]

> 我今天等了好几个小时也没有看到电视剧的连播。你们节目表上预告的是《爱的错位》,可实际上播出的却是其他的节目。希望你们的节目预告能准确些,或者在每集电视剧结束的时候播报一下下集的播出时间。在这点上,其他国家的各个电视台都是这样做的。[3]

这类反馈中存在的问题较为常见,但却没有明显的改进。也许服务意识的不足是这些问题存在的根本原因。

除了内容和服务的竞争,收视费用的竞争也是市场竞争的重要方面。就对外中文电视而言,在美国市场上,美国最大的两家卫星电视公司——News Corporation 旗下的 Direc TV 和 EchoStar 的 Dish Network 都提供中文节目套餐或单个频道。订户除了卫星电视使用费外,每月需另外加付华语套餐或频道收视费。其中,凤凰套餐月租费为每月 11.99 美元,翡翠世界套餐月费 36.99 美元,包括翡翠美东台、翡翠美西台、TVBS、电影台和 CCTV—4。Dish Network 共有 6 个华语套餐可供选择:东森套餐(东森大陆台、东森戏剧台、东森卫视台、东森新闻台等)的月费是 21.99 美元,台视、中视和华视三台套餐的月费是 19.99 美元,中文长城平台 17 套节目套餐的月费是 29.99 美元,包括台视、中视、华视、公视和纬来电视网的综合套餐月费是 27.99 美元,亚洲电视台、CCTV—4 和凤凰卫视美洲台三台套餐每月为 24.99 美元,凤凰卫视美洲

---

[1] 德国《法兰克福汇报》,2010 年 12 月 3 日:http://www.faz.net/s/Rub510A2EDA82CA4A 8482E6C38BC79C4911/Doc ~ ED3CCE273F5764BF49FC9686C14B76BCB ~ ATpl ~ Ecommon~Scontent.html。

[2] 中视国际传媒有限公司《中国电视长城平台工作简报》,2010 年第 4 期。

[3] 中央电视台海外中心联络部:《海外观众反映》,2008 年第 20 期(http://blog.cntv.cn/html/73/806173—163359.html)。

台一套节目每月14.99美元。① 可见,这些频道的收视费用或者说价格都非常接近,故价格上的竞争优势有时候就可以转化为市场竞争的优势。

随着技术的发展,电视节目生产和传输方面的技术竞争日益激烈。媒体技术直接与节目制作质量、传输效率和效果、受众服务质量以及受众反馈收集等方面息息相关。对于国际电视频道来说,技术水平直接影响海外市场的竞争能力,因此有必要及时把握目标市场上电视最新制作和传输技术,并加以跟进。例如,就英国而言,该国计划于2011年推出一个与广播、互联网、Free View数字频道相结合,并带有点播功能的新电视服务功能。这项服务与手提电脑、台式机和智能手机相比,能让观众更轻松地同步收看来自BBC iPlayer、ITV.com和他们电视上的4OD的节目。用户还可以收看到最早一周前播出的节目,并可按照节目类型搜索,例如电影、体育和纪录片。② 另外,英国广播公司(BBC)为赢得市场,在2011年推出新款iPlayer在线追看服务。iPlayer在2007年推出之际,使用的标语是"完美无瑕,不容错过",而如今,随着追看服务这一概念的落地,BBC将标语替换为了"更高水准"。新版iPlayer具有多种社会媒体功能,并安置了推荐引擎。③ 因此,对于要在英国落地的外国电视频道来说,及时掌握这些技术发展动向,并根据自身的发展战略采取相应的应对措施极为重要。

一些国家的媒体政策营造了比较特殊的竞争环境。例如加拿大电子传媒监管机构(CRTC),通常一个族裔只发出一个电视牌照,这样就避免了不必要的恶性竞争。在这种市场环境下,即使是一个刚刚创办和发展起来的电视台都有生存空间,可以积累实力,实现滚动发展的目的。④

三、市场营销

就市场营销而言,最重要的就是要有产品概念,也就是要把对外电视频道当作一个产品来推向海外市场。在西方发达国家,传媒产品概念深入人心。以美国为例,新闻节目是营利的产品,而且美国电视新闻业的利润很高,大约有40%。当然,高利润的背后是新闻的商品化。既然新闻都可以成为商品,

---

① 朱辰华:《美国华语电视的新发展》,《新闻记者》,2005年第11期,第51页。
② 英国BBC网站:http://www.bbc.co.uk/news/technology—11330712。
③ 英国《卫报》,2010年9月10日,http://www.guardian.co.uk/media/2010/sep/10/bbc—new—iplayer—campaign。
④ 彭伟步:《海外华文传媒概论》,广州:暨南大学出版社,2007年版,第146页。

其他的媒体节目就更不用说了。作为商品,电视节目的价值在于收视率。①而要提升收视率,除了节目本身要高度契合受众需求和市场特点之外,市场营销也必不可少。

(一)电视频道"产品"分类与频道专业化

作为"产品"的电视频道需要明确自己的定位,或者说自己的产品类别,力求专业化,而不是大而全的"综合"频道。在理论上,电视频道专业化与市场营销学的"市场细分理论"密切相关。当然,电视频道专业化是一个渐进的过程。以美国为例,电视频道分化和专业化开始于20世纪70年代末。当时美国最大的有线电视网——家庭影院(HBO)陆续开播首播电影、好莱坞大片等16个收费电影频道;1980年成立的有线电视新闻网(CNN)建有要闻、新闻分析等专业新闻频道,成为最成功的新闻网;探索(Discovery)公司在1985年成立后的十多年中,陆续开办了探索频道(Discovery)、健康频道(Health)、动物世界频道(Animal planet)、儿童频道(Kid)、航空航天频道(Wings)、科学频道(Science)、历史事件频道(Times)、旅游频道(Travel)和学习频道(TLC)等10个专业频道;1986年,FOX公司进军电视业,先后创办了新闻、娱乐和电影等频道;1984年,ABC与NBC等合资创办A&E公司,下设综艺、历史、传记、国际历史等频道。经过20多年的发展,种类繁多的专业频道几乎覆盖了美国社会生活的每一个角落,形成了蔚为大观的专业频道格局。② 相比之下,中国众多对外电视频道的专业化特征不明显,很多频道在节目内容和定位上雷同。以2009年9月20日开通的长城(东南亚)平台为例,该平台上一共有19个频道:中央电视台中文国际频道(CCTV-4)、中央电视台英文国际频道(CCTV-9)、中央电视台戏曲频道(CCTV-戏曲)、中央电视台娱乐频道(CCTV-娱乐)、中国电影频道、北京电视台、上海东方卫视、广东南方卫视、湖南卫视国际频道、江苏国际、福建海峡卫视、浙江国际频道、厦门卫视、黄河电视台、重庆国际频道、四川国际频道、天津国际频道、广西国际频道和泰山电视台。就频道专业化而言,这19个频道中仅有CCTV-戏曲、CCTV-娱乐、中国电影频道、湖南卫视国际频道、黄河电视台这五家电视台分别在戏曲、娱乐、教育方面具备专业化特色。因此,对外电视频道的产品特点不明显或者说专业化程度不足已经成为我国电视对外传播有待解决的一个问题。

---

① 杨伯溆:《全球化:起源、发展和影响》,北京:人民出版社,2002年版,第388~389页。
② 李同兴、翁雪芳:《从美国电视频道分化看中国电视传媒的未来生态建设》,《当代电影》,2004年第4期,第116~117页。

面对海外日益严峻的竞争形势,中国电视对外传播不仅要以"多"取胜,还要以"专"取胜。在海外市场上,电视运营要获得成功,必须将观众细分,区别对待,进行频道专业化运作。所谓"细分化",就是将节目类型划分成更为细小的单元,形成高度的专业化分工,满足目标受众的特别需求,提供特色鲜明的节目。目前,电视频道细分大都是按照一定的分类标准(人口、地理、受众心理、受众接收传媒行为)把电视市场分割为若干个具有相同或相似需求的类别(或子市场),如女性频道、财经频道、体育频道、音乐频道、电影频道等专业化频道。频道专业化符合了不同阶层和不同喜好的人群的需要,也对受众进行分流,同时也满足了广告和赞助商的需要,最重要的一点就是提供了电视节目市场化的专业平台。①

电视频道的专业分化,既有利于电视资源的有序开发,从某种程度上也可避免频道之间的恶性竞争。就美国而言,一级付费电视频道有 70 多个,内容涉及新闻、娱乐、音乐、电影、家庭、时尚、科学等方面,而每个领域中构成竞争关系的只有 3 到 5 个电视频道。这样的结构,既能使频道之间有一定的竞争张力,以保持节目创新的活力,又可以在一定程度上避免在同一内容中频道过于拥挤引起的恶性竞争。② 而要实现专业化,频道就要根据自己的受众和自身的资源进行定位。频道定位,是借鉴美国营销大师里斯和特劳特(Al Ries & Jack Trout)提出的市场定位思想。他们认为,产品定位是对现有产品的一种创造性活动,企业根据消费者对产品的需求,给产品确定一定的市场地位,即为产品制造一定的特色,树立形象,以满足消费者的某种需求和偏好。定位理论帮助企业给产品以特色,在消费者心中树立某种形象,从而和竞争者的产品区别开来,使本企业处于有利的竞争地位。③ 在进行定位的过程中,需要对受众、竞争者、自身资源和市场有充分的研究和清晰的认知。无论是中文还是外语对外频道都需要根据各自的特点强化内容特色,明确受众定位,力求凭借专业化的频道内容、服务和营销提升竞争力。

(二)电视频道"产品"与海外市场

就对外电视频道而言,"产品"在海外市场上获得一定"销售量"至关重要,这也是电视对外传播的意义所在。"销售量"可以表现为节目的收视率,也可

---

① 王文锋:《电视频道专业化盈利对策研究》,《现代视听》,2007 年第 10 期,第 48 页。
② 李同兴、翁雪芳:《从美国电视频道分化看中国电视传媒的未来生态建设》,《当代电影》,2004 年第 4 期,第 116~117 页。
③ 刘立刚、卢颖、郑保章等:《广播电视经营管理》,北京:中国广播电视出版社,2006 年版。

以体现在频道的订阅量上。中国电视频道在海外市场上的竞争力主要源自两个方面:一是节目质量与专业化;二是节目的市场营销。

就市场营销而言,对外电视频道首先要建立以受众为中心的整合营销机制。目前,除中央电视台各语种国际频道之外,各省市的电视对外传播主要是通过长城平台进入海外市场,海外受众则以付费订阅的方式收看。因此,对外电视频道就要以订户为中心,建立整合营销体系和品牌管理体系,集中精力研究订户和市场,挖掘订户的潜在需求,根据订户需求进行节目、业务、形象和宣传的全方位企划,确定频道发展的战略方向。美国 HBO 管理层就认为:"订户数才是最终决定 HBO 成功的标尺",因此,"总体订户满意度"是各种经营指标中最为重要的指标之一,也是以受众为中心的营销理念的反映。节目只有获得受众的青睐才能赢得市场,也才能更好地到达目标受众。美国电视频道在境外传播的时候,他们的考量标准和目标都是订户。例如,美国有线电视新闻网(CNN)的西班牙语频道在 1997 年开播,其用户已经达到 1300 万。① 它之所以能取得如此良好的收视成绩,原因很多,其中核心的原因是其以受众为中心的节目理念和以订户为中心的市场理念。

我国对外电视频道还需要掌握各国市场的电视传输技术和方式,并根据节目特点和受众特征来确定传播渠道和相关运营商。例如,在德国,地面电视、卫星电视覆盖面很大,并且大部分都是免费的,因此提供 IPTV(Internet Protocol Television,网路协议电视)服务的电信公司很难涉足电视传输市场。但在法国,IPTV 就呈现方兴未艾的形势,电信三巨头(Free, France Telecom 和 Neuf Telecom)都加入了 IPTV 的角逐。其中,法国第一大 IPTV 运营商 Free 完成了 ADSL2+网络升级,20%现有用户都使用其 IPTV 服务,其服务颇具竞争力:提供 200 个频道,其中 78 个是售价每月 29.99 欧元的基本频道,另外,其机顶盒功能强大,提供杜比 5.1 环绕立体声,付费用户可以下载免费的 FreePlayer 软件,从而在机顶盒上连接电脑,欣赏短片、视频、音乐等。而在俄罗斯、斯洛文尼亚、波兰等国,由于传统付费电视用户很少,IPTV 基本上都没有达到用户人数上的盈亏点,电视节目还是以传统传输方式为主。② 在美国,情况就更为复杂,各种节目传输方式的竞争激烈,仅就有线电视的传输而言也是千头万绪。由于美国联邦政府对于有线电视没有实行类似于无线电台数量限额的规定,美国有线电

---

① [英]马克·唐盖特著,许怡勤译:《国际传媒巨擘品牌成长实录》,北京:中国水利水电出版社,2007 年版,第 8~9 页。
② 孙萌:《全球 IPTV 发展概况及运营模式》,《通信世界》,2007 年第 10 期,第 2 页。

视大多数集中在拥有多个有线电视系统的企业手中,诸如最大的有线电视系统经营企业——美国电信公司(TCI)以及第二大有线电视系统经营企业——时代华纳公司等。① 传输技术和方式决定覆盖范围、价格和市场前景。我国对外电视频道需要同时考虑节目传播的现实需求和技术的发展前景,并根据市场前景和技术发展方向改进节目。

(三)品牌与市场营销

品牌作为一个营销学概念,对于电视频道而言意义非凡。正所谓三流公司卖产品,二流公司卖服务,一流公司卖品牌。20世纪40年代的营销大师菲利普·科特勒认为,品牌是"一个名称、术语、标记、符号、图案,或是这些因素的组合,用来识别产品的制造商和销售商品牌内涵的演进过程"②,判断电视频道品牌的标准虽然莫衷一是,但一般来说包括以下十个属性:"具备品牌核心价值;强大的社会影响力;品牌定位有效;鲜明的品牌个性;正面的品牌联想;拥有品牌忠诚;有保障的品质;较高的知名度、美誉度;较高的收视率;适当扩张的广告收入。"③电视频道品牌主要包括五个方面的内容:电视频道品牌价值、节目差异化、受众与电视频道品牌的关系、电视频道品牌战略以及电视频道品牌与电视文化、电视文学、电视艺术的关系。对外电视频道应该在品牌建设上做到:首先,建立先进的频道文化,强化频道的理念识别。其次,借助活动推广频道品牌。第三,强化频道品牌的个性。

就频道品牌的个性而言,詹妮弗·阿格发展了品牌个性维度量表(Brand Dimensions Scales,BDS),将品牌个性分为五个维度:真诚(Sincerity)、精彩(Exciting)、可靠(Reliable)、精致(Sophisticated)和牢固(Ruggedness)。④ 为了应对品牌建设的需要,对外电视频道内部应设置专人负责频道的节目预告、动态和新闻事件发布等宣传推广活动,同时承担着维护节目品牌和提升品牌的工作。换言之,对外电视频道需要持续维护并努力提升受众对频道的关注。因为,"注意力成为稀缺资源,注意力成为媒体经济中最大的核心价值"。⑤ 在

---

① 郑涵:《当代西方广播电视体制商业模式研究》,《上海大学学报(社会科学版)》,2002年第4期,第80~81页。
② [美]菲利普·科特勒、加里·阿姆斯特朗著,俞利军译:《营销学导论》,北京:华夏出版社,1999年版,第320页。
③ 陈兵:《电视品牌建构》,北京:中国传媒大学出版社,2006年版,第145页。
④ 转引自陈兵《电视品牌建构》,北京:中国传媒大学出版社,2006年版,第145页。
⑤ 尹鸿、冉儒学、陆虹:《娱乐旋风——认识电视真人秀》,北京:中国广播电视出版社,2006年版,第183页。

目前电视频道竞争激烈、同质化严重的情况下,对外电视频道已经进入营销时代。电视频道不仅要关注节目制作,同时也要注重市场营销,而频道品牌就成为其制胜的关键。

随着对外电视频道逐渐摆脱单纯宣传工具的角色,它们也开始走进了市场。而且值得欣喜的是,"伴随着媒体产业营销方式的日渐多样和成熟,管理和经营者们的经营理念也发生了一系列的变化,呈现出这样一个发展过程:生产导向—销售导向—营销导向或消费者导向—社会营销导向—整合营销传播"。① 但是,相比西方发达国家的电视频道,我国对外电视频道似乎花费了更多的时间在"埋头干活",而没有足够的时间去"抬头望天"。我们对于节目生产的关注还是远远大于对品牌建设和市场营销的关注。即使有些对外频道对市场营销有所关注,但大都停留在针对频道所做的各种广告的层面上,而没有真正深入本土市场、针对当地受众开展公共关系。营销大师科特勒在谈及广告和公共关系时,认为很多企业对于广告关注有余,而对于公共关系使用不足。他对于公共关系在产品推广上的作用赞誉有加:"通过公共关系创建一个新的品牌需要更多时间和创造性,但是最终公共关系会起到比爆炸式广告宣传更好的效果。公共关系包括吸引注意力和创造'讨论价值'的一整套工具。我把这些公共关系工具成为'PENCILS':印刷品(Publications)、事件(Events)、消息(News)、社区事务(Community Affairs)、自身媒体(Identity media)、游说(Lobbying)和社会投资(Social investments)。"② 其实,这里所说的公共关系就是对公众进行公关,使用媒介、事件、新闻、社区事物、公益活动以及媒体自身等手段,采用大众传播、人际传播等方法,充分发挥"意见领袖"的作用来提升自己的知名度,它包含了上文提及的两种方法,但是更加广泛。我国电视对外传播需要借鉴和吸收市场领域的营销理论和实践经验,加大电视频道的品牌建设和市场营销力度。

市场营销要确立明确的目标市场,并进行细分。换而言之,我国对外电视要认真研究传媒营销环境,这主要体现在四个层面:一是经济发展环境;二是文化环境;三是社会环境;四是政治、法律环境。其中,文化环境包括四个方面:一是语言、文字与符号方面;二是价值观念方面;三是宗教信仰与习俗方面;四是

---

① 郑蔚:《中国电视媒体的管理和经营》,北京:中国广播电视出版社,2006年版。
② [美]菲利普·科特勒著,俞利军译:《科特勒精选营销词典》,北京:机械工业出版社,2004年版,第134页。

民族意识方面。① 只有知己知彼,营销活动才能有的放矢,而且直中靶心。

四、国际传播的法律法规

对外电视频道在海外的传播必须要有法律法规意识,不仅要熟悉相关国家法律中与传播和媒体内容监管有关的法律法规,还要了解有关的国际法。另外,以文化传播为使命的对外电视频道不仅要了解与国际传播行为相关的国际法,还要掌握与文化传播相关的国际法。

近代的国际法开始于 1648 年的《威斯特伐利亚和约》(Peace of Westphalia)。而关乎国际传播的法律体系则形成于 19 世纪中期,分为电信、知识产权和大众传媒三方面。其中,大众传媒主要包括伦理、国际关系、传播技术和国际贸易四个方面。

(一)伦理层面

随着 19 世纪末 20 世纪初印刷业尤其是广播传媒的发展,大众传媒的社会影响引起众人的关注,尤其是其对社会的负面影响日益明显。人们担心淫秽出版物的跨国传播会引发道德问题和教育问题。出于这种担忧,1910 年和 1924 年,关于淫秽出版物交易的条约相继出台。1924 年,"抑制淫秽出版物流通和交易国际会议"宣布,"制造、生产或(出于交易或公共传播目的)持有淫秽文章、画稿、印刷品、油画、印制作品、海报、商标、照片、录像带或任何其他淫秽物品"属于违法行为,将受到处罚。此外,将受处罚的还包括出于交易或公共传播目的而进口或出口淫秽物品。犯有这类违法行为的人"应该服从其违法时所在国家境内的'缔约国法庭'的判决。"②

(二)国际关系层面

1907 年制定的关于中立国和中立人的权利和义务公约,就包括一些限制或控制宣传活动的条款。第一次世界大战和俄国十月革命使国际关系意识形态化,国际传播中的政治色彩加重。20 世纪 30 年代,无线电广播宣传大战导致了著名的《国际和平利用无线电广播公约》的制定,这是第一次多方努力对和平时期的宣传加以规范的法律文件。国际传播国际法的发展受到了传播和通信技术新发明和运用的影响。③ 在一战刚刚结束后的一段时期内,国际联

---

① 文长辉:《传媒营销学》,北京:中国传媒大学出版社,2011 年版,第 102~104 页。
② [美]叶海亚·R.伽摩利帕编著,尹宏毅主译:《全球传播》,北京:清华大学出版社,2008 年版,第 161~163 页。
③ 关世杰:《国际传播学》,北京大学出版社,2004 年版,第 446~448 页。

盟发起了关于国际新闻机构对和平的贡献的讨论。1931年,国际联盟委托"知识合作协会"(联合国教科文组织的前身)研究"无线电的使用如何促进良好的国际关系"的问题。1933年,相关研究报告——《广播与和平》发表,文中建议起草一份具有约束力的多边协议。1936年9月3日,这份协议由28个国家签署,但法西斯国家均未签署。《广播用于和平事业之国际公约》于1936年4月2日正式生效,共有9个国家批准或加入了该条约:澳大利亚、巴西、丹麦、法国、印度、卢森堡、新西兰、南非和英国。该条约的基础是,承认有必要指定通行的准则,以此防止广播被用于损害良好的国际关系。这些通行准则包括:禁止播放任何国家国民的"有损缔约国国内秩序或安全"的言论,禁止播放可能损害国际间良好关系的不当言论。缔约国还达成一致,确保"对所有可能危害国际间良好理解的不当言论的广播,在第一时间内进行纠正"。直到1999年,该条约仍有效,并得到了联合国26个成员国的认可。①

有学者依据国际法基本原则和国际传播领域的实际问题,总结出国际传播法的五项基本原则:一是国际传播主权原则,也就是通过短波广播和卫星电视等媒体开展的国际传播不得以溢波的形式侵犯他国主权;二是国际传播自由原则,但这种自由是以不侵犯他国主权、不干涉他国内政、不煽动战争为前提,种族灭绝、种族歧视、民族分裂等国际法公认的禁止性事项为例外;三是国际传播平等原则,要求各主权国家在发布、传递、接收信息等环节中具有同等的机会;四是国际传播遵守不煽动战争、种族灭绝、种族歧视、民族分裂的原则;五是国际传播争端由各国和平、合作解决。②

(三)传播技术层面

通过卫星进行国际传播是对外电视频道的一个主要传播方式,因此卫星跨国传播的法律问题也是当下国际法涉及较多的领域。对于以卫星传输方式播出的电视频道来说,一枚同步卫星可以涵盖约1/3的地球表面,三枚同步卫星,即可对全世界进行卫星通讯。卫星传播可以不经由中间媒体而直达受众,主权国家的政府虽然可以控制本国国民的接受权,但并无力阻拦或监控境外电视的跨国传播行为。也就是说,一个国家并不能完全控制自己的信息主权。③

正因为如此,包括跨国电视在内的大众媒体国际传播行为备受争议和关

---

① [美]叶海亚·R.伽摩利帕编著,尹宏毅主译:《全球传播》,北京:清华大学出版社,2008年版,第161~163页。
② 吴瑛:《文化对外传播:理论与战略》,上海交通大学出版社,2009年版,第154~156页。
③ 周丽瑛:《外层空间活动商业化的法律问题》,中国政法大学博士论文2006年3月,第51页。

注。1982年12月10日,联合国大会投票表决,通过了决议案,批准并接受《各国运用人造卫星进行国际直接电视广播的管理原则》(联合国决议案37/92号)。该决议的发起者包括非洲、亚洲和拉丁美洲的17个国家以及罗马尼亚,后来以107票赞成、13票反对(包括美国、日本、以色列及10个西欧国家)和13票弃权通过。① 《关于各国利用人造卫星进行直接广播应遵守的原则》一方面禁止利用卫星直播侵犯别国主权和进行非法干涉的节目,另一方面也禁止以维护主权为理由侵犯人人享有的寻求、接收和传递情报的权利。这二者并不矛盾,禁止的是利用卫星直播侵犯别国主权和进行非法干涉,而不是禁止直播本身。② 除了传播行为之外,国际法对于卫星电视传播的内容也多有涉及,基本原则与前面提及的国际传播法一致。

(四)国际贸易层面

在国际贸易层面上,商品贸易与电视对外传播及文化传播之间的关系非常复杂。媒体所生产的特殊商品通过跨国公司传播到世界,为全球化进程在意识形态上鸣锣开道。全球化进程的最根本目的之一,无非是让全世界所有的人不停地处于消费之中,从而使得跨国公司全球性的生产和消费的周期缩短。只有生产和销售的周期越来越短,营利的速度才会越来越快。③

与经济全球化和全球贸易相关,世界贸易组织(WTO)的各种规则与对外电视和文化传播存在一定的关联。作为WTO前身的《关税和贸易总协定》(GATT)基本上可以说与文化传播没有什么关系,而作为GATT组织的代替物的WTO则因为其作为一个框架协议的GATT之外又新增加了GATS(即《服务贸易总协定》)和TRIPS(即《与贸易有关的知识产权协定》)两个新的框架协议,因而使得它与"文化传播"沾上了边,二者之间的关系主要表现在以下几个方面:(1)WTO为文化传播的非意识形态化搭建了一个平台。它创造性地用"活劳动"这个概念解构了"传播"与"宣传"之间的鸿沟,并将二者整合到自己的旗下,又能够为意识形态不同的各方所接受。(2)WTO制定了与贸易有关的文化传播的"游戏规则",这些"游戏规则"包括"最惠国待遇"、"国民待遇"、"非歧视"、"透明度"等,让有关各方上场"交易",自己则充当"裁判员"的角色。(3)WTO制定的与文化传播有关的"游戏规则"内藏玄机,当"柔性"手

---

① 陈绚:《卫星直播与国际法》,《国际新闻界》,1997年第6期,第13页。
② 薄守省:《外层空间法前沿问题研究》,《中国民航飞行学院学报》,2010年第1期,第58页。
③ 杨伯溆:《全球化:起源、发展和影响》,北京:人民出版社,2002年版,第390页。

段无效时就可以通过一定的程序启动"制裁机制"。①

第二节 对外电视频道的传输和落地方式②

通过对外电视频道传播中国文化,一方面要从经济、法律等角度研究海外电视频道的市场状况;另一方面要从技术角度注重频道的传播和落地的方式。

一、对外电视频道的传输方式

我国对外电视频道的落地状况和传播效果与当地节目传输方式以及相关技术发展水平息息相关,尤其是近年来数字化的革新以及网络传输方式的变革,都给电视业带来了较大的影响。目前,我国电视对外传播的主要方式是电视节目和电视产品,其中电视节目主要是利用卫星或光纤以及互联网技术,通过卫星电视、有线电视、无线电视、IPTV和网络电视的形式在海外播出整频道或部分时段的节目。如图7—2—1所示。③

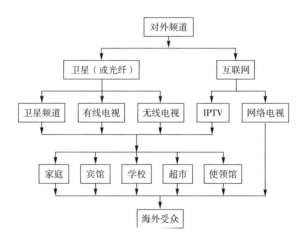

图7—2—1 对外电视频道的主要传输方式

---

① 张志君:《全球化与中国国家电视文化安全》,北京:中国传媒大学出版社,2006年版,第46～47页。
② 本节的图、表和数据除特别注明外,均转引自中央电视台海外传播中心博客。
③ 此段内容部分参考美国翡翠台姚志刚提供的相关资料和对中央电视台海传中心常务副主任景春寒的访谈。

电视传输方式大致可以分成四大类①：

(一)卫星电视

1965年,世界第一颗商用卫星发射进入轨道,当时能够同时提供240条通话线路服务。几年来,通信卫星产业目睹了其有史以来基于太空潜力最大幅度的进步。这些卫星向全世界提供了商用C波段、FSSKu波段、BSSKu波段以及L波段的服务,它们目前拥有大约5000个转发器。亚太地区已经建立一些卫星系统,包括 AsiaSat、InSat、KoreaSat、NStar、Palapa、APStar、MeaSat、Thaicom、IntelSat 801、ChinaStar、SinoSat以及Telkom等。② 一颗位于地球赤道上空35880千米高处静止轨道上的通信卫星发射出的无线电波束,可以覆盖(指卫星可视区)地球表面约1/3的区域,覆盖区内的多个地球站之间均可通过卫星进行相互通信,无论传送电话还是电视节目,最大通信距离可达18101千米。③

通过卫星来传输电视信号的方式就是卫星电视,具体包括两种形式,即直播卫星平台(DTH)和卫星Ku波段不加密信号覆盖(Ku Band Free to Air)。前者主要由直播平台运营商经营,用户以付费的方式收看;后者没有运营商,用户自行安装卫星接收天线免费收看节目。Ku波段是人们所偏爱的频率,因为其发射协议比较简单,成本比较低。在直播卫星平台(DTH)和卫星Ku波段不加密信号覆盖两种传输方式中,前者占主要地位。

直播卫星电视节目的传输是用户使用卫星天线("卫星碟"或俗称"小耳朵")接收卫星传送到地面的电视信号,再通过同轴电缆连接到电视机。卫星信号的覆盖面积极广,只要有卫星天线就可以接收。例如,在美国有两家主要的直播卫星电视公司:DirecTV以及Dish Network。这两家卫星电视公司都使用多颗卫星,同时传送许许多多不同电视频道的信号给订户,由早期收看数十个频道到后期可以收看数百个乃至过千个频道。

目前,我国中央电视台通过C波段和Ku波段两种卫星信号对目标区域进行覆盖。这两种信号的用途有所不同,C波段信号主要用于传输层面(Contribution Level)的覆盖,面向商业用户或专业机构,Ku波段则主要用于

---

① 此段内容来自笔者在2010年9～12月间对美国翡翠台节目部经理姚志刚的数次访谈。
② [美]叶海亚·R.伽摩利帕编著,尹宏毅主译:《全球传播》,北京:清华大学出版社,2008年版,第259～261页。
③ 周丽瑛:《外层空间活动商业化的法律问题》,中国政法大学博士论文2006年3月,第50页。

落地层面(Distribution Level)的覆盖,面向普通家庭用户。传输层面的信号覆盖范围广,但功率相对较低,需要用较大的卫星天线(俗称"大锅")接收;落地层面的信号覆盖范围较小,但功率较强,用较小的卫星天线(俗称"小锅")就可以接收。不过在有些地区,比如欧洲,传输信号和落地信号没有明确的区分,大多数有线头端也都像家庭用户一样,普遍使用 Ku 波段的信号。

(二)无线电视

无线电视(Terrestrial TV)是以无线信号的方式播出节目,受众在电视上接上室内简易的天线,或室外所谓的"鱼骨"天线,就可以收到电视节目。从另一个角度来说,这些电视频道可以说是"免费电视",只要有电视机,使用附带的 V 型天线或另外安装天线就可免费收看电视节目。由于电视信号的直射关系,免费电视所收到的都是当地的电视台(Local Channels),其中又根据电视信号的不同,大致分为 VHF 台以及 UHF 台。VHF 台收视较清晰,UHF 信号收视效果比较差。无线电视的服务范围(覆盖范围)以电视信号发射站(通常设于山顶或建一高塔)发射出去的信号所能到达的地区为限。随着数字电视的推进,无线电视已经分为模拟地面无线电视(Analog)和数字地面无线电视(Digital)两种,一些发达国家已经完成或即将完成从模拟到数字的转换。数字地面电视(简称"DTT")让频道空间得到了充分扩展,原来只能播出一个模拟频道的频率带宽,可以用来播出 6 到 8 个数字频道。需要指出的是,无论是模拟的还是数字的,地面无线频率通常都是被用于播出免费的公共电视或是商业电视频道。所以它的受众面是比较广泛的,影响力也是比较强的。

(三)有线电视

有线电视(Cable)必须有一条同轴电缆(Coaxial Cable)连接到电视上,有线电视公司(Cable TV Company)通过同轴电缆向订户提供数十个或上百个电视频道。由于这种传送信号的方式如同一点(有线电视台公司)对多点(订户)的直接传送,因此有线电视公司必须铺设同轴电缆到每一个订户家中,这是成本较高的投资行为,而且只适合在人口密集的城市或乡镇中经营。过去,为了保障有线电视公司能持续经营,避免订户的权益受损,美国政府对一个地区有线电视公司的数量进行了限制。政府规定在每一个地区,只能有一家有线电视公司,但同一家有线电视公司可以服务多个地区。有线电视的运营商(Cable Operator)也被称为"系统运营商"(SO)或"多系统运营商"(MSO)。相比系统运营商,多系统运营商一般都是规模比较大的、在多个地方拥有和经营有线网的运营商。比如在美国,Comcast 是最大的一家多系统运营商,它的有线网遍布全美国,用户总数有 2000 多万,但各个城市的 Comcast 有线网又有其相对的独立性,一个频道能进入了旧金山的 Comcast,却不一定能进入丹佛、华盛顿或其他地方的 Comcast。而除了 Comcast 之外,美国还有许多家多系统运营商和系统运营商。据统计,美国的有线网曾经有上万个,经过多次的兼并、重组,现在也还有六七千个。在其他国家和地区,情况也类似。同一家有线电视公司在不同的州、不同的地区提供的频道与内容不尽相同。例如,在纽约的 CBS 台与在洛杉矶的 CBS 台的内容不尽相同,因此在纽约的 Timer Warner 有线电视与在洛杉矶的 Time Warner 有线电视所提供的 CBS 台内容就不相同。有线电视网也有从模拟向数字转换的过程。在模拟有线网中,频道空间已基本被占满,新的频道很难进入。而与地面无线电视相比,有线网的数字化进程,在各个国家和地区更是参差不齐,即便是在欧美发达国家,有线电视的数字化进程也明显滞后于地面电视的数字化进程。

国外人士对美国的有线电视往往有一个误解,就是以为当一个中文电视频道进入某家有线电视公司的传输网络后,这家有线电视公司在全美各地的服务网,就会向所有订户提供该频道。事实并非如此,美国的有线电视公司如 Comcast 或 Time Warner,并没有铺设一个覆盖全美各地的有线电视网,而是在全美各地分区域建造不同的有线电视网。因此,当一个中文电视频道进入某家有线电视公司时,必须进一步了解是进入哪一个地方的哪一个有线电视网,这个地方有线电视网有多少订户,才能知道有多少华人家庭看得到这个频道。以南加州洛杉矶地区为例,Timer Warner 或是 Charter 在当地有许多不同的有线电视网,覆盖不同的地区。同样是 Timer Warner 的有线电视,有些地区提供中文电视频道,有些地区则没有。因为有些地区的华裔居民较少,提供华语电视频道没有足够的受众市场。一般而言,美国有线电视公司的地区经理有权决定是否要提供少数族裔的频道,例如中文、日文或韩文电视台等。

电视台和系统运营商是节目流程中的两个不同环节,前者处于上游,后者处于下游。电视台主要是内容的生产商,而系统运营商则扮演内容分销商的角色。两者的关系互为依存,但也存在利益冲突,尤其是在利益分配的问题上容易产生分歧。电视台和有线电视运营商之间的利益关系存在较大的差异,有的是前者向后者付费,即支付所谓的入网费;有的是后者向前者付费,以增加有线电视网的吸引力,赢得更多的订户;也有的是两者利益均分或互不付费。而一旦两者的实力或影响力有所变动,就容易出现纷争。例如,美国福克斯电视台从 2010 年 10 月 16 日起停止向有线电视运营商 Cablevision Systems Corp 纽约地区的 300 万用户提供节目,目的就是为了从有线电视运营商那里获取自己的利益,在此之前其节目在有线电视运营商中播出是免费的。新闻集团称,福克斯电视网的节目可以说是最值钱的有线节目,因为它的体育节目和黄金时间的《美国偶像》十分火爆。电视网称,他们提供的最有吸引力的节目理应得到回报。而过去,这些电视网不曾提出这样的要求,以交换有线电视频道的发布。①

(四)网路协议电视(IPTV)

近年来,全球多个国家的主要运营商都把目光聚焦在宽带业务和 IPTV(全名是"网路协议电视",又可称为"交互式网络电视",Internet Protocol Television,简称 IPTV)上,希望能够继续发挥固网宽带的优势,同时把固定宽带与移动上网业务进行捆绑,以吸引更多的用户。IPTV 包括电信 IPTV 和互联网 IPTV 两种,前者通过电信网进行节目传输,后者则以互联网为传输渠道。IPTV 是宽频电视(Broadband TV)的一种,集互联网、多媒体、通讯等多种技术于一体,是向家庭用户提供包括数字电视在内的多种交互式服务的新技术。IPTV 业务形态是通过一个机顶盒、提供音频、视频点播、广播、信息服务、音乐/卡拉 OK、互动游戏、通信服务、互动广告和远程教育等综合家庭娱乐服务的整体解决方案。世界宽带统计数据显示:2008 年第 4 季度,全球 IPTV 用户总数已达 2170 万,与 2007 年底相比,增长了 63%。②

可以说,IPTV 的发展既是对电视传播的促进,也使电视运营领域的竞争更加激烈。有研究者认为,电视市场正在上演一场电信运营商、广播运营商和因特网运营商之间的"三国演义"。一方面,电信运营商雄心勃勃地通过 IPTV 业务进入电视市场,而卫星等广播运营商希望通过收购、建立合作关系等,尽其所能地扩大广播业务的范围。与此同时,因特网则力求借助电视广播得到相应的拓展。③ 从国外的运营经验来看,业务多重打包的资费优惠和有特色的增值业务是促进 IPTV 用户规模发展的重要原因。

与 IPTV 相关联的一项技术是 FTTH,即"Fiber to the Home",也就是"光纤到户",这是一种值得关注的传播技术。1995 年,美国开始推出 FTTH

---

① 《商业周刊》网站 2010 年 10 月 19 日:"Cablevision Blackout Shows Media Companies Gain Edge", http://www.businessweek.com/news/2010-10-19/cablevision-blackout-shows-media-companies-gain-edge.html.
② 易丹:《IPTV 业务现状及发展策略》,《电信网技术》,2009 年第 5 期,第 35 页。
③ 王琦:《欧洲电视广播市场上映"三国演义"》,《卫星电视与宽带多媒体》,2007 年第 4 期,第 24~25 页。

的服务,但费用是当时有线电视的3倍多,终因价格过高而缺乏竞争力。目前,美国Verizon公司推出的IPTV中,有一种被称作FiOSTV的,就是采用了FTTH技术。目前,FiOS的业务范围已经覆盖了美国16个州的1700个社区,它直接将语音、数据及视频等信号传送到家庭及企业。① Verizon在FiOS网络服务上轨道后,借助其光纤到户的高带宽,于2005年9月顺势推出了FiOSTV,用户数增长速度加快,2008年第3季新增用户已超过23万户。② Verizon公司称,在2010年年底,FiOSTV用户可以达到400万户。该公司还将把这一网络计划扩展到亚太和欧洲的主要城市,以便完成向成本效益更高的IP网络的演进。③

另外值得一提的是,现在互联网电视或者网络电视(Web TV or Internet TV)发展迅速。这种节目传输形式与IPTV的差别在于接收终端:前者是通过电脑收看,后者的接收终端还是电视,只是利用互联网或电信网进行传输。

不过,也有华语电视媒体业者认为,依托IPTV或其他互联网技术进行传播的华语电视媒体,其发展前景具有一定的局限性。美国TVB翡翠台姚志刚认为:

> IPTV或互联网电视也会面临问题,提供互联网宽频服务的通讯公司,迟早会跟他们收费的,只不过现在是时机跟技术还没有成熟。目前这些智慧型手机都已经开始根据下载数据的多寡收费了,比如说有很多手机它可以上互联网,你只是偶尔看一看电邮的话,它只收一个很低的费用,如果说你用手机常常去看一些电视节目,或者影像的节目,下载的数据就会非常大,它就会收比较高一点的费用。④

也就是说,虽然现在互联网传播技术为华语电视的发展提供了新的契机,但需要提前考虑未来可能面对的问题,毕竟没有免费的午餐。

---

① 《卫星电视与宽带多媒体》编辑部:《美IPTV冲击传统电视市场 HDTV将成竞争重点》,《卫星电视与宽带多媒体》,2008年第1期,第36页。
② 《卫星电视与宽带多媒体》编辑部:《美国Cable宽带运营商大反扑正面迎战光纤网络》,《卫星电视与宽带多媒体》,2009年第3期,第42~43页。
③ 《卫星电视与宽带多媒体》编辑部:《美IPTV冲击传统电视市场 HDTV将成竞争重点》,《卫星电视与宽带多媒体》,2008年第1期,第36~37页。
④ 根据2011年4月1日对姚志刚的访谈。

二、对外电视频道的落地方式

对外电视频道在完成节目传输之后,就进入落地阶段。传输、落地和用户之间的关系如图7－2－2所示。

在图7－2－2中,节目先通过卫星(或光纤)和互联网将信号送达目标地域,再通过平台运营商的网络传播到目标受众。这就如同一件出口商品,先要通过国际贸易渠道进入目标市场,然后再通过当地的分销网络销售给用户。从传播的阶段来说,卫星(或光纤)和互联网是传输阶段,平台运营商是落地阶段,受众收看是消费阶段。

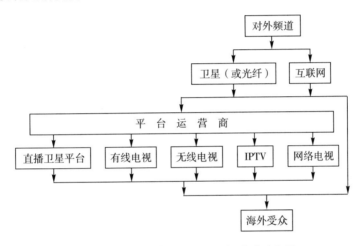

图7－2－2 对外电视节目传输、落地流程图

从传播策略来说,中国电视对外传播的落地途径主要有两条:第一是自建渠道,即通过中国电视频道在海外的落地或影视节目自办发行,直接掌控平台和收益。第二是"借船出海",通过对外交流与合作传播本国文化,这也是很多发达国家输出价值观和意识形态的重要手段。①

从技术层面来说,我国对外电视频道的落地方式主要有两种:通过平台运营商落地和直接落地。根据传输渠道或技术,节目运营商可以分为直播卫星平台运营商、有线电视网运营商、无线电视运营商、IPTV运营商或网络电视运营商等。在很多国家或地区,通过节目运营商落地是目前最主要的方式。

---

① 谭天、于凡奇:《从"走出去"到"走进去"——论中国电视对外传播的策略创新》,《中国电视》,2009年第8期,第45页。

(一)直接落地方式

所谓"直接落地方式",就是一些海外受众通过安装卫星接收天线或互联网收看我国对外电视频道。换言之,我国对外电视频道通过卫星和互联网实现了直接落地。在直接落地方式中,较为普遍的是通过卫星 Ku 波段不加密信号覆盖的方式。十多年来,我国主要的对外中文电视频道,如中央电视台中文国际频道(CCTV—4)在北美和欧洲就是用这种方式面向华人观众播出的。现在,在一些地区,面向主流社会观众的外语频道也在使用这种方式落地。根据专业调查机构统计的数字,在欧洲,大约有 2000 万用户在分别从热鸟和 ASTRA 这两个轨道位置的卫星上接收免费电视信号,中央电视台就把英语新闻频道(CCTV—News)的不加密信号通过这两颗具有热巢效应的卫星,直接让 2000 万免费卫星电视用户能方便地收看到央视的节目。在 2009 年中央电视台阿拉伯语国际频道开播时,中央电视台通过调研了解到,免费卫星信号是中东、北非地区的观众收看电视最普遍的方式,而且在这个地区也有两颗最具热巢效应的卫星,分别是尼罗河卫星和阿拉伯卫星,于是,就把阿拉伯语频道放到这两颗卫星上,一下就覆盖了大约 600 万用户。目前,我国通过 Ku 波段不加密信号覆盖目标区域所使用的卫星主要有银河 3C(Galaxy—3C)、热鸟 6/8 号(Hotbird—6/8)、欧鸟 1 号(Eurobird—1)、欧鸟 9 号(Eurobird—9)、Astra—1M、Thor—5、尼罗河 101/大西洋鸟 4A(Nilesat101/Atlanticbird—4A)、Eutelsat—W7、亚太 5 号和阿拉伯 6 号。例如,热鸟 6/8 号(Hotbird—6/8)转发的频道中包括中央电视台中文国际频道(CCTV—4)和英语新闻频道(CCTV—News),其覆盖的区域如图 7—2—3 所示。

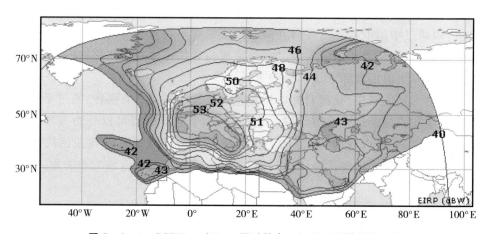

图 7—2—3　CCTV—4/News 通过热鸟 6/8 号卫星覆盖的区域

(二)运营商的落地方式

运营商的落地方式涉及市场营销、政府公关等多个方面。目前,我国对外电视通过运营商的落地方式主要包括以下六种:

1. 付费落地方式。在这种落地方式中,我国对外电视频道需要向平台运营商支付转播费。这类项目的平台运营商一般在当地处于主流地位,拥有相当规模的用户。目前,我国以付费落地方式进行落地的项目多是外语频道的落地项目。

2. 收费落地方式。收费落地方式与付费落地方式相对应,是指平台运营商向我国对外电视频道支付费用来获取频道的播出权。目前,以收费方式落地的频道主要是中央电视台中文国际频道(CCTV-4)、湖南卫视等在海外较受欢迎的频道。它们在海外已经树立起了品牌,得到海外华人受众的认可,所以已经具备商业价值。海外一些付费电视运营商希望吸引当地华人用户,就要把这些频道纳入其平台。所以,相关对外电视频道也就可以采用商业方式运作。在收费落地方式中,目前落地效果较为突出的是中国长城平台。长城平台创建于2004年,它标志着中国对外电视传播从过去单个媒体"各自为战"的局面向"强强联合"规模化经营迈出了坚实的步伐。长城(美国)平台于2004年10月1日率先开播,以商业化运营模式,通过艾科斯塔直播卫星平台,有19个中国卫星电视频道在北美洲落地。这19个电视频道包括中央电视台中文国际频道、英语国际频道、西法语国际频道、戏曲频道、娱乐频道和中国电影频道、北京电视台、上海东方电视台、广东南方电视台、江苏国际频道、浙江国际频道、厦门卫视、福建海峡卫视、湖南卫视、中国黄河电视台、凤凰卫视美洲台、凤凰卫视资讯台、亚洲电视本港台(美洲)和华夏电视台,覆盖1500万户精英收视人群。继长城(美洲)平台之后,长城(亚洲)平台于2005年2月1日开播。2006年8月28日,长城(欧洲)平台(14个频道)通过IP电视网络首先在法国播出,这也是长城平台首次通过IP电视落地的方式进入用户家庭。2006年12月22日,由中央电视台、上海东方卫视、北京电视台等9个电视频道组成的长城(加拿大)平台获准在加拿大落地。2008年1月1日,长城(拉美)平台正式开播,此节目包集成了来自中国中央电视台和地方电视台的13个频道。2009年9月20日,长城(东南亚)平台开播,在马来西亚DETV公司的IPTV网络平台上播出19个频道:CCTV-4、CCTV-News、CCTV-戏曲、CCTV-娱乐、中国电影频道、北京电视台、上海东方卫视、广东南方卫视、湖南卫视国际频道、江苏国际、福建海峡卫视、浙江国际频道、厦门卫视、黄河电视台、重庆国际频道、四川国际频道、天津国际频道、广西国际频道和泰山电视台。2010年11月29日,长城(澳大利亚)平台通过澳大利亚Fetch TV的网络正式播出,该平台包括CCTV－4、CCTV－News、CCTV－娱乐、中国电影频道、北京电视台、上海东方卫视、湖南卫视国际频道、福建海峡卫视和凤凰卫视资讯台等16个频道。长城平台主要扮演频道集成方的角色,如图7－2－4所示。

在图7－2－4中,内容提供方就是长城平台中的各个电视频道,而平台运营方则是相关国家或地区的平台运营商。

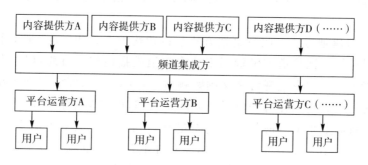

图7－2－4 长城平台运营模式简图

3."买一赠一"方式。第三种方式是付费落地方式和收费落地方式的综合体,它实际上是一种推广策略。以中央电视台为例,包括英语新闻频道(CCTV－News)等外语频道是需要在海外着力推介的频道,而中文国际频道(CCTV－4)已经拥有了较高的知名度,故一些海外平台运营商对中文国际频道(CCTV－4)有播出需求,而央视又需要通过其平台在当地主流社会用户中推广其外语频道,如果它们同意在播出CCTV－4的同时转播央视相关外语频道,央视就同意免费让它们播出CCTV－4。

4. 免费落地方式。海外一些平台运营商出于提升自身影响力或者其他方面的目的,免费在其平台中播出我国对外电视频道的节目。我方从开拓市场等角度来考虑,也免收其节目费。这类平台的用户大都规模较小,但对我国电视对外传播来说,则是多多益善。

5. 以外援换落地方式。第五种方式主要是面向那些欠发达的国家,我国相关机构采取以援助换落地的策略,使我国对外电视频道在这些国家落地。通过这种方式,我国的一些电视频道已经在许多第三世界国家实现了落地,效果也很不错。

6. 委托代理方式。这种方式主要是适用于那些有线电视市场比较分散的国家和地区。我国对外电视频道自身没有力量去逐一找当地有线运营商推广落地,于是就委托比较有实力的专业代理公司去做这项业务。项目做成后,我国对外电视频道向其支付代理费。对于那些没有大范围覆盖的直播平台且有线电视市场又很分散的国家和地区来说，采用委托代理推广频道落地的方式较为高效。比如，2004年，中央电视台与英国载闻公司签署了合作协议，委托后者在世界各地代理推广中央电视台英语国际频道（当时呼号为CCTV－9）落地。载闻公司是美国自由媒体集团旗下的一家传媒公司，在世界各地特别是东欧地区有自己的推广队伍，而自由媒体在全球很多国家都拥有其控股的有线或直播平台。双方签约当年，载闻公司就促成了CCTV－9在东欧1个国家30多个有线网落地播出。再比如，菲律宾也是一个有线电视业务非常分散的市场，全国有1000多家各自独立的有线运营商，连美国的有线电视新闻网（CNN）和家庭影院频道（HBO）都依靠当地的频道代理商来做代理推广。2005年，中央电视台与菲律宾Cable BOSS公司签署协议，委托其代理英语国际频道在全菲律宾有线网的推广落地。两年多时间里，Cable BOSS推广英语国际频道在菲律宾进入了170多家有线网，覆盖70多万用户。① 中央电视台英语频道在韩国的推广也是以代理的形式开展，由KBS代理推广，在韩国通过有线网实现了落地入户。

  需要指出的是，对外电视频道的落地不仅仅涉及商业运作，还与政治、外交存在一定的关联。与后者相关的一种落地方式叫"对等落地"方式，也就是对方允许我国某个电视频道进入，我国同时也要允许该国一个电视频道播出。这种方式开始于2001年。这一年，我国广播电视"走出去"工程被列入国家广电总局的重要工作议程。当年，在广电总局的协调组织下，中央电视台分别与美国时代华纳和新闻集团签署协议，中央电视台英文国际频道在美国部分城市进入有线网和直播平台落地播出，与此同时，美国时代华纳和新闻集团旗下的星空和华娱两个频道进入广东部分有线网落地播出。从2008年开始，根据中央精神，广电总局停止审批外国频道的进入，因此也就不再采用对等落地的方式。不过，2010年11月23日，因为特殊情况，中央电视台俄语国际频道在俄罗斯的落地又采用了对等落地的方式，央视俄语国际频道在俄罗斯NTV PLUS主流直播卫星平台正式开播，可覆盖俄罗斯全境60多万用户。

  在通过平台运营商的落地方式中，除了以上技术层面的划分之外，落地方式还可以根据电视频道在落地平台上的播出时间划分为整频道落地或部分时段落地。整频道落地就是整个电视频道进入平台运营商的播出平台，部分时

---

① 赵化勇主编：《中央电视台品牌战略》，北京：中国广播电视出版社，2008年版，第158～159页。

段落地则是频道中的部分时段或部分栏目在平台运营商的平台中播出。我国对外电视频道在海外的传输和落地方式往往因地制宜、多种方式并用。例如，中央电视台中文国际频道(CCTV－4)、英语新闻频道(CCTV－News)及法语国际频道(CCTV－F)在东南亚地区的传输和落地方式就是有线电视网、卫星直播平台、直播卫星、IPTV等多种传输方式以及整频道和部分时段落地方式并用。截至2010年12月，这几个频道覆盖了东南亚地区13个国家，覆盖用户超过2510万户。表7－2－1到7－2－4分别是以上频道的整频道和部分时段落地情况。

中央电视台中文国际频道(CCTV－4)自1995年起，整频道通过8个国家的14个项目覆盖用户约600万户。具体情况见表7－2－1。

表7－2－1　CCTV－4在东南亚地区整频道播出情况

国家	传输方式	运营公司	开始时间
菲律宾	有线网	SKY Cable	1997年
泰国	直播平台	True电视公司	1996年
	有线网	泰国有线电视协会	2005年9月
新加坡	有线网	新加坡电缆电视	1995年
	IPTV	新加坡电讯	2007年6月
马来西亚	直播卫星	Measat广播网络系统有限公司	2006年3月
印度尼西亚	有线网	第一媒体公司	1999年
	直播平台	Indovision	2009年10月
越南	无线台	中央电视台	2001年
	数字地面频道	越南数字电视台	2006年4月
	直播卫星	越南多媒体电视总公司	2008年10月
柬埔寨	有线网	柬埔寨有线电视台	
	有线网	金边有线电视台	
老挝	地面无线	老挝国家电视台	2008年6月

中央电视台英语新闻频道(CCTV－News)自2004年起，整频道通过10个国家的17个项目，覆盖用户约1900万户。具体情况见表7－2－2。

表 7-2-2 CCTV-News 在东南亚地区整频道播出情况

国家	传输方式	运营公司	开始时间
马来西亚	直播卫星	Measat 卫星电视有限公司	2004 年 5 月
	手机电视	QtelMedia Group Ltd.	2009 年 10 月
新加坡	有线网	Starhub 有线公司	2004 年 2 月
	代理	香港伯卫公司	2003 年 12 月
	IPTV	新加坡电讯	2007 年 7 月
印度	有线网	SITI 有线电视公司	2004 年 7 月
尼泊尔	有线网	Space Time Network	2002 年 8 月
泰国	有线台	Hua-Hin 有线电视公司	2004 年 7 月
	有线网	泰国有线电视协会	2005 年 9 月
	卫星平台	NEXT STEP 电视公司	2010 年 5 月
印度尼西亚	有线网	PT 第一媒体集团	2007 年 9 月
	直播平台	Indovision 电视公司	2009 年 10 月
越南	数字地面频道	越南数字电视台	2006 年 4 月
	直播卫星	越南多媒体电视总公司	2008 年 10 月
缅甸	无线台	缅甸国家广播公司	2006 年 1 月
柬埔寨	有线网	金边有线电视	
老挝	地面无线	老挝国家电视台	2008 年 6 月

中央电视台法语国际频道(CCTV-F)自 2006 年起,整频道通过 1 个国家的 2 个项目,覆盖用户约 10 万户。具体情况见表 7-2-3。

表 7-2-3 CCTV-F 在东南亚地区整频道播出情况

国家	传输方式	运营公司	开始时间
越南	数字地面频道	越南数字电视台	2006 年 4 月
	直播卫星	越南多媒体电视总公司	2008 年 10 月

另外,CCTV 各语种国际频道还以部分时段播出的方式进入 6 个国家的 8 个播出平台。具体情况见表 7-2-4。

表7—2—4　CCTV各语种国际频道在东南亚地区部分时段播出的情况

国家	播出频道	播出方式	播出平台	开始时间
柬埔寨	新闻、时事类	无线台	柬埔寨国家电视台、仙女台、巴戎台	1996年
新加坡	选用CCTV—News新闻	有线台	南华早报新闻网	2001年
泰国	选用CCTV—News新闻及专题节目	有线频道	TV a la carte电视公司 NBT—5频道	2006年6月
泰国	CCTV—News部分专题节目译成泰语播出	卫星频道	NEXT STEP电视公司	2010年5月
马来西亚	选播CCTV—4专题节目	直播卫星	Measat广播网络系统有限公司	2003年1月
马来西亚	选播CCTV—News环球了望	直播卫星	Measat广播网络系统有限公司	2003年3月
孟加拉	选播CCTV—News新闻及专题节目	有线频道	RTV电视台	2006年8月
巴基斯坦	选播CCTV—News新闻及专题节目	有线频道	N—Vibe电视台	2006年9月

另外，值得一提的是，我国电视对外传播正在改变传播策略，更加注重采用商业化方式开展对外传播。其中一个重要的方式就是通过合资合营的方式。我国传媒和电视频道与境外媒体合办公司和频道，把中国电视对外传播的运作机构插到目标国家和地区。在这方面，广东电视台进行了有益的探索。广东电视台组建了两个境外电视频道：马来西亚的"家娱频道"和香港的"点心卫视"。其中，"家娱频道"是广东电视台于2005年6月与马来西亚一家电视制作机构合作开办的中文卫星电视频道，总部设在吉隆坡，它是广东电视台第一个与境外媒体合办的电视频道。"家娱频道"主要面向东南亚，已进入马来西亚、印度尼西亚、菲律宾、越南、老挝等国家的一些有线电视网，并且还进入了马来西亚的手机电视网。[①] 这种通过资本运作方式进行的对外传播，既能

---

① 谭天、于凡奇：《从"走出去"到"走进去"——论中国电视对外传播的策略创新》，《中国电视》，2009年第8期，第45页。

较好地规避当地的政治、政策和法规等方面的风险,也能让传播更加市场化、更贴近受众需求。

三、对外电视频道的传输和落地与对外文化传播

从文化传播的角度来看,对外电视频道的传输与落地,一个非常关键的问题就是何种传输以及落地方式最有利于文化传播?

长期以来,我国电视对外传播都是以"传播者"为中心思考问题,而不是以"受众"为出发点。正因为如此,在确定对外电视频道内容的时候,我们很少考虑受众的内容需求,而是以我们需要传播的内容为主。我们在考虑对外电视频道传输和落地方式的时候,也以主观的构想为主,而不是考虑海外受众实际的接收能力和媒体使用习惯。例如,我国相关政府部门对于海外落地工作的绩效考评就是以整频道落地的用户数为指标,而没有将对外电视频道的部分时段或栏目在海外落地的用户数纳入统计。这种考评方式反映的是落地工作模式的指导思维,而它与海外工作受众对于中国媒体的电视信号接收能力和实际使用习惯并不完全吻合。

图7-2-5和图7-2-6是电视对外传播的"传—受"关系模式。在两图中,对外电视频道的内容吸引力为左侧虚线椭圆,信号覆盖能力为左侧实线椭圆,海外受众的内容需求为右侧虚线椭圆,信号接收能力为右侧实线椭圆。

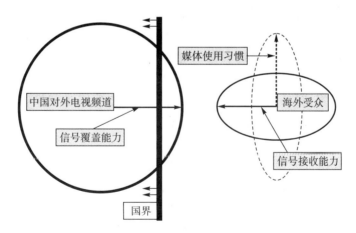

图7-2-5 对外电视频道的"传—受"关系模式1

图7-2-5是对外电视频道的"传—受"关系模式1,因为对外电视频道的传输和落地能力不足,信号无法覆盖海外目标受众,因此传播失败。

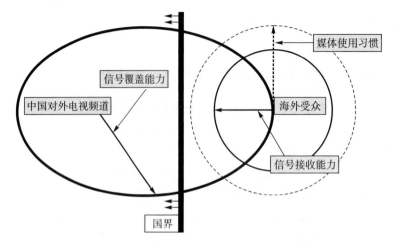

图7—2—6 对外电视频道的"传—受"关系模式2

图7—2—6是对外电视频道第二种"传—受"关系模式,也是基本成功的一种模式。对外电视频道的传输和落地能力足以覆盖目标受众,而且传输和落地方式与受众的电视信号接收能力和媒体使用习惯重合。

以上两种对外电视频道的"传—受"关系模式并没有概括所有的情况,图7—2—6中所阐释的传播模式也不是最理想的状态。不过在现阶段,这两种模式具有一定的代表性。

从文化传播的角度出发,对外电视频道要充分考虑海外受众的媒体使用习惯和信号接收能力。换言之,文化类节目要以合适的传输方式(直播卫星、地面无线、有线电视、IPTV或者网络电视等)进行传播,并根据当地受众的接收习惯采取整频道或部分时段落地的方式。

在发达国家,对外电视节目针对当地受众的内容需求和接收习惯采取部分时段落地的方式进行传播,有时候比整频道的落地方式更加有针对性,也能取得较为理想的效果。例如,2010年8月18日,德国北威州电视台(NRWTV)开始每天播出一小时有关中国的节目,这档节目名为《中国时间》,它是第一个在德国境内播出的以中国为主题的专题栏目,内容主要以中国文化为主。德国观众表示,《中国时间》为他们提供了一个认识这个古老而神秘的国度的机会。《中国时间》是由北京华韵尚德国际文化传播有限公司采用在德国当地电视台购买部分时段播出的方式,利用德国人的电视台播放中国节目,收视观众主要是德国人。①

---

① 德国北威州电视台网站:http://www.nrw.tv/aktionen/chinesische_stunde/

就中文对外电视频道而言,整频道落地和部分时段落地要有机结合,构建较为完整的落地体系,从而最为有效地达到文化传播的目的。就部分时段落地(包括单个栏目)而言,精品栏目在海外能有较大的传播范围,取得较多的二次传播的机会,因而有较好的传播效果。海外华语电视机构播出的文化类和新闻类节目中,相当多的内容来自我国对外电视频道。表7-2-5是新西兰中华电视网的节目编排。

表7-2-5 新西兰中华电视网2010年5月节目编排①

新西兰时间	星期一	星期二、三、四	星期五	星期六	星期日
06:00	凤凰卫视:凤凰正点播报			至尊百家乐	
06:30	电视剧:欢喜来逗阵				
07:30	我爱新西兰			总编辑时间	记者再观察
08:00				Taiwan Outlook	超级偶像
08:30					
09:00				台湾巧囡仔	
09:35	型男大主厨	美凤有约	型男大主厨		
10:00	凤凰正点播报				
10:30	财经点对点	时事辩论会		人生剧展	
11:00	CCTV-4:今日亚洲				
11:30	CCTV-4:海峡两岸				
12:00	CCTV-4:新闻60分				
13:00	TVBS-NEWS				
14:00	电视剧:中国仕事			CCTV-4:中国新闻	
14:15				CCTV-4:中华医药	CCTV-4:天涯共此时
15:00	新闻今日谈			CCTV-4:中国新闻	
15:15				CCTV-4:国宝档案	
15:30				CCTV-4:海峡两岸	

---

① 资料由新西兰中华电视网提供。

续表

时间			
16:00	凤凰午间特快	凤凰卫视:周末正午播报	
16:30	时事辩论会	脚前的灯路上的光	8方大市场
17:00	CCTV-4:走遍中国		
17:30	CCTV-4:荟萃之窗	CCTV-4:华人世界	
18:00	CCTV-4:中国新闻		
18:15	CCTV-4:电视剧场	CCTV-4:周末影院	
20:00	TVBS-NEWS		
20:15		TVBS-NEWS	
21:00	电视剧:中国往事	百万大歌星	中视一周新闻
21:15			
22:00	CCTV-4:中国新闻		
22:20	CCTV-4:中国文艺		百万小学堂
22:50	CCTV-4:国宝档案		
23:00	TVBS-NEWS	尘封岁月	
23:30			
00:00		CCTV-4:走遍中国	
00:30	我爱新西兰	CCTV-4:海峡两岸	
01:00		CCTV-4:中国新闻	
01:30		CCTV-4:今日关注	
02:00	电视剧:中国往事	CCTV-4:中华情	CCTV-4:体育在线
03:00	凤凰焦点新闻	环球直播室	时事周报
03:15	天下被网络		
03:30			问答神州
04:00	TVBS-NEWS		

从表7-2-5中可以看出,新西兰中华电视网的节目来源包括自制新闻和谈话节目,如《新闻今日谈》、《我爱新西兰》和《中视一周新闻》等,其他节目主要是来自中央电视台中文国际频道(CCTV-4)的新闻、专题和电视剧等,

另外还有来自香港凤凰卫视资讯台和台湾 TVBS 的新闻节目以及台湾宏观卫视(《台湾巧囡仔》、《Taiwan Outlook》、《超级偶像》和《人生剧展》)及台湾年代电视台 Much TV(《尘封岁月》和《至尊百家乐》)的语言教学节目、专题节目、娱乐节目和电视剧。

表 7－2－6 和表 7－2－6(续)是加拿大最主要的华语普通话电视频道——加拿大城市电视的节目表。可以看出,该台也是融合了中国大陆、中国台湾和香港的电视节目,并播出大量自制的电视节目,如《加国新闻》、《新枫采》、《在加学英语》等新闻和专题节目。

表 7－2－6　加拿大城市电视 2010 年 5 月节目编排①

加拿大西岸时间	星期一	星期二	星期三	星期四	星期五
04:00	加国要闻					
04:45	早安运动——太极剑				
05:00	中国大陆卫星新闻				
05:30	中国台湾卫星新闻				
05:45	早安运动——魅力健康舞				
06:00	加国要闻				
06:45	早安运动——原始太极内家拳				
07:00	中国大陆卫星新闻				
07:15	中国台湾卫星新闻				
07:50	新枫采	汽车百科*(重)	专家来开讲*(重)	家国纵横*(重)	在加学英语*(重)
08:00	新枫采	发现浙江	专家来开讲*(重)	家国纵横*(重)	都市有约*(重)
08:30	探索发现			探索发现	
09:00	大家说英语				
09:30	空中英语教室				
10:00	韩语节目				

① http://www.talentvisiontv.com。

续表

12:00	宝岛少女成功记			大社会	百万小学堂
12:45	非常夫妻	天下收藏	Dr. Ho 健康产品广告杂志	这里是北京	
13:30	首都经济报道	26分钟见证实录	中国文艺		
14:00	剧集:锣鼓巷				
14:20	世界动物奇珍		在加学英语*(重)	世界动物奇珍	
15:00	国民大会				
16:00	剧集:蜗居				
16:55	人间万事				
17:00	今日安徽	华豫之门	家国纵横	走遍中国	城市大视界
17:30	中国大陆卫星新闻				
18:00	中国台湾卫星新闻				
19:00	剧集:大染坊				
19:30	社团简讯及晚间新闻				
20:30	剧集:锣鼓巷(共36集)				
21:25	2100全民开讲	专家来开讲	美食大三通	世界地理杂志	故土音 加国情
22:35	剧集:蜗居				
23:30	晚间新闻(重)				
00:30	剧集:大染坊				
01:20	世界动物奇珍*(重)		在加学英语*(重)	世界动物奇珍*(重)	
01:30	越南语剧集:寻秦记;越南语剧集:萧十一郎				
02:20	越南语节目				

表7-2-6(续)　加拿大城市电视2010年5月周末节目编排

加拿大西岸时间	星期六	星期日
04:00	加国要闻	
04:45	早安运动——太极剑	
05:00	中国大陆卫星新闻	中国大陆卫星新闻
05:15	中国台湾卫星新闻	
05:30		台湾卫星新闻
05:45	早安运动——魅力健康舞	
06:00	加国要闻	加国要闻
06:15		早安运动——原始太极内家拳/瑜伽
06:45	早安运动——原始太极内家拳	
07:00	中国大陆卫星新闻	
07:15	中国台湾卫星新闻	
07:50	故土音 加国情*(重)	在加学英语*(重)
08:00		Interwood直销广告杂志
08:30		枫华博览*(重)
09:00	大家说英语	热线追踪
09:30	Dr.HO健康产品广告杂志	
10:00	韩语节目	
12:00	人间菩提	Power星期天
12:30	空中英语教室	
13:00	Interwood直销广告杂志	
13:50	城市大视界*(重)	中国文艺
14:00	百万大歌星	非常接触
14:20		中华医药
15:00		
15:50	剧集:明星的恋人 剧集:游戏女王	剧集:我男人的女人

17:10	快乐汉语	可爱广西
17:25	人间万事	
17:30	中国大陆卫星新闻	
18:00	中国台湾卫星新闻	
18:30	创意世博	新枫采
19:00		快乐汉语
19:30	晚间新闻/社团简讯	
20:00	百万大歌星	我猜我猜我猜猜猜
21:45	枫华博览*（重）	26分钟见证实录
22:15	剧集:明星的恋人 剧集:游戏女王	剧集:我男人的女人
23:50	晚间新闻*（重）	晚间新闻*（重）
00:05		
00:10		枫华博览*（重）
00:35	专家来开讲*（重）	都市有约*（重）
00:55		
01:10	故土音 加国情*（重）	新枫采*（重）
01:25		人间菩提*（重）
01:50		26分钟见证实录*（重）
02:20	越南语节目	

美国KTSF26台是一个多元文化电视台，仅有部分时段播出华语电视节目。其中，新闻节目和专题节目的来源也是多元化的，有中国大陆、中国台湾、香港和本土制作的节目，见表7—2—7。

表 7－2－7 美国 KTSF26 台 2010 年 5 月节目编排①

美国西岸时间	星期一到星期五	星期六	星期日
00:00	粤语新闻（回放）		
01:00－01:30	净空法师佛学讲座		
6:30－7:00		人间菩提	
08:00	水果冰淇淋		
08:30－9:00	中国大陆卫星新闻		
11:30	恩雨之声		
12:00	今夜有话要说（回放）		
12:30	中天新闻		
13:00	大爱经典（仅周五播出）		
14:00－14:30	净空法师佛学讲座		
14:30－15:00	涂涂乐（仅周三播出）		
16:00		华人丛刊	
16:30－17:00		肥妈私房菜	走近中国
17:00－18:00		财神到	
17:30－18:00	方草寻源 III		
18:00		周末新闻	周末新闻
18:30		2010 进军南非之旅	
19:00	中天新闻	商界纵横	综艺大哥大
19:30	粤语新闻（现场直播）	百万大歌星	
20:00	家春秋——民国蒋宋孔家族往事		
20:30 21:00	电视剧：新不了情		
22:00	电视剧：孔雀东南飞		
23:00	国语新闻（现场直播）		
	今夜有话要说（现场直播）		

注：画斜线部分为其他语种节目。

① http://www.ktsf.com。

海外华语电视外来节目类型主要有新闻资讯类、新闻评论类、娱乐综艺类、语言教学类、厨艺美食类、文物故事类、收藏类、商道财经类、人文地理类、医药保健类、历史人文类和人物故事类。以上面四家电视台为例,他们所播出的外来节目按类别划分如表7—2—8所示。

表7—2—8 新西兰、加拿大和美国三家华语电视播出中国电视节目的情况

类别	来源	新西兰中华电视网	加拿大城市电视	美国KTSF26台
新闻资讯	中国大陆	央视:中国新闻	央视:中国新闻	
	中国台湾	TVBS:TVBS—NEWS	TVBS:TVBS—NEWS	中天:中天新闻
新闻评论	中国台湾		TVBS:2100全民开讲	
娱乐综艺	中国大陆	央视:中国文艺		
	中国台湾	台视:百万大歌星 台视:百万小学堂	台视:百万大歌星 中视:我猜我猜我猜猜猜	台视:百万大歌星 中视:综艺大哥大
语言教学	中国大陆		央视:快乐汉语	
厨艺美食	中国台湾		三立:美食大三通	
文物故事	中国大陆	央视:国宝档案		
人文地理	中国大陆	央视:走遍中国	广西卫视:可爱广西	
	中国台湾		三立:世界地理杂志	
历史人文	中国台湾	年代:尘封岁月		
	中国香港			凤凰:家春秋
医药保健	中国香港			亚视:方草寻源
影视剧类	中国大陆	央视:电视剧场、周末影院 中国往事	大染坊、锣鼓巷、蜗居	孔雀东南飞
	中国香港			新不了情
	韩国		明星的恋人、游戏女王、 我男人的女人	
其他	中国大陆	央视:荟萃之窗、华人世界		

第三节 电视文化产品的海外销售

中国电视自1958年正式诞生之后就开始进行对外传播,从那时到现在,中国电视对外传播的主要渠道一直是电视频道,虽然电视节目出口逐年增长,但是以文化产品形态出现的电视节目并不引人关注。电视文化产品是电视产业的生产成果,电视产业就是以生产(制作)、营销、播出、发射、传输电视节目为主的企业组织及其它们在市场上相互的集合。① 对外电视频道的作用固然重要,但电视文化产品在对外传播中的效果也不容忽视。例如,根据韩国《朝鲜日报》的报道,泰国全境平均每天播出约100分钟韩剧。韩剧在泰国触发的韩流热潮正在转化为经济效益。97%的泰国人表示,"比起5年前,韩国的形象提升了",首要原因是"受韩剧影响"(62.2%),其次"受高品质韩国产品影响"(20%)。还有数据显示,每年泰国播放的韩剧数量和次年去韩国旅游的人数呈正比。② 由此可见,电视文化产品有时候具有难以估量的作用。我国目前的对外电视传播仍以电视频道为主,鉴于电视文化产品的文化传播效果、经济效果和对于国家形象塑造的重要作用,我国应强化电视文化产品的创作、生产和国际营销。

一、电视文化产品对于文化传播的作用

和电视频道相比,文化产品在传播渠道和效果方面都有一些独特之处。通过电视频道开展的文化传播,或多或少具有一定宣传色彩或政治色彩,属于国际传播的范畴。而以文化产品进行跨国文化传播的行为则不属于一个传播者与受传者的国际传播范畴,而是一种销售与购买的商业关系。电视文化产品对于文化传播的作用包括三个方面。

(一)电视文化产品为文化传播提供渠道

电视文化产品不仅具有商品价值和文化价值,还具有传播价值,它扮演了传播渠道的角色。电视频道可以同时覆盖很多受众,向他们传播节目内容,具有共时性的特点;文化产品则是在进入目标市场后逐渐到达受众,具有历时性的特点。正是因为这个原因,文化产品正在越来越多地被当作一条重要的文

---

① 谭天、王甫:《电视策划学》,北京:中国国际广播出版社,2001年版,第135页。
② 转引自中央电视台中文国际频道(CCTV—4)2010年8月14日12点《中国新闻》。

化传播渠道,而文化产品的生产和销售能力也被当成一种实力构成。说文化具有"硬实力"的特点,其实说的就是文化的产业化。产业化给文化插上了腾飞的翅膀,它提升了文化"内容"的价值,增加了受众的数量,扩大了文化的影响力。① 也就是说,那些销往海外的电视文化产品在文化传播方面发挥着越来越重要的作用,它与电视形成互补或者起着互为增进的作用,让更多的海外受众通过以产品形式出现的电视节目了解中国的文化。

(二)电视文化产品为文化传播创造经济效益

一般来说,对外电视频道在海外的推广和落地有一定的成本,尤其是外国语电视频道的海外落地。目前,我国大部分对外电视频道都处在"付费传播"的状况,而不是通过对外传播来营利。当然,这与我国电视对外传播的目标直接相关。相比之下,电视文化产品在海外的推广和销售多是营利的,这也是当下文化产业发展较快的一个重要原因。电视文化产品在传播文化的同时带来营利,是文化经济化的体现。所谓"文化的经济化",就是指文化进入市场,文化进入产业,文化中渗透经济的、商品的要素,使文化具有经济力,成为社会生产力中一个重要的组成部分。② 在美国,文化产业所创造的社会价值占社会总产值的30%以上,每年达到近900亿美元;美国400家最富有的公司有72家是文化企业;美国的音像业仅次于航天航空业,居出口贸易的第2位,占据了40%的国际市场份额。英国文化产业年产值近60亿英镑,平均发展速度是经济增长的2倍。日本娱乐业的年产值早已超过汽车工业的产值。③ 相比之下,包括中国在内的发展中国家多为文化产品贸易的逆差国。

(三)电视文化产品为文化传播战略的有机构成

电视文化产品的经济属性对于其发挥文化传播作用具有天生的优势,相比其他的传播媒介具有一定的独特性。扩大本国文化的国际影响力,注重文化产品和文化资本输出,大力开拓国际文化市场是西方发达国家提升本国文

---

① 彭新良:《文化外交与中国的软实力:一种全球化的视角》,北京:外语教学与研究出版社,2008年版,第324页。
② 中宣部文化体制改革和发展办公室、文化部对外文化联络局编:《国际文化发展报告》,北京:商务印书馆,2005年版,第7页。
③ 彭新良:《文化外交与中国的软实力:一种全球化的视角》,北京:外语教学与研究出版社,2008年版,第260页。

化国际竞争力的重要经验。① 文化作为"软实力",是综合国力的重要组成部分。只有具有竞争力的文化产品,才能有效占领国内和国际文化市场,赢得消费者的青睐,最终发挥其国际影响力。② 因此,电视文化产品通过国际贸易和商品销售的形式到达目标受众,并产生一定的影响力。电视文化产品的生产和海外销售与对外电视频道一样重要,两者都是我国对外传播文化的必要渠道,都是我国文化传播战略的有机构成。

从另一个角度来说,在文化产品的外观之下,文化的价值理念等深层次的内容能得到更有效的传播。有研究者认为,长期以来,我国的对外文化传播不仅数量很少,内容也相当单调,主要集中在器物工艺层面,较少涉及中国文化核心价值的深层次内容。③ 而要传播深层次的内容,电视文化产品从内容构成、节目类型和表达形式来说,都具有一定的优势,它对于实现我国文化传播战略、传递我国文化的深层次理念具有重要作用。

二、中国电视对外传播中的文化产品输出现状

中国电视对外传播的途径包括对外电视频道和文化产品。大致流程如图7-3-1所示。

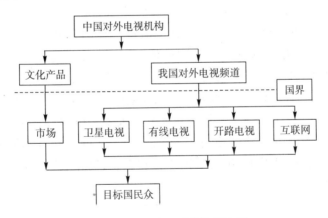

图7-3-1 电视对外传播流程

长久以来,中国电视对外传播一直主要依靠对外卫星电视频道。与对外

---

① 邓显超:《发达国家文化软实力的提升及启示》,《理论探索》,2009年第2期(总第176期),第37页。
② 王超逸主编:《软实力与文化力管理》,北京:中国经济出版社,2009年版,第158页。
③ 肖永明、张天杰:《汉语国际推广背景下的文化传播》,《现代传播》,2010年第5期,第9页。

电视频道飞速发展相比,我国对外电视节目的文化产品输出显得相对滞后。而且,我国电视产品在国际市场的收入主要来自电视剧的销售,电视剧又主要销往我国的港澳台地区和东南亚国家。在中央电视台1997年年度总收入43亿元中,来自海外市场的收入不到总收入的2%。1997年,中央电视台的中国电视节目代理总公司共销往海外电视剧186集、纪录片116集、其他类型节目38集,销售金额仅128.5万美元。而且,中国的广播电视节目几乎没有进入国外的主流社会。2002年,销售状况有所改善,电视剧节目销往海外40多个国家和地区,销售额达到1160万美元,折合人民币大约9700万元,仍仅为年度收入的1.5%。① 近年来,随着中国国际影响力的提升和中华文化吸引力的增强,中国电视文化产品的海外销售量也有了较大的增长。中央电视台2009年在海外的节目销售达到了1000多个,销售额突破了1000万美元,比2008年增长了20%。目前,最大的销售区域是东南亚。

虽然我国电视文化产品出口呈现强劲增长势头,但相比同为东亚文化圈的韩国和日本,则仍有较大的增长空间。2009年,韩国KBS向38个国家出口了200多个节目,出口节目仍以电视连续剧为主,出口额达到6496万美元。② 日本NHK在2009财政年度向40个国家和地区销售了3706个节目,在2008财政年度共向43个国家和地区销售了7516个节目,在2007财政年度共向43个国家和地区售出5211个节目。③ 其中值得一提的是韩国的电视剧海外销售。从21世纪初开始,韩国就借助"韩流"的热潮大大提升了电视剧的出口额。仅2003年,韩国电视在亚洲就赚取了数千万美元,其中包括中国台湾地区(975万美元)、日本(556万美元)、中国大陆(476万美元)、新加坡(120万美元)、马来西亚(102万美元)。出口节目类型主要是电视剧(93.6%),其次是娱乐(4.4%)、漫画(1.7%)和纪录片(0.4%)。④ 从韩国和日本的电视节目文化产品出口状况可以看出,我国电视节目在理念、制作、营销等方面仍有改进和提升的空间。

---

① 祁述裕主编:《中国文化产业国际竞争力报告》,北京:社会科学文献出版社,2004年版,第180页。
② 《2009/2010 KBS 年度报告》(2000/2010 KBS Annual Report)。
③ 《NHK年度报告》(NHK Annual Report,2008/2009、2009/2010 和 2010/2011)以及 NHK 官方网站(www.nhk.or.jp)。
④ [韩]姜锡一、赵五星编著:《韩国文化产业》,北京:外语教学与研究出版社,2009年版,第40页。

三、我国在文化产品输出方面存在的问题

与对外电视频道相比,电视节目文化产品的输出有着不同的运作流程和影响因素。其中,就国际因素而言,一国的电视文化产品输出主要涉及国际关系与国际形势、国际组织和国际法;就国内因素而言,文化产品输出涉及出口国的电视机构、渠道、出境策略、政府政策和市场等,以及进口国的进口政策、受众喜好等。具体见图7-3-2。①

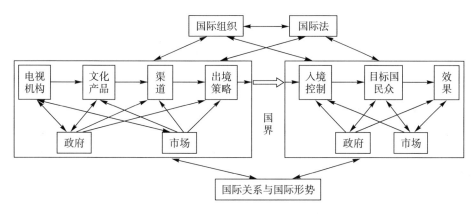

图7-3-2 文化产品输出的流程和影响因素

我国对外电视文化产品输出存在的问题主要有三个方面。

(一)文化产业的机制体制和政策环境

文化产品是文化产业的重要组成部分。联合国教科文组织认为,文化产业是指"按照工业标准,生产、再生产、储存以及分配文化产品和服务的一系列活动"。② 就中国的文化产业而言,电视在整个文化产业中占有重要的地位。目前,我国文化产业大致包括新闻出版业、广播电视业、电影业和文化服务业,如图7-3-3所示。③ 文化产业的不同部分之间并不是绝对的独立,它们之间存在一定的关联。例如,新闻出版业中的音像业与广播电视业中的电视业关系紧密。

---

① 图7-3-2参考了关世杰教授的国际传播模式(关世杰:《国际传播学》,北京大学出版社,2004年版,第32~33页)。
② 转引自赵化勇主编《中央电视台品牌战略》,北京:中国广播电视出版社,2008年版,第329~330页。
③ 左慧:《文化产品供给论》,北京:经济科学出版社,2009年版,第36页。

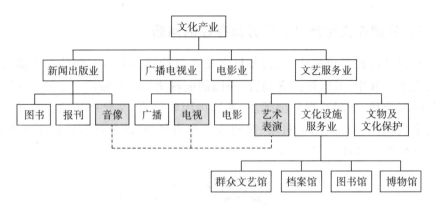

图 7－3－3 文化产业构成图示

  文化产品的潜在价值能否转化为交换价值，能否为消费者提供精神消费需求的文化产品，从而获得它的价值确认和全部合理性，取决于两个因素：一是社会的文化背景，二是文化商品的社会运作机制。[①] 我国某些政府部门和媒体机构对于文化产品的生产和输出在战略上重视不够，因此也就缺乏相应的政策支持和产业基础。有文化界人士就指出，我们的对外文化交流缺乏国家战略，缺乏政府的大力推动和扶植，缺乏有效的资源整合，缺乏现代化的包装，缺乏国际化的运作和推介，缺乏优秀的专业人才。[②] 例如，从输出渠道来说，我国的电视对外传播比较侧重对外电视频道，对文化产品贸易重视不够，很少从市场的角度去考虑中国文化产品走向世界市场的问题。因此，不仅在我国的外贸体制的总体结构中文化外贸的比重很小，而且中国文化产品在国际上的扩散很大程度上还停留在自然经济阶段。另外，在涉外文化商贸领域的制度性壁垒太多，如文化外贸权过度集中于中央，地方缺乏应有的文化外贸自主权，而且也没有建立起有效的国际文化外贸体系和确立国家文化外贸战略。[③]

  目前，我国对外电视在制作节目的时候，主要是供给电视频道播出，并不以市场销售为指针。换言之，我国对外电视缺乏文化产品理念。因此，中国电视对外传播需要增强节目的"产品"和"市场"理念，尤其是"国际营销"理念。对于中国电视对外传播而言，如果继续沿用"传播＝宣传"的思路，缺乏产品、

---

① 胡惠林、李康化：《文化经济学》，太原：书海出版社，2006年版，第159页。
② 金曼：《扩大对外文化交流和文化贸易推动中华文化走向世界》，《人民政协报》，2007年3月12日第C02版。
③ 冯益谦：《涉外文化管理》，广州：华南理工大学出版社，2006年版，第94页。

市场和营销理念,则难以在海外真正打开局面。为此,中国对外电视机构必须"苦练内功",让电视节目制作、流通按照文化产业的模式进行。

毋庸置疑的是,目前整个电视节目创作、生产都是以国内市场为主要目标,即使是对外电视机构拍摄的纪录片也大都是应国内政治、经济或文化的需要。我国对外电视机构播出的节目主要是来自对内电视机构,而对外输出的电视节目也主要是由对内电视机构制作,小部分是由对外电视机构生产的,例如 2007 年 CCTV－4 就推出了大型纪录片《同饮一江水》。如果从一开始目标市场就被设定在国内,那么电视节目在创作理念、内容选择和制作方式等方面就会主要考虑国内受众。

这种状况既与对外电视机构自身的条件有关,又与产业结构、政策导向和市场格局有关。目前,整个电视行业还没有针对电视出口的鼓励性政策、机制和体制。相比之下,韩国政府从政策和环境上保证电视剧产业的有效发展:鼓励电视剧制作公司上市,设立包括总统大奖在内的一系列鼓励措施,免出口收入税;韩国甚至立法规定:凡与电视台有股权关系的制作机构投资的电视剧,不得在黄金时段播出,以此保证民营制作公司的有效成长;为了鼓励电视剧出口,政府对为出口而进行的翻译制作予以译制费补贴等等。[①] 韩国政府很早就为"出口型"电视产业制定和执行了相应的规划。1998 年,韩国文化观光部制定了"广播电视产业振兴计划",力求建立一个多样的支持体系,以奠定广播电视产业的制作基础。2003 年 6 月,韩国文化观光部又积极推出了"广播电视产业振兴五年计划"。根据该计划,从 2003 年到 2007 年,文化观光部已推进广播产业的七大重点工作:构筑广播电视的基础平台,形成制作优秀广播电视节目的环境,建立培养数字广播电视专门人员的基础,刺激广播电视节目的进出口,完善法律制度,扩大观众的参与和导入成果评价制度。[②]

(二)文化资源的开发利用

文化资源,就是人们从事文化生产、文化活动所必需的可资利用的各种文化生产要素,包括物质文化资源、精神文化资源和文化人才资源等。[③] 我国国内电视制作行业对于文化资源开发不够,产品创新不足,电视节目缺乏国际竞争力,难以在国际市场上与西方国家形成有效竞争,甚至不能与日本和韩国抗

---

① 夏骏:《十字路口的中国电视》,北京:清华大学出版社,2006 年版,第 99～100 页。
② [韩]姜锡一、赵五星编:《韩国文化产业》,北京:外语教学与研究出版社,2009 年版,第 41 页。
③ 胡惠林、李康化:《文化经济学》,太原:书海出版社,2006 年版,第 125 页。

衡。其实,中国的电视剧也曾经风靡周边国家,尤其是那些有传统文化底蕴的作品。据报道,越南的电视台就经常播放中国的电视剧。若干年前,中越领导人会晤,越南国家领导人开篇即谈看电视剧《渴望》的感受。几年后,中越领导人再次会晤,会谈对象还是这位越南国家领导人,不过这次他谈的是看《还珠格格》的感受。某次中方与越南商谈领导人访越事宜,越方风趣地说:别人不用了,只把"小燕子"派来就可以了。① 其实,《渴望》中的人物关系以及人物思想都体现了浓厚的中国传统文化,而《还珠格格》更是从内到外散发出中国文化的气息。由此可见,中国文化可以成为我国影视剧的灵感源泉、创作素材和品质基础,也是进入国际市场的优势所在。我国对外电视机构需要科学、系统地开发和利用传统文化资源。但是,在现在创作的大量电视剧中,中国传统观念、行为礼仪、饮食起居等方面的文化元素,在中国的影视剧中并不多见。"仁、义、礼、智、信"的处世哲学、"修身、齐家、治国、平天下"的信念抱负等核心文化元素,在中国曾经推崇备至并深深影响了周边国家,但因为商业利益和西方文化的冲击,在中国的电视节目中、尤其是电视剧中,已经显得黯然失色。有学者指出,韩剧是一面镜子,照出我们意识中的潜流:原来我们对于具有传统文化的产品是那样的渴望,对失去的民族文化和民族精神是那样的怀恋和推崇,也反映出我们对于外来文化的消费是那么的缺乏指导、那么的盲目。② 从另一个角度来说,如果我们的对外电视机构没有通过文化产品的生产对自己的文化资源加以保护和开发,则这些文化资源就会流失,我国文化甚至会因此被曲解。例如,宫崎骏有关白龙的灵感来自于卡通片中国的白蛇。在更早的 20 世纪 50 年代,甚至还有《杨贵妃》、《秦始皇》、《白蛇传》等在日本被拍摄成故事片,《水浒传》、《西游记》、《三国演义》等中国经典在日本不仅被改编成电影,而且还在漫画、舞台剧等层面被广为引用,并有了日本独特的解说文本等等,均体现了日本对中国文化的借鉴与创新。③

(三)文化产品的输出渠道

在经济全球化的背景下,世界上许多文化产业集团正在不断打破行业与地区之间的分工界限,通过大公司在资金、技术、经营组织方式等方面的重新组合和集中,进行产业结构的调整,形成传媒业、娱乐业、旅游业与电信业、电

---

① 刘明:《当代中国国家形象定位与传播》,北京:外文出版社,2007 年版,第 73 页。
② 王康:《从韩剧的热播看中国电视剧文化的流失》,《内蒙古电视大学学刊》,2008 年第 3 期,第 52 页。
③ 刘洪潮主编:《怎样做对外宣传报道》,北京:中国传媒大学出版社,2005 年版,第 352 页。

脑业、出版业等相互融合、相互渗透的新格局,出现了一大批大型的跨行业、跨国界的强势文化产业集团,以提升市场占有能力和产品营销能力。如"美国在线"与"时代华纳"合并后,成为涉足电影、电视、有线电视、出版、通信、娱乐、IT 等多个行业的超级文化产业公司,获得了更多的市场份额。20 世纪 90 年代后,文化产业的触角延伸到旅游业和体育业,还逐渐向信息产业、会展业、餐饮业、代理业、家用电器业渗透,形成许多新的业务增长点。①

文化产业市场由文化需求创意设计、文化产品制作传播、文化产品营销三个互相承接的环节组成。② 中国的电视对外传播机构只有具备一定的实力,在节目生产、流通、营销等各个环节具备一定的优势,中国电视节目"走出去"才具备足够的基础。另外,从输出手段来说,目前我国电视文化产品的输出手段单一,对于互联网营销等新技术的应用不足。我国网上涉外文化产品处于初建阶段,交易较少,电子商务应用还不广泛。而国外网上涉外文化产品发行运作较好,已有成功的经验,电子商务也早以应用,比较配套。加入 WTO 后,国外涉外文化产品经销商会想方设法以独资或合作方式建立网上涉外文化产品发行和涉外文化产品电子商务,这对我国网上涉外文化产品发行和电子商务的发展形成新的压力。③ 英国有研究预测说,到 2014 年,超过 2/3 的英国人将通过网络观看电视,实况体育将成为驱动观众从传统电视媒体转向网络的关键。最新的电视机都能链接 Internet,观众可以观看 Youtube 视频剪辑和下载影片,还可以观看传统的电视频道。据 BBC 消息人士透露,由 BBC、ITV、英国电信和 Five 共同合作的 Canvas 计划,将推出其机顶盒。天空台则与微软合作向 Xbox 用户提供同步网络直播。④ 另外,英国 Channel 4 与 Youtube 达成协议,在 Youtube 网站上免费提供其视频点播服务,Youtube 用户可在 Channel 4 播出节目延后一段时间在 Youtube 上收看。用户还可以收看到超过 3000 小时的由 Channel 4 提供的节目。Channel 4 将在这项免费服务中获取广告收益。⑤

---

① 赵化勇主编:《中央电视台品牌战略》,北京:中国广播电视出版社,2008 年版,第 329~330 页。
② 邹文广、徐庆文:《全球化与中国文化产业发展》,北京:中央编译出版社,2006 年版,第 18 页。
③ 冯益谦:《涉外文化管理》,广州:华南理工大学出版社,2006 年版,第 50 页。
④ 英国《每日电讯报》,2009 年 10 月 15 日。
⑤ 英国 Digital Spy,2009 年 10 月 15 日。

四、我国在文化产品对外传播方面的策略建议

(一)内容上:强化文化资源的开发和转化

中国的文化资源是文化产品生产、乃至整个文化产业发展的重要基础,它既是节目创意、节目内容的源泉之一,也是外国受众的兴趣点所在。一个简单的例子就是汉语。有学者通过一项抽样调查发现,被调查的外国人中对中文感兴趣的人最多,占了50.2%。排在第2位的是中国式烹饪,对此感兴趣的人有48.3%,略低于汉字。对中国书法感兴趣的人占了32.5%,对中国画感兴趣的占17.6%。中国功夫排在第4位,有26.3%的人对此感兴趣。对京剧、民乐感兴趣的人不是很多,只有20.7%。[①] 外国人对于中文的兴趣主要是源于中国经济的发展,他们需要通过了解、掌握中文来寻求发展的机会,这既是我们对外传播文化的契机,也是文化产品对外传播的商机。现在许多中文对外频道和外语频道开设了汉语教学节目,这既迎合了全球国际汉语热的需求,也是传播我国文化的重要方式,但在形式和内容上有待提升。想当年,英国英语教学节目《跟我学》和美国英语教学节目《走遍美国》曾在中国风靡一时,无数英语爱好者从中了解、认知甚至认同英美文化,而以此为基础的语言教学和文化产品生产也大有市场。我国对外电视机构是否也可以利用当下的汉语热对汉语进行商业开发呢?如果对外汉语教学节目不仅仅是停留在免费传播的层面上,而是要经受市场的考验,其创作理念和制作水平也会相应得到提升。

当然,对于对外电视来说,文化资源开发的重点领域是电视剧。不过,开发之前先要保护,然后再进行发掘、整理和传播。由于现代社会化、都市化进程以及全球化的冲击,中国的很多文化资源正如同生物资源一样濒临消亡。例如,大批非物质文化遗产传承人因年事已高或后继乏人,传承链条正在中断;截至2009年的60年间,戏曲传统剧种损失了1/3,消失的舞蹈类遗产20多年来超过当时统计总量的三成,其中河北、山西两省已有近2/3的传统舞蹈已经失传。[②] 缺乏对文化资源的开发和利用,我国电视剧在国际竞争中就丧失了重要的筹码。韩国的电视剧之所以能大行其道,其内在的文化底蕴功不可没。韩剧对于文化元素的使用是全方位、多层次的。在文化"形而上"的层

[①] 刘继南、何辉等:《中国形象:中国国家形象的国际传播现状与对策》,北京:中国传媒大学出版社,2006年版,第198~200页。

[②] http://www.ccnt.gov.cn/sjzz/fwzwhycs/zdgz/201001/t20100112_76305.html。

次上,韩剧总是在细小琐碎的家庭生活中表现对亲情、血缘、人伦、中和、礼仪的选择与重视。如《澡堂老板家的男人们》《人鱼小姐》《黄手帕》《说不出的爱》等电视剧,尽管主题不一、情节各异,但整个电视剧的落点和基调都是对传统人伦关系、儒家理念等的体现。在文化"形而下"的层面上,也就是在日常生活起居饮食等方面,韩剧也是热衷于展现其文化的印迹,尤其乐于在饮食文化和服饰文化等方面表现其民族文化特色。例如,电视剧《大长今》淋漓尽致地展示了韩服和韩食的精美。①

(二)政策上:为文化产品的输出提供保障和激励

1987年,当时国家科委在首次编制的中国信息产业投入产出表里,第一次把"广播电视业"纳入了"中国信息商品化产业"的序列;1992年,中共中央和国务院在《关于加快发展第三产业的决定》中,明确将广播电视产业归属于第三产业。电视产业就是以生产(制作)、营销、播出、发射、传输电视节目为主的企业组织及其在市场上相互的集合。② 十多年过去了,我国电视产业取得了较大的进步,电视节目生产无论从资金来源、创作队伍还是市场机制等方面都在日益完善。但是,我国电视文化产品在国际市场上的影响力和竞争力仍不具备优势,这就必须从政策和机制上进行相应的调整。国家相关部门应该通过政策引导和机制革新,为电视文化产品的创意、创作、生产、出口和营销等各个环节提供保障和进行激励。有学者认为,目前我国广电系统依然存在诸多亟待改进的地方,其中在机制上就存在竞争机制缺失和经营机制落后的弊端。广播电视的封闭性格局以及内部组织结构和运作模式,导致其竞争机制缺失。没有优胜劣汰机制,激励机制与约束机制不健全,广播电视自然难以具有活力和创造性。此外,长期以来高度行政化的广电体制很好地完成了广电媒体作为喉舌和宣传工具的任务,也因此导致其难以形成高效率的面向市场的经营机制。传媒功能需要实现转型,但是经营机制往往由于受到体制的制约而处于滞后状态。③

另外,国家相关部门在培育和促进电视生产的外向型导向方面需要在政策和体制上加大扶持力度。如何引导电视机构生产符合国际市场的电视产品?如何为电视产品的出口创造条件?这些问题事关我国电视对外传播中的

---

① 余敏先、米学华:《韩剧在中国热播的文化反思》,《安庆师范学院学报》,2009年1月第28卷第1期,第127~128页。
② 谭天、王甫:《电视策划学》,北京:中国国际广播出版社,2001年版,第135页。
③ 刘成付:《中国广电传媒体制创新》,广州:南方日报出版社,2007年版,第34页。

文化产品输出成效。前文所提到的韩国政府为保证电视剧产业的外向型发展而营造的政策环境着实让中国的电视人羡慕不已。目前,我国电视产品生产的一支重要力量是民营企业,根据国家广电总局统计,我国目前年产9000多集电视剧,其中80%的资金来自民营企业。而获奖最多、反响最好的,多半是民营影视公司的作品。① 国家应该从生产到出口等一系列环节,为民营企业提供政策支持,鼓励它们生产具有国际市场前景的电视文化产品,并从财税和机制上激励它们积极开拓国际市场。

(三)策略上:提升文化产品生产与营销的国际化和本土化水平

电视文化产品实现文化传播并产生效果的前提和基础就是在海外具有一定的影响力和销售量。有学者认为,国际文化产业的发展呈现出四个趋势,即:文化产业市场的全球化趋势;文化产业资源配置的国际化趋势;文化产业发展的数字化、网络化趋势;文化产业发展的多极化趋势。② 在这样的背景下,我国电视文化产品要在海外赢得一席之地,就必须在生产环节和市场营销环节提升国际化和本土化的水平。电视文化产品不同于其他商品,它所具有的文化属性决定它在海外市场销售时会遭遇所谓的"文化折扣"问题。在国际贸易中,影视产品必须克服这种文化折扣,才能让国外观众理解、接受。而文化产品在生产和销售环节的国际化和本土化能有效避免或减少文化折扣问题。

从另一个方面来说,我们也不能为了追求海外销售业绩而刻意迎合某些市场的需求,尤其不能向海外销售缺乏文化品位和文化内涵的产品。在一些西方国家,传媒业奉行利润至上的原则,理想状态是一切都可以买卖。为了达到目的,就尽可能地满足"顾客"的需求,千方百计地去"取悦和诱惑"公众。有西方学者据此认为,传媒业所提供的产品十分简单,循规蹈矩,满足低级趣味,没有高品位的追求。③ 而我们要严格把关,不能为了经济效益而损害我国的国家形象。

国际化营销模式和本土化营销网络的一个重要策略是在海外开办播出频道或建立营销网点,努力开拓海外影视产品市场,主动投入国际传播业的竞

---

① 祁述裕主编:《中国文化产业国际竞争力报告》,北京:社会科学文献出版社,2004年版,第165页。
② 冯益谦:《涉外文化管理》,广州:华南理工大学出版社,2006年版,第85~87页。
③ [法]弗朗西斯·巴勒著,张迎旋译:《传媒》,北京:中国传媒大学出版社,2007年版,第119~120页。

争。同时,要有效整合国内相关资源,使我国的电视节目制作、营销机构和公司在国际市场上形成合力,强调国际营销的连贯性和统一性,集中力量打造优秀的中国影视外销品牌,形成整体作战的合力。

(四)机制上:政策性与商业性并重

电视对外传播机制主要有政策性和商业性两种。所谓"政策性机制"是指由国营媒体或机构负责建立和运营的非营利性的对外传播渠道,如电视频道依靠政策性资金进入当地电视网播出、免费授权节目播出等;而"商业性机制"是指通过商业运作维持运转的渠道,包括频道销售、节目销售、版权输出、版权合作、资本运营、海外上市等。长久以来,我们把对外电视节目看成是宣传品,并没有将其视为一种打入国际市场的内容产品和文化产品,因此就难以做到政策性和商业性渠道的真正并重。有学者认为,海外市场是检验电视文化产品的风向标和重要标准,只有受到国外观众的欢迎才能证明你的产品(节目)不仅"走出去"了,而且"走进去"了。中国电视节目只有在海外市场取得收益,才能证明你的产品出口是成功的,才能说明中国电视拥有了广泛而忠实的海外受众。①

我国一直在积极改进商业性机制,其中,中国广播电影电视节目交易中心进行了很多有益的探索。中国广播电影电视节目交易中心是我国最早从事广播影视节目综合经营的企业机构,是中央电视台版权节目的全球营销总代理。该公司的经营内容包括影视节目版权交易、DVD授权交易、中国节目国际版本改编合作、共同选题合作拍摄、合作发行国际分账、与海外媒体合作开办中国节目专有时段等。该公司拥有遍布亚洲、大洋洲、北美、南美、非洲等80多个国家和地区上百家电视机构的国际营销网络,销售节目播出覆盖120多个国家和地区,每年向海外媒体机构销售10000多部/集的电视剧、电视电影、纪录片、卡通片和综艺、专题类节目,数量和种类多年来一直位居国内之首,占全国电视节目出口总量的80%以上。

总体而言,与对外电视频道的飞速发展相比,其文化产品输出显得相对滞后。我国电视产品在国际市场的收入主要来自电视剧的销售,电视剧又主要销往我国的港澳台地区和东南亚国家。另外,我国电视文化产品出口虽呈现强劲增长势头,但相比同为东亚文化圈的韩国和日本,仍有较大的增长空间。2009年,韩国KBS向38个国家出口了200多个节目,出口节目仍以电视连续

---

① 谭天、于凡奇:《从"走出去"到"走进去"——论中国电视对外传播的策略创新》,《中国电视》,2009年第8期,第46页。

剧为主,出口额达到 6496 万美元。① 同年,我国电视剧主要出口机构——中国广播电影电视节目交易中心的电视剧出口额仅有 609 万美元,还不到韩国电视剧出口额的 1/10。

值得一提的是,在政策性和商业性机制并用的同时,也要有效解决两者可能出现的潜在冲突。例如,政策性机制内的免费赠播与商业性机制的销售营利时常存在矛盾与冲突。许多优秀的影视节目,本来可以创造很大的市场价值,但往往被有关部门无偿赠送给国际客户。当然,出于文化传播的目的,对于在经济上确实处于较低发展水平的第三世界国家来说,电视对外传播仍然主要依靠政策性机制。

(五)方式上:自主输出与合作传播兼顾

文化产品的输出应兼顾自主与合作两种方式,尤其在全球化环境中,我国电视文化产品要进入海外市场,国际合作是非常有效的一种方式。以中国广播电影电视节目交易中心为例,该公司近年来与美国华纳、日本 NHK、美国国家地理频道、美国历史频道等国际知名媒体机构积极展开合作,在 2004 年与美国历史频道合作改编包装纪录片《复活的军团》;2005 年与德国 ZDF 电视台合作改编发行《郑和下西洋》欧洲版,并于 2006 年下半年在德、法主流频道黄金时段相继播出;2005 年与美国国家地理频道联合制作发行《故宫》国际版,先后在 40 多个国家和地区播出,其中在新加坡、台湾、香港的收视效果远远超出当地黄金时段的平均收视率;2006 年与委内瑞拉 Venevision 公司合作改编纪录片《再说长江》西班牙语版,并成功销售到美国 Discovery 频道和 Galavision 电视网,先后在北美、南美、欧洲、亚洲、澳洲的 80 多个国家和地区的主流媒体播出;2007 年与香港 TVB 合作拍摄电视剧《岁月风云》、与马来西亚合作拍摄电视剧《双城变奏》等。

---

① 《2009/2010 KBS 年度报告》(2000/2010 KBS Annual Report)。

第八章 对外电视传播的文化资源战略

　　我国丰富的文化资源是开展对外电视传播的重要条件,也是我国对外电视走向国际的重要基础。随着我国在国际上影响力的提升,国际话语权和文化软实力成为备受关注的两个议题。在这样的背景下,从 20 世纪初期开始,我国相继开始了规模宏大的、系统性的"走出去"工程和"国际传播能力建设"工程。就对外电视而言,我国为提升国际话语权,先后开播了英语、法语、西班牙语、阿拉伯语和俄罗斯语等语种的国际频道,并计划开播葡萄牙语国际频道。另外,依托新媒体技术在 2009 年开播了中国网络电视台。就文化传播而言,我国逐渐加大了文化"走出去"的力度,通过演出、展览、教学等各种类型的活动,提升我国文化在海外的影响力。这两年,对外电视也加大了文化传播的力度,在对外文化传播中扮演着日益重要的角色。黄河电视台国际频道从开播之初以文化传播专业频道作为定位,中央电视台中文国际频道(CCTV－4)在 2010 年 12 月的改版中调整定位,将频道发展目标定为"中华文化第一传播平台"。2011 年 1 月 1 日开播的中央电视台纪录频道,也将文化传播作为频道的重要使命。对外电视频道一方面要注重传播我国文化,另外一方面要加强对文化资源的利用,既要有文化传播使命,也要有文化开发机制和文化利用策略。

第一节　对外电视要加强文化资源的开发和利用

　　文化资源,就是人们从事文化生产、文化活动所必需的可资利用的各种文化生产要素,包括物质文化资源、精神文化资源和文化人才资源三类。① 就对外电视而言,主要是物质文化资源和精神文化资源。另外,根据划分标准的不同,文化资源还可以分为民族文化资源和历史文化资源。我国有着丰富多彩的民族文化与历史文化资源,大概包括四类:①旅游观光类。包括历史遗址、建筑园林、名山大川等。②文物珍宝类。中国文化历史悠久,留下大量的文物,有1000多万种,包括各个朝代留下的字画、金银玉器、陶瓷碑刻等珍宝。③民俗风情与宗教类。民俗风情包括饮食、衣饰、居住、婚丧寿诞、岁时节庆、信仰禁忌、娱乐游戏等。④民族表演艺术类。包括民歌、民族舞蹈、民族体育表演、地方戏剧和武术表演等。仅据《中国戏曲剧种手册》记载,我国的戏剧就达275种,其中影响较大的有京剧、越剧、黄梅戏、昆剧、评剧、粤剧等。56个民族独特的表演艺术带有浓郁的民族风格,古香古色,深受人们的欢迎,如陕西的"安塞腰鼓"和云南的"景颇刀舞"等。② 这些都是我国对外电视可资开发和利用的重要资源,故我国对外电视要注重借鉴西方发达国家的传播模式和技巧,将文化资源变为节目资源,进而将文化优势转化成传播优势。需要指出的是,转化过程需要很高的策略和技巧。另外,并非所有的文化资源都可以直接转化为节目资源,尤其是深层文化内容。从理论上讲,国家的文化资源是无限的,但在实际的利用上则受到限制,因为其文化价值观体系的方方面面并非对任何国家、在世界任何地方、在任何时候都有吸引力。③ 因此,我国对外电视不仅要注重文化类节目传播的策略和技巧,也要加大对文化资源开发和利用的力度。

一、文化资源开发利用的现代化

　　长久以来,传统文化一直是我国电视对外传播的重要内容。传统文化是

---

① 胡惠林、李康化:《文化经济学》,太原:书海出版社,2006年版,第125页。
② 徐庆峰、吴国蔚:《我国文化产业"走出去"策略分析》,《对外经贸实务》,2005年第12期,第47页。
③ 李智:《文化外交:一种传播学的解读》,北京大学出版社,2005年版,第69页。

指所有前人遗留下来的衣、食、住、行、风俗习惯、社会制度、审美情趣、思想等等的总和。这中间有精华,也有糟粕。① 北京大学教授乐黛云认为,传统文化往往有两个层面:一是传统文化,是文化的遗迹,比如我们的编钟、青铜器、四书五经等等。这些是固定了的物品,代表我们的文化。二是文化传统,文化传统是活的,它不断地在发展。如四书五经,在春秋时期是一种解释,汉代又是一种解释,不断地在更新。② 对于传统的形成和作用,有学者认为,"文化通过传承方式表现出来,我们称之为传统,它本身也反映着一个民族在发现、表现并传达生活的深度意义方面所完成的历史积累。传统不是别的,正是历史,任何一种已经发生过的事情,不管是好是坏,只要存在于人类生活中,都叫做传统"。③ 我国文化因为具有久远的历史、多元的构成、广博的吸纳和深厚的积淀,从而具有博大精深的内涵和纷繁芜杂的体系,也形成了丰富的文化传统。

首先,在开发和利用传统文化的时候,对外电视要在所传播的文化内容中赋予现代性的内容,提供现代话语体系的意义空间。我国对外电视要力求将文化资源转变为具有现代意义的节目内容,如果仅仅停留在历史意义的范畴,与现在没有交互性或共通性,则难以形成共鸣。当然,内容的现代性是指所传播的节目内容具有现代的意义,通过现代社会的文化码本能进行意义的解读。与此同时,并不排斥文化符号的传统性。目前,很多我们认为是精华甚至是国粹的文化资源,并不能直接融入全球化下的现代话语体系,因而不能直接用在对外电视传播中。我们知道,在外国人眼中,中国戏剧尤其是京剧在我国有着特殊的地位,我们也将京剧定位为国粹。然而,真正知其所以然的人并不多。京剧中唱念做打样样都是中国文化的积淀,可是对中国文化、历史不是很了解的外国人就只能看看热闹,加之台词听不懂,完全不明白为什么会有这样的脸谱、这样的唱腔、这样的故事。虽然早在1919年梅兰芳先生25岁时就率"喜群社"访日并宣传我们的国粹,但到现在为止,京剧的影响力远没有歌剧在全世界的影响力大,可能因为外国人对京剧的了解依然停留在浅层的观赏上,而

---

① 费孝通、[法]德里达等:《中国文化与全球化》,南京:江苏教育出版社,2003年版,第43~44页。
② 费孝通、[法]德里达等:《中国文化与全球化》,南京:江苏教育出版社,2003年版,第325页。
③ [美]乔治·麦克林、邹诗鹏:《全球化与存在差异》,武汉:湖北人民出版社,2006年版,第31~33页。

远远没有接触到它内在的文化之美。① 近年来,很多人为了在西方传播我国的京剧文化进行了不懈努力,包括将京剧用英语或法语等语言进行表演、简化表演的程式化内容等。这些举措对于帮助外国观众理解京剧具有一定的作用,但要以此来实现京剧在西方的普及,并通过京剧来提升我国文化在西方的影响力,则任重而道远。因为这些举措仅是在形式上的改造,并没有在内容上增加便于海外受众解读的现代符号。我国对外电视在传播传统文化的时候也存在类似的问题,例如,关于中医药的电视节目,很多时候过于注重传播文化内涵,而忽略了现代应用价值,海外受众仅仅是怀着好奇心略作观赏,然后因为不知所云或不得要领而换台,这就不能获得预期的传播效果。

其次,传播手段的现代性也很重要,也就是要用现代的表达方式和传播手法来制作和播出关于我国文化的节目。中国文化的现代化必须以传统为基础,以全球化为目的。② 在全球化语境下,中国文化如何借助现代电视媒体进行传承和发展,成为一个日益迫切的理论与现实命题。对外电视只有注重传播的全球化语境,并采取相应的传播策略和技巧,才能真正将传统文化以现代化的方式表达出来,传播出去。

从根本上说,就是要注重传播内容的现代化和传播手法的现代化,不可让对外的节目传播"原汁原味"的中国文化,也不能用面向国内受众的传播方式向海外受众进行传播。许多海外受众对于中国文化的兴趣仅停留在对异国文化的好奇心层面,也有部分海外受众是认同我国文化中的理念和价值观念。无论是前者还是后者,内容的选择和所采取的传播方式都要做到"内外有别"和"外外有别",力求用他们看得懂的方式来播出适合于他们欣赏和接受的内容。

二、文化资源开发利用的大众化

文化的构成是多层次的,并非仅仅由精英文化或大众文化、高雅文化或通俗文化构成。而且,某个层次的文化在时间变迁或其他因素的作用下可以向其他层次转化,或者一个国家某个层次的文化传播到另一个国家后,因为当地文化环境的关系也能向其他层次转变。例如,桑巴在巴西被认为是大众文化;然而在欧洲和北美,桑巴完全被当作一种异国风情的文化形式来接受,属于精

---

① 刘继南、何辉等:《中国形象:中国国家形象的国际传播现状与对策》,北京:中国传媒大学出版社,2006 年版,第 198~200 页。
② 李慎之:《全球化与中国文化》,《美国研究》,1994 年第 4 期,第 135 页。

英文化。在我国对外电视所传播的传统文化中,精英文化或高雅文化占据了重要的地位。对外电视中的文化传播采取精英化或高雅化的路线并无不当,但大众化也是不可或缺的一个方面。要发展中国文化,大众文化是一条极其有效的途径,但民族特色的传统文化才是根基,两者缺一不可。传统文化只有通过大众文化的口才能传播出去,而大众文化少了文化的根基是没有价值的,也不会给中国文化带来美好的明天。①

文化资源开发和利用的大众化,是指对外电视所传播的内容为大众化的中国文化,或以大众化的手法传播中国文化。这种传播策略是基于传播受众,即通过大众化的内容和形式吸引年轻受众这个重要、甚至具有战略意义的群体。日本在对外电视中非常注重现代文化的传播。有学者就认为,日本在对外文化传播中主打"酷文化",就是一种针对外国青少年的传播策略,"在世界各地培养出一批哈日族,使得虚拟世界的日本形象深深地植入各国青少年的头脑中"。②

就文化资源开发和利用的大众化而言,主要是传播形式的大众化,包括节目形式的大众化和传播手法的大众化。在这方面,日本对中国文化资源的开发和利用的方式和手段值得借鉴。早在20世纪50年代,《杨贵妃》、《秦始皇》、《白蛇传》等在日本被拍摄成故事片,《水浒传》、《西游记》、《三国演义》等中国经典在日本不仅被改编成电影,而且还在漫画、舞台剧等层面被广为引用,并有了日本独特的解说文本等等,均体现了日本对中国文化的借鉴与创新。③

文化资源开发和利用大众化的一个重要方面就是要有受众意识,尤其要有国际化的受众意识。有学者认为,中国的文化产业之所以至今还没有在世界市场形成有效的竞争力,一个重要的原因就是缺乏世界市场观念,没有世界受众意识。④ 所谓"世界受众意识",就是在区分国内受众和国外受众不同需求的前提下,强化节目生产的针对性,按照国际化的受众理念创意、生产、包装和发行节目。

值得一提的是,文化资源开发和利用的大众化容易出现一种极端,那就是

---

① 郭芳:《谈"全球化"背景下中国文化的未来》,《太原师范学院学报(社会科学版)》,2006年第6期,第33页。
② 王众一、朴光海:《日本韩国国家形象的塑造与形成》,北京:外文出版社,2006年版,第59页。
③ 刘洪潮主编:《怎样做对外宣传报道》,北京:中国传媒大学出版社,2005年版,第352页。
④ 冯益谦:《涉外文化管理》,广州:华南理工大学出版社,2006年版,第94页。

混淆大众化和庸俗化,尤其体现在电视剧对文化资源的使用方面。近年来,我国在制作电视剧时加大了对历史文化资源的利用,并在内容和制作上力求大众化,以期市场的最大化。部分电视剧在制作的时候,"在一种贪图浮名、又不想费心费力的浮躁心态支配下,一些电视人一味迎合所谓市场'卖点',凭空编造种种低俗、无聊的情节,人为制造噱头,脱离了基本的历史真实,有时还机械地影射当代社会。戏说也好,野史也好,虚构也好,怎么热闹怎么来,随心所欲、信笔涂鸦"。①

三、文化资源开发利用的产业化

产业化是一个简单、但涵盖内容十分丰富的概念。文化资源开发利用的产业化属于文化产业的范畴。文化产业可分为知识型文化产业、休闲型文化产业和娱乐型文化产业。②

文化资源开发利用的产业化,是指对外电视以我国文化为素材生产制作节目的时候,采取产业化的形式进行运作。这是提高我国文化资源转化效率的一个重要方式,也是提升我国文化资源开发利用效果的一条途径。文化的产业化,极大地提高了文化生产的积极性,促进了文化产业的发展,增强了文化的竞争力。③ 与产业化相关的一个概念是电视产业化。电视产业化是指电视媒介的资源配置及生产方式的专业化、集约化、市场化进程。1987年,当时国家科委在首次编制的中国信息产业投入产出表里,第一次把"广播电视业"纳入"中国信息商品化产业"的序列;1992年,中共中央和国务院在《关于加快发展第三产业的决定》中,明确将广播电视产业归于第三产业。对于对外电视而言,电视产业化与文化产业化是相辅相成、彼此交融的关系。

近年来,党和国家出台的有关文化产业发展政策和措施,多次强调文化产业"走出去"的外向型发展战略,这就要求我国对外电视节目的生产和制作要有国际化的市场理念,采取国际化的文化产品制作、传播方式,精心打造中国气派、中国风格的文化品牌。另外,要打造一批有能力参与国际竞争的跨国文化公司,充分利用经济领域"走出去"已经累积起来的市场经验,大力支持文化

---

① 王长潇:《当代中国电视文化传播论纲》,济南:山东人民出版社,2005年版,第188~189页。
② 方明光主编:《文化市场与营销》,上海人民出版社,2003年版,第1页。
③ 王超逸主编:《软实力与文化力管理》,北京:中国经济出版社,2009年版,第159页。

企业走出去,参与国际竞争。① 国家广电总局表示,全行业将大力实施中国影视全球推广战略,探索建立"市场运作、企业营销、政府扶持"的海外营销新机制,使一大批具有中国视角、亚洲元素、世界影响的电影精品更多地走向国际市场。②

　　与产业化直接相关的就是规范化。文化资源开发利用除了需要对外电视在内容、手法、生产方式等方面有所提升之外,国家在政策、规范、法律和制度层面的支持也非常关键。在这方面,韩国的很多举措值得我们借鉴。韩国关于文化方面的法律比较系统和全面,除了《著作权法》外,为建立文化产业发展的基础,强化其竞争力,制定了支持和振兴文化产业基本事项的《文化产业振兴基本法》;与电影的制作、进口、等级分类、上映等有关的《电影振兴法》;与音盘、录像制品及游戏盘的制作、供给、销售、提供视听、进口、等级分类等有关的《唱片、录像带暨游戏制品法》;为影像文化的顺畅流通和影像产业的振兴而作为政策基础的《影像振兴基本法》;为保障报纸等定期刊物的功能并建立健全发展功能的基础、追求舆论多样化的《关于保障新闻等的自由和职能的法律》;与出版、出版事项及出版、印刷文化产业的支持、培育和出版物的审查及建立健全流通秩序有关的《出版及印刷振兴法》;为保障新闻通讯的自由和独立,在提升其公共责任的同时,为新闻通讯社的健全培育而制定了相关事项的《新闻通信振兴有关的法律》;为维护因新闻报道而被侵害的国民权利,形成公正的言论,并实现言论的公共责任而制定的《关于媒体仲裁和受害救济的法律》(简称《媒体仲裁法》);为地域新闻有健全的发展基础以及舆论的多元化和各地区社会的均衡发展而制定的《地区报业发展支持特别法》;与韩国广播电视广告公社③的设置与广播电视广告的销售事项有关的《广播电视广告公社法》,以及规定了无线广播电视、有线广播电视及韩国广播电视公社等有关事项的《广播电视法》。④

　　我国关于文化产业的规范化和法制化是一个渐进的过程。1985年,国务院转发国家统计局《关于建立第三产业统计的报告》,把文化艺术作为第三产

---

① 张彩凤、苏红燕:《全球化与当代中国文化产业发展》,济南:山东大学出版社,2009年版,第178~180页。
② 文化部网站:《中国文化产业:走出去 赢回来》,2010年8月19日,http://www.mcprc.gov.cn/sjzz/whcys/cydt/201010/t20101014_83446.html。
③ 与公司不同,一半为国营、一半为民营形式的企业在韩国被称为"公社"。
④ [韩]姜锡一、赵五星编著:《韩国文化产业》,北京:外语教学与研究出版社,2009年版,第19页。

业的一个组成部分列入国民生产统计的项目中;1987年初,文化部、财政部和国家工商管理局联合颁发了《文化事业单位开展有偿服务和经营活动的暂行办法》;1988年,文化部、国家工商管理局又联合发布了《关于加强文化市场管理工作的通知》,政府文件中首次出现"文化市场"的字眼,并对文化市场的范围、管理原则和任务等作了界定。在文化单位企业化过程中,财政部在1989年2号令中明确指出:鼓励与促进有条件的事业单位由全额预算管理向差额预算管理过渡;差额预算管理向自收自支管理过渡;自收自支管理向企业管理过渡。1991年,国务院批转文化部《关于文化事业若干经济政策意见的报告》。报告就当时亟待解决的有关文化经济政策问题,经与原国家计委、财政部、人事部、建设部、国家税务总局等有关部门协商,提出了对文化事业给予扶持的有关办法。

随着行政规章制度的初步放松,政府相应颁布了与之相适应的指导性文件和法规。1982年颁布实施的《文物保护法》是新中国第一部专门的文化法律。为了配合《文物保护法》的实施,国务院先后颁布和批准了《考古涉外工作管理办法》、《水下文物保护条例》、《文物保护法实施细则》等行政法规或者法规性文件,对促进我国文化遗产保护,制止"建设性破坏"起到了重要作用。1991年6月1日开始实施的《中华人民共和国著作权法》,是新中国第二部专门的文化法律。此后,国务院又颁布了《著作权法实施条例》、《实施国际著作权条约的规定》、《关于进一步加强知识产权保护工作的决定》、《知识产权海关保护条例》等行政法规。

1991年,国务院在批转《文化部关于文化产业若干经济政策意见的报告》中正式提出了"文化经济"的概念。1992年6月16日,中共中央发布了《关于加快发展第三产业的决定》。随后出版的国务院办公厅综合司编著的《重大战略决策——加快发展第三产业》一书,明确启用了"文化产业"概念,这是我国政府部门首次对文化"产业"性质的认可。①

对于我国对外电视的节目而言,产业化能为节目生产注入活力,也能为节目的市场推广和销售提供动力。这几年,随着产业化的推进,我国电视剧、纪录片等电视节目的生产在产量和质量等方面都有明显的提升,也有更多的媒

---

① 左慧:《文化产品供给论》,北京:经济科学出版社,2009年版,第194~197页。

体随之走向国际市场。在2011年的第48届北美电视节上[①],中央电视台、华谊兄弟天意影视有限公司、上海东方卫视、北京东方恒河影视公司等5家中国电视制作机构参加了这次电影节,与全球76个国家的1千家参展商同场竞技,共同展示和交流世界最先进的影视制作技术和优秀作品。在电视节期间,中央电视台根据事先与北美和拉美客户的沟通,重点准备了古装武打电视剧、纪录片和卡通片,包括《画皮》、《灵珠》、《秦俑情》、《萍踪侠影》、《剑侠情缘》等10部电视剧,我台优秀纪录片有《华尔街》、《畅游中国》、《颐和园》等13部,卡通片《三国演义》、《秦汉英雄传》以及央视动画的系列动画片17部,以及电视电影、综艺等,共约1000小时。3天谈判有的放矢,达成签约意向的销售金额共计21.4万美元。不过,目前我国参展机构展出的节目类型还主要集中在武侠影视剧、旅游纪录片等方面,对于娱乐等其他节目类型较少涉及。这说明我国电视产业、尤其是外向型电视产业还处于起步阶段,尚有待进一步完善和提升。

第二节　注重深层文化的整理与传播

我国对外电视在传播文化的时候,要注意丰富所传播内容的层次:既要有吸引海外受众眼球的浅层文化,也要有撼动他们心灵的深层文化。从历史上看,在我国文化传播较为成功的历史时期,是浅层文化和深层文化相互辉映、共同向外传播。中国的瓷器正是通过丝绸之路向国外传播,虽然传播的渠道是商业和旅行,但传播的内容是物质文化。更为重要的是,附着在这些商品上的是文化生活方式、时尚、文化观念,他国民众在接触我国浅层文化的同时,也感受到我国的深层文化,国家或民族的文化形象通过这些物品得以逐渐确立。另外,在这一时期,我国的非物质性文化也进行了较为成功的传播。譬如古代中国的汉籍向东亚或西方传播,从而使外国民众获得了对中国文化的认知,一些价值观念也受到影响。[②] 浅层文化的传播主要通过物质文化来进行,也就

---

① "北美电视节"一般都称"奈佩—NATPE"电视节,全称叫"国家广播电视节目执行制片人会议及节目展",一年一次。NATPE是美国全国电视节目专业协会的简称,该会是全球电视行业颇具影响力的非营利性组织,其目的在于提升电视产品质量、建立各类电视节目的媒体平台和促进全球电视市场的可持续发展,协会每年都定期举办年会及产品展示会。

② 吴祚来:《对外传播与文化焦虑》,《对外传播》,2009年第9期,第14页。

是说,要整理和传播有代表性的中国物质文化。而深层文化则是通过非物质性文化进行传播,其主体是文化理念和价值观念等非直观性的内容。对外电视在传播我国文化的时候,不应该局限于传播某一个层次的文化,而应通过多层次文化的传播,构建一个立体的文化形象。我国对外电视在传播文化的时候,在丰富文化内容层次的同时,要注重深层文化的传播。或者说,我们在传播某种文化的时候,传播的落脚点或者说目的应该是深层文化。

一、要注重核心文化理念的诠释与传播

文化层次按照由浅入深、由表及里的顺序,分别是物质文化、制度文化、价值观(和意识形态)。越是处于文化表层的东西,越容易被人接受;越是文化深层的东西,越是不容易改变和接受。[①] 但在文化传播中,至为关键的是深层文化的传播。浅层文化的传播能让海外受众对我国文化产生一定的兴趣,但要真正让海外受众理解和接受我国的文化,还需要向他们传播深层文化。以武术文化为例,有研究者就认为,武术文化形态相应地分为"物器技术层"、"制度习俗层"、"心理价值层"三个层次。其中,"心理价值层"是武术文化的核心,它主要是通过前两层文化体现出来。心理价值层不仅是武术长期形成的心理习惯与定势,更是一个民族数代人积淀而成的心理习惯与定势。文化冲突的焦点在于文化的观念价值层。而这种冲突只有通过坚持不懈又卓有成效的深层次的文化交流与传播,才能促进相互间的理解、欣赏和信赖。[②] 我国对外电视在开展文化传播时,不能仅在形式上下工夫,限于京剧、烹饪、剪纸、杂技、书法、国画、太极拳以及汉语教学节目等等。这些节目在推广中华文化方面的确发挥了重要作用,但远远不够。我们需要传播我国文化中的深层理念,比如"和为贵"的儒家思想以及在此基础上提出的"和谐世界"理念。在传播这些深层文化之前,"首先要对什么是中华文化的精髓有准确的认知和判断。因为文化自信心要建立在真正的民族文化精华基础之上,这样才有文化凝聚力,才谈得上树立形象"。[③] 而且,对外电视传播文化时在节目创作上的素材较为单一,没有加工,没有创新,也没能够把现代生活元素融入其中。世界对中国的总体印象还停留在"五千年文化、长城、故宫、京剧等文化遗产"上。更没有将

[①] 崔婷:《全球化与当代中国跨文化交流》,济南:山东大学出版社,2009 年版,第 194 页。
[②] 刘树军、王苑苑:《武术文化传播的障碍因素分析》,《天津体育学院学报》,2003 年第 18 卷第 2 期,第 42 页。
[③] 汪权:《提升文化国际影响力》,《人民日报》,2009 年 6 月 4 日第 016 版。

浅层文化的传播作为深层文化传播的基础,或者将深层文化的传播根植于浅层文化的传播之中。例如,韩国电视就是以民族文化为根基制作出引起共鸣或至少是可以得到认同的电视节目,并在深层文化方面进行潜移默化的渗透。中国电视对外传播也需要依托浅层文化的吸引力,来传播深层文化。一位美国华语传媒业者根据自己在海外的切身体会认为,在文化对外传播中,只安装和点缀一些"中国元素",表层地解释中华文化,在初级阶段尚可,但绝对不是文化传播的目标。最关键的是要传播中国文化中重要的精神命脉,即思想文化。① 有学者认为,我国在开展对外传播时,需要在更高的价值层面提出自己的东西,比如"和为贵"的儒家思想及"和谐世界"的外交思想,它们既不同于自由、平等、民主、人权等西方价值观,又能让别人刮目相看甚至肃然起敬。②

在深层文化方面,核心文化理念又是对外电视传播内容的重中之重。核心文化理念包括价值观念、宗教信仰等内容,它是文化的精髓所在,也是我国对外文化传播的出发点和落脚点。无论是从"文化走出去",还是从"文化软实力"的角度,核心文化理念都具有重要的作用和意义。有学者认为:"以价值观念、宗教信仰为核心的文化,不同于自然资源、军事力量、经济或科技实力等以实物为特征的有形力量,而是一种以思想、意识、精神为特征的、无形的集体认同力和感召力。"③这种认同力和感召力不仅是针对国内民众而言,对于国外民众也同样如此。有学者认为,所有的传播,最终都要回归到价值层面上。"有限的价值有限传播,无限的价值无限传播,没有价值的东西,难以实现传播。"

传播的真实性、善意、美感,都是文化价值中的核心价值。通过文化传播要使受众获得对我们历史或现实的真实感受、善意与包容性、美与快乐的属性,它最忌讳的,则是意识形态的宣传属性。在传播规律中,我们可以看到:价值即力量、价值即生命,价值即核心影响力与竞争力。④我国深层文化中能与其他文化共享的文化价值观也是我国国际话语权的重要资源。目前,我国的国际话语权与西方国家相比还处于相对弱势地位。有学者建议,我国应从充实话语内容、扩展对话平台、区分话语对象等几方面入手来提升国际话语权,

---

① 《第六届世界华文传媒论坛论文集》,香港中国新闻出版社,2011年版,第207页。
② 汪权:《提升文化国际影响力》,《人民日报》,2009年6月4日第016版。
③ 李智:《文化外交:一种传播学的解读》,北京大学出版社,2005年版,第49页。
④ 吴祚来:《对外传播与文化焦虑》,《对外传播》,2009年第9期,第15页。

首当其冲就是弘扬中华文化精髓,充实有吸引力的话语内容。①

我国对外电视在传播核心文化理念的时候,需要对我国文化进行认真梳理和总结,在节目中传播那些适合于对外的核心文化理念。执教于清华大学的美国教授丹尼尔·贝尔(Daniel A. Bell)在《纽约时报》发表了题为《发展中国软实力》的文章,就中国应该传播什么样的价值观阐释了他的观点。贝尔认为,尽管形象与实际有差距,但是人们认为美国代表自由与民主,而美国也确实在出口自由和民主。美国不仅仅通过武力这么做,还依靠政府资助的基金会。比如,美国国家民主捐赠基金会就向国外支持民主的组织提供资金支持,而"自由之家"这样的非政府组织按照政治自由程度对国家进行排名。中国代表儒家价值观,而其出口儒家价值观只是在东亚取得了一定成功。贝尔说:尽管儒家价值观也是多元而充满争议的,但一般而言,其有两点核心:精英政治与和谐。贝尔认为,改革开放30年的成就主要应该归功于通过精英政治选拔出的干部。尽管西方国家可能不感兴趣,但中国可以对非洲和其他地方输出这种价值观。中国应该建设精英政治基金会这样的组织,资助其他国家进行精英政治实验。同样,中国也应该建立"和谐之家"之类的非政府组织,对世界各国的"和谐指数"进行排名。贝尔说,中国与其浪费钱财去研究美国在哪些方面违反了人权,不如大力推广那些既能鼓舞中国人民,又能让世界更美好的政治价值观。②虽然这种观点不尽完善,但为我国对外电视提供了一个思考的维度。

从中国对外电视媒体的自身而言,要引起社会主导人群的关注并成为主流媒体,媒体自身必须有自己的思想影响力。无论是新闻节目还是专题节目,都要敢于和善于挖掘并传递中国文化的思想精华和价值观,例如"大同世界"的全球眼光,"和而不同"的和谐思想,"以人为本"的政策导向,"以德报德、以直报怨"的交往原则,"己所不欲、勿施于人"的伦理规范,"天人合一"的自然观,"自强不息、刚健有为"的进取精神等,从而形成独特的中国报道视角,不断丰富中国话语体系的内容,不断争取国际上的理解、认可和接受。③我国对外电视现在过于注重硬件的建设,而忽视报道的核心理念等软件方面的建设;过

---

① 王啸:《国际话语权与中国国际形象的塑造》,《国际关系学院学报》,2010年第6期,第63~64页。
② Daniel A. Bell, *Developing China's Soft Power*, New York Times, 2010年9月23日。
③ 刘笑盈:《再论一流媒体与中国的话语权时代》,载姜加林、于运全主编《构建现代国际传播体系》,北京:外文出版社,2011年版,第73页。

于看重机构建设的扩张,而忽视在内容建设上进行系统的规划和构建,尤其是未能有效和深入地挖掘和整理适合对外传播的文化资源;过于强调国际化,而忽略了民族化,等等。我国对外电视媒体,要想成为国际一流媒体,成为有国际影响力的主流媒体,则必须超越西方媒体,而不是模仿西方媒体;必须诠释和传播自己的文化理念,而不是被动回应或呼应西方的价值观念。

二、要注重核心价值观念的界定与传播

本书在第三章第三节从跨文化传播的角度,探讨了对外电视通过价值观念的"共享化"来实现跨文化传播的问题,并提出了在电视对外传播中易于和值得共享的几个价值观。如果从战略的高度来探讨电视对外传播中的文化传播问题,则需要重点考虑核心价值观念的传播。

2011年10月18日,中共中央十七届六中全会提出,"要推进社会主义核心价值体系建设",并强调"社会主义核心价值体系是兴国之魂,是社会主义先进文化的精髓,决定着中国特色社会主义发展方向"。诚然,社会主义核心价值体系的建设关乎我国社会发展、经济建设和人民生活的方方面面,党中央高瞻远瞩强调社会主义核心价值体系建设,符合社会发展潮流和历史进步规律。从对外传播的角度来说,考虑到目标国受众与我国之间的文化差异、社会制度差异等,如果直接使用社会主义核心价值观的提法,可能难以产生预期的效果,甚至还有可能事与愿违。

我国对外传播的核心价值观既要与国内弘扬的价值观有相同的精髓和实质,又要在称谓和内容构成上做到"内外有别"。北京大学关世杰教授提出,关于当今我国社会核心价值观的称谓,目前大致有以下三种说法:社会主义核心价值观;当代中国核心价值观;中华民族核心价值观。"在对外传播中,用社会主义核心价值观不妥,有意识形态色彩。对非社会主义国家进行传播时于传播效果不利。用当代中国核心价值观,也显得啰唆。给人以短暂感,核心价值观是相对稳定的。为便于外界理解,建议浓缩'当代中国核心价值观',简称'中国核心价值观'。从价值观的来源看,当代中国核心价值观来自中国传统文化、五四以来的新文化和外来文化。因而我们需要从中遴选出中华特色的核心价值观。当今具有中华特色核心价值观源自中国传统文化中的核心价值观(当然是对这些价值观的新的解读),和五四运动以来中国人民创造的新核

心价值观。"①

我国对外传播的核心价值观应兼顾传统价值观和当代价值观,而不应厚古薄今,或厚今薄古。余新天认为:"从对外传播来看,必须消除误解,以为只要将传统中华文化价值观传播出去就好。其实,世界各国人民更关心的是今天中国人所信奉的文化价值观,是今天中国人的思想和言行,或者说古代圣贤的智慧如何体现于今人的态度。"

我国对外传播的核心价值观念要有机融合传统文化中的核心价值观和当代文化中的核心价值观。关世杰教授经过深入研究,提出了中国传统与当代的核心价值观。

  来自中国传统文化中的具有共享性的核心价值观主要有:
  仁:人与人之间相互友爱、同情、互助;
  恕:己所不欲,勿施于人;
  孝:尊敬和善待父母;
  和而不同:尊重彼此的差异,和睦相处;
  辩证思维:以全面的、联系的、发展变化的观点,不以非此即彼的观点看待事物;
  天人合一:尊崇自然,人与自然和谐。
  五四运动以来中国人民创造的新的且具有共享性的核心价值观主要有:
  共同富裕:消除两极分化,走向共同富裕;
  和谐世界:国与国之间和平共处、彼此尊重、共同发展;
  人民至上:人民的利益高于一切,政府和政党应为人民服务;
  集体主义:当个人利益与集体利益冲突时,在兼顾二者的同时,个人应服从集体;
  集体人权:不仅要尊重个人的人权,也要尊重一个民族或国家的集体人权。②

关世杰教授提出的核心价值观为我国对外电视开展文化传播提供了一条可资借鉴的途径,也为我国对外电视机构梳理和传播核心价值观奠定了基础。

---

① 关世杰:《试论对外传播中的共享价值观问题》,《全国第二届对外传播理论研讨会论文集(上册)》(2011年,南京),第510~511页。
② 关世杰:《试论对外传播中的共享价值观问题》,《全国第二届对外传播理论研讨会论文集(上册)》(2011年,南京),第511页。

笔者认为，我国对外电视在传播中国文化时，可以重点传播关世杰教授所提出的传统文化核心价值观，即"仁"、"恕"、"孝"、"和而不同"、"辩证思维"和"天人合一"。在当代中国核心价值观中，"共同富裕"、"和谐世界"和"人民至上"符合世界各国民众的诉求（如2011年美国民众在"占领华尔街"运动中所体现出的诉求），值得我国对外电视机构向外传播。

值得一提的是，核心价值观的建立是一个系统的工程，需要很长时间去研究和实践，难以在短时期内界定清楚。当然，强调界定工作的难度并不是要否定界定的必要性。当下，我国核心价值体系缺乏清晰性和明确性的问题已经引起了广泛关注，甚至担忧。从电视对外传播的角度来说，学者们的研究成果是我国对外电视传播文化价值观时的重要参考，与此同时，在实际工作中，还需要结合目标国的核心价值观体系，有选择、有针对性地开展传播。

我国对外电视机构在对外传播中国文化时，在节目理念上，要传播核心价值观念；在节目选题上，则要关注与人类发展息息相关的核心利益。"人类共同性问题包括求发展，爱祖国，爱和平，求进步，发展科学、教育、艺术，治理环境，保护野生动物，关心妇女儿童，关心青少年教育，人口控制，扫除文盲，保证劳动就业，消除贫困，保护文物，以及禁毒、打击跨国犯罪、反恐，国际金融合作，预防疾病，和平利用核能，防止城市污染，农村电气化，防止沙漠化，运用科学技术解决国家和全球问题等等，领域是极其广泛的。这些共同的问题具有人类普遍兴趣，外国人也非常关心我国是如何对待和解决这些问题的。"[①]在对外电视传播中，报道了我国关于这些问题的态度和处理方式，这就直接传递了中国文化的核心价值观念，是电视媒介传播深层文化理念最为直接和高效的方式。需要注意的是，在这些人类共同关注的问题中，如果涉及宗教、社会习俗等层面，一定要注重传播的策略和技巧。尤其对于宗教问题而言，宗教是文化中一个很重要的方面，也是构成文化核心理念的关键元素。对外电视在传播中国文化的时候，需要慎重对待宗教内容的传播。

---

① 刘洪潮主编：《怎样做对外宣传报道》，北京：中国传媒大学出版社，2005年版，第115～116页。

结 语

30年前,我国对外电视还处在以寄送磁带的方式开展国际传播的阶段;而30年后的今天,我国已经成为世界上开播国际频道语种数量最多的国家,对外电视的国际传播能力显著提升。与此同时,文化的作用日益凸显。正如2011年10月18日中国共产党第十七届中央委员会第六次全体会议通过《中共中央关于深化文化体制改革推动社会主义文化大发展大繁荣若干重大问题的决定》所指出的:"当今世界正处在大发展大变革大调整时期,世界多极化、经济全球化深入发展,科学技术日新月异,各种思想文化交流交融交锋更加频繁,文化在综合国力竞争中的地位和作用更加凸显,维护国家文化安全任务更加艰巨,增强国家文化软实力、中华文化国际影响力要求更加紧迫。"近年来,海外的"汉语热"、"武术热"和"中医热"等让中国文化日益受到世界瞩目,我国的文化资源如何在新的时期、新的形势下为我国的国家形象建设、国际传播能力建设发挥积极作用,成为一个备受关注的热点课题。

可以肯定,对外电视的发展必将促进国际传播能力的建设,而文化软实力的提升也将有助于文化的对外传播。从对外电视与文化传播的关系来说,两者是相互交融、相辅相成、相得益彰的关系。对外电视国际传播能力建设离不开文化软实力,而文化软实力的传播也需要借助强有力的对外电视。

文化软实力传播本身就意味着文化的传播,它能为我国电视的国际传播能力建设提供节目资源,同时也是推动国际传播能力建设的一种内在动力。我国在扩大内容生产规模、提升节目传输与覆盖能力的同时,需要注重国际传播能力中的文化软实力应用,这符合海外受众的内容需求和收视心理。在全球化的背景下,内容和受众的竞赛日益激烈,地理—语言和文化因素将继续发挥重要作用,尤其在多频道的环境中,有一种受众和频道分化的强劲势头。对外电视机构在内容生产中应注重发掘和注入中国深层文化内容。在全球化的背景下,有关宗教信仰、世界观、人生观、道德观、家庭观念和价值观念等内容的传播才是最为重要和关键的,这些深层文化的内容也最具有竞争力。这就要求我国对外电视媒体在国际传播能力建设的过程中,注重吸纳中华文化中的深层内容,将文化资源的优势转化为我国电视媒体的节目制作优势。

我国电视国际传播能力建设的作用是为文化软实力的传播提供了一个重要的载体。目前,包括电视在内的各种媒介还不能发挥积极的作用而成为文化软实力传播的有效载体;或者说,我国国际传播能力建设还需要进一步加强,才能真正将文化资源转化为文化软实力。与此同时,我国国际传播能力建设的一个更为重要的作用就是为我国文化提供安全保护,或者说维护文化资源的安全。联合国教科文组织1998年《世界文化发展报告》指出:"由于发展中国家缺乏对本国文化资源的有效保护,依赖于国际资本实现其文化遗产数字化,从而在知识经济时代的国际格局中再一次成为文化资源的廉价出口国和文化产品的高价进口国,那么,他们失去的将不仅仅是对自己文化的解释权,而是整个文化遗产的基本含义发生的变异,从而使一个民族迷失最基本的文化认同感,在文化的根部彻底动摇它存在的依据。这就构成了文化资源安全问题。"这在中国也有现实意义。我国大量的文化资源正被其他国家肆意开发、利用,从美国好莱坞的《花木兰》、《功夫熊猫》,到日本的《西游记》等等,这种现象日益普遍。客观地说,其他国家传播我国文化并不是一件坏事,但如果他们利用其发达的媒介在传播我国文化的同时对其进行再定义,则会危及我国的文化安全。

随着全球化的推进和网络时代的到来,我国与世界的联系日益紧密,与外部政治、经济和文化利益的关联度大幅增加,这就要求我们更好地与世界互动,寻求共同利益,创造共同价值。与外部世界互动的基础是让别人清楚地了解我们,赢得认知和理解,获得推崇与尊重,这也是我国大力开展文化软实力传播的目的。而与外部互动的前提就是我们要具有强大的国际传播能力,不仅能制作出让其他国家受众感兴趣的节目,还能高效地向海外传输这些节目,并让这些节目最大限度地为世人所知。正是在这样的国际国内形势下,对外电视的国际传播能力和文化传播的文化软实力两个概念日益凸显出其重要性。这两个概念产生的时代背景、实际目的和战略意图本来相去甚远,但在中国当代语境下,两个概念通过有机融合,可以并行不悖地服务于我国。而这两个概念在实际工作中的体现就是对外电视和文化传播,这两个概念的交集就是对外电视开展文化传播活动。因此,我国对外电视需要通过节目播出、文化产品输出等多种方式,有效扩大文化传播的范围。与此同时,借助中国文化的吸引力提升对外电视的影响力。

主要参考文献

一、中文著作

1. 蔡帼芬、徐琴媛主编:《国际新闻与跨文化传播》,北京广播学院出版社,2003年版。
2. 曹锡仁:《中西文化比较导论》,北京:中国青年出版社,1992年版。
3. 陈卞知编:《美国话语——传播美国新闻与文化》,北京:中国传媒大学出版社,2006年版。
4. 陈兵:《电视品牌建构》,北京:中国传媒大学出版社,2006年版。
5. [美]陈国明:《跨文化交际学》,上海:华东师范大学出版社,2009年版。
6. 陈京生主编:《华语广播电视媒体语言研究》,北京:中国传媒大学出版社,2009年版。
7. 陈韬文等编:《与国际传播学大师对话》,北京:中国人民大学出版社,2011年版。
8. 陈卫星主编:《国际关系与全球传播》,北京广播学院出版社,2003年版。
9. [美]成中英:《从中西互释中挺立》,北京:中国人民大学出版社,2005年版。
10. 崔婷:《全球化与当代中国跨文化交流》,济南:山东大学出版社,2009年版。
11. 戴元光、金冠军主编:《传播学通论》,上海交通大学出版社,2000年版。
12. 丁柏铨:《加入 WTO 与中国新闻传播业》,北京:社会科学文献出版社,2005 年版。

13. 董昀主编:《韩剧攻略:当代韩国电视剧研究》,北京:中国传媒大学出版社,2009 年版。

14. 段连城:《对外传播学初探》,北京:五洲传播出版社,2004 年版。

15. 段鹏:《国家形象建构中的传播策略》,北京:中国传媒大学出版社,2007 年版。

16. 方汉奇主编:《中国新闻传播史》,北京:中国人民大学出版社,2002 年版。

17. 费孝通、[法]德里达等:《中国文化与全球化》,南京:江苏教育出版社,2003 年版。

18. 冯益谦:《涉外文化管理》,广州:华南理工大学出版社,2006 年版。

19. 甘险峰:《中国对外新闻传播史》,福州:福建人民出版社,2004 年版。

20. 高鑫、贾秀清:《21 世纪电视文化生存》,北京:中国国际广播出版社,2006 年版。

21. 顾潜:《中西方新闻传播:冲突 交融 共存》,上海:复旦大学出版社,2003 年版。

22. 关世杰:《跨文化交流学》,北京大学出版社,1995 年版。

23. 关世杰:《国际传播学》,北京大学出版社,2004 年版。

24. 郭可:《当代对外传播》,上海:复旦大学出版社,2003 年版。

25. 郭镇之主编:《全球化与文化间传播》,北京广播学院出版社,2004 年版。

26. 郭镇之等编著:《第一媒介:全球化背景下的中国电视》,北京:清华大学出版社,2009 年版。

27. 何平:《文化与文明史比较研究》,济南:山东大学出版社,2009 年版。

28. 何苏六:《中国电视纪录片史论》,北京:中国传媒大学出版社,2005 年版。

29. 何贻谋:《台湾电视风云录》,台北:台湾商务印书馆,2002 年版。

30. 侯迎忠、郭光华:《对外报道策略与技巧》,北京:中国传媒大学出版社,2004 年版。

31. 胡惠林、李康化:《文化经济学》,太原:书海出版社,2006 年版。

32. 胡正荣主编:《外国媒介集团研究》,北京:中国传媒大学出版社,2003 年版。

33. 胡智锋:《会诊中国电视》,北京:文化艺术出版社,2005 年版。

34. 胡智峰：《中国电视策划与设计》，北京：中国广播电视出版社，2004年版。

35. 虢亚冰主编：《国外广播电视受众研究文集》，北京：中央电视台观众联络处，2002年版。

36. 贾春增、邓瑞全主编：《文化与辐射》，北京：开明出版社，2000年版。

37. 蒋宏、朱金玉主编：《东森登峰之路》，上海交通大学出版社，2006年版。

38. 金民卿：《文化全球化与中国大众文化》，北京：人民出版社，2004年版。

39. 姜加林、于运全主编：《构建现代国际传播体系》，北京：外文出版社，2011年版。

40. 李富强：《让文化成为资本：中国西部民族文化资本化运营研究》，北京：民族出版社，2004年版。

41. ［美］李大玖：《海外华文网络媒体——跨文化语境》，北京：清华大学出版社，2009年版。

42. 黎风主编：《广播影视与文化传播》，重庆：西南师范大学出版社，2008年版。

43. 李彬：《符号透视：传播内容的本体诠释》，上海：复旦大学出版社，2003年版。

44. 李光斗：《品牌竞争力》，北京：中国人民大学出版社，2004年版。

45. 李岚：《电视产业价值链理论与个案》，北京：社会科学文献出版社，2006年版。

46. 李岭涛、李德刚、周敏等：《中国最具网络影响力的十大省级卫视频道》，北京：中国广播电视出版社，2009年版。

47. 李娜：《欧美公共广播电视危机与变迁研究》，北京：中国传媒大学出版社，2009年版。

48. 李新民：《中国电视大趋势》，北京：华夏出版社，2006年版。

49. 李岩：《传播与文化》，杭州：浙江大学出版社，2009年版。

50. 李泽厚：《论语今读》，北京：生活·读书·新知三联书店，2008年版。

51. 李智：《文化外交：一种传播学的解读》，北京大学出版社，2005年版。

52. 李智：《国际政治传播：控制与效果》，北京大学出版社，2007年版。

53. 梁漱溟：《东西文化及其哲学》，上海：商务印书馆，1922年版。

54. 梁岩：《中国文化外宣研究》，北京：中国传媒大学出版社，2010年版。

55. 梁相斌：《中西方新闻战》，北京：新华出版社，2008年版。

56. 刘成付：《中国广电传媒体制创新》，广州：南方日报出版社，2007年版。

57. 刘洪潮主编：《怎样做对外宣传报道》，北京：中国传媒大学出版社，2005年版。

58. 刘继南、何辉等：《中国形象：中国国家形象的国际传播现状与对策》，北京：中国传媒大学出版社，2006年版。

59. 刘立刚、卢颖、郑保章等：《广播电视经营管理》，北京：中国广播电视出版社，2006年版。

60. 陆地：《中国电视产业启示录》，上海交通大学出版社，2007年版。

61. 吕伟雄主编：《海外华人社会新透视》，广州：岭南美术出版社，2005年版。

62. [美]麦美玲、迟进之：《金山路漫漫》，北京：新华出版社，1987年版。

63. 明安香：《传媒全球化与中国崛起》，北京：社会科学文献出版社，2008年版。

64. 明安香总主编：《海外传媒在中国》，北京：中国文联出版社，2005年版。

65. 欧阳宏生主编：《纪录片概论》，成都：四川大学出版社，2004年版。

66. 潘一禾：《文化与国际关系》，杭州：浙江大学出版社，2005年版。

67. 彭新良：《文化外交与中国的软实力：一种全球化的视角》，北京：外语教学与研究出版社，2008年版。

68. 彭伟步：《海外华文传媒概论》，广州：暨南大学出版社，2007年版。

69. 忻剑飞：《世界的中国观》，香港：三联书店，1992年版。

70. 祁述裕主编：《中国文化产业国际竞争力报告》，北京：社会科学文献出版社，2004年版。

71. 任远：《电视纪录片新论》，北京：中国广播电视出版社，1997年版。

72. 戎林海：《跨越文化障碍——与英美人交往面面观》，南京：东南大学出版社，2005年版。

73. 司马云杰：《文化社会学》，北京：中国社会科学出版社，2001年版。

74. 沈苏儒：《对外传播的理论与实践》，北京：五洲传播出版社，2004年版。

75. [美]宋李瑞芳：《美国华人的历史和现状》，北京：商务印书馆，1984年版。

76. 隋岩:《当代中国电视文化格局》,北京:群言出版社,2004年版。

77. 孙有中主编:《跨文化视角》,北京:高等教育出版社,2009年版。

78. 谭天、王甫:《电视策划学》,北京:中国国际广播出版社,2001年版。

79. 唐晋主编:《论剑:崛起进程中的中国式软实力》,北京:人民日报出版社,2008年版。

80. 唐晋主编:《大国策:通向大国之路的中国软实力 软实力大战略》,北京:人民日报出版社,2009年版。

81. 唐晓芬主编:《中国媒介转型与趋势》,北京:中国传媒大学出版社,2009年版。

82. 童之侠:《中国国际新闻传播史》,北京:中国传媒大学出版社,2007年版。

83. 童清艳:《超越传媒——揭开媒介影响受众的面纱》,北京:中国广播电视出版社,2002年版。

84. 王长潇:《当代中国电视文化传播论纲》,济南:山东人民出版社,2005年版。

85. 王超逸主编:《软实力与文化力管理》,北京:中国经济出版社,2009年版。

86. 王庚年:《国际传播:探索与构建》,北京:中国国际广播出版社,2009年版。

87. 王海:《西方传媒对外报道策略》,北京:中国传媒大学出版社,2009年版。

88. 王前:《中西文化比较概论》,北京:中国人民大学出版社,2005年版。

89. 王祥云:《中西方传统文化比较》,郑州:河南人民出版社,2005年版。

90. 王亚军:《东方红 西方蓝:一位中国外交官的欧洲亲历》,南京师范大学出版社,2005年版。

91. 王众一、朴光海:《日本韩国国家形象的塑造与形成》,北京:外文出版社,2006年版。

92. 文长辉:《传媒营销学》,北京:中国传媒大学出版社,2011年版。

93. 吴信训:《文化传播新论:以历史与现实为镜鉴》,上海人民出版社,2008年版。

94. 吴瑛:《文化对外传播:理论与战略》,上海交通大学出版社,2009年版。

95. 席巧娟:《电视传媒与传播文化大趋势》,北京:中国书籍出版社,2003

年版。

96. 薛素珍、陈静英：《美国纽约华人家庭》，三联书店上海分店，1993年版。

97. 夏骏：《十字路口的中国电视》，北京：清华大学出版社，2006年版。

98. 夏之平：《铭心往事——一个广播电视人的记述》，北京：中国广播电视出版社，2009年版。

99. 项仲平：《电视栏目与频道策划研究》，北京：中国广播电视出版社，2007年版。

100. 许倬云：《中国文化与世界文化》，桂林：广西师范大学出版社，2006年版。

101. [澳]颜清湟：《穿行在东西方文化之间》，香港社会科学出版社有限公司，2008年版。

102. 杨伟芬主编：《渗透与互动 广播电视与国际关系》，北京广播学院出版社，2000年版。

103. [美]杨克勤：《孔子与保罗》，上海：华东师范大学出版社，2010年版。

104. 仪名海主编：《信息全球化与国际关系》，北京：中国传媒大学出版社，2006年版。

105. 喻国明、焦中栋：《中国传媒软实力发展报告》，北京：同心出版社，2009年版。

106. 余敏先、米学华：《韩剧在中国热播的文化反思》，《安庆师范学院学报》，2009年1月第28卷第1期。

107. 乐黛云、勒·比雄主编：《独角兽与龙》，北京大学出版社，1995年版。

108. 杨伯溆：《全球化：起源、发展和影响》，北京：人民出版社，2002年版。

109. 俞虹：《电视受众社会阶层研究》，北京师范大学出版社，2010年版。

110. 张冰：《品牌强盛基因》，广州：南方日报出版社，2003年版。

111. 张彩凤、苏红燕：《全球化与当代中国文化产业发展》，济南：山东大学出版社，2009年版。

112. 张春林：《当代中国传媒的受众策略》，重庆出版社，2006年版。

113. 张长明主编：《让世界了解中国——电视对外报道40年》，北京：海洋出版社，1999年版。

114. 张长明、张君昌主编：《走向世界的中国电视》，北京：新华出版社，2006年版。

115. 张岱年、程宜山：《中国文化与文化论争》，北京：中国人民大学出版社,1990年版。

116. 张岱年、汤一介等:《文化的冲突与融合》,北京大学出版社,1997年版。

117. 张国涛主编:《传播文化:全球化与本土化》,北京:中国传媒大学出版社,2010年版。

118. 张海潮:《中国电视节目分类体系》,北京:中国传媒大学出版社,2007年版。

119. 张海潮:《眼球为王——中国电视的数字化、产业化生存》,北京:华夏出版社,2005年版。

120. 张昆:《国家形象传播》,上海:复旦大学出版社,2006年版。

121. 张骥:《文化与当代国际政治》,北京:人民出版社,2003年版。

122. 张力伟、孔峥:《本土化:中国电视产业研究》,北京广播学院出版社,2004年版。

123. 张云、方世彤:《电视品牌战》,广州:广东经济出版社,2004年版。

124. 张玉国:《文化政策与国家利益》,广州:广东人民出版社,2005年版。

125. 张志君:《全球化与中国国家电视文化安全》,北京:中国传媒大学出版社,2006年版。

126. 赵化勇主编:《中央电视台品牌战略》,北京:中国广播电视出版社,2008年版。

127. 赵化勇主编:《中央电视台发展史(1958—1997)》,北京:中国广播电视出版社,2008年版。

128. 赵化勇主编:《中央电视台发展史(1998—2008)》,北京:中国广播电视出版社,2008年版。

129. 赵启正:《公共外交与跨文化交流》,北京:中国人民大学出版社,2011年版。

130. 支庭荣、章于炎、肖斌:《电视与新媒体品牌经营》,北京:中国人民大学出版社,2007年版。

131. 郑保章主编:《电视专题与电视栏目》,北京:中国广播电视出版社,2007年版。

132. 郑兴东:《受众心理与传媒引导》,北京:新华出版社,1999年版。

133. 郑蔚:《中国电视媒体的管理和经营》,北京:中国广播电视出版社,2006年版。

134. 钟大年、郭镇之、王纪言主编:《电视跨国传播与民族文化》,北京广播学院出版社,1998年版。

135. 周大鸣主编:《文化人类学概论》,广州:中山大学出版社,2009年版。

136. 周明伟主编:《国家形象传播研究论丛》,北京:外文出版社,2008年版。

137. 周宪主编:《文学与认同:跨学科的反思》,北京:中华书局,2008年版。

138. 周宇豪:《权力与博弈——信息时代的国际政治传播》,北京:中国传媒大学出版社,2008年版。

139. 朱增朴:《文化传播论》,北京:中国广播电视出版社,1993年版。

140. 庄晓东主编:《传播与文化概论》,北京:人民出版社,2008年版。

141. 庄晓东主编:《文化传播:历史、理论与现实》,北京:人民出版社,2003年版。

142. 邹文广、徐庆文:《全球化与中国文化产业发展》,北京:中央编译出版社,2006年版。

143. 左慧:《文化产品供给论》,北京:经济科学出版社,2009年版。

144. 中国现代化战略研究课题组:《中国现代化报告2009——文化现代化研究》,北京大学出版社,2009年版。

145. 中宣部文化体制改革和发展办公室、文化部对外文化联络局编:《国际文化发展报告》,北京:商务印书馆,2005年版。

二、外国译著

1. [法]阿尔贝特·施韦泽著,陈泽环译:《文化哲学》,上海人民出版社,2008年版。

2. [法]阿芒·马特拉著,陈卫星译:《世界传播与文化霸权:思想与战略的历史》,北京:中央编译出版社,2001年版。

3. [新]阿努拉·古纳锡克拉、[荷]塞斯·汉弥林克、[英]文卡特·耶尔著,张毓强译:《全球化背景下的文化权利》,北京:中国传媒大学出版社,2006年版。

4. [法]阿尔贝特·施韦泽著,陈泽环译:《文化哲学》,上海人民出版社,2008年版。

5. [美]爱德华·霍尔著,刘建荣译:《无声的语言》,上海人民出版社,1991年版。

6. [美]白修德、贾安娜著,端纳译:《中国的惊雷》,北京:新华出版社,1988

年版。

7. [英]伯特兰·罗素著,储智勇译:《权威与个人》,北京:商务印书馆,2010年版。

8. [美]布拉德福德·J.霍尔编著,麻争旗译:《跨越文化障碍——交流的挑战》,北京广播学院出版社,2003年版。

9. [日]池田德真著,朴世俣译:《宣传战史》,石家庄:河北人民出版社,1984年版。

10. [英]丹尼斯·麦奎尔著,刘燕南、李颖、杨振荣译:《受众分析》,北京:中国人民大学出版社,2006年版。

11. [美]丹尼尔·杰·切特罗姆著,曹静生、黄艾禾译:《传播媒介与美国人的思想——从莫尔斯到麦克卢汉》,北京:中国广播电视出版社,1991年版。

12. [美]戴安娜·克兰著,赵国新译:《文化生产:媒体与都市艺术》,南京:译林出版社,2001年版。

13. [英]戴维·莫利著,史安斌主译:《电视、受众与文化研究》,北京:新华出版社,2005年版。

14. [英]戴维·莫利、凯文·罗宾斯著,司艳译:《认同的空间》,南京大学出版社,2001年版。

15. [美]菲利普·巴格比著,夏克等译:《文化:历史的投影》,上海人民出版社,1987年版。

16. [荷]冯·特姆彭纳斯、[英]查尔斯·汉普顿－特纳著,陈文言译:《跨越文化浪潮》,北京:中国人民大学出版社,2007年版。

17. [美]弗雷德里克·杰姆逊、三好将夫编,马丁译:《全球化的文化》,南京大学出版社,2002年版。

18. [法]弗朗西斯·巴勒著,张迎旋译:《传媒》,北京:中国传媒大学出版社,2007年版。

19. [奥]弗洛伊德著,高觉敷译:《精神分析引论》,北京:商务印书馆,1984年版。

20. [日]高坂史朗著,吴光辉译:《近代之挫折:东亚社会与西方文明的碰撞》,石家庄:河北人民出版社,2006年版。

21. [英]格雷姆·伯顿著,史安斌主译:《媒体与社会:批判的视角》,北京:清华大学出版社,2007年版。

22. [德]哈拉尔德·米勒著,郦红、那滨译:《文明的共存——对塞缪尔·亨廷顿"文明冲突论"的批判》,北京:新华出版社,2002年版。

23.［日］和辻哲郎著,陈力卫译:《风土》,北京:商务印书馆,2006年版。

24.［韩］姜锡一、赵五星编著:《韩国文化产业》,北京:外语教学与研究出版社,2009年版。

25.［韩］金文学著,汪培伦译:《新·丑陋的日本人》,北京:金城出版社,2008年版。

26.［美］J.瓦西纳著,孙晓玲、罗萌等译:《文化和人类发展》,上海:华东师范大学出版社,2007年版。

27.［日］桂敬一主编,刘雪雁译:《多媒体时代与大众传播》,北京:新华出版社,2000年版。

28.［加］考林·霍斯金斯、斯图亚特·迈克法蒂耶、亚当·费恩著,刘丰海、张慧宇译:《全球电视和电影:产业经济学导论》,北京:新华出版社,2004年版。

29.［英］克里斯·罗杰克著,李立玮译:《名流:关于名人现象的文化研究》,北京:新世界出版社,2002年版。

30.［美］克拉克·威斯勒著,钱岗南、傅志强译:《人与文化》,北京:商务印书馆,2004年版。

31.［美］克洛泰尔·拉帕耶著,陈亦楠、李晨译:《文化密码》,海口:南海出版社,2008年版。

32.［美］克洛泰尔·拉帕耶著,陈亦楠、李晨译:《思维密码》,海口:南海出版公司,2008年版。

33.［美］拉里·A.萨默瓦、理查德·E.波特著,闵惠泉、王纬、徐培喜等译:《跨文化传播》,北京:中国人民大学出版社,2004年版。

34.［英］理查德·D.刘易斯著,关世杰主译:《文化的冲突与共融》,北京:新华出版社,2002年版。

35.［美］理查德·尼斯贝特著,李秀霞译:《思维的版图》,北京:中信出版社,2006年版。

36.［美］罗伯特·福特纳著,刘利群译:《国际传播——全球都市的历史、冲突及控制》,北京:华夏出版社,2000年版。

37.［美］鲁思·本尼迪克特著,张燕、傅铿译:《文化模式》,杭州:浙江人民出版社,1987年版。

38.［法］路易·加迪等著,郑禾平译:《文化与时间》,杭州:浙江人民出版社,1988年版。

39.［美］路易丝·戴蒙德、约翰·麦克唐纳著,李永辉等译:《多轨外交:通向和平的多体系途径》,北京大学出版社,2006年版。

40.[美]玛格丽特·米德著,周晓虹、周怡译:《文化与承诺》,石家庄:河北人民出版社,1987年版。

41.[加]马修·弗雷泽著,刘满贵等译:《软实力:美国电影、流行乐、电视和快餐的全球统治》,北京:新华出版社,2006年版。

42.[美]马克斯韦尔·麦库姆斯著,郭镇之、徐培喜译:《议程设置:大众媒介与舆论》,北京大学出版社,2008年版。

43.[英]迈克·费瑟斯通著,杨渝东译:《消解文化——全球化、后现代主义与认同》,北京大学出版社,2009年版。

44.[美]门罗·E.普莱斯著,麻争旗等译:《媒介与主权:全球信息革命及其对国家权力的挑战》,北京:中国传媒大学出版社,2008年版。

45.[美]乔·马可尼著,赵虹君、魏惠琳译:《公共关系:实践与案例》,北京:电子工业出版社,2008年版。

46.[美]塞缪尔·亨廷顿、劳伦斯·哈里森主编,程克雄译:《文化的重要作用》,北京:新华出版社,2002年版。

47.[美]史蒂夫·莫藤森选编,关世杰、胡兴译:《跨文化传播学:东方的视角》,北京:中国社会科学出版社,1999年版。

48.[美]史密斯、[加]彭迈克、[土]库查巴莎著,严文华、权大勇译:《跨文化社会心理学》,北京:人民邮电出版社,2009年版。

49.[英]斯密司等著,周骏章译:《文化的传播》,上海文艺出版社,1991年版。

50.[英]斯图尔特·霍尔著,徐亮、陆兴华译:《表征——文化表象与意指实践》,北京:商务印书馆,2003年版。

51.[美]斯蒂文·小约翰著,陈德民、叶晓辉译:《传播理论》,北京:中国社会科学出版社,1999年版。

52.[德]赖纳·特茨拉夫主编,吴志成、韦苏等译:《全球化压力下的世界文化》,南昌:江西人民出版社,2001年版。

53.[英]特瑞·伊格尔顿著,方杰译:《文化的观念》,南京大学出版社,2006年版。

54.[美]威尔伯·施拉姆等著,陈亮等译:《传播学概论》,北京:新华出版社,1984年版。

55.[古希腊]亚里士多德著,罗念生译:《修辞学》,北京:生活·读书·新知三联书店出版社,1991年版。

56. [美]叶海亚·R.伽摩利帕编著,尹宏毅主译:《全球传播》,北京:清华大学出版社,2008年版。

57. [美]约翰·R.霍尔、玛丽·乔·尼兹著,周晓虹、徐彬译:《文化:社会学的视野》,北京:商务印书馆,2002年版。

58. [英]约翰·汤姆林森著,郭英剑译:《全球化与文化》,南京大学出版社,2002年版。

59. [英]约翰·斯道雷著,杨竹山、郭发勇、周辉译:《文化理论与通俗文化导论》,南京大学出版社,2001年版。

60. [美]詹姆斯·罗尔著,董洪川译:《媒介、传播、文化——一个全球性的途径》,北京:商务印书馆,2005年版。

61. [美]约瑟夫·奈著,吴晓晖、钱程译:《软力量:世界政坛的成功之道》,北京:东方出版社,2005年版。

四、外文原著

1. Bonnie Tsui, *American Chinatown: A People's History of Vive Neighborhoods*, New York: Free Press, 2009.

2. T. L. Friedman, *The Lexs and the Olive Tree*, New York: Farrar, Straus and Giroux, 1999.

五、论文

1. 蔡萌:《创建中国文化产品的海外营销平台 俏佳人传媒向更多美国观众敞开中国窗口》,《中国文化报》2010年5月6日。

2. 陈力丹:《对外传播存在什么问题,我们如何做好?》,《对外大传播》2005年第8期。

3. 陈世阳:《"国家形象战略"概念分析》,《国际关系学院学报》2010年第1期。

4. 邓显超:《发达国家文化软实力的提升及启示》,《理论探索》2009年第2期(总第176期)。

5. 丁亚平:《传媒的建构——CCTV〈中华医药〉十年》,《现代传播》2008年第5期。

6. 关世杰:《试论对外传播中的共享价值观问题》,《全国第二届对外传播理论研讨会论文集(上册)》(2011年,南京)。

7. 韩龙根:《办好民族语广播电视 提升对外传播影响力》,《中国记者》

2006年12月。

8. 何国平:《中国对外报道观念的变革与建构》,《山东社会科学》2009年第8期。

9. 惠静:《全球化背景下中国文化安全的战略选择》,《保定学院学报》2009年第1期。

10. 纪玉祥:《全球化与当代资本主义的新变化——兼及考察全球化的方法问题》,《马克思主义与现实》1998年第6期。

11. 冯惠玲、胡百精:《北京奥运会与文化中国国家形象构建》,《中国人民大学学报》2008年第4期。

12. 高峰、赵建国:《中国纪录片跨文化传播的障碍与超越》,《现代传播》2009年第3期。

13. 姜飞:《跨文化传播学的渊源和研究视角》,《中国社会科学院院报》2007年5月31日。

14. 蒋成龙:《关于国家形象传播研究的状况及思考》,《重庆科技学院学报(社会科学版)》2010年第15期。

15. 金曼:《扩大对外文化交流和文化贸易推动中华文化走向世界》,《人民政协报》2007年3月12日。

16. 来云鹤、路云:《在快乐中学习汉语,在学习中感受中国——浅析电视汉语教学节目策划及定位》,《中国电视》2007年第2期。

17. 李兵:《我国文化贸易与文化产业发展对策研究》,《经济师》2009年第3期。

18. 李慎之:《全球化与中国文化》,《美国研究》1994年第4期。

19. 李卫兵:《从NHK海外频道看日本对外传播的新动向》,《中国广播电视学刊》2008年第8期。

20. 刘建明:《全球化的终极与国际传播架构》,《国际新闻界》2002年第3期。

21. 刘利华:《中国传统中的普世价值资源》,《科学对社会的影响》2008年第1期。

22. 刘文、洪涛:《聚沙成塔 点滴在心——CCTV〈中华医药〉十年成长足迹》,《现代传播》2008年第5期。

23. 刘小燕:《关于传媒塑造国家形象的思考》,《国际新闻界》2002年第2期。

24. 冷冶夫、刘新传:《论全球化背景下的对外传播》,《现代视听》2007年第 7 期。

25. 门洪华：《中国软实力评估报告》，《国际观察》2007 年第 2、3 期。

26. 钱慰曾：《搞好对外报道之我见》，刘洪潮主编《怎样做对外宣传报道》，北京：中国传媒大学出版社，2005 年版。

27. 潘界泉：《湖南卫视的频道定位对省级卫视的启示》，《新闻天地（下半月）》2010 年第 3 期。

28. 庞燕：《如何赢得应对突发事件报道的国际话语权》，《第五届世界华文传媒论坛论文集》，香港中国新闻出版社，2009 年版。

29. 沈苏儒：《开展"软实力"与对外传播的研究》，《对外大传播》2006 年第 7 期。

30. 沈苏儒：《有关跨文化传播的三点思考》，《对外传播》2009 年第 1 期。

31. 史安斌：《从"陌生人"到"世界公民"：跨文化传播学的演进和前景》，《对外大传播》2006 年第 11 期。

32. 石逢健、钮维敢：《文化全球化语境下中国文化安全国际空间的拓展》，《中共四川省委党校学报》2010 年第 1 期。

33. 孙英春：《中国国家形象的文化建构》，《教学与研究》2010 年第 11 期。

34. 谭天、于凡奇：《从"走出去"到"走进去"——论中国电视对外传播的策略创新》，《中国电视》2009 年第 8 期。

35. 汤光鸿：《论国家形象》，《国际问题研究》2004 年第 4 期。

36. 童世骏：《提高国家文化软实力》，《毛泽东邓小平理论研究》2008 年第 4 期。

37. 韦伟：《提高媒体塑造中国国家形象能力》，《军事记者》2010 年第 7 期。

38. 徐庆峰、吴国蔚：《我国文化产业"走出去"策略分析》，《对外经贸实务》2005 年第 12 期。

39. 王锋：《谈〈快乐汉语〉的"乐中学"、"学中用"》，《电视研究》2010 年第 2 期。

40. 王为薇：《从艺术收藏类节目看小众节目的大众化》，《现代视听》2008 年第 3 期。

41. 吴纯：《中国健康类电视节目发展研究》，山东大学硕士学位论文 2010 年。

42. 吴祚来：《对外传播与文化焦虑》，《对外传播》2009 年第 9 期。

43. 吴卫民、石裕祖：《中国文化"走出去"路径探析》，《学术探索》2008 年第 6 期。

44. 薛梅:《试析经济全球化与中国传媒的全球化传播》,《波大学学报(人文科学版)》2004 年第 17 卷第 6 期。

45. 严兴文:《试论国家文化安全的内涵、特点和作用》,《韶关学院学报(社会科学版)》2007 年第 2 期。

46. 姚峰:《全球化时代传统文化的"全球本土化"策略》,《福建师范大学学报(哲学社会科学版)》2010 年第 1 期。

47. 易琳:《浅议对外文化传播与国家形象建构》,《中国广播》2009 年第 6 期。

48. 于继来:《频道的合理定位》,《记者摇篮》2010 年第 7 期。

49. 尹鸿:《〈中华医药〉:传播东方生命观的魅力》,《现代传播》2008 年第 5 期。

50. 俞新天:《软实力建设与中国对外战略》,《国际问题研究》2008 年第 2 期。

51. 张长明:《传承中华文化 服务全球华人》,《电视研究》2002 年第 10 期。

52. 张红:《提升国际传播能力的迂回线路》,《对外传播》2009 年第 11 期。

53. 张洪:《从边缘到主流——文化报道在对外宣传中的作用》,《对外大传播》2006 年第 5 期。

54. 赵树清:《外宣电视文艺节目的创新与提高》,《电视研究》2007 年第 6 期。

55. 赵允芳:《〈中国文艺〉应当成为一个文化使者》,《传媒观察》2006 年第 4 期。

56. 支庭荣:《国家形象传播——一个新课题的凸现》,《中国广播电视学刊》1996 年第 7 期。

57. 周丽瑛:《外层空间活动商业化的法律问题》,中国政法人学博士论文 2006 年 3 月。

58. 朱凯兵、成曦:《论中国国际形象的定位、塑造与展示》,《南京政治学院学报》2006 年第 6 期。

59. 朱晓萌:《电视媒介的传播特性出发——浅谈对外汉语教学节目的内容设置》,《中国电视》2009 年第 10 期。

60. 祝东颖:《充满潜力的中国文化外宣》,《对外传播》2009 年第 7 期。

61. 卓新平:《"全球化"与当代中国宗教》,《当代中国史研究》2009 年第

6期。

六、年鉴

中国广播电视年鉴编辑委员会编纂:《中国广播电视年鉴(2010)》,北京:中国广播电视年鉴社,2010年版。

后 记

2010年春天,我开始着手写作《对外电视与文化传播研究》,从那时到本书付梓历经了近两年的时间。就在这两年中,我的职业发展和学术研究都发生了较大的变化。从2002年到2010年,我一直在中央电视台中文国际频道从事对外传播工作,主要是从事新闻的采访、编辑和专题节目编导等。2010年,因工作需要,我调入中央电视台海外传播中心,这个中心的核心业务是中央电视台各语种国际频道在海外的落地和推广。进入海外传播中心后,我对电视对外传播的了解更加深入,尤其增加了关于对外传播的渠道、海外市场、效果评估等方面的认知和理解。就学术研究而言,从2008年开始,我开始追随导师关世杰教授从事国际传播、跨文化传播和文化软实力方面的研究。2010年,在导师关世杰教授的鼓励和支持下,我顺利提早一年完成北京大学博士研究生的学习。关教授当时鼓励我说,"早毕业,早成才",毕业的目标实现了,但成才的路途依然遥远。

工作和求学中的种种机会和机缘,促成我从2006年开始陆续在国内核心期刊等出版物和学术会议上发表60余篇论文,并在2010年和2011年完成了两本拙著——《中国电视国际化和对外传播》和《海外华语电视研究》。在我看来,对外电视正幸逢盛世和发展良机,很多领域在探索中前行、在摸索中进步。实践需要总结,经验有待升华,对外电视人的智慧更应凝固成文字,以供分享、借鉴或批判。作为对外电视业者中的一员,我深感自己有责任尝试着总结当下的一些探索和尝试,探寻电视对外传播中的一些规律,这样才没有辜负时代给我的机会。我的书和论文虽然粗浅,但满含真诚。我非常感谢命运,让我的职业经历如此丰富,并使求学之路收获良多。更为重要的是,一路走来,我总能收获良师益友的关爱和帮助。这是我人生最为宝贵的财富,也是铭刻于心的记忆。

  这本书的问世,我首先要感谢我的父母。因为学业和研究,未能尽孝。感谢母亲和父亲多年来对我的理解和支持!

  我要特别感谢我的导师关世杰教授。他以深厚的学术积淀和人生修为,为我传道授业解惑,扶助我在学术道路上起步和前行;我的每一个进步都得益于老师的悉心教导和呵护。在本书的写作过程中,关教授一如既往地给予我精神上的鼓励和学术上的指导。

  此外,本书的问世与中央电视台海外传播中心密不可分。景春寒、崔屹平和王雄先三位主任对我的工作和研究给予了极大的支持。更为重要的是,他们对待工作的严谨和执著、为人处世的豁达与真诚,让我在耳濡目染中受益良多。综合部陈礼东主任和同事们给予了很多理解和关心,传播规划组翁颖莉大姐、唐亮亮、霍捷和侯佳对我关怀备至、情同家人。

  最后我要衷心感谢新华社新闻研究所研究员唐润华老师。他的慧眼识珠让本书有幸成为国家社科基金重大课题"中国媒体国际传播能力建设战略研究"的成果和"中外媒体国际传播能力建设战略研究丛书"之一。

  才疏学浅,抵足登高。本书多有不足,望读者海涵和指正!

李 宇

2011年12月于北京通州京洲园